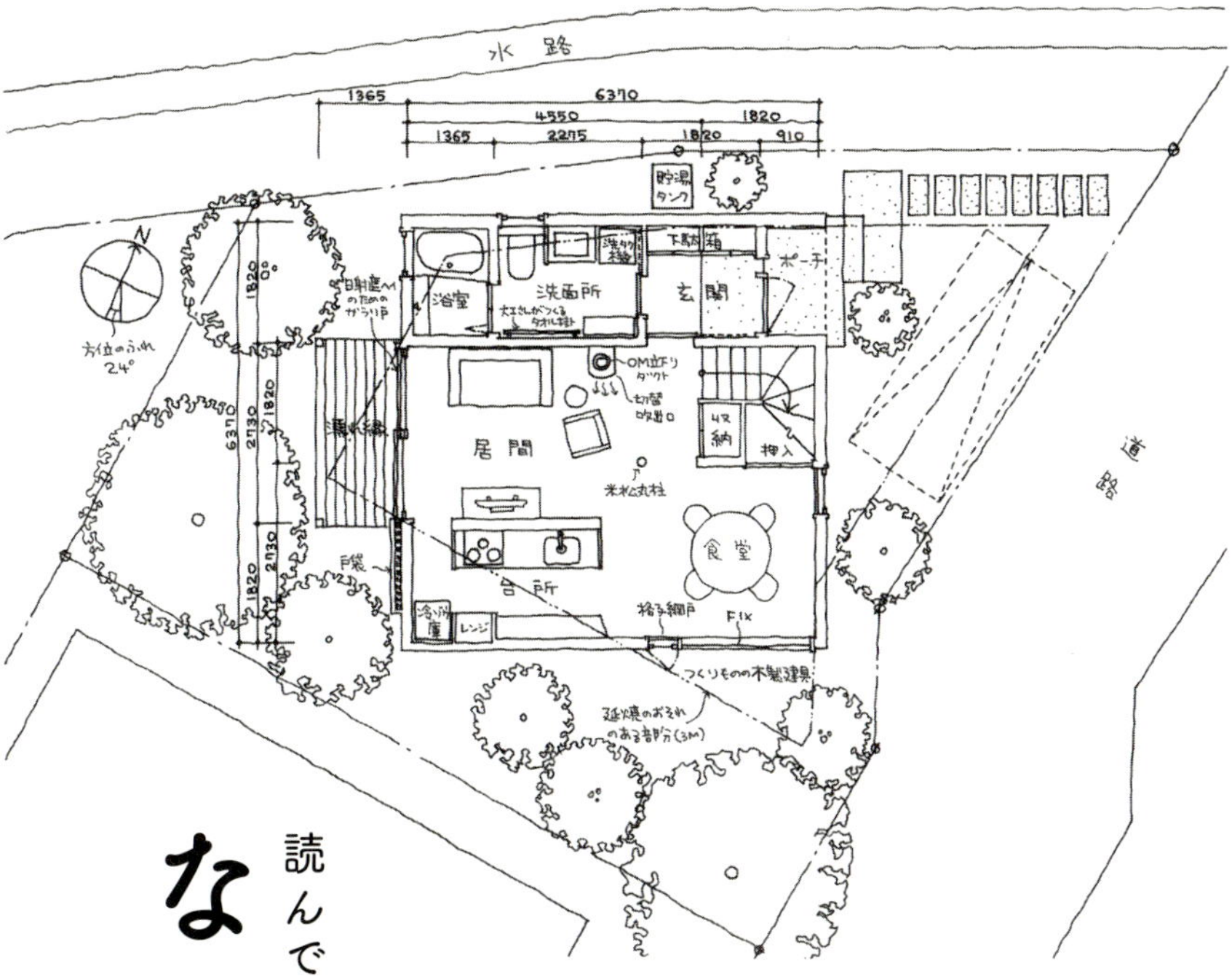

読んで楽しい家づくりの

なるほどディテール。

島田貴史
しまだ設計室

徳田英和
徳田英和設計事務所

共著

Ohmsha

読んで楽しい家づくりの

なるほどディテール。

Contents

第3章 思わず集まる家族の居場所

第4章 ごちゃごちゃさせない水廻り空間

第5章 窓の設計が空間の質を決める

第6章 階段・廊下・納戸… 裏方空間にも一工夫

第7章 まちとつながる外構・アプローチ

実作で読み解くディテール

物語のあるディテール

設計事務所を立ち上げて間もない頃のこと。

クライアントと話をしているときに、ふと「キッチンのカウンター天板は、下の引出しより少しでっぱらせてほしい。そうしないとカウンターのパンくずをダスターで払うときに、もう一方の手でうまく受けられないのです」と教えてくれた（2章04で紹介）。もともと住宅設計の修業時代がなかった私は、クライアントの生活体験に基づいた説得力のある要望に、「これが住宅を設計するということか…」と洗礼ともいえるショックを受けた。

世の中には、住宅のディテールに関する本はたくさんある。それらを参考にするのはもちろんとても大事なことである。しかし、設計者は条件を整理して自分の頭と手でしっかり考え、時には現場監督や棟梁、職人たちに疑問をぶつけてディテールと格闘する必要があると、常日頃考えている。なにより、そのようにして生まれたディテールには説得力がある。

この本を読んでほしい読者、特に学生や経験の少ない設計者の卵は、「ディテール」と聞くと抽象的で何やら少し難しそう…、そんなふうに思うだろう。だが、そのイメージから一歩抜け出すために、本書では「ディテールが生まれる」きっかけや試行錯誤の過程を、なるべく具体的に盛り込むように心がけた。

一つ一つのディテールには、実は、それぞれ小さな「物語」があるのだ。

図面を描いていて、「これだ！」と思える答えに到達するには時間がかかる。だからこそ、じっくり検討を重ねて、自分なりの「物語のあるディテール」にたどり着いてほしい。

島田貴史

ちゃんと描けば、ちゃんとつくってくれる

ちゃんと図面を描けば、ちゃんと現場でつくってくれるということを修業時代に学んだ。口頭で現場監督に伝えても、末端の職人さんに伝わるまでに、だんだん話が変わっていってしまうのではないか（伝言ゲームのように）。

やはり、図面は何より大事である。

現場では、大工さんを中心にたくさんの職人さんがチームとして成り立っているので、自分のやりたいことを、線と寸法に置き換えて職人さんたちに伝えていく＝「図面にする」のがわれわれ設計者の仕事である。

では、ちゃんとした図面が描けるようになるにはどうしたらよいか。

それは、大工さんや職人さんたちとのやり取りから学んでいくしかない。修業時代、私の師匠は手取り足取り一から教えてくれるような人ではなかったので、事務所の先輩が描いた図面や本を参考に、図面を描いてはよく現場まで持参して相談していた。現場での職人さんたちの意見をフィードバックしながら、そのような経験を積み重ねてはじめてちゃんとした図面が描けるようになっていくのだと思う。

私自身、まだまだ成長の途中で、本当にちゃんとした図面が描けているかと問われると、勉強しなければいけないことはまだまだたくさんあるが、たとえば設計事務所の先輩から後輩たちに伝えるような目線でつくれば、将来建築家を志す方々にとって有益なのではないか…。そんな思いでこの本を執筆した。

徳田英和

執筆分担

S ＝島田貴史

T ＝徳田英和

玄関は、傘や靴の収納、郵便物の受け取りなど、

さまざまな機能が要求される場所である。

それでいて、来客を気持ちよく迎え入れるように、品格も要求される。

あまり華美にならないように、さりげないデザインを心がけたい。

第1章

玄関・ポーチの作法

01 玄関ポーチの庇は手が届くほど低く

　学生時代、京都に住んでいた頃に寺社や町屋建築をたくさん見て歩いた。

　訪れた先で、手が簡単に届くほど低い庇を何度か体験したが、「どうぞどうぞ」と優しく迎え入れられるような気持になり心地よかった。住宅の玄関口を設計するとき、この体験を思い出し、できるだけ低い位置に庇を設けるように心がけている。

Hidamari ハウスのアプローチに沿った低い庇
（写真撮影：西川公朗）

　低い庇は訪問者を優しく迎え入れると同時に、雨風が強いときは下にいる人が濡れにくくなる。また先輩設計者から「低い位置に庇が付いていると、建物の見た目の重心が低くなり、佇まいや雰囲気がぐっとよくなる」と教えられた。ただし、庇を低くすると、庇の上に上りやすくなってしまうため、庇上部の窓などの防犯対策には気をつけること。

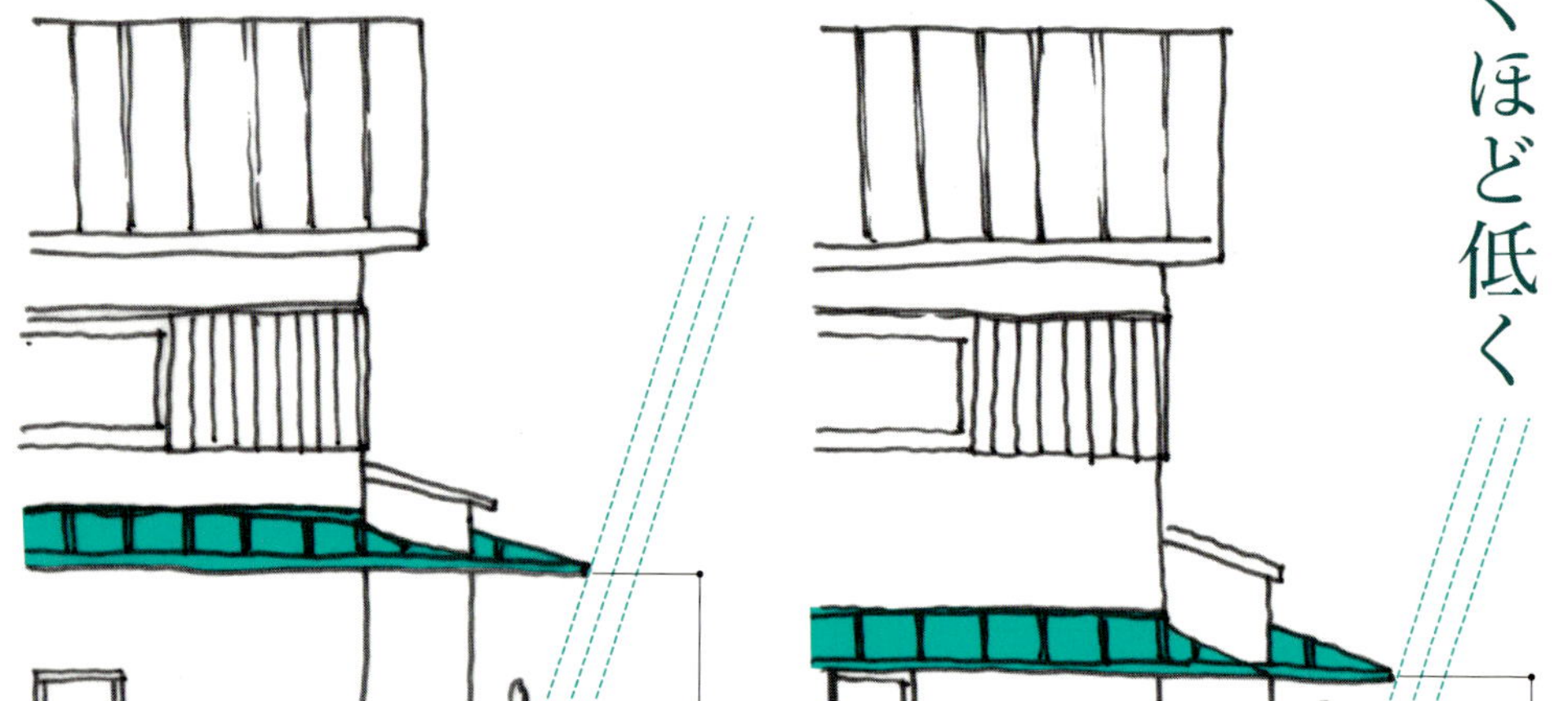

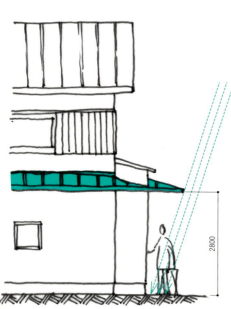

ポーチの庇の高さの比較

庇が低い方が雨や日差しの影響も受けにくい。また建物の見た目の重心が低くなり、落ち着いた佇まいとなる。

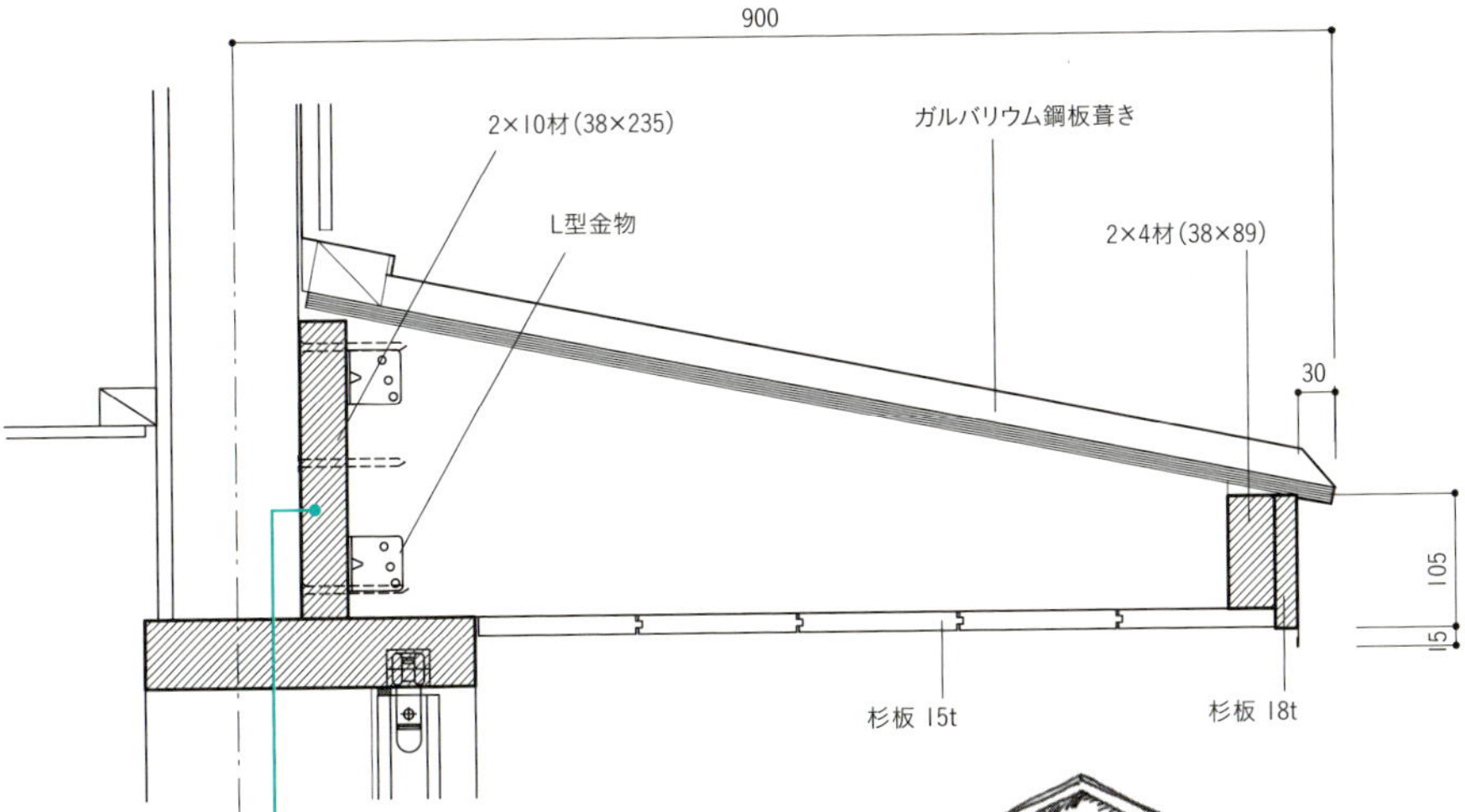

庇断面図 S=1:10

庇の見えない部分は規格のツーバイ材を使うことでコストが抑えられる。

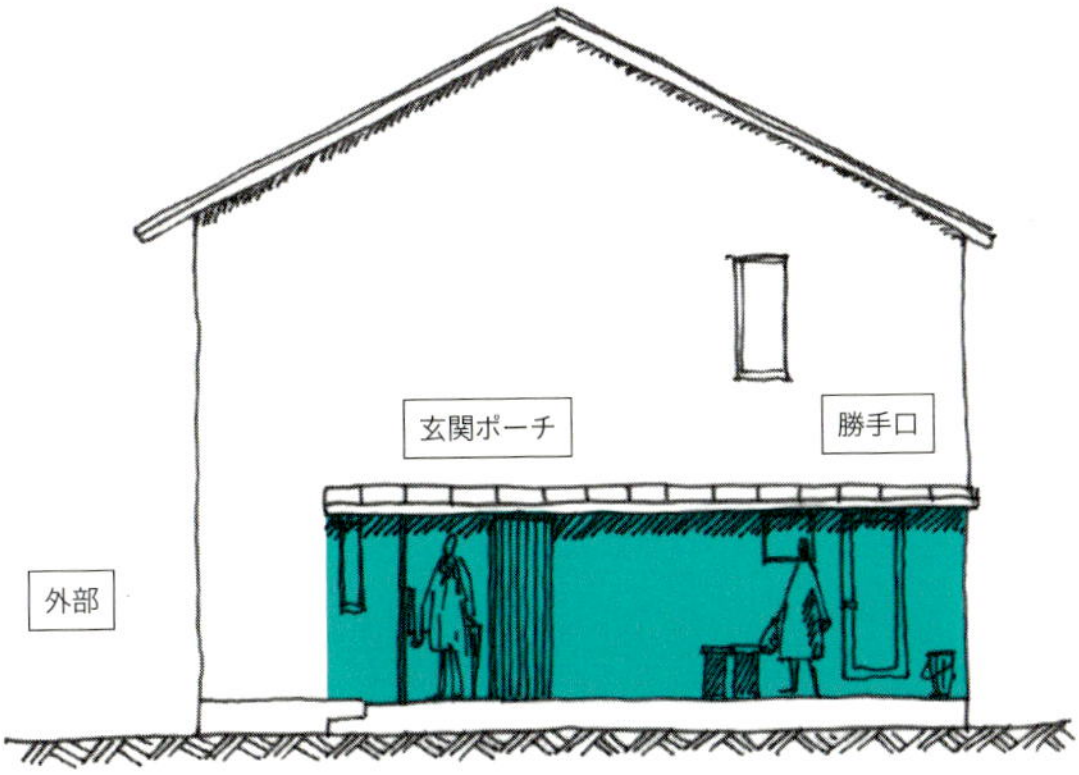

玄関ポーチから庇を少し延長して勝手口までつなげれば、ごみの置き場等に活用できる。

長い庇はユニットに分割して制作する。

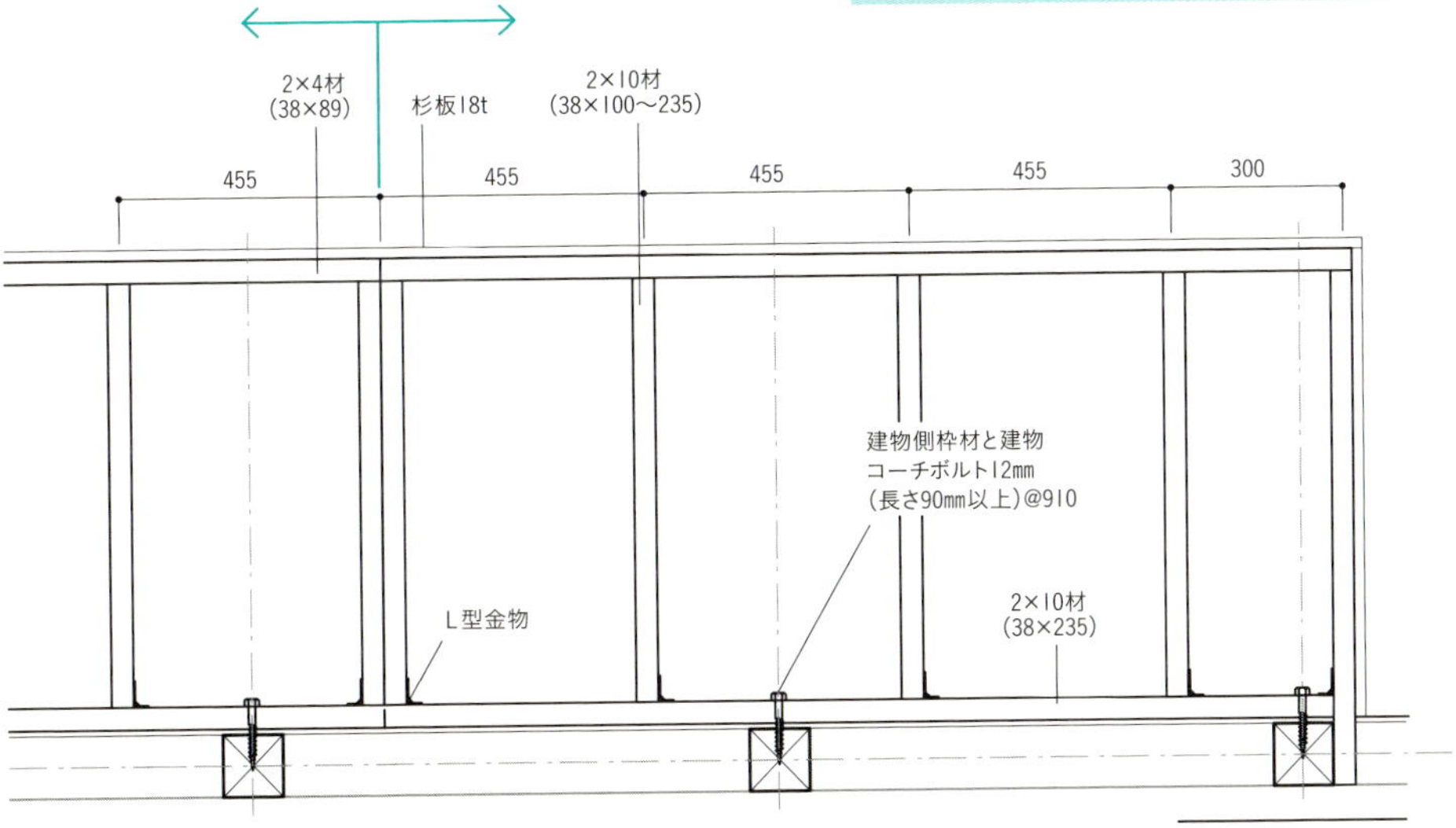

庇平面図 S=1:20

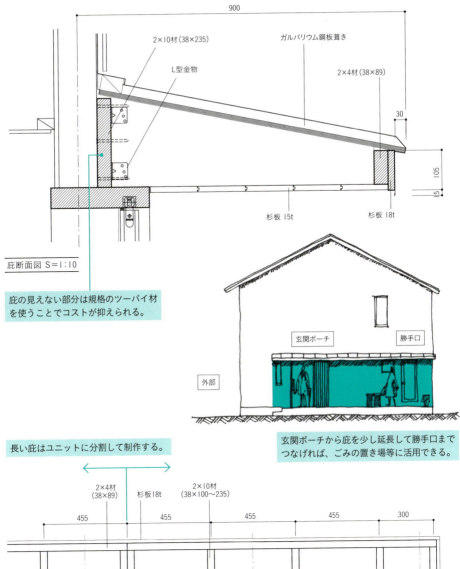

DETAIL

02 鉄板一枚のポーチ庇

玄関扉の前では、雨の日に濡れずに傘をすぼめられる程度の庇が必要である。下屋の軒が出ていたり、外壁から凹ませてポーチをつくれれば理想だが、そうもいかないときもある。以前、木造で垂木を跳ね出して庇をつくったこともあるが、意外と複雑な構造になるのと、気密性能に不安が残ると感じた。

そこで、この家では溶融亜鉛メッキドブ付けの鉄板一枚でシャープなポーチ庇をつくった。この畳1帖強の大きさを4ミリの鉄板でつくるとかなりの重量になるが、壁内部の留め付けを本体の梁にしっかりとボルトで固定したので、大人が一人上に乗っても大丈夫なくらいしっかりしたものになった。

そしてなにより、鉄板一枚という、これ以上ない潔さが気に入っている。

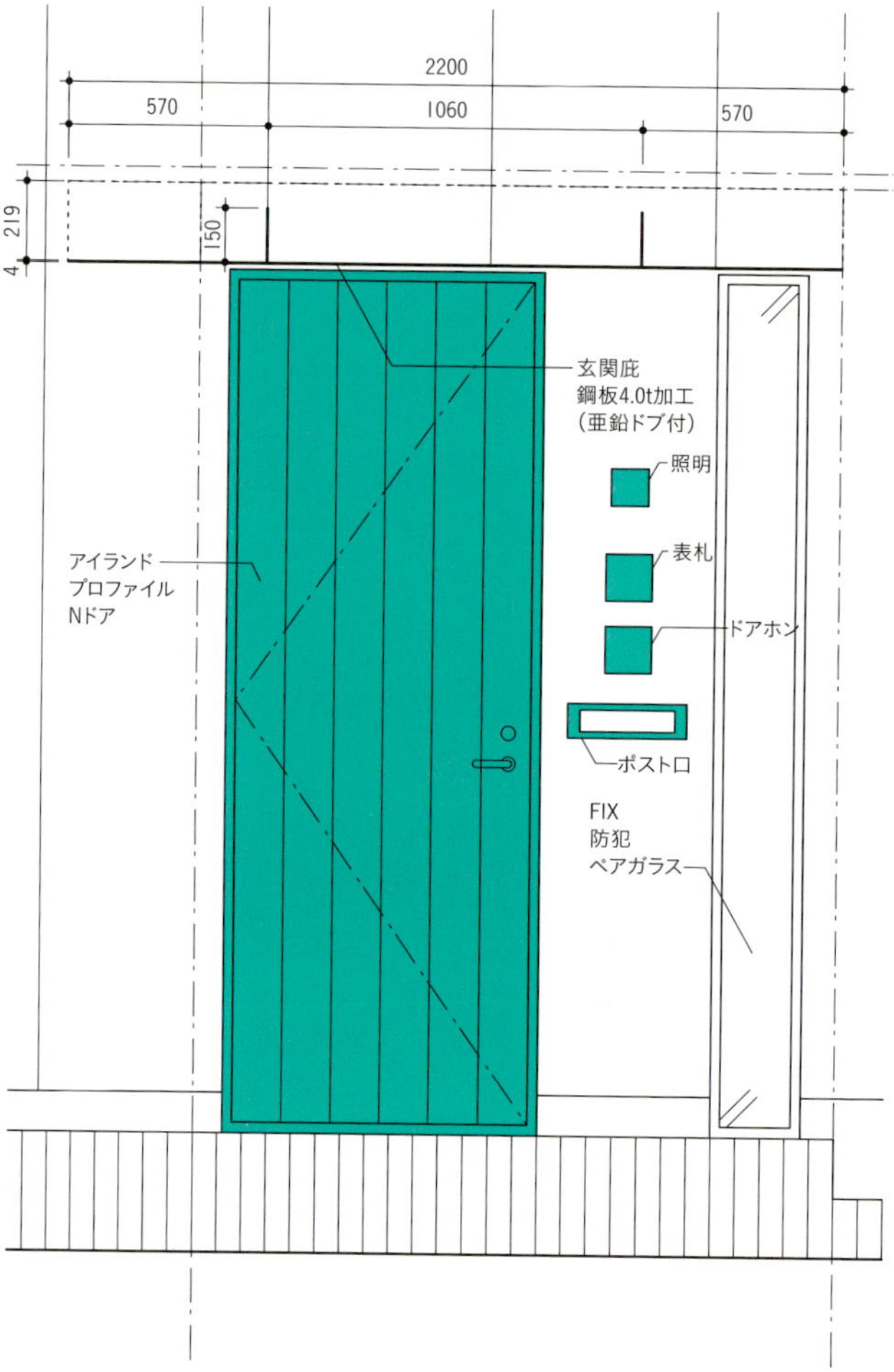

茨木の家 玄関ポーチ姿図 S=1:30

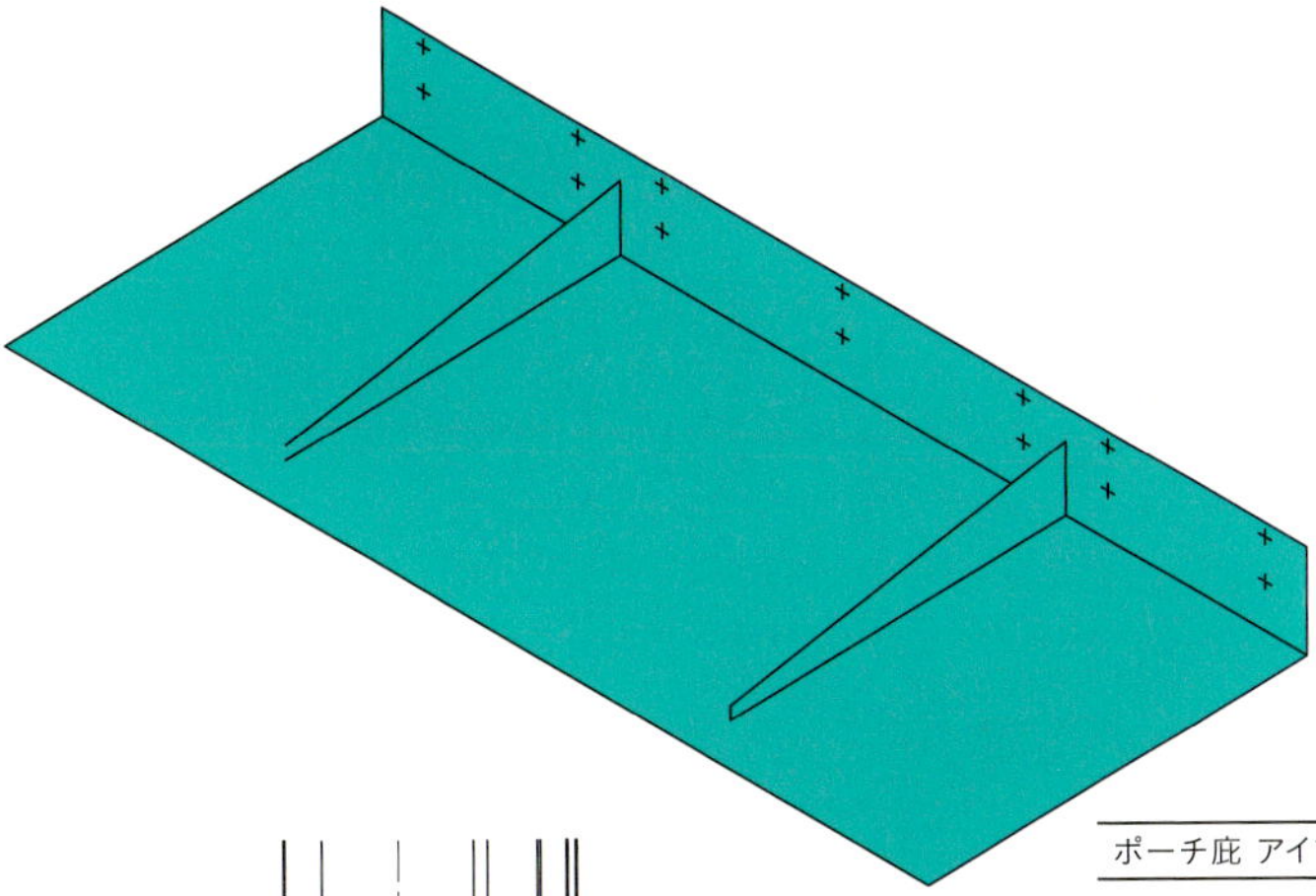

ポーチ庇 アイソメ S=1:30

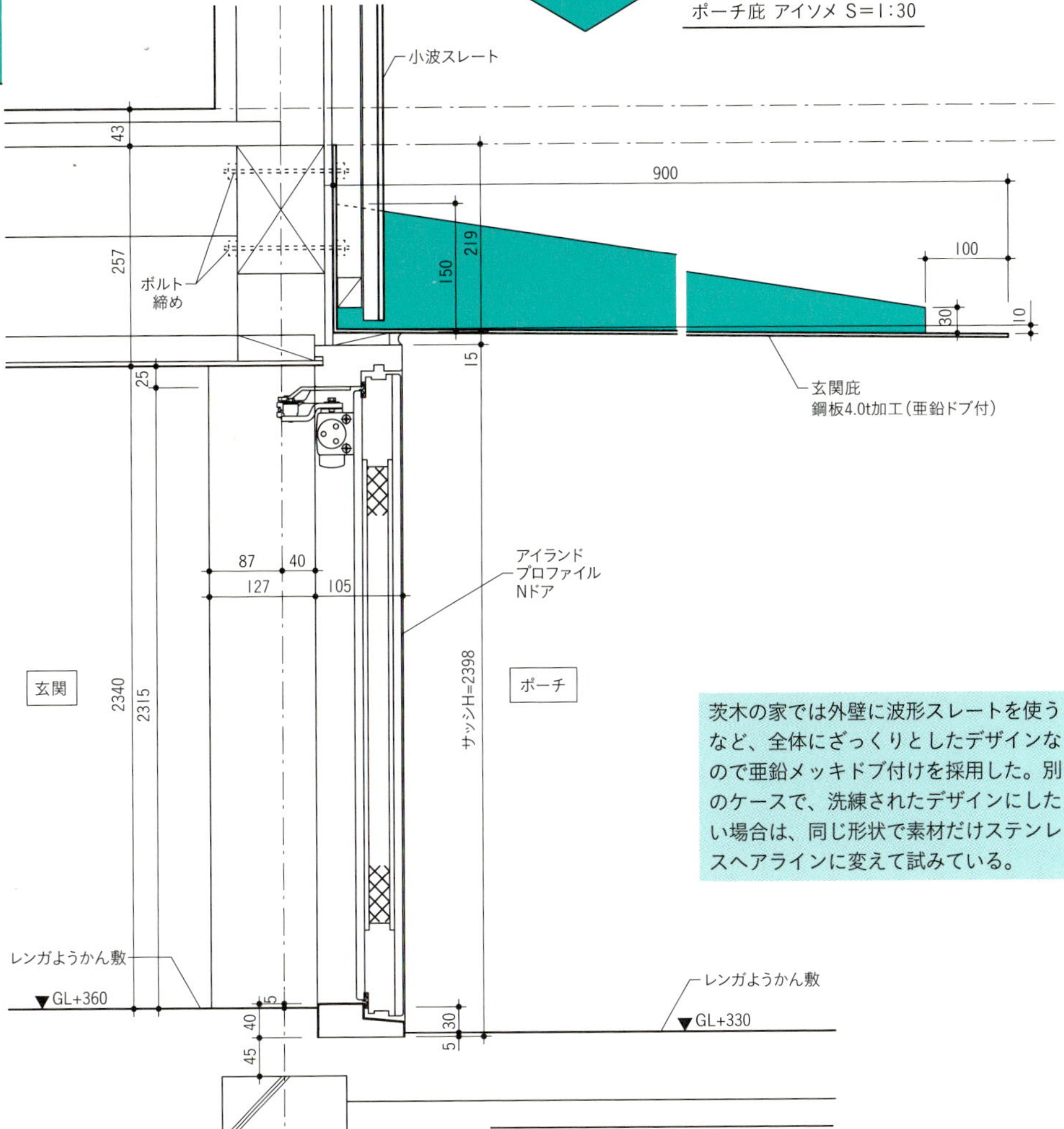

茨木の家では外壁に波形スレートを使うなど、全体にざっくりとしたデザインなので亜鉛メッキドブ付けを採用した。別のケースで、洗練されたデザインにしたい場合は、同じ形状で素材だけステンレスヘアラインに変えて試みている。

茨木の家 玄関ポーチ断面図 S=1:10

03

ようかんレンガで玄関ポーチ

玄関とポーチの床はタイルではなく、レンガを使うことが多い。焼き色の入っていないプレーンな赤レンガで、「ようかん」という長手方向に半分にカットされたもので、ちゃんと割付をすると、品格のある玄関ポーチができる。

ずっと昔から同じ規格でつくられ続けていて、そしてこれからもおそらくなくならないであろうことが、この材料の魅力である。使っていくうちに多少欠けることはあるが、しっかりとした厚みがあり、風化していくと味のある表情になっていく。

レンガ規格と寸法

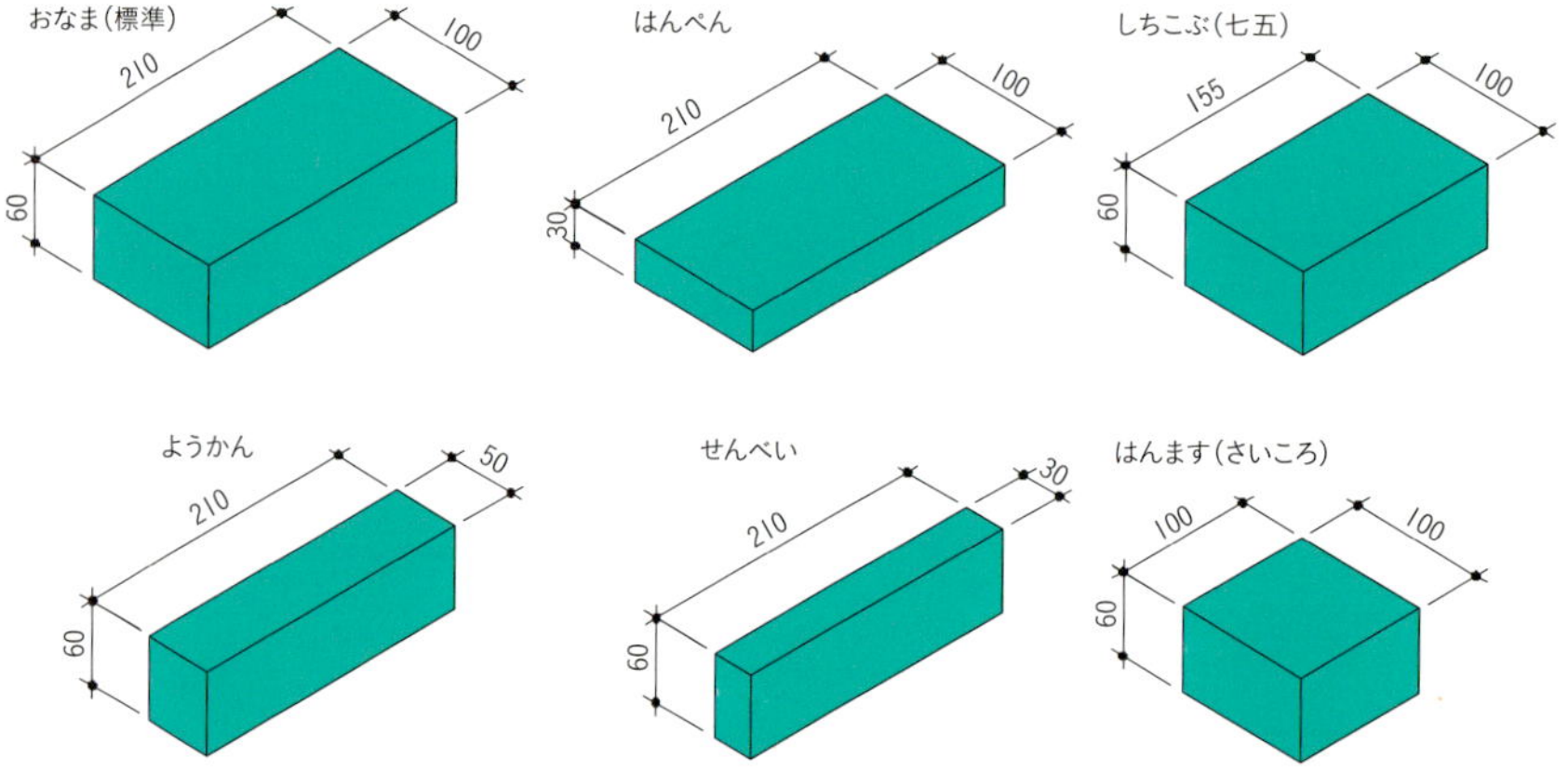

逗子の家では外壁を凹ませて、雨のかからないレンガのポーチとコンクリートの平板敷きの自転車置場を設けた

ようかんレンガ

W60×L210×H50
目地タテヨコ10mm

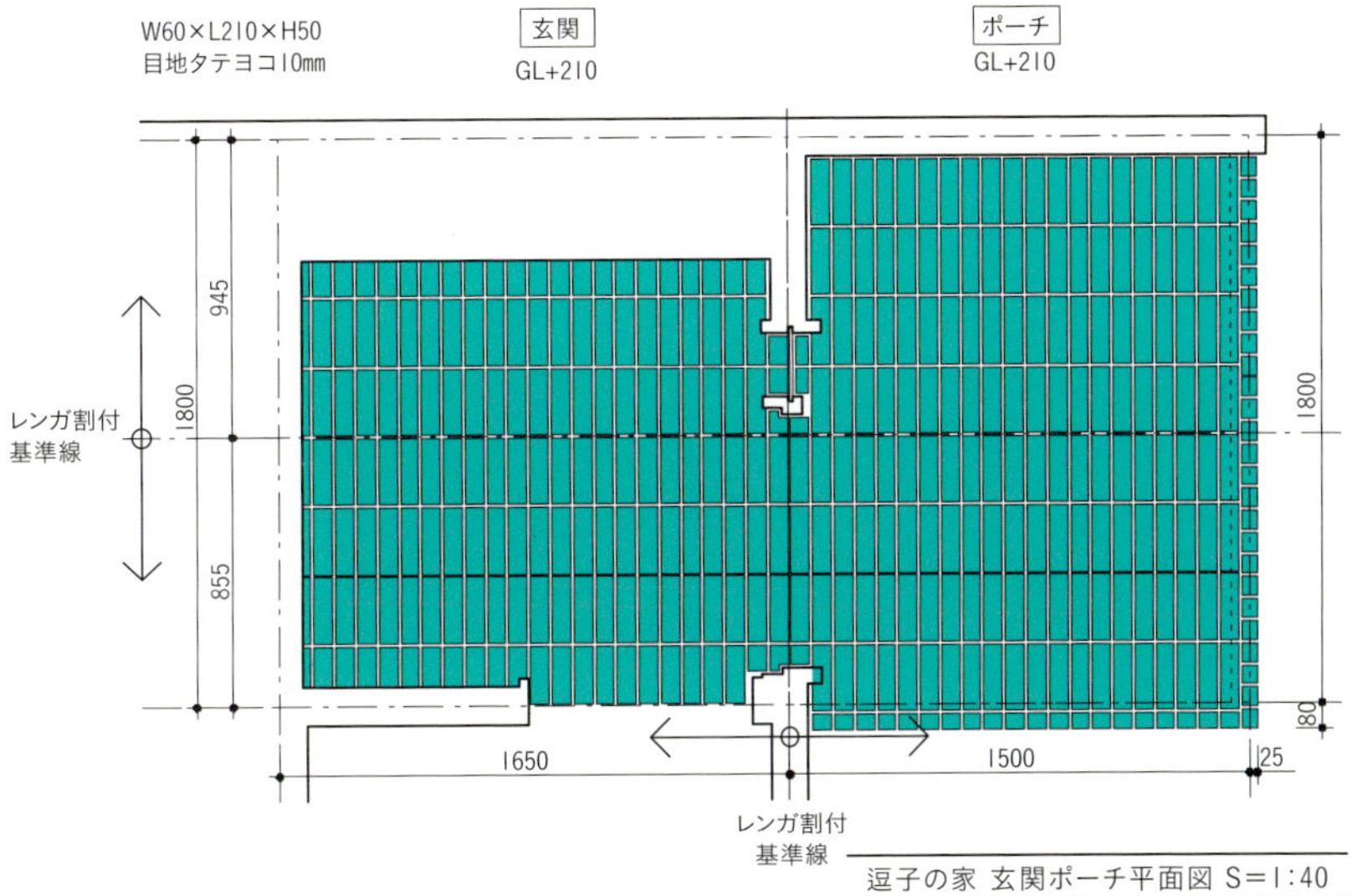

逗子の家 玄関ポーチ平面図 S=1:40

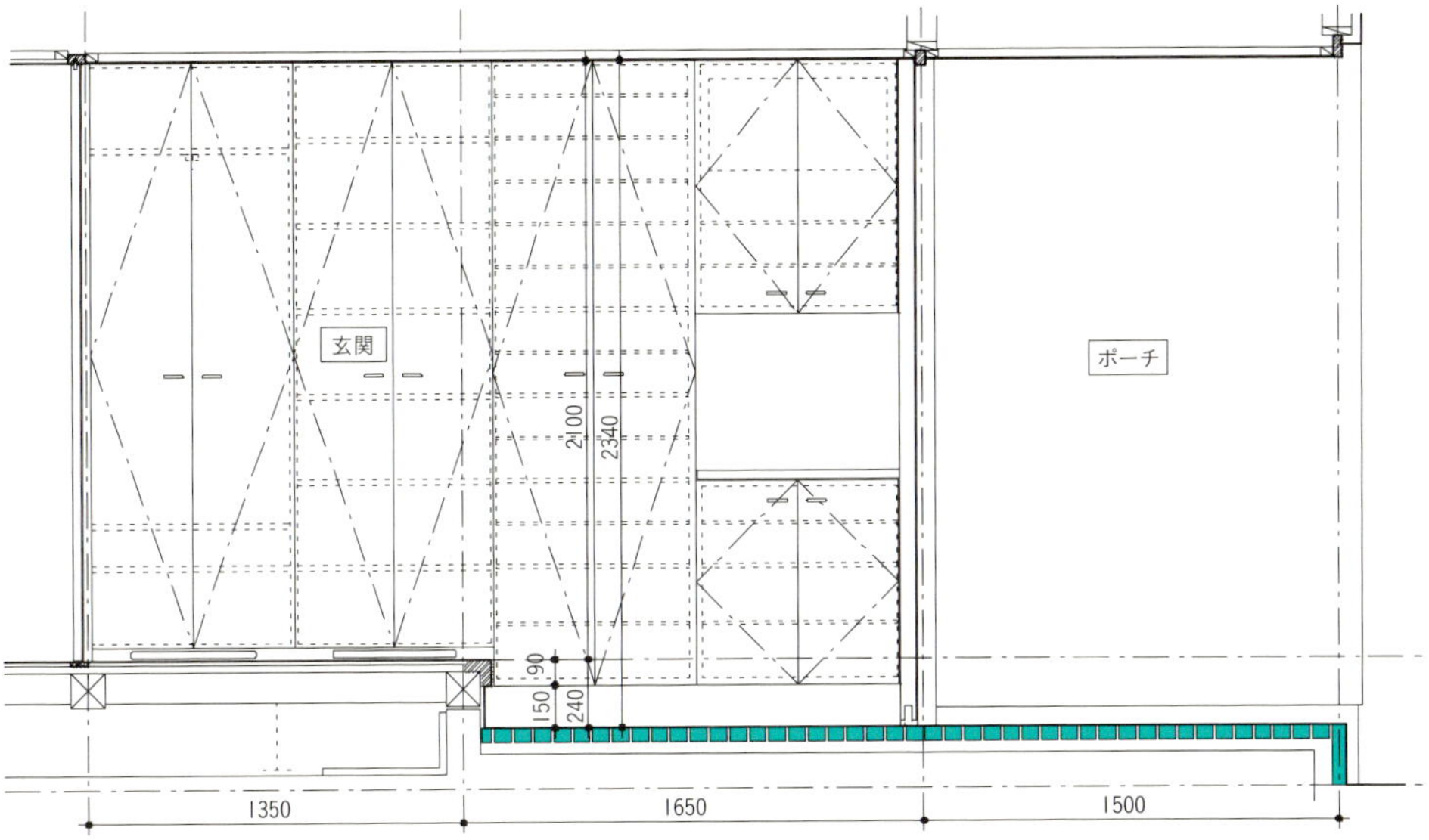

逗子の家 玄関ポーチ断面図 S=1:40

玄関扉は内開き

日本では玄関扉は「外開き」がほとんどであるが、私は「内開き」を標準としている。理由の一つは防犯性。外開きの場合は外側に丁番の軸が露出するので壊されるおそれがあるということ。もう一つは来客を招き入れるとき、外開きだと扉を開ける際に、扉の正面に立つ客を押し返すような感じになるのが好みではないからである。扉を内側に引いて「どうぞ」というのが気持ちのよい玄関と考えている。世界を見渡すと、ほとんどの国では玄関は内開きであるが、日本では狭い敷地で、家の面積も小さいということ、それに加えて靴を脱いで家にあがる文化のために、脱いだ靴が扉に当たって邪魔であるというのが、内開き玄関が浸透していない原因である。家の個別条件もさまざまで、私もすべて内開きで設計できているわけではないが、こだわりたいところである。

符号・数量	WD / 1 ×1
室名	1階玄関
形状・寸法	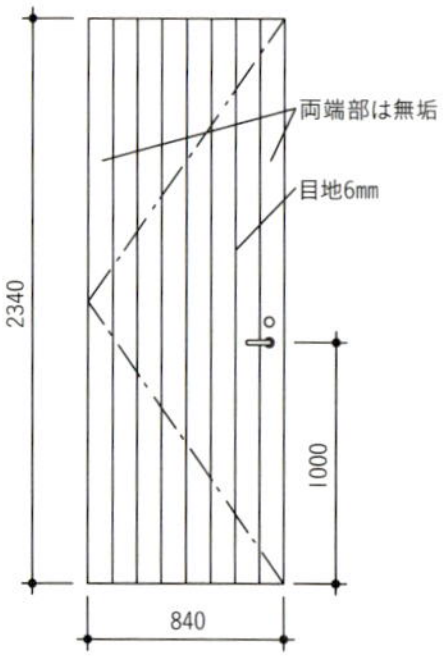
形式・見込	片開キ両面フラッシュ戸/60
材質・仕上	ピーラー縁甲板15t(両面)張／ワトコオイル
ガラス・アミ	
金物・その他	丁番：(ホ)182-C/BF×3 扉下エアタイト：(ベ)No.558LW-1×1 レバーハンドル錠：(ホ)MCR/BF/S/1171/64/WD/S/TRC/丸座R-MJ/BF×1 戸当り：(ベ)No.435/サテンクローム×1
備考	エアタイト： ピンチブロック#7-E/3方

※ホ：堀商店　ベ：ベスト

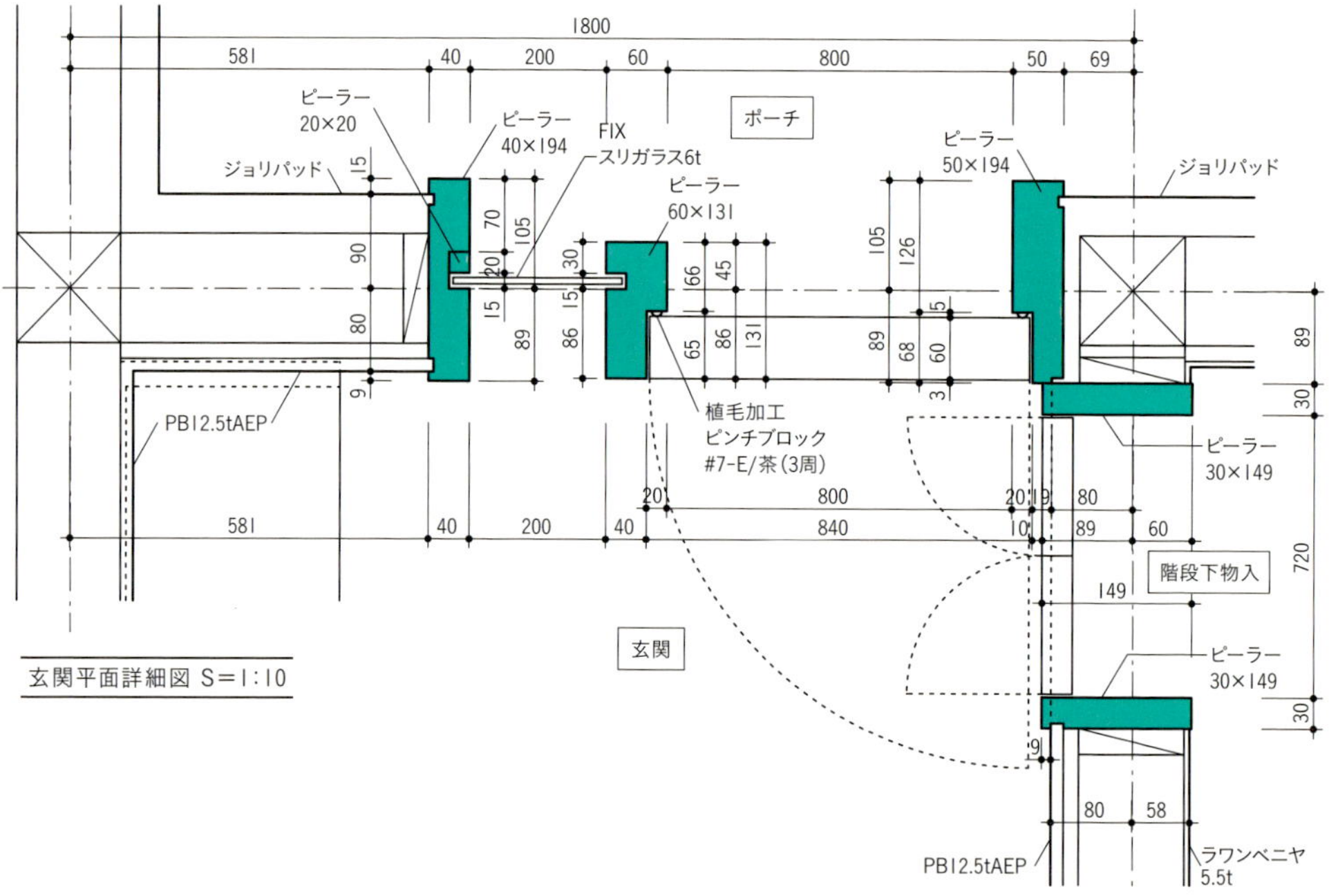

玄関平面詳細図 S=1:10

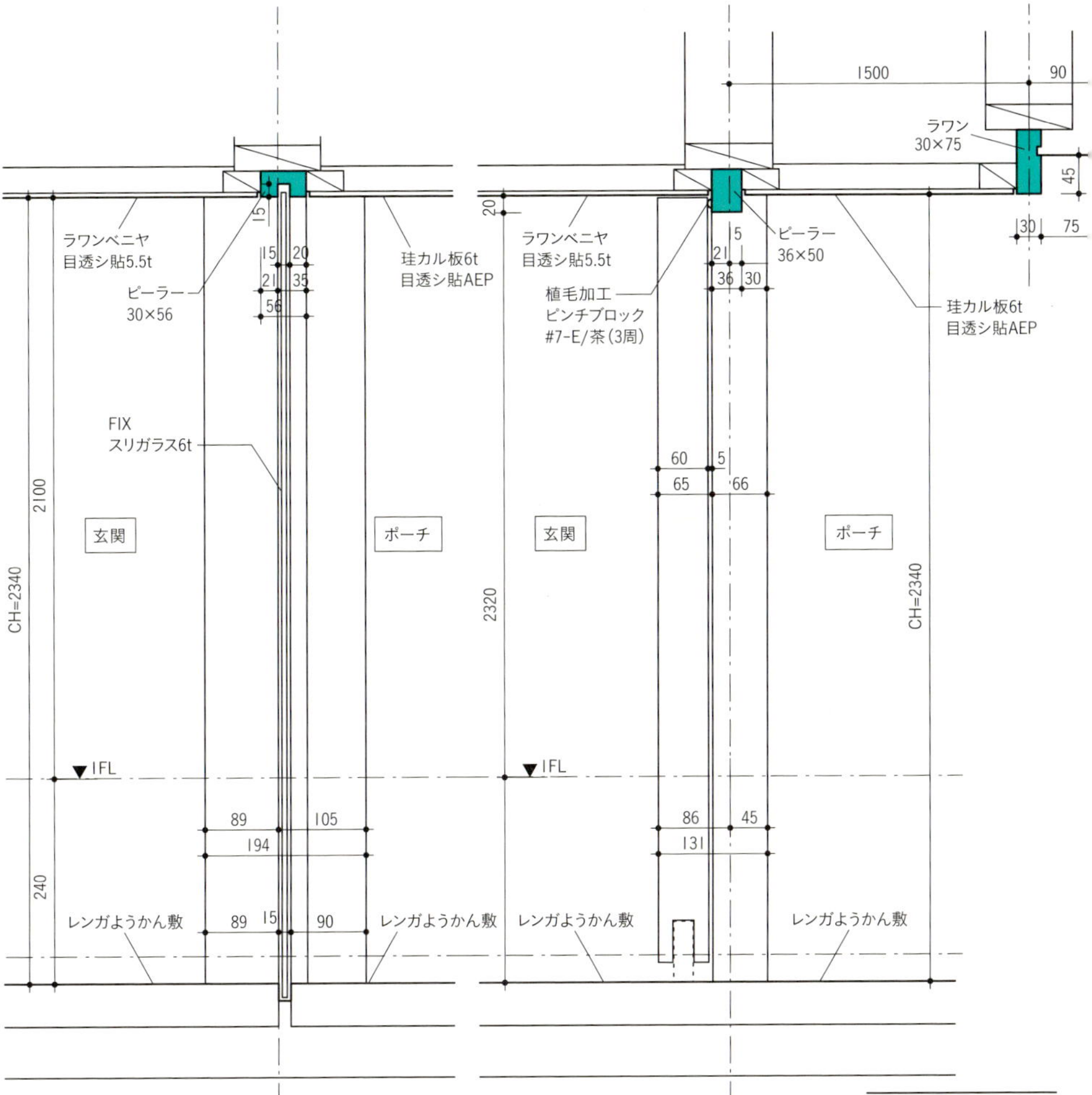

断面詳細図 S=1:10

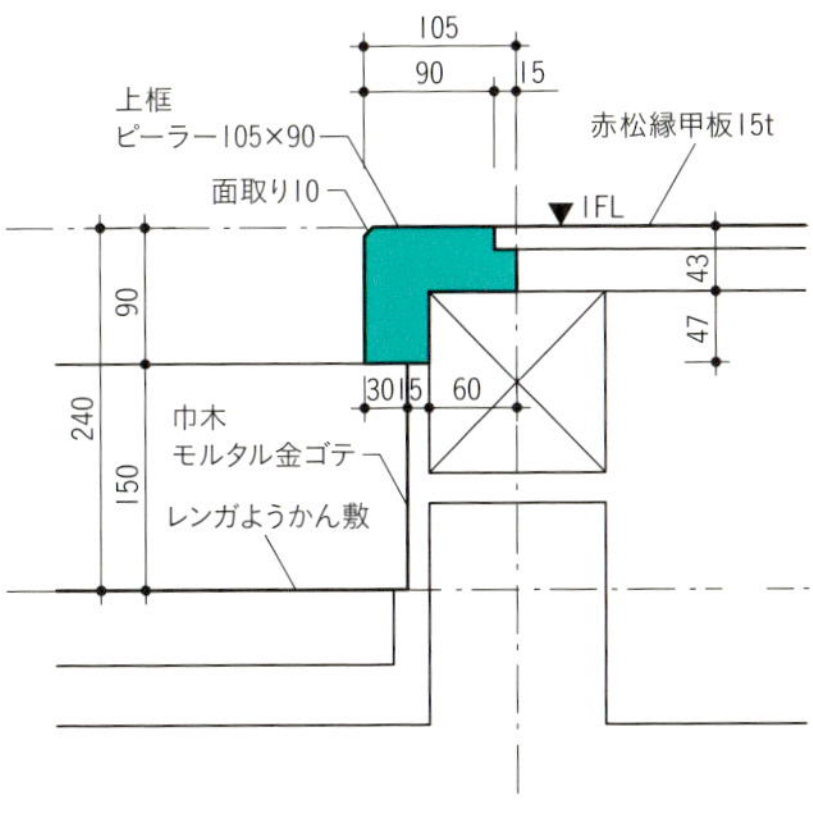

上框詳細図 S=1:10

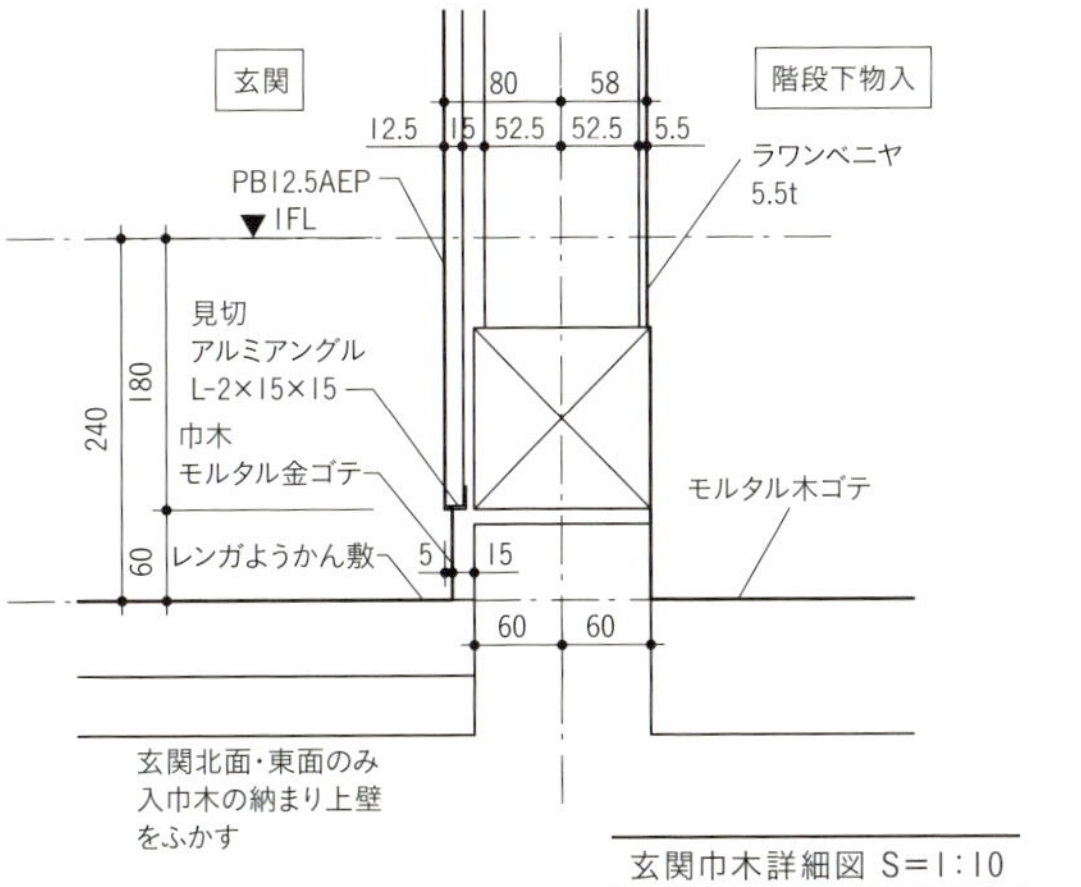

玄関巾木詳細図 S=1:10

DETAIL

05

玄関には木製引戸

現在の玄関は、引戸に比べ開き戸が圧倒的に主流派だが、開き戸には課題もある。たとえば一般的に玄関扉として使われることが多い「外開きの開き戸」は、来客時に扉を開けるとき、お客さんに一歩引いてスペースを開けてもらわなければいけない。反対に「内開きの開き戸」は、玄関が小さい場合には開閉時に脱いで置いてある靴が邪魔になってしまう。その点、「引戸」であれば扉の前後に人や物があっても大丈夫。ただし、引戸は気密性が課題となる。枠と扉の隙間や、扉と床面との隙間はエアタイトを入れるなど工夫を凝らし、少しでも気密性を上げること。

ネストハウスの木製引戸の玄関
（写真撮影：牛尾幹太）

内開き・開き戸
玄関が広めの場合にはよいが玄関スペースが広く確保できない場合には、扉の開閉時に玄関での動きが制約されたり、置いてある靴が邪魔になる場合がある。

外開き・開き戸
来客時に扉を開けるとき、お客さんに一歩下がってもらう必要がある。

引戸
小さい玄関でもスムーズに扉の開閉や人の出入りが可能。開き戸に比べると気密性の確保に工夫が必要。

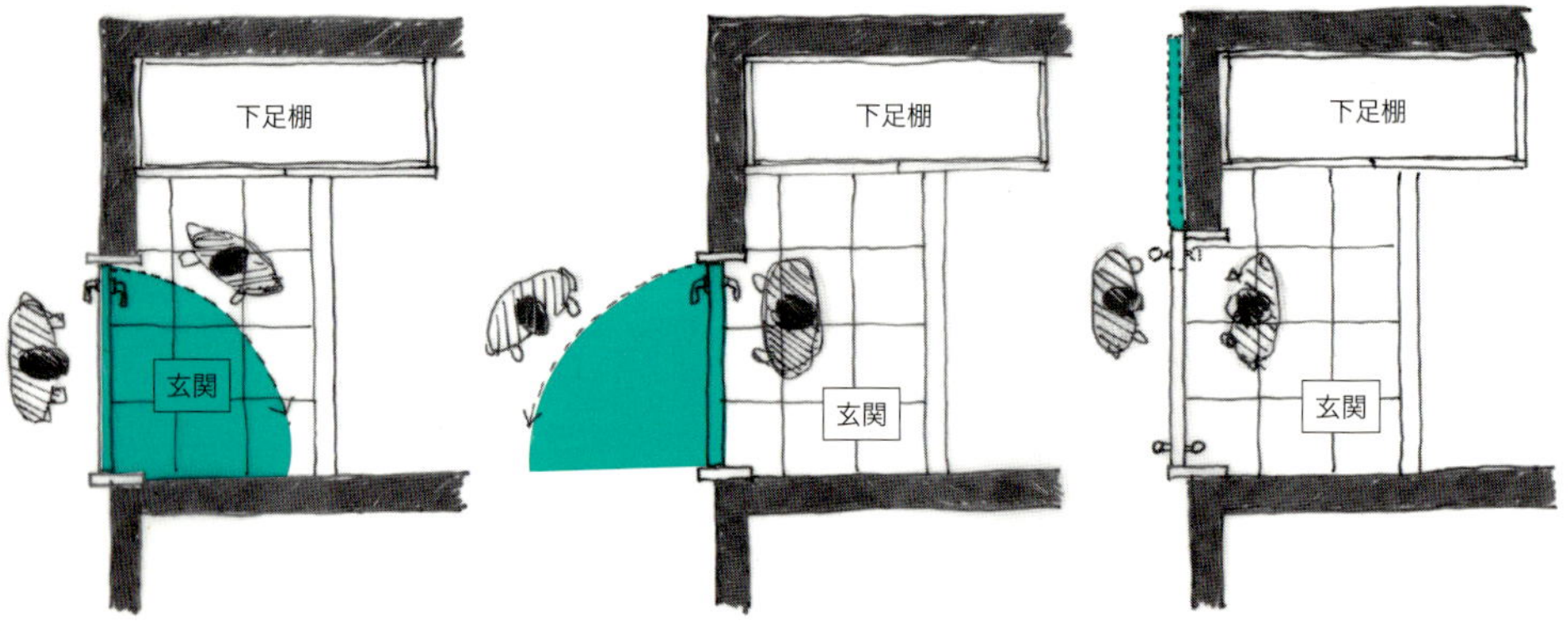

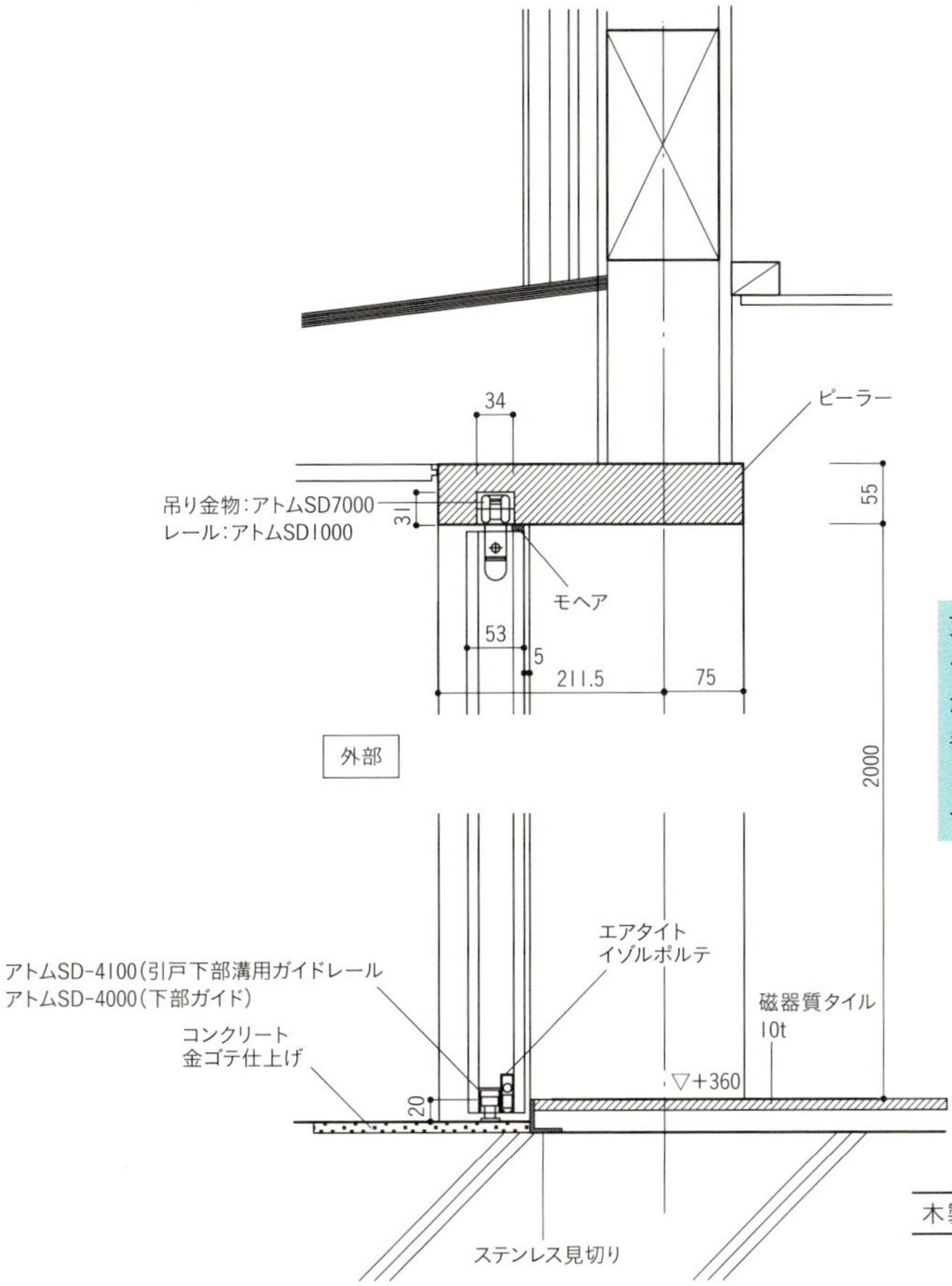

木製引戸 断面詳細図 S=1:10

玄関の扉としては、メーカーの既製品では味気ない気がして、詳細図を描くのは手間であるが、木素材のシンプルな扉を建具屋さんにつくってもらっている。

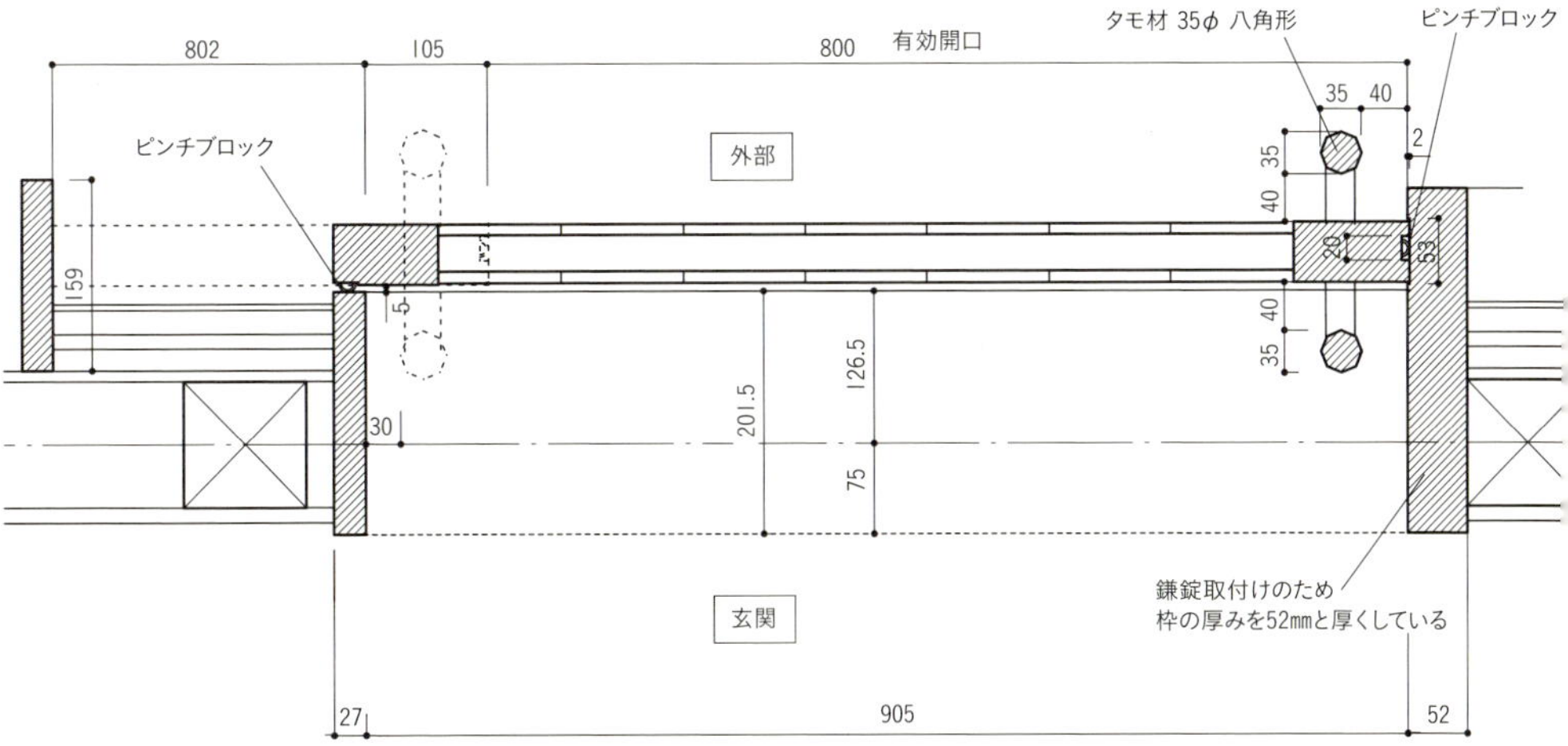

木製引戸 平面詳細図 S=1:10

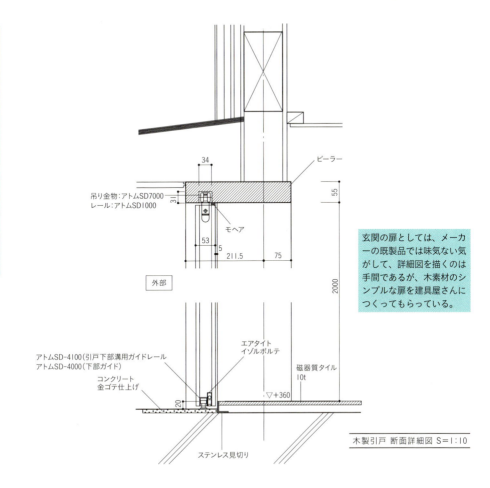

DETAIL

06

玄関廻りの収納はたっぷりと

玄関は家の内と外の境界になり、人と物が出入りする場所。そこには外部で使う多くの物を収納するスペースが必要になってくる。まずは下足棚。普段の生活で履く靴が何足かあって、その他長靴やサンダル、ブーツに冠婚葬祭用の靴など、数えてみると意外とかさばることがわかる。靴以外にも傘、掃除道具、子供の遊び道具、自転車の空気入れなど玄関廻りに置いておくと便利な物はたくさんある。

これらの物を収める収納は、玄関の中に配置すると便利だがすべては収まりきらない場合、玄関脇の外部空間を使う。外部の収納は少し庇を出して、雨の日でも濡れない工夫をすると、落ち着いて物の出し入れができる。

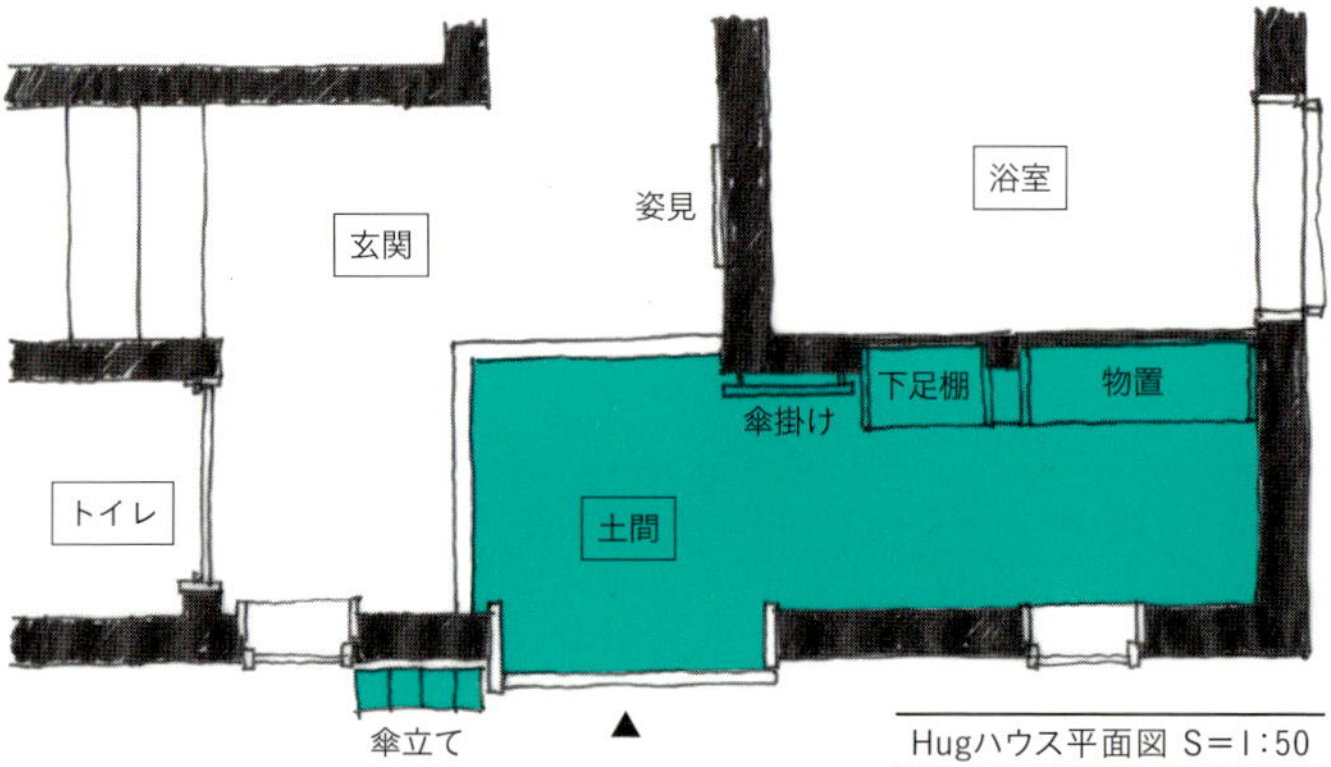

Hugハウス平面図 S=1:50

Hugハウスは1, 2階合わせて延床面積19坪の小さな家。1階に寝室、クローゼット、浴室、洗面脱衣室、トイレを配置した結果、玄関土間を半間の幅で奥行き深くつくると全体がうまく納まった。そこで下足棚を壁の中に埋め込むかたちにして、物の出し入れ時に少しでもスペースに余裕ができるよう配慮した。

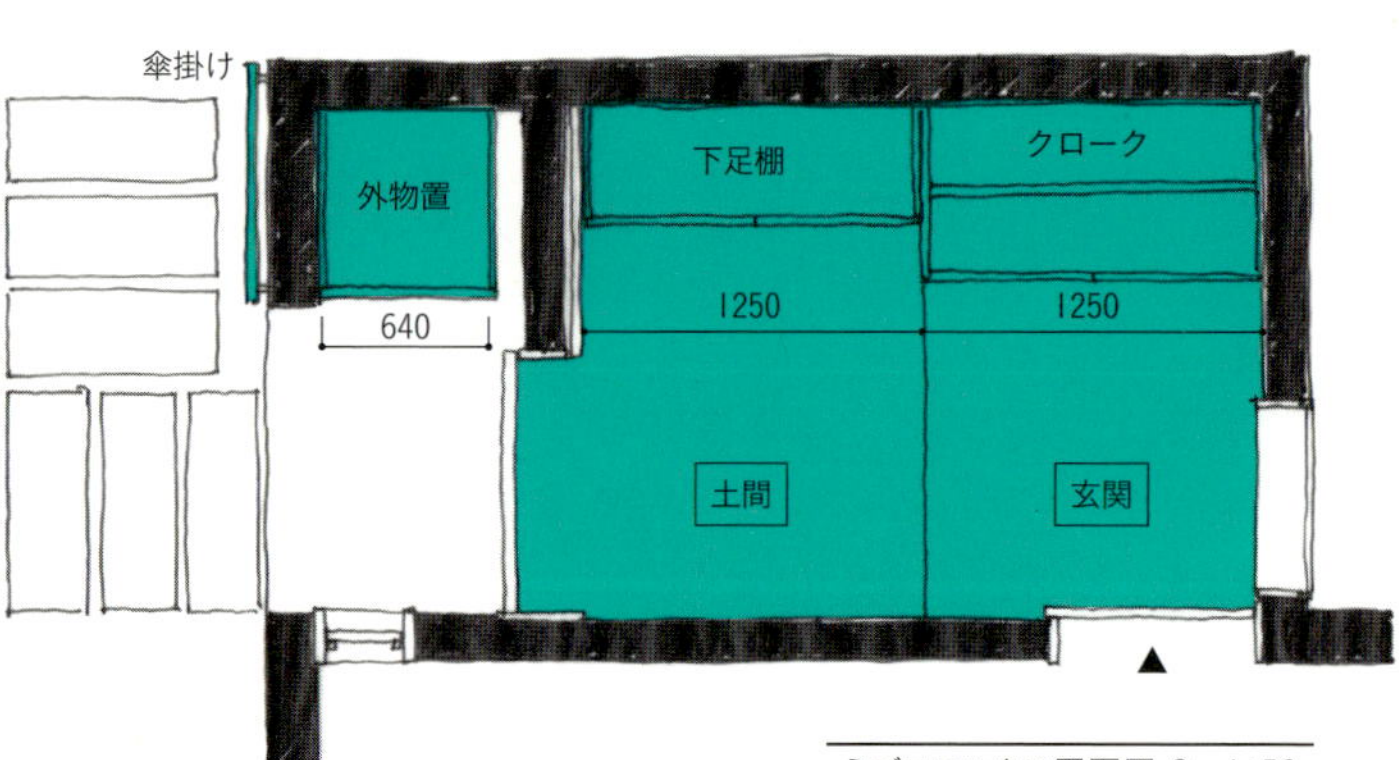

ミズニワハウス平面図 S=1:50

ミズニワハウスは育ち盛りのお子さんが3人いる5人家族。ポーチ部分に外物置を確保し、内部には一間半の壁一面に下足棚と広めのクロークを確保している。

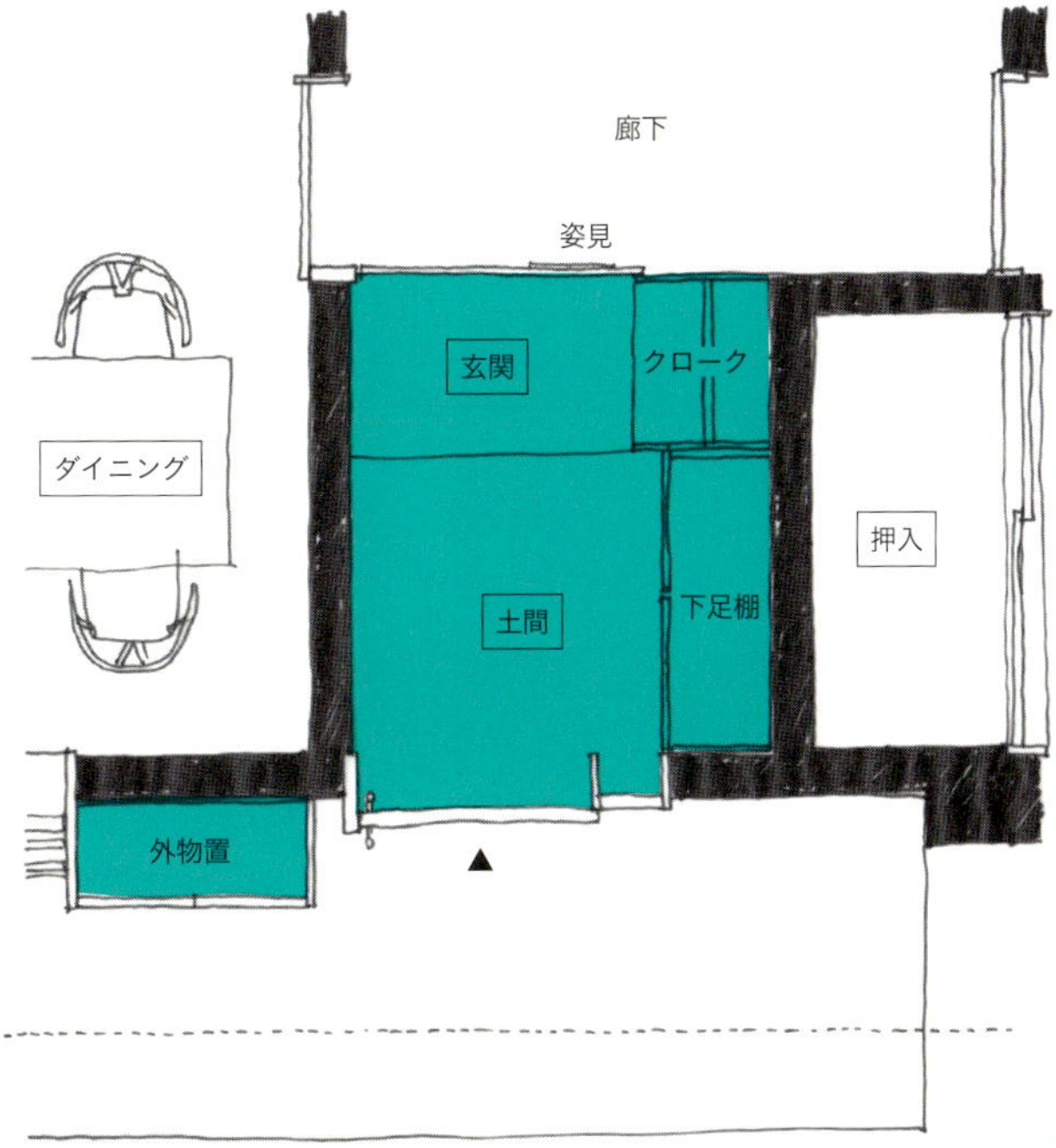

エンガワハウスはちょうど1坪の玄関スペースに下足棚とクロークを配置している。玄関先は庇が出ていて雨に濡れないスペースが広くあるため、その部分に外物置をつくっている。

エンガワハウス平面図 S=1:50

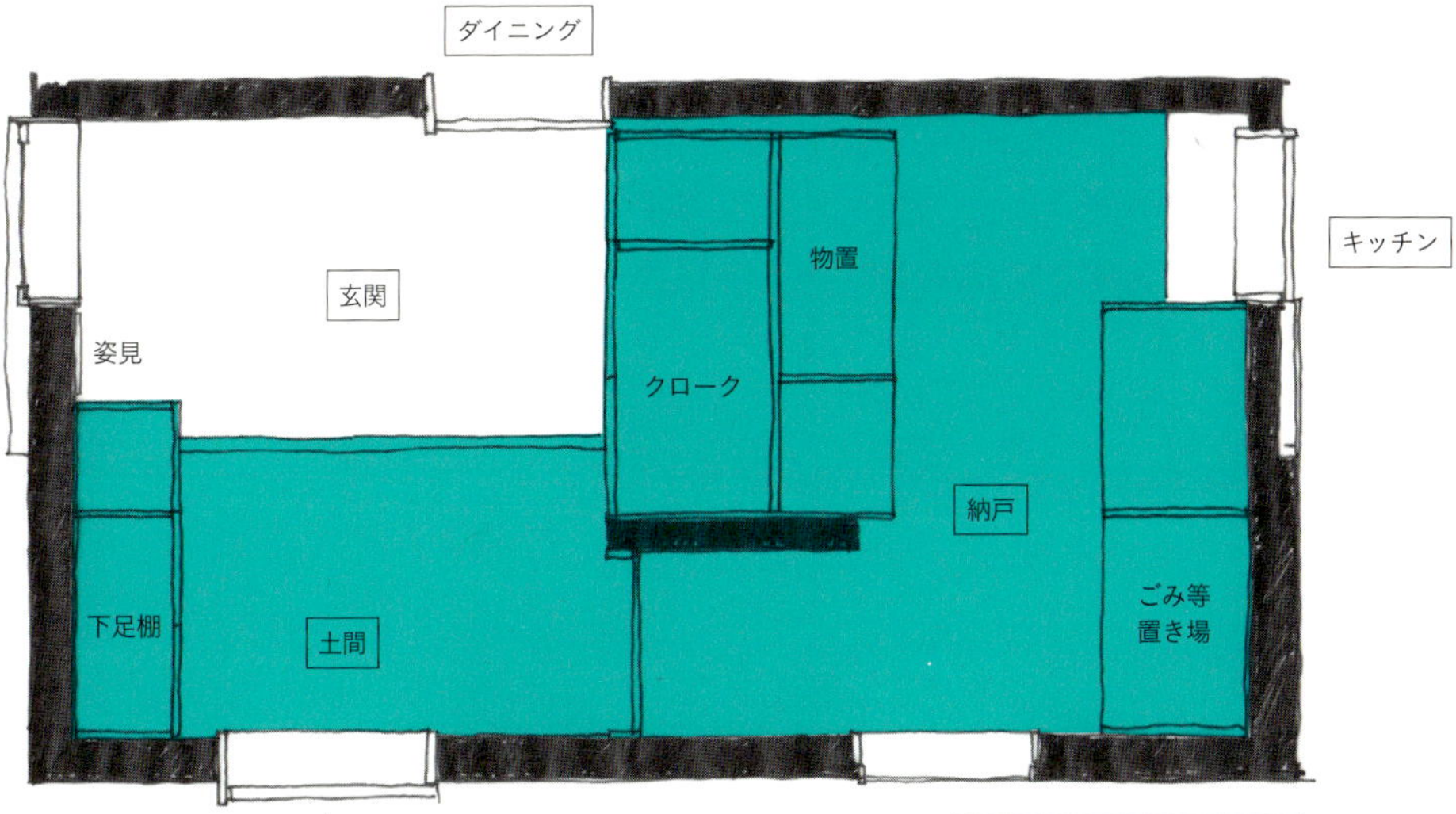

Bulatハウス平面図 S=1:50

Bulatハウスには下足棚とクロークの他に、玄関土間から直接キッチンにアクセスできる納戸を設けた。納戸は土足であるため、通常外物置に置く掃除道具や園芸道具、スポーツ道具なども置ける。またキッチンで発生したごみの一時置き場としても使えるため、ごみ出しをするときも室内を通らず玄関から外へ出ることができる。

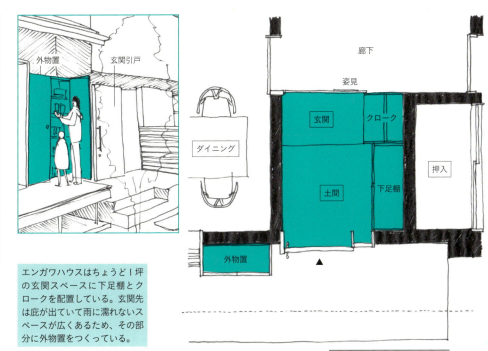

DETAIL

07

土間収納付き玄関

狭小敷地における都市住宅であっても、掃除道具など収納する物は意外に多く、外物置があると便利である。ところが、準防火地域で延焼のおそれにかかる場合、防火認定を受けた扉を外物置に使うのは負担が大きいので、玄関を大きめの土間にして、室内の造作家具として収納を設けている。ゴルフバッグや自転車・自動車をいじる道具類、掃除道具や庭仕事の道具もたっぷり収納できる大きさである。

　また、ベンチは靴を履くときに座るだけでなく、出かける前あるいは帰ってきたときにちょっと荷物を置いておく場所としても重宝される。最近は大事な自転車を室内に置きたいという要望も多く、三和土の部分は自転車を1台置いても大丈夫な余裕をもたせている。

上：稲口町の家Ⅰの土間収納
下：下駄箱とベンチ

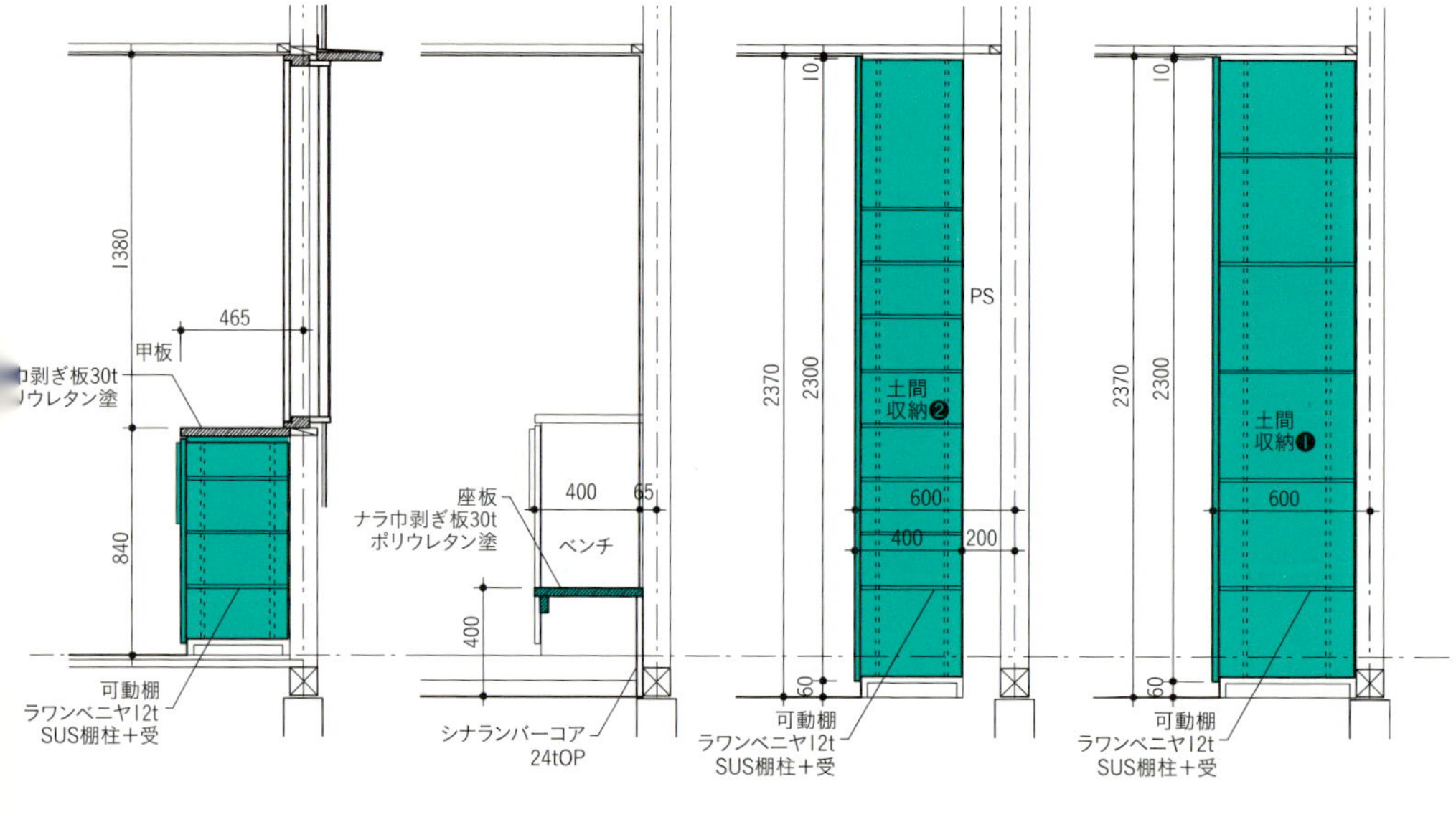

稲口町の家Ⅰ 土間収納断面図 S＝1:40

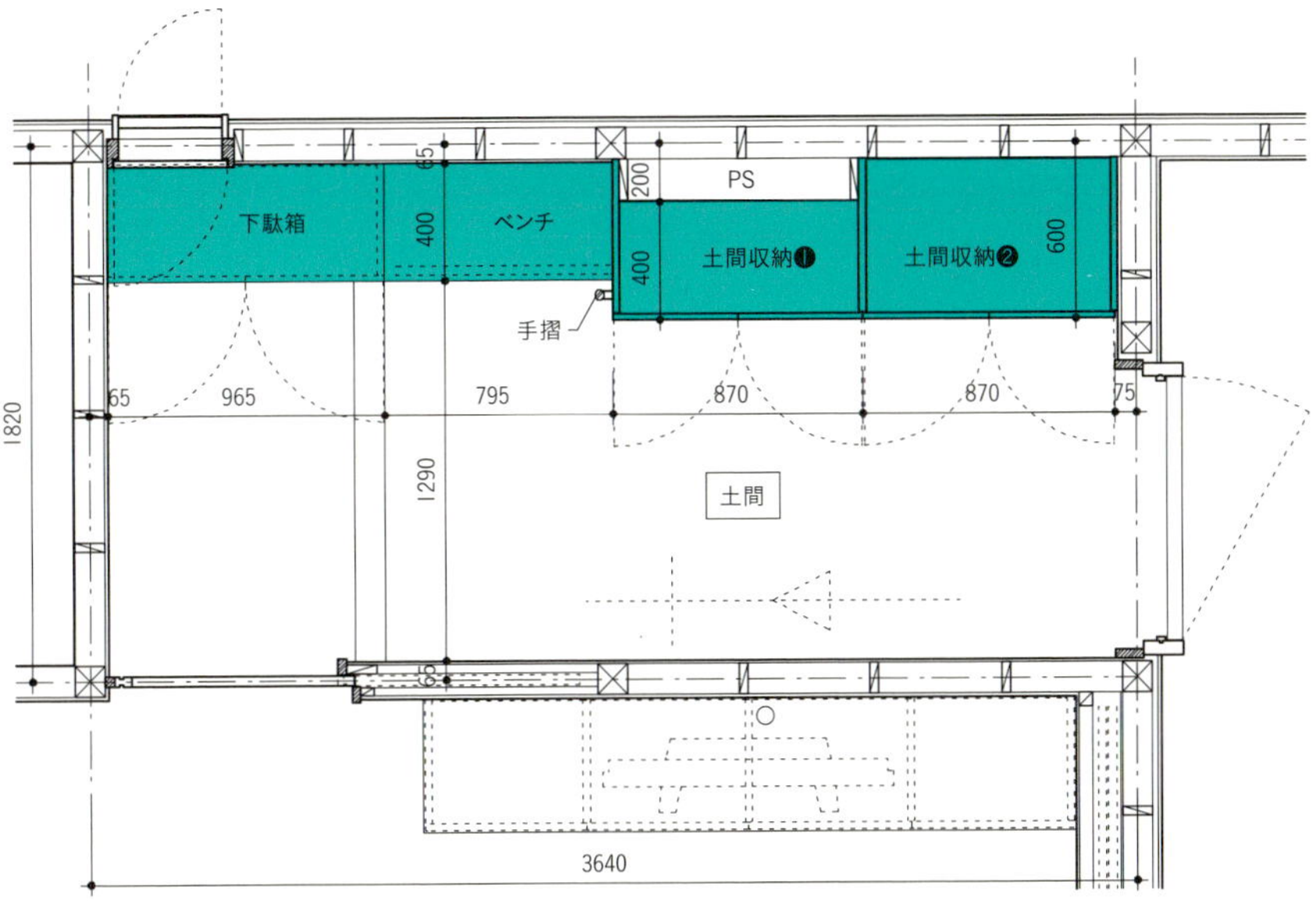

稲口町の家Ⅰ 玄関平面図 S=1:40

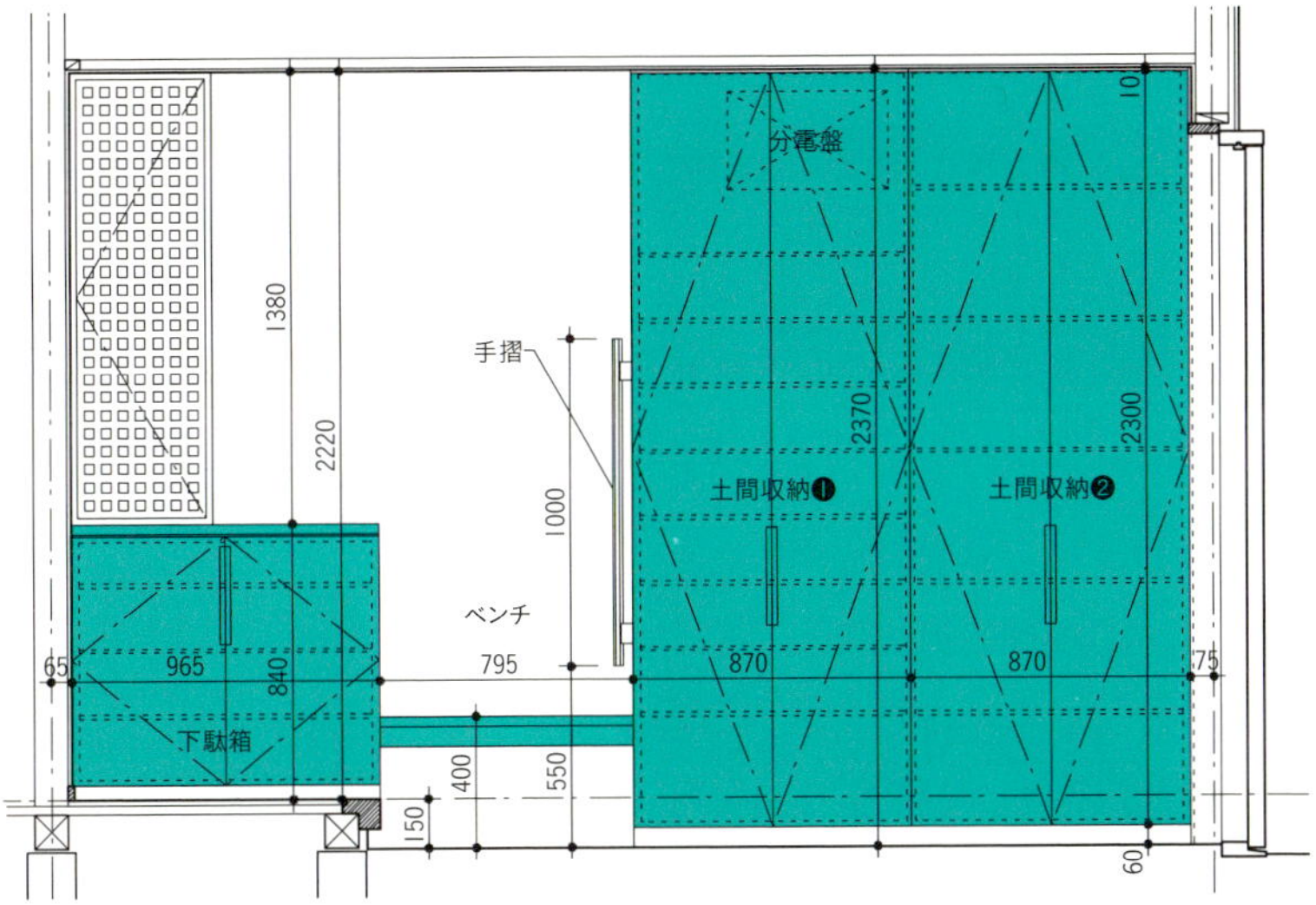

稲口町の家Ⅰ 土間収納姿図 S=1:40

室内から取り出せる郵便受け

郵便受けは道路に面して設けるのが一般的のようである。そのため既製品の郵便受けは、ブロック塀に組み込んで塀の内側から取り出せるもの、もしくは外から入れて、外から取り出すボックスタイプのものがほとんどである。

私の場合、朝起きてパジャマのまま新聞を取りに外へ出るのは、特に冬の寒い朝は躊躇してしまうので、玄関扉の横にポスト口を設け、室内から取り出せるようにしたいと考えるのだが、意外にもそういったかたちで使える既製品は見当たらず、しかたなくこのような郵便箱を設計して、大工さんにつくってもらっている。

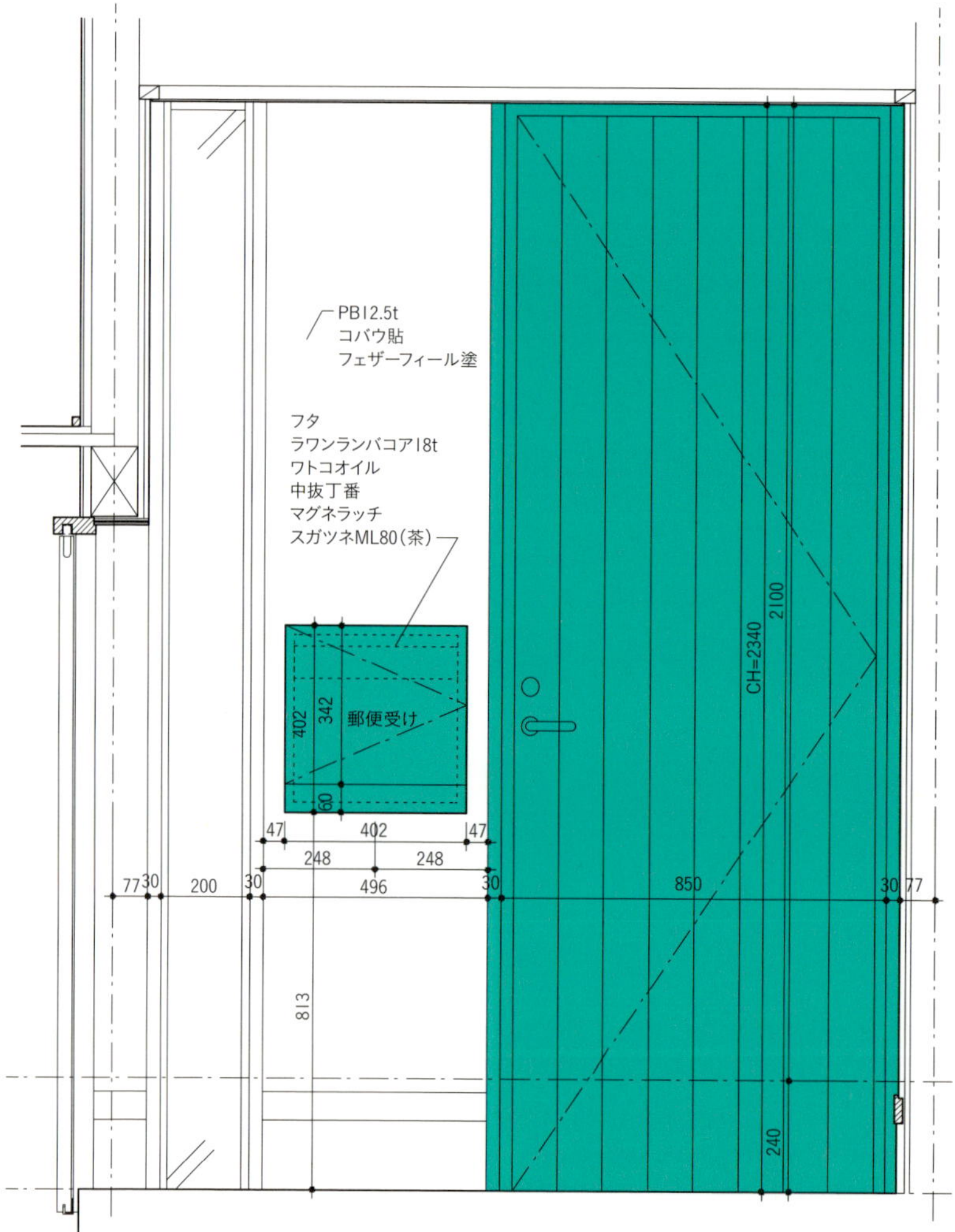

茨木の家 玄関姿図 S=1:20

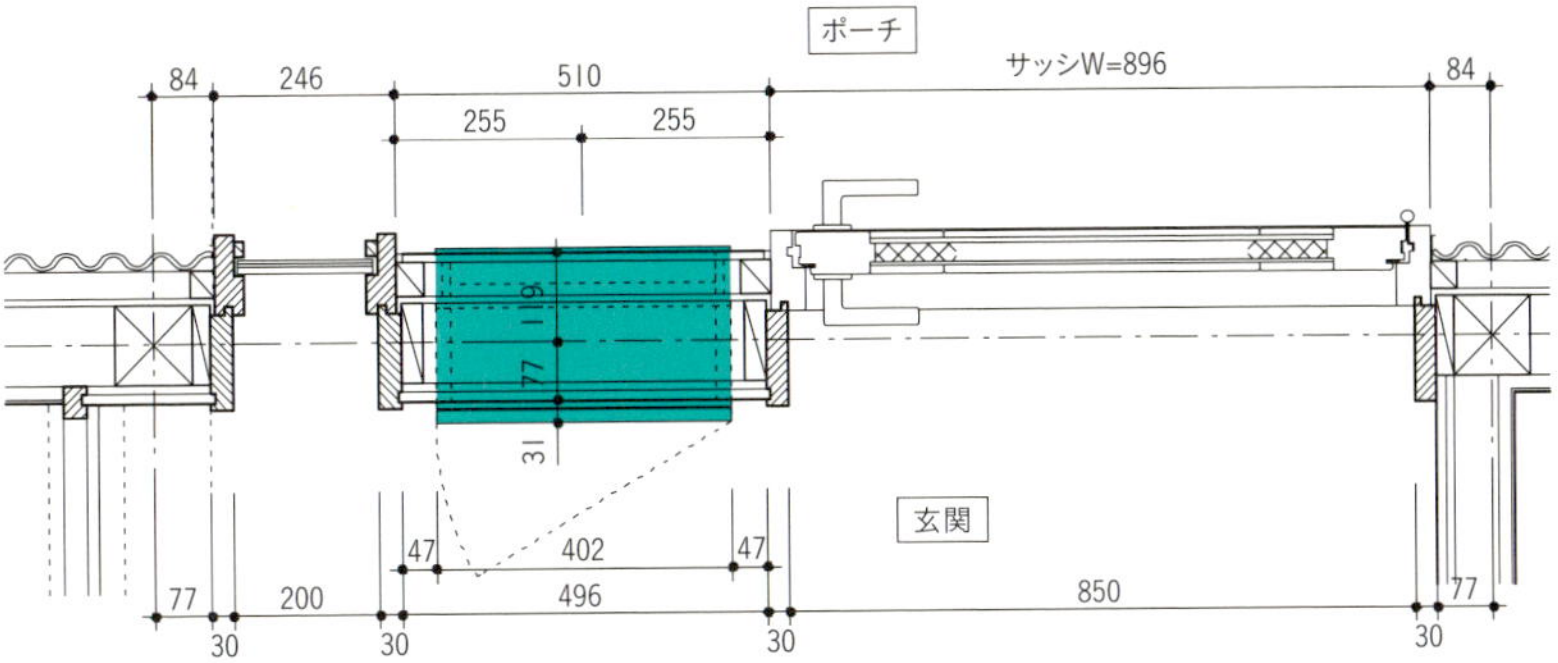

茨木の家 玄関平面図 S=1:20

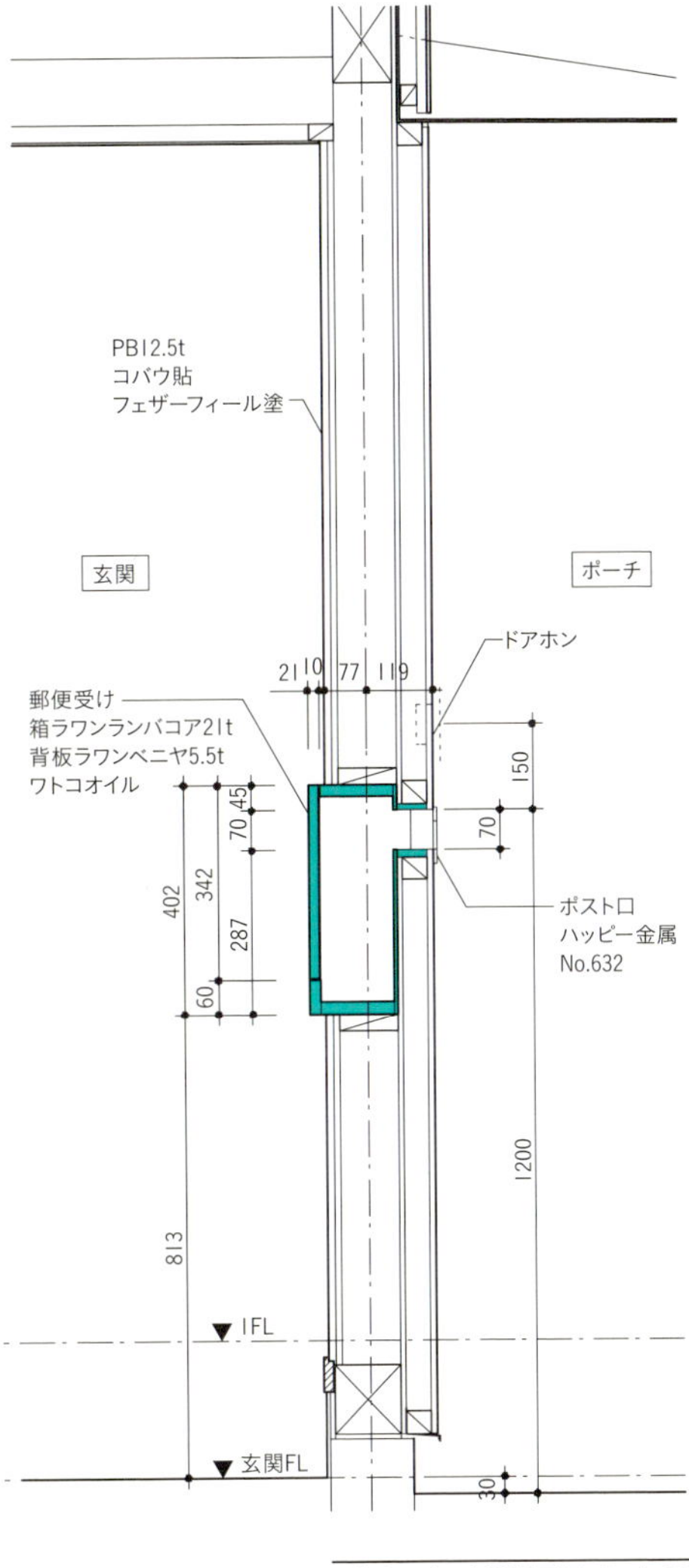

茨木の家 玄関断面図 S=1:20

茨木の家では、A4サイズの封筒が入る郵便受けを、大工さんにラワン材を使って製作してもらった
（写真撮影：築出恭伸）

Column

畑違いから住宅の世界へ

私（S）は2008年に設計事務所を開設しましたが、それまでは造園系のコンサルタント会社に10年間勤めていました。その会社では公園関係の施設建築の他、ランドスケープの設計などを手がけていました。仕事の規模は大きく、海外の仕事もあって充実はしていましたが、あるとき一念発起し、学生の頃から憧れていた住宅の世界へ転身することにしました。

ある意味「畑違い」からの転身でした。私が手がけた最初の住宅は自宅の「カヅノキハウス」です。住宅のスケール感がつかめず、またディテールなどもほとんどわからないため、とにかく自分の好きな建築家の住宅を見て回りました。永田昌民さんや伊礼智さんの勉強会、泉幸甫さんが主宰している「家づくり学校」などにも通いました。図面を描くにあたっては、詳細図集や建築雑誌を片手に何度も描きなおして、ようやく見積図面をつくりました。

自宅の施工は永田さんや伊礼さんの住宅を数多くつくっていた、東村山市の相羽建設さんにお願いしました。苦労してつくった図面だったのですが、着工間近になって現場監督から「島田さんこれでは図面が足りません。1か月工事をずらすので図面を揃えてください」と宣告（!?）されたときはショックでした…。

現場がはじまってからもわからないことの連続でした。この頃は時間だけはたっぷりあったので、現場に毎日通って、大工さんたちにいろいろ教えてもらい、最終的には当初やりたかったことが実現できたと感じています。工務店や職人の技術力に助けられた1軒目でした。

よい住宅をつくるには「図面を描く力」もとても大切ですが、「何を実現したいか」を自分の中で明確にすることが重要です。イメージをしっかりもって、信頼できる現場の監督や棟梁にぶつけてみればよいのです。その強い思いがあれば、よい解決策が見つかるものです。ただし、間違いと気づいたときには意地を張らずに、前言を撤回して別の方法を考える勇気も必要です。

1軒目のカヅノキハウスでお世話になった益子棟梁と高橋棟梁

キッチンは、家の中で最も
機能的であることを求められる場所である。
物の出し入れが頻繁に行われ、切ったり、洗ったり、
火を使ったりとさまざまな作業が同時に行われる。
また最近のキッチンは、家族室に対して
オープンなつくりになる場合が多いため、
隣り合う部屋と違和感がないように、美しくつくりたい。

第2章

キッチンは便利に美しく

DETAIL

01 キッチンの見せない工夫

ある家のクライアントの奥さんから「洗い上げた食器を置くスペースは、ダイニング側から目立たないようにしたい」という要望をいただいた。

こういうとき、無造作に目隠しをつくっては台無しになってしまう。コストが許すときは、思い切って作家にオーダーメイドすることで、自分一人ではたどり着けない結果に至ることもある。ここでは以下の条件を挙げて、目隠しの衝立を鉄の作家につくってもらうことにした。

- 視線を隠しながらも風を通す。
- カウンターの両側から物が置ける。
- 端部は配膳台として使える。

できあがってきたものは、さりげなくキッチンの手元を隠しながらも、しっかりデザインされていて、クライアントにも非常に気に入ってもらえて、一安心。

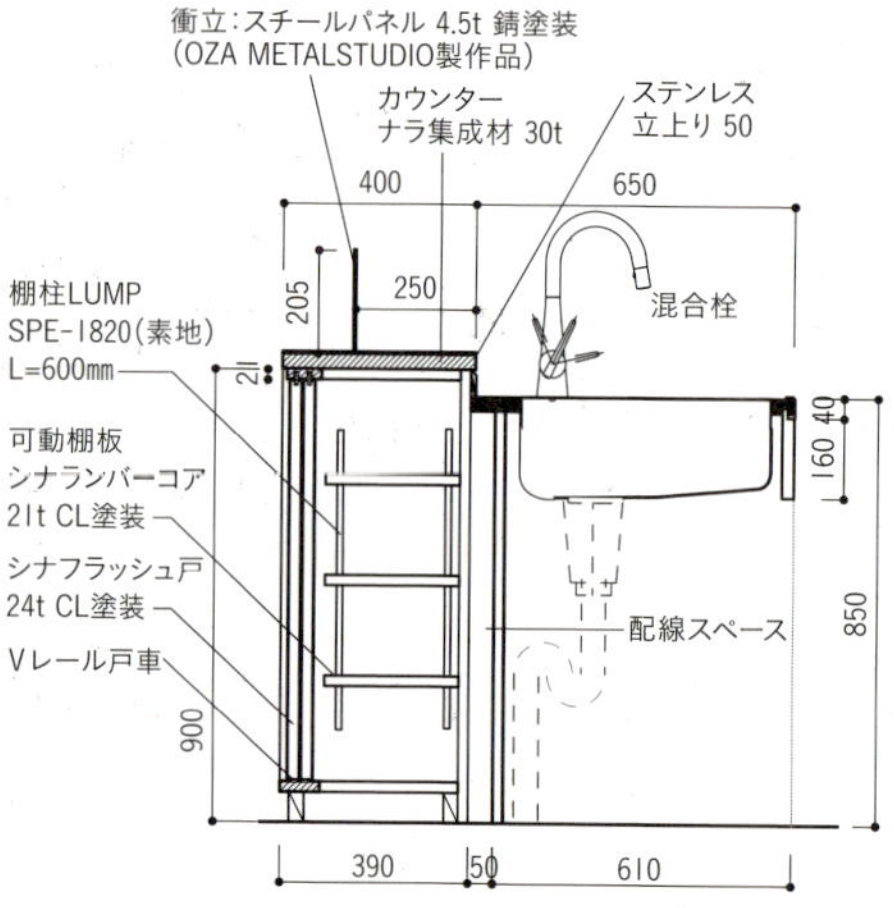

キッチン断面図 S＝1:30

衝立のエリア分け

衝立の位置や長さを調整して、洗い上げや配膳、飾り棚スペースとして使えるようにエリア分けをした。

キッチンの開放感は損わずシンク側カウンター部分に洗い物を置いても目立たない工夫をした。

ダイニングからキッチンを眺める

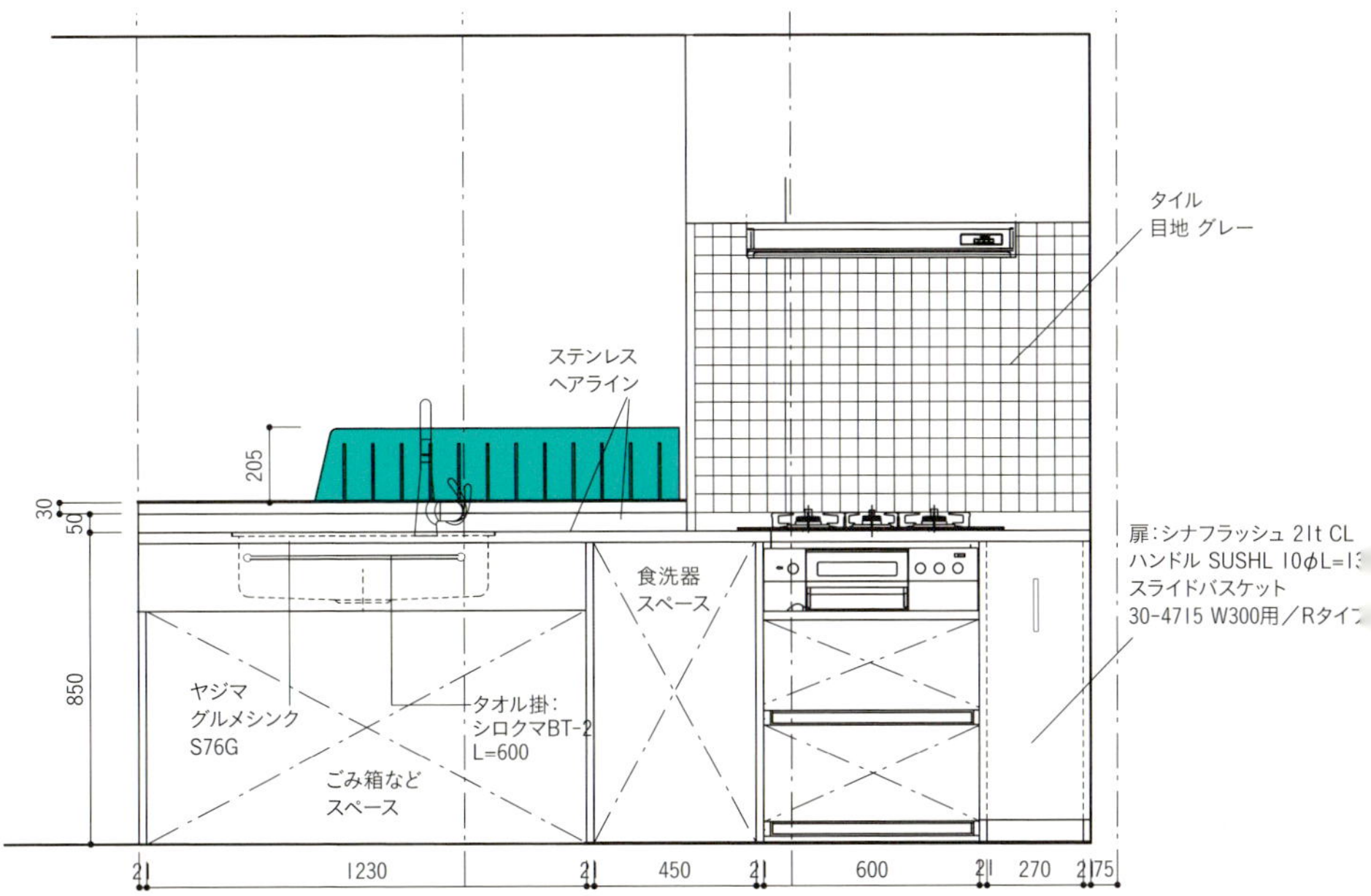

キッチン姿図 S=1:30

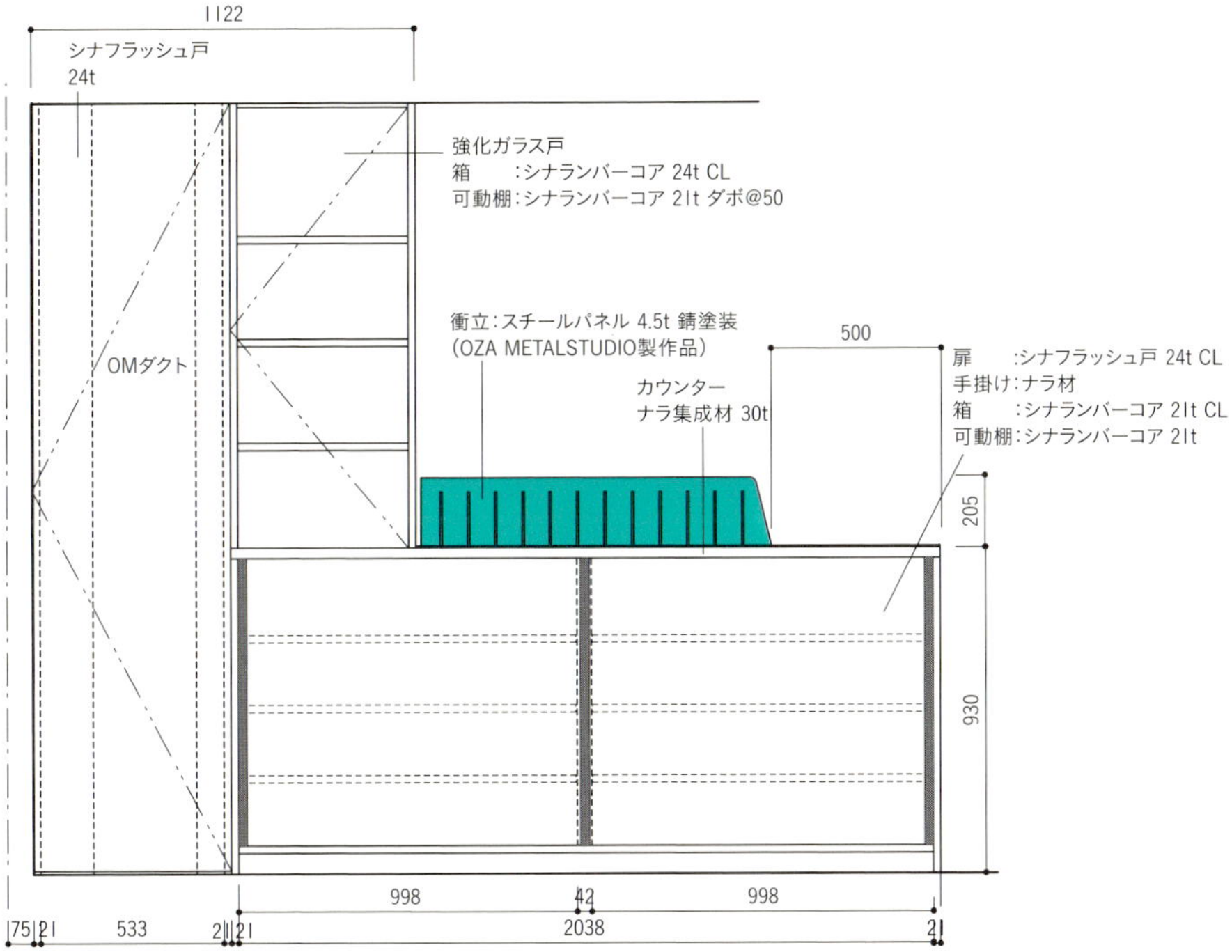

カウンター収納姿図 S=1:30

DETAIL

02 重宝するキッチンパーツ

自宅であるカヅノキハウスを設計したとき、フライパンや鍋類を置く場所を、通常の木製の棚板でつくった。しかし、特にフライパンの裏側は油汚れが残っていて、使ううちに棚板が黒く汚れてしまった。また棚の奥の方にある大きな調理器具を出し入れするとき、まず手前に置いてあるものを取り出す必要があり、不自由さを感じていた。キッチンは通常システムキッチンを使わず、造作（オーダーメイド）しているが、メーカーがつくっているキッチンパーツを部分的に使うことがある。その中の一つに「ワイヤーシェルフ」がある。

ワイヤーシェルフはその名の通り、ワイヤー状の棚が引き出せるもので、鍋やフライパンなど比較的大きな調理器具を収納するのに便利である。調理器具の底との設置面積が小さく、油や焦げがついても掃除がしやすい。また奥の方に収納したものでも、ワイヤーシェルフを引き出すことで簡単に出し入れが可能である。自宅での経験を活かし、以降設計した家にはワイヤーシェルフを使うことにしている。

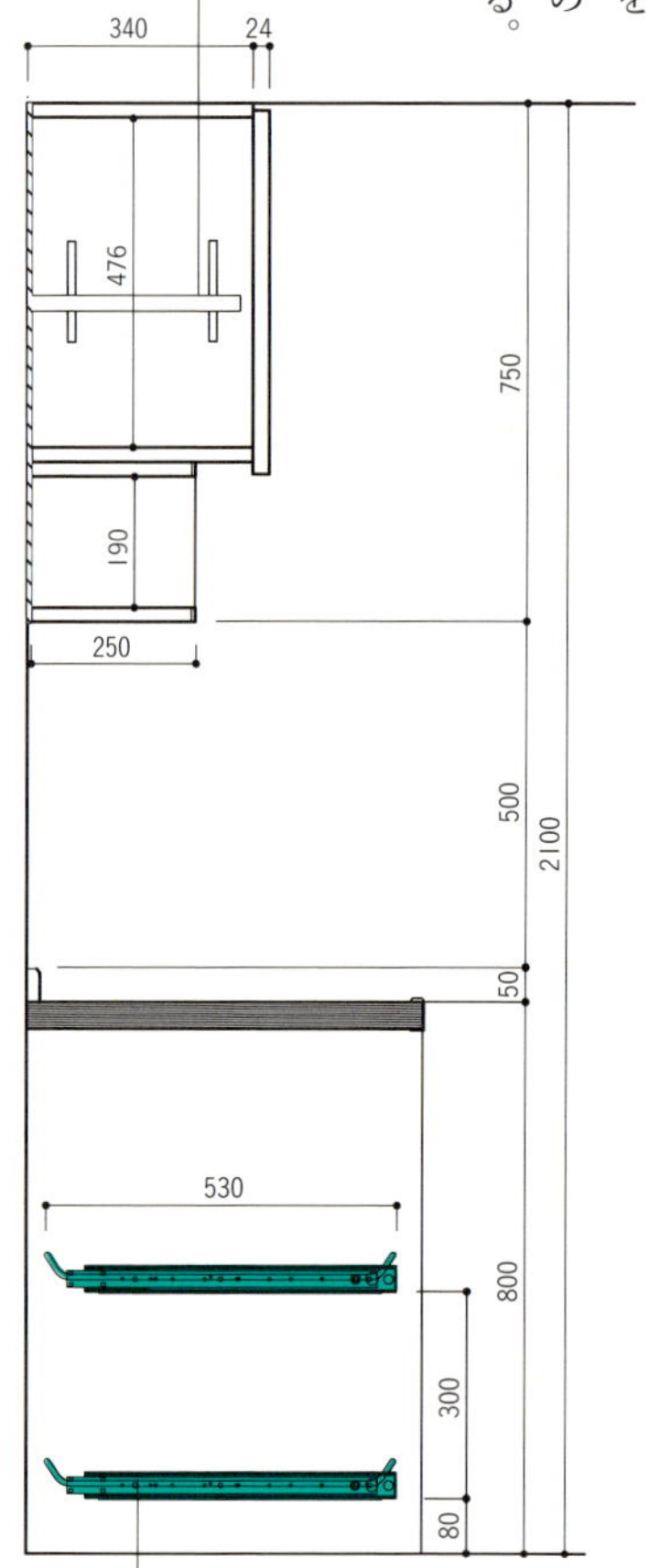

キッチン収納断面図 S=1:20

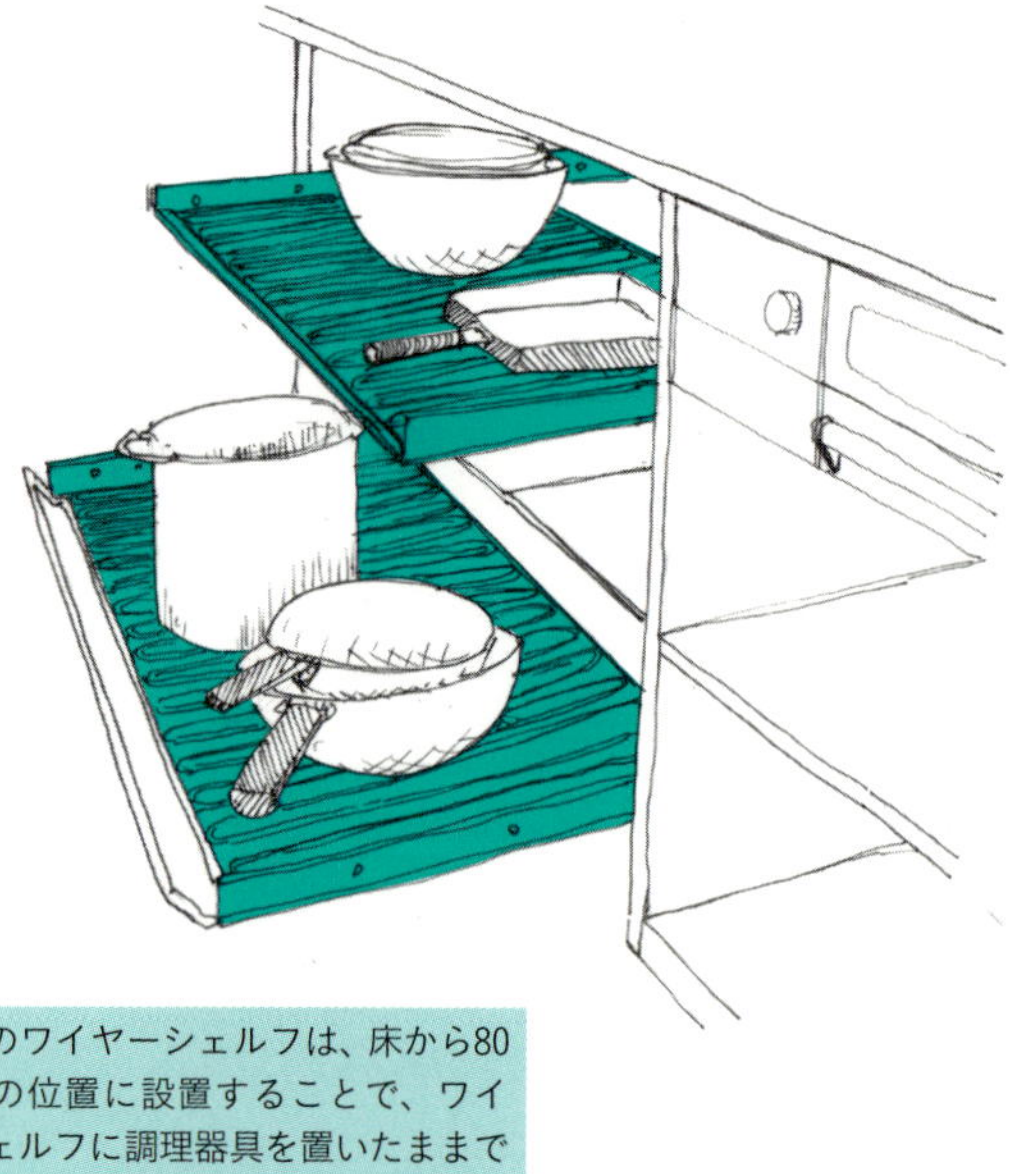

最下段のワイヤーシェルフは、床から80mm程度の位置に設置することで、ワイヤーシェルフに調理器具を置いたままでも、直下の床を掃除することができる。

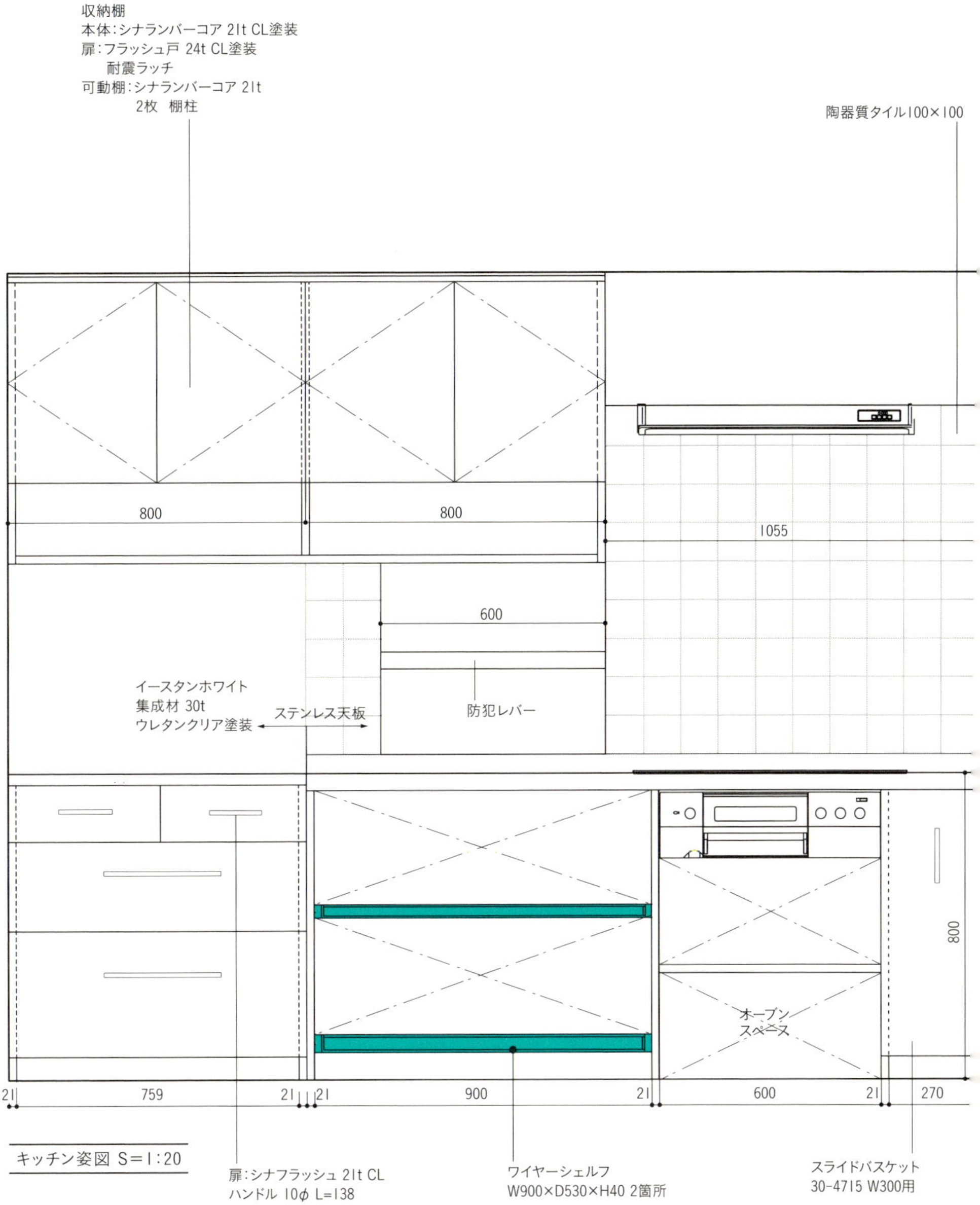
収納棚
本体:シナランバーコア 21t CL塗装
扉:フラッシュ戸 24t CL塗装
耐震ラッチ
可動棚:シナランバーコア 21t
2枚 棚柱
陶器質タイル100×100
800
800
1055
600
防犯レバー
イースタンホワイト
集成材 30t
ウレタンクリア塗装
ステンレス天板
800
オープン
スペース
21
759
21
21
900
21
600
21
270
扉:シナフラッシュ 21t CL
ハンドル 10φ L=138
ワイヤーシェルフ
W900×D530×H40 2箇所
スライドバスケット
30-4715 W300用

キッチン姿図 S=1:20

DETAIL

03

掘りごたつ式ダイニングキッチン

「ごはんを食べ終わったら、そのま床に寝転んでテレビを見られるような、くつろげる家にしてほしい」というクライアントの要望から「掘りごたつ式のダイニングキッチン」を提案した。キッチン側の床は階段3段分、掘りごたつの床は階段2段分下げ、キッチンに立つ奥さんが腰掛けた子供たちと視線を合わせられるようにしている。キッチンは開放的なので、細々としたものを整理できるように、奥にパントリーを設けている。また、上段・中段・下段を立体的に使える3Dシンクを採用し、カウンターはきれいなまま、調理の流れ作業ができるようにしている。電話やPCコーナーもあり、家計簿などの家事をすることもできる。このキッチンを2年ほど使った奥さんから、「潜水艦のコックピットのようで楽しいキッチン」という嬉しい感想をいただいた。

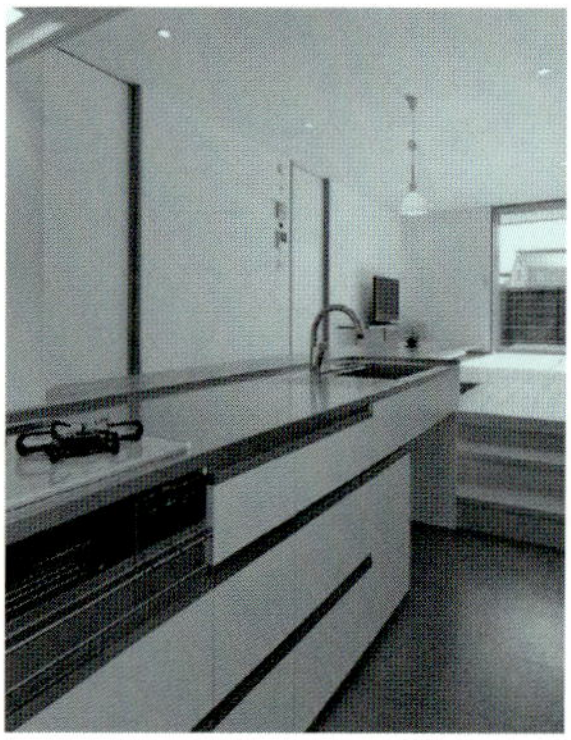

左：稲口町の家Ⅰ キッチンよりリビングを見る
右：ダイニング側からキッチンを見る
（写真撮影：そあスタジオ）

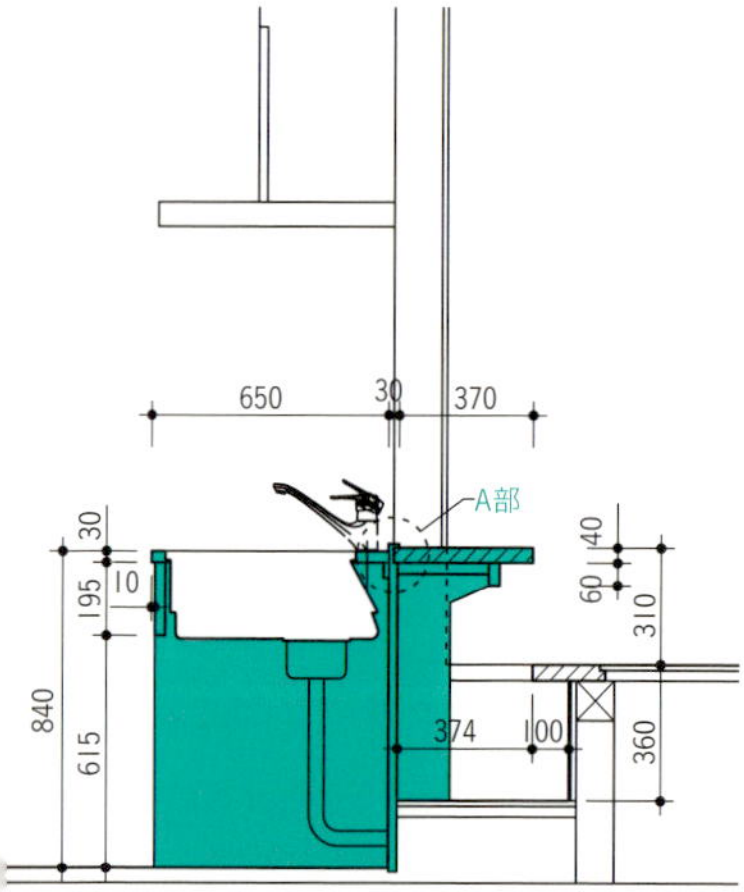

シンク部断面図 S＝1:40

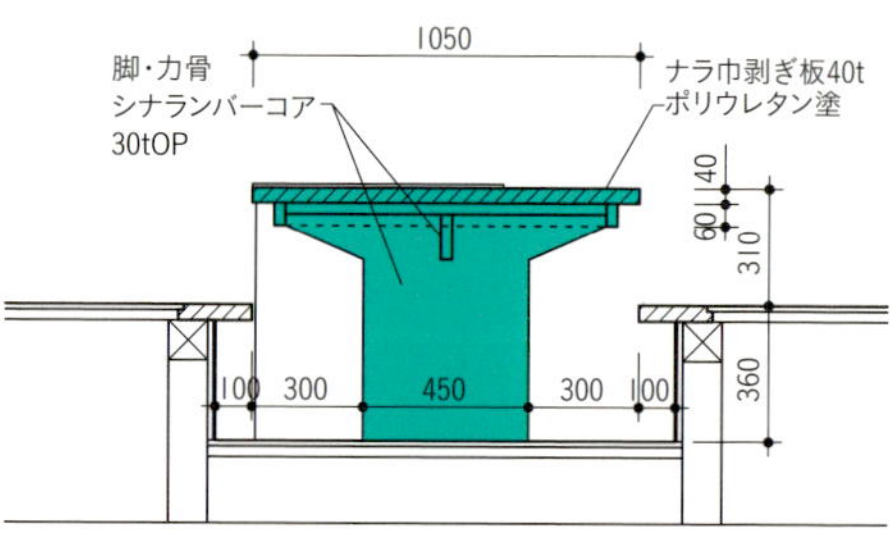

テーブル部断面図 S＝1:40

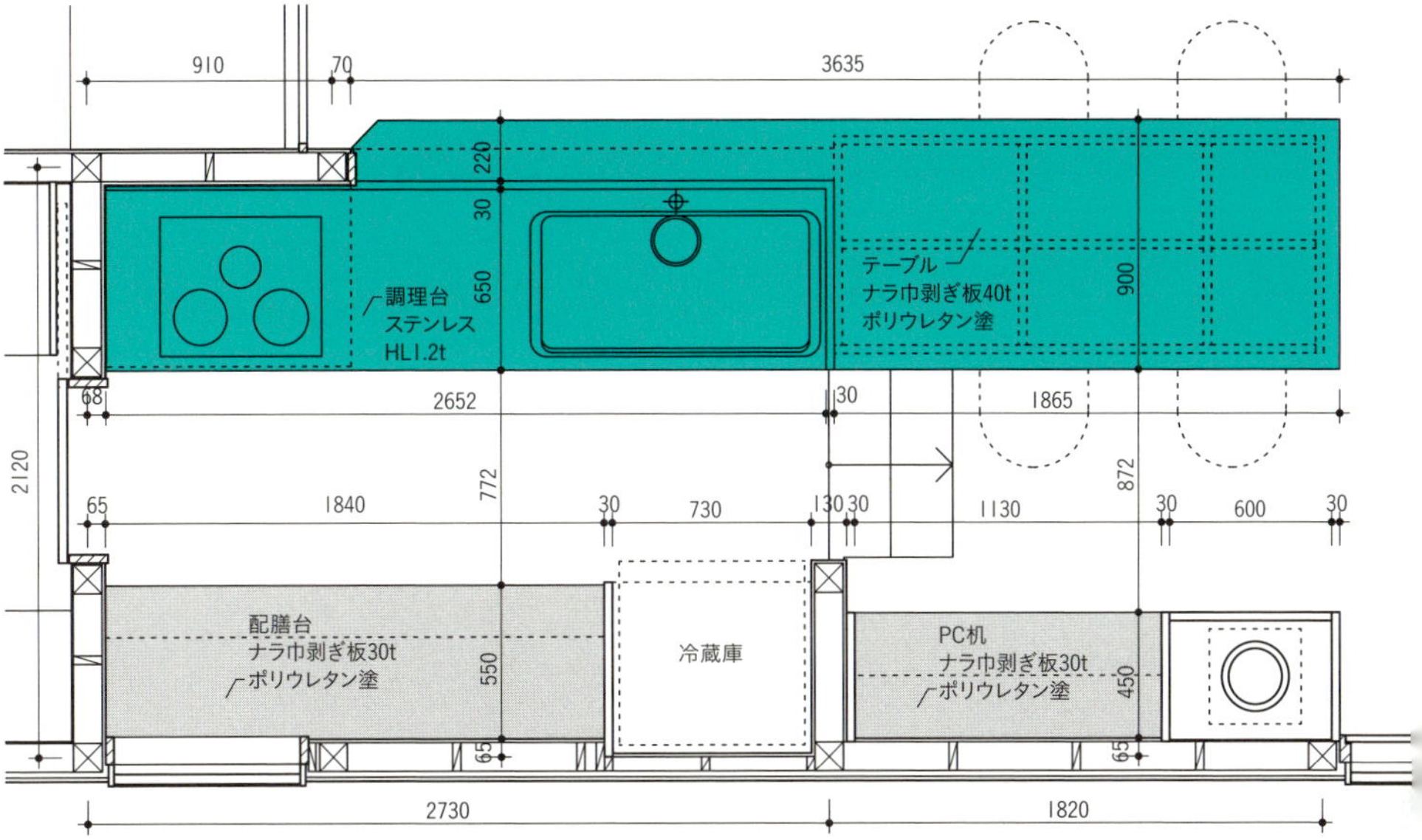

稲口町の家I ダイニングキッチン平面図 S=1:40

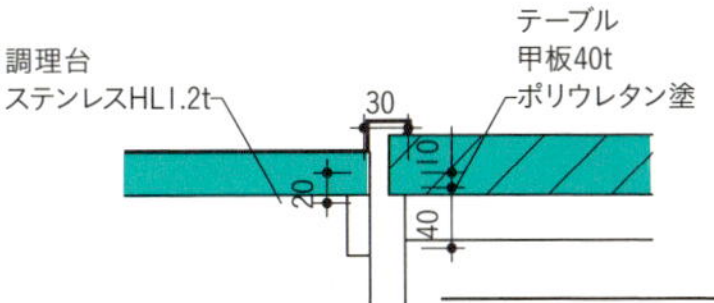

A部詳細図 S=1:10

調理台とテーブルは無垢の木の一枚板としたいところだが、シンクの水はねやコンロの油はねの手入れを考え、ステンレス製としている。水がテーブル側に流れていかないように、わずかに立ち上がりをつけている。

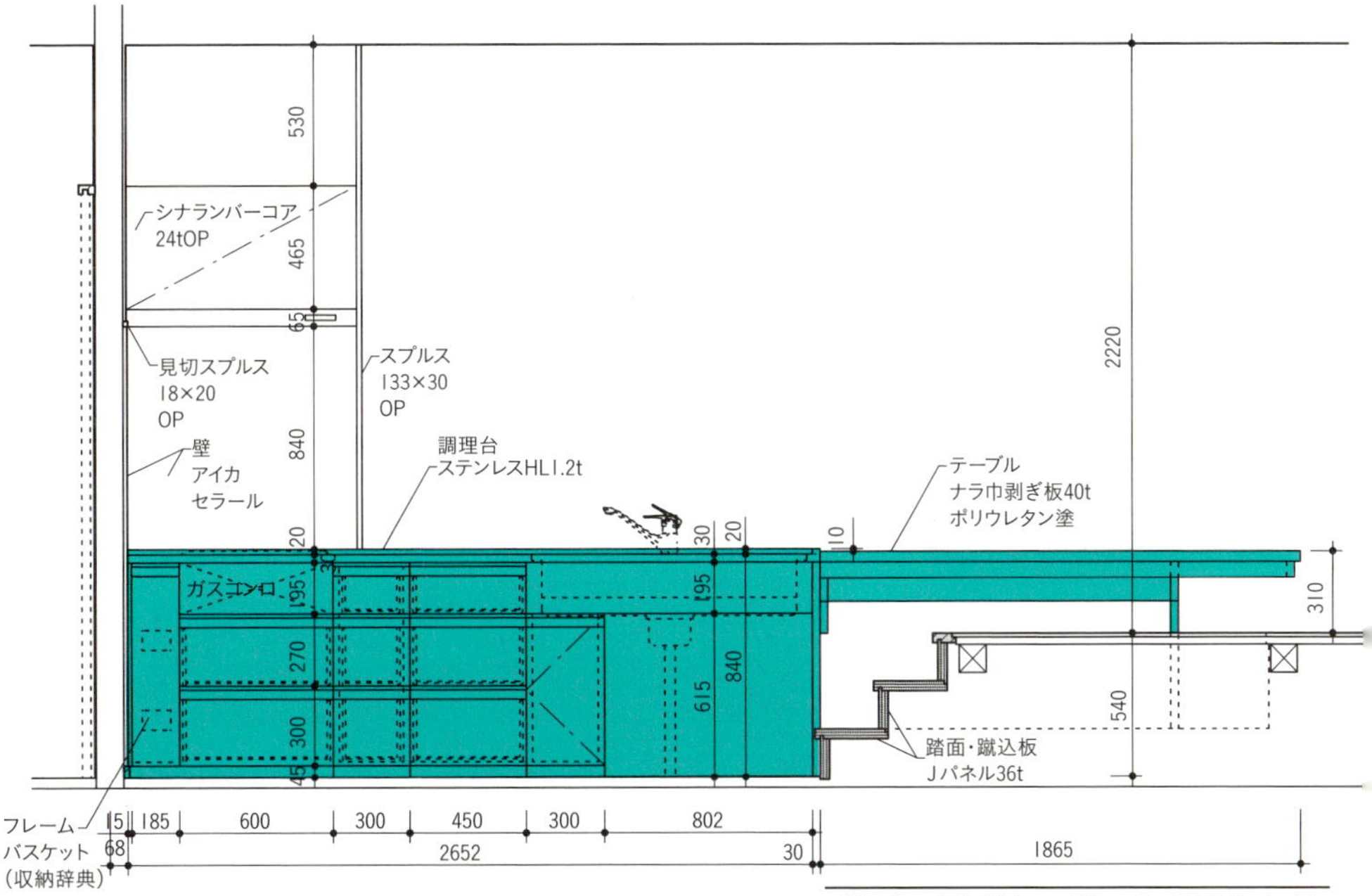

稲口町の家I ダイニングキッチン姿図 S=1:40

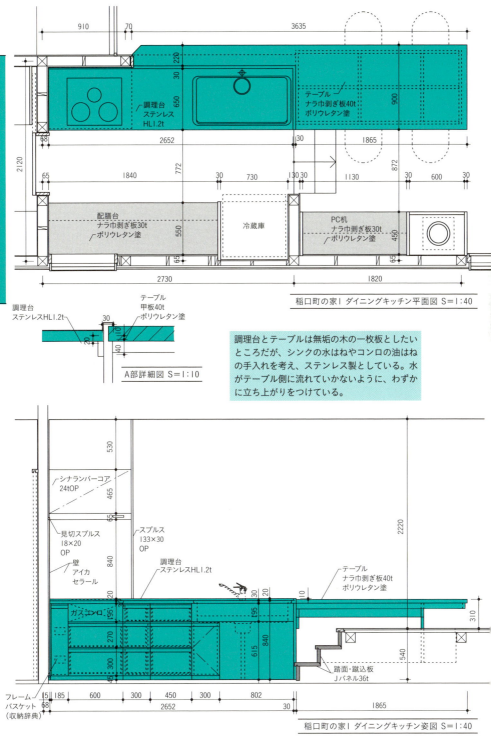

04

キッチン家具の細やかな工夫

キッチンの設計では、クライアントとの会話の中からいろいろ細かな工夫が生まれることがある。あるとき、クライアントから作業台カウンターの天板を「下部の引出し面より少しでっぱらせてほしい」という要望をいただいた。カウンターの上に落ちたパンくずを払うとき、少しでっぱりがあることでダスターで払ったパンくずが、もう一方の手でうまく受けることができるというのだ。

また別のクライアントからは、シンクの手前にタオルバーがあると、洗い物をするときにお腹が当たって邪魔になるとの話を聞いた。そこでいろいろ試行錯誤した結果、幕板に穴を開けて、タオルを通して引っかけるディテールを考案するに至った。

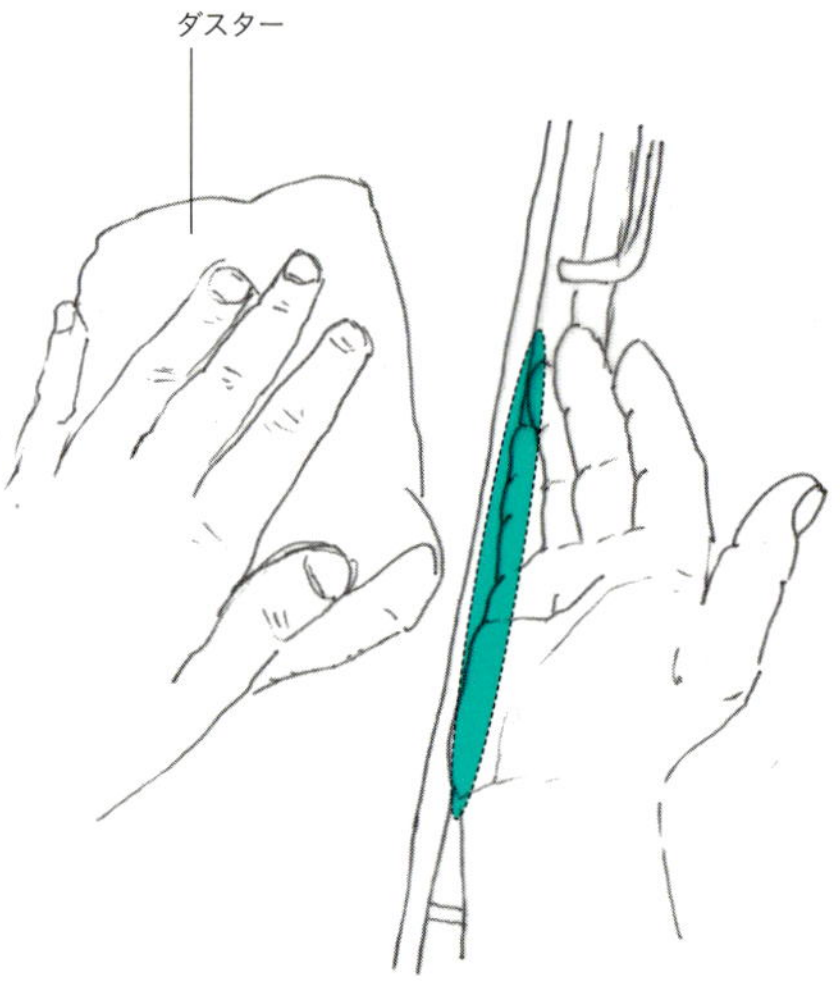

でっぱりのないカウンター
カウンター天板にでっぱりがないと、手とカウンターの隙間にパンくずが落ちてうまく受けることができない。

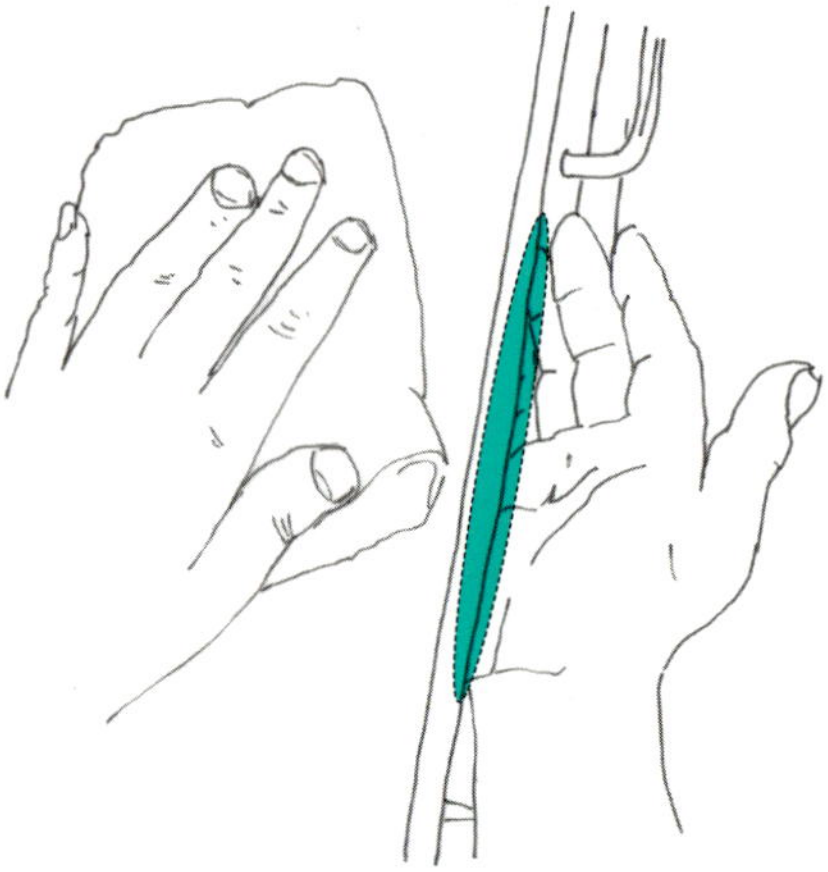

でっぱりのあるカウンター
カウンター天板にでっぱりがあると、手がカウンターの下に入り込むのでパンくずをうまく受け取ることができる。

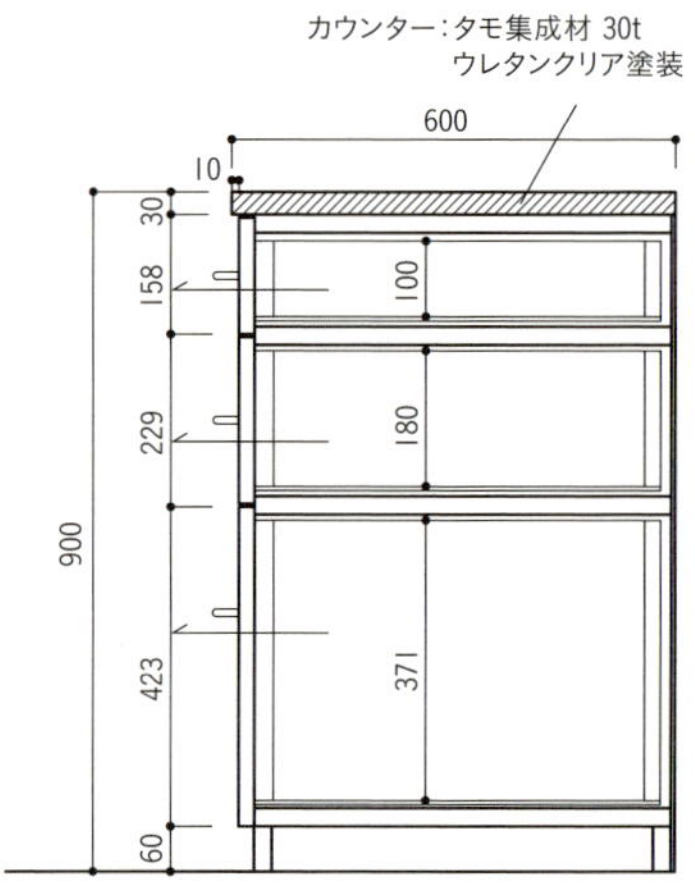

引出し
前板：シナフラッシュ 21t
側板：シナランバーコア 15t
底板：シナベニヤ 5.5t
ハンドル：SUS HL 10φ
スライドレール

家具断面図 S=1:20

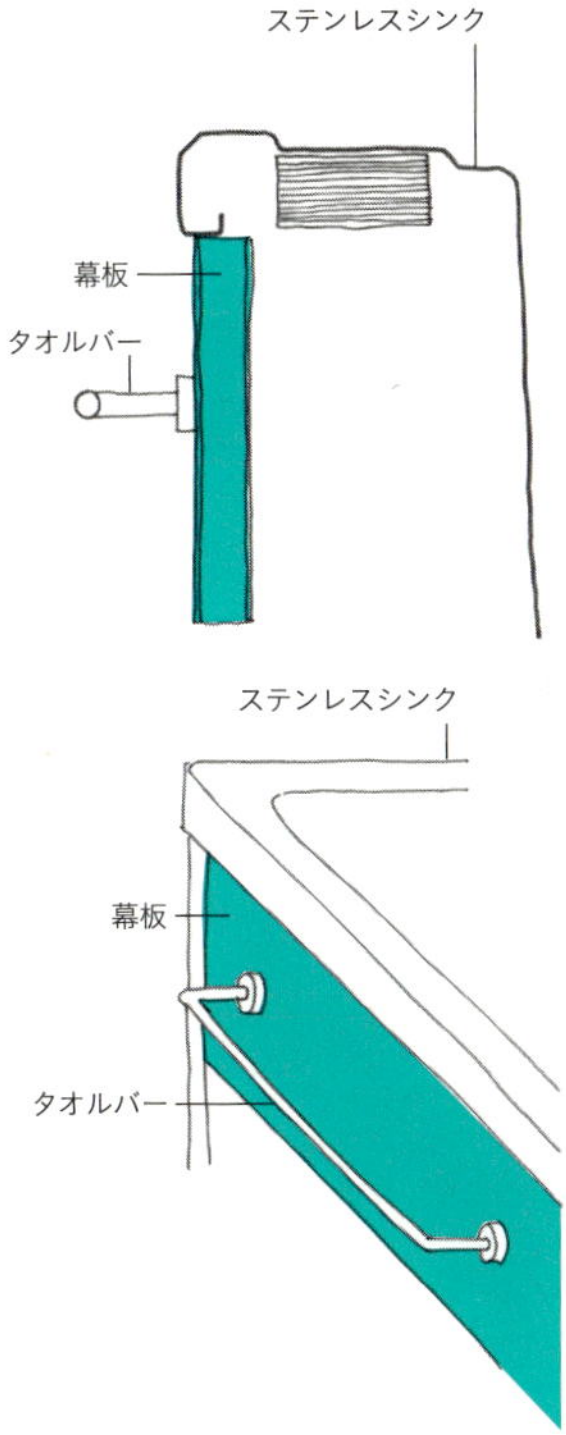

通常のタオルバーの設置方法
幕板にタオルバーを設置することはよくあるが、タオルバーがでっぱるので、洗い物をするときにお腹が当たってしまう。

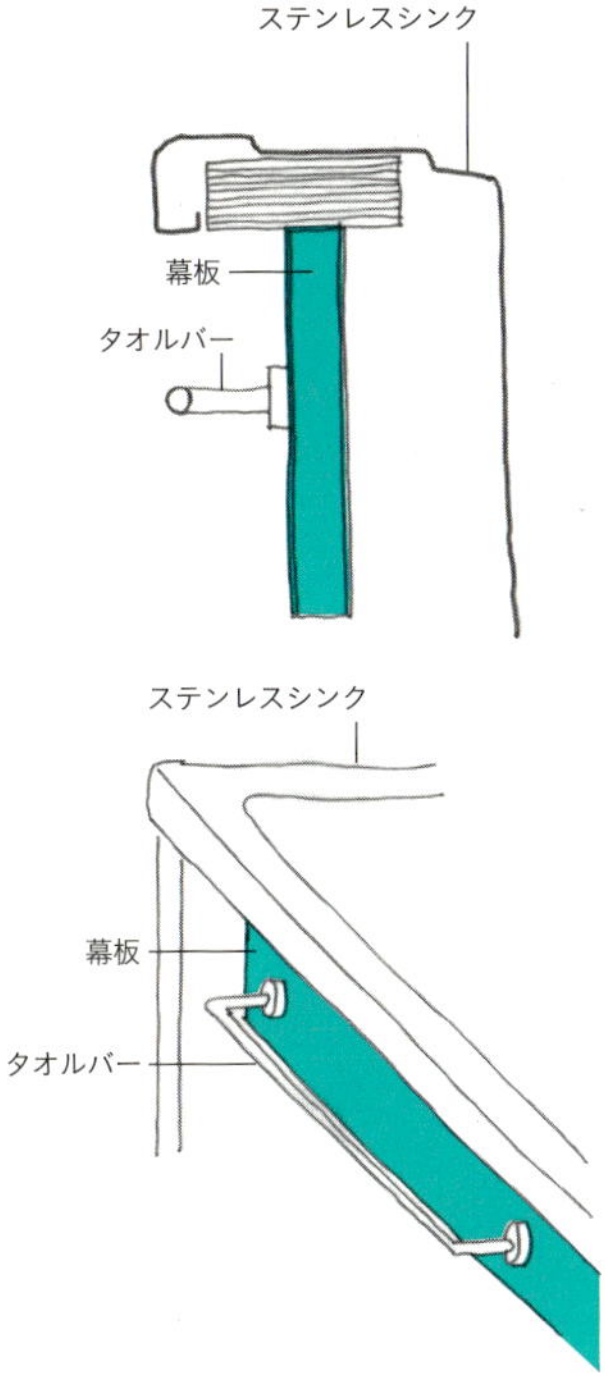

幕板を奥にずらした設置方法
幕板をタオルバーの高さ分だけ奥側に設置することで、タオルバーのでっぱりをなくすことができる。

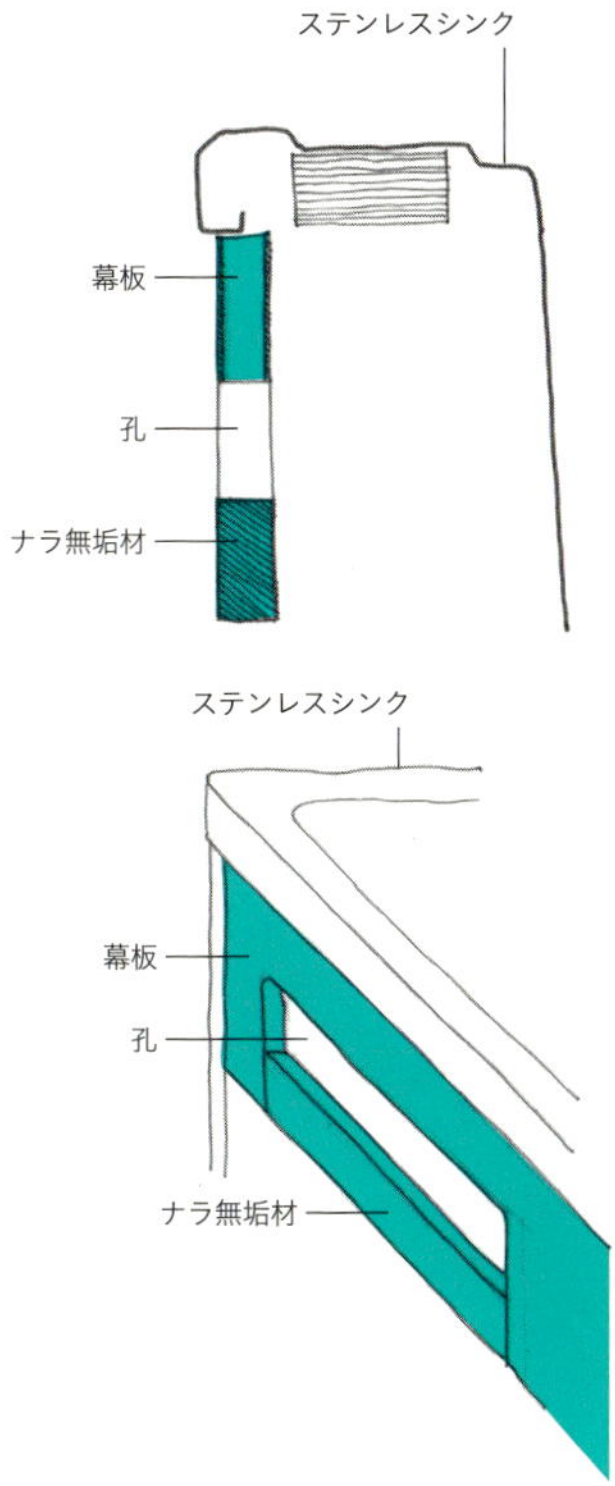

幕板に孔を空ける方法
幕板に孔を空けて、下部にナラの無垢材でつくったバーを設置。この孔にタオルを通して使う。

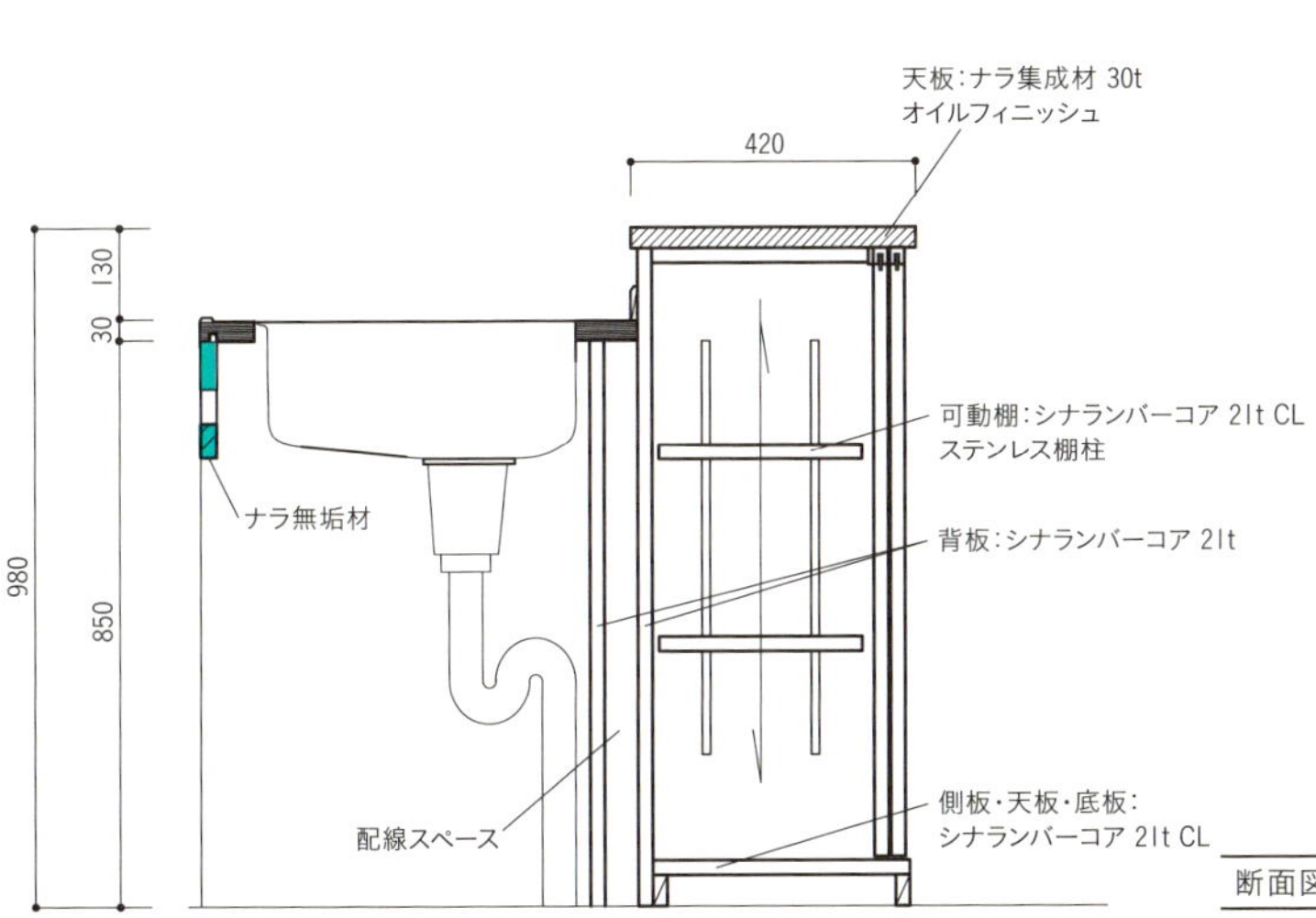

断面図 S=1:20

DETAIL

05

キッチン、ごみ箱いらず

カエデハウスの計画段階で、クライアントの家にお邪魔したときのこと。キッチンの話になり、「うちはごみ箱が汚れるのが嫌で、ごみ袋をそのままぶら下げて使っています」と教えてくれた。キッチンを見せてもらうと、棚にいくつかのごみ袋が吊り下げられていた。新居でもこの方式を採用したいということになり、試行錯誤。

最終的には、ごみ袋を直接引っかけられる孔を設け、スライドレールで出入りする仕組みのものをシンクの下につくった。これであれば、普段はごみ袋が目立たず、捨てるときだけ引き出して使うことができる。

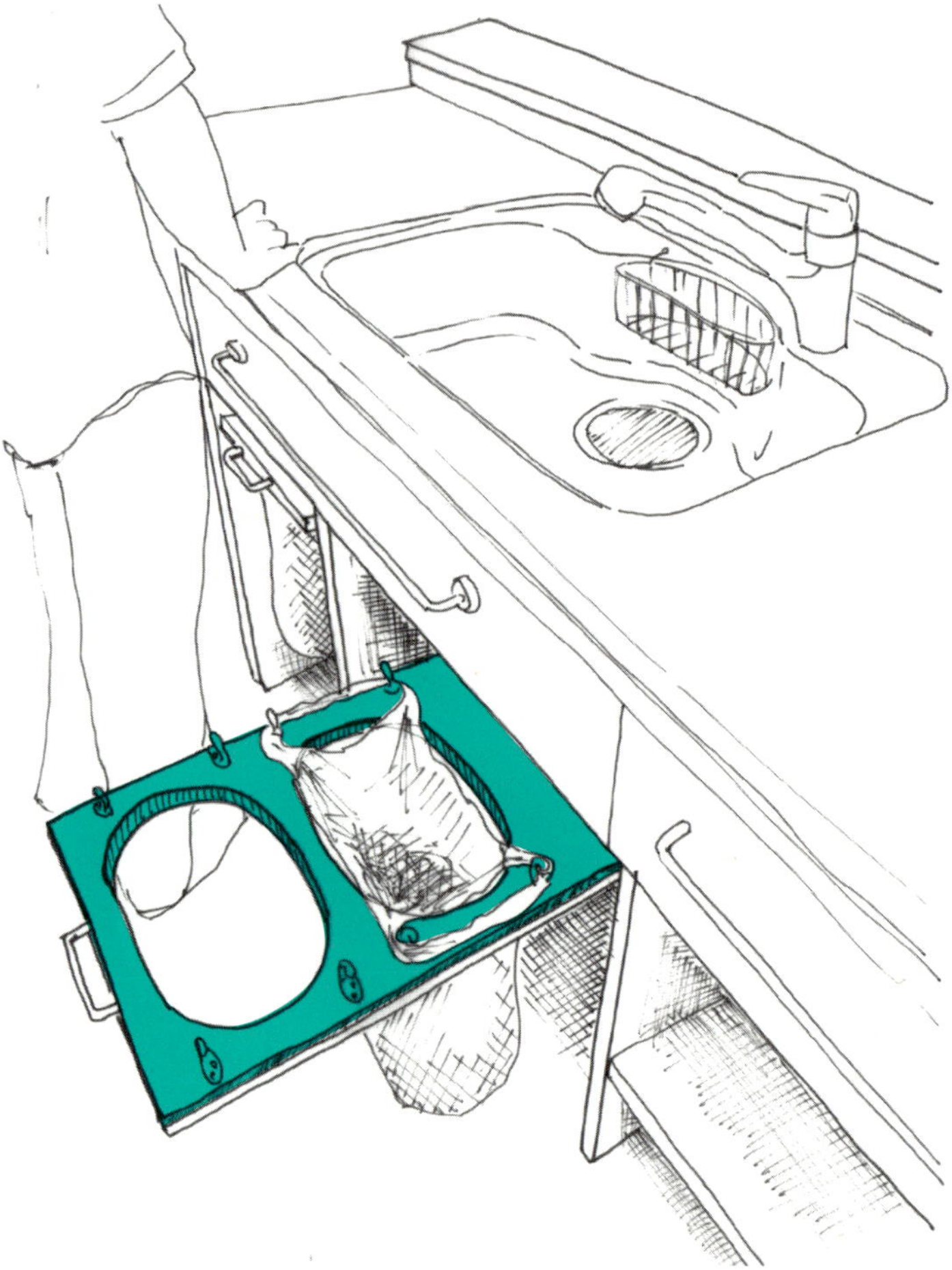

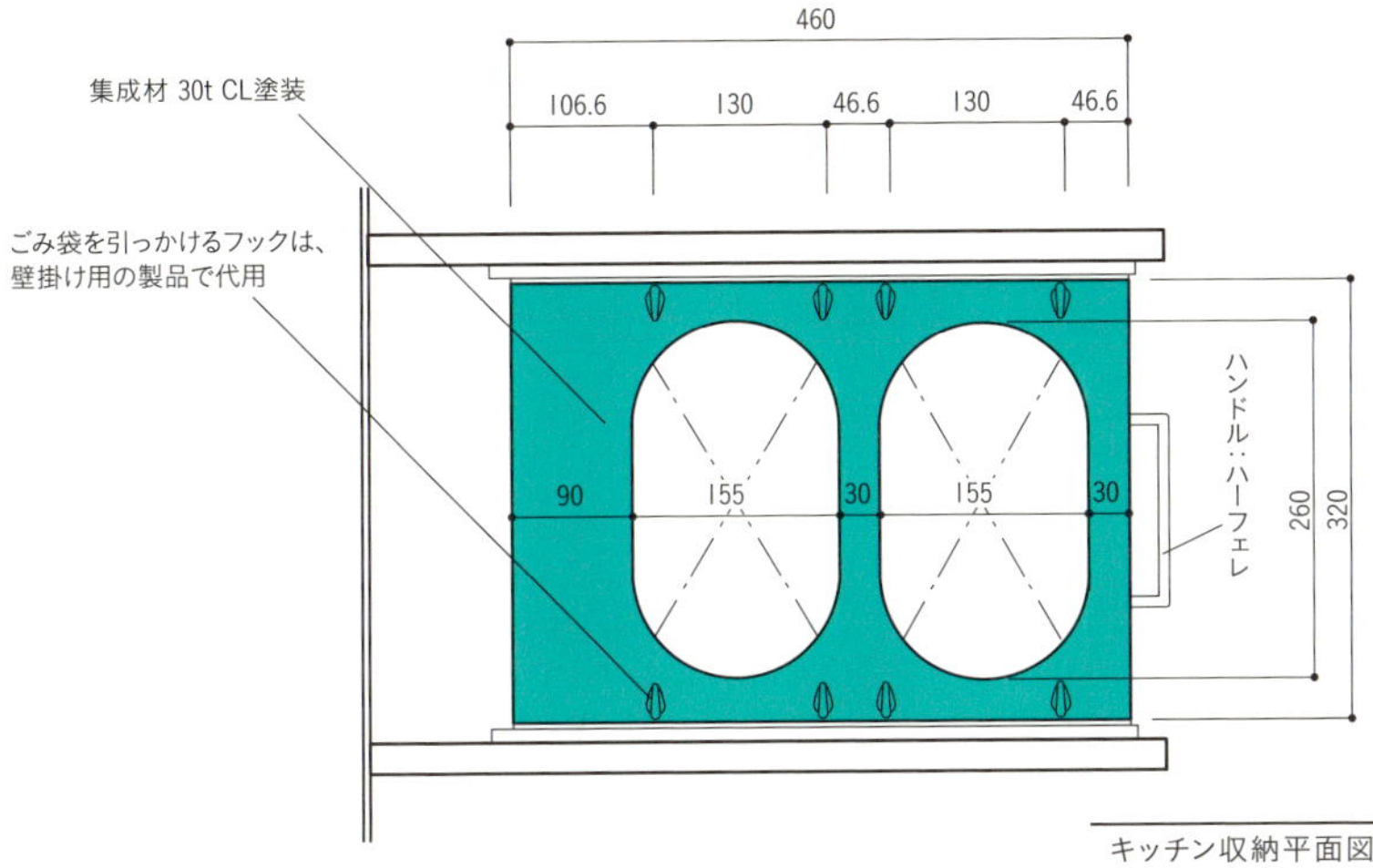

キッチン収納平面図 S=1:10

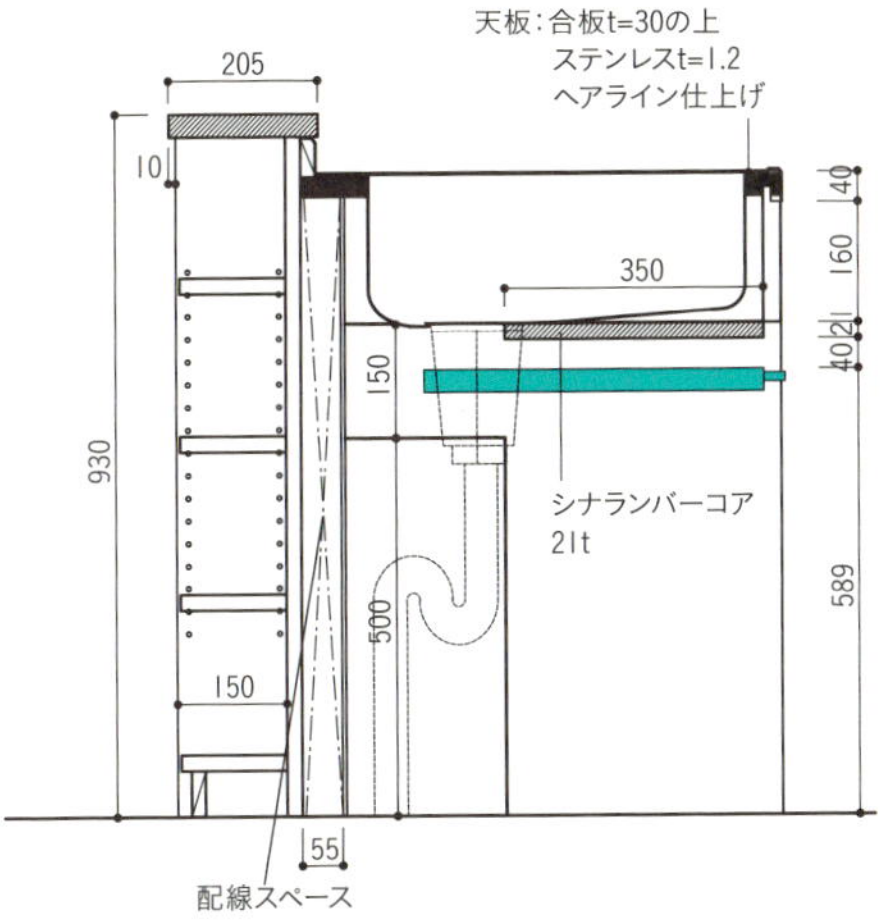

スライドレール断面図 S=1:20

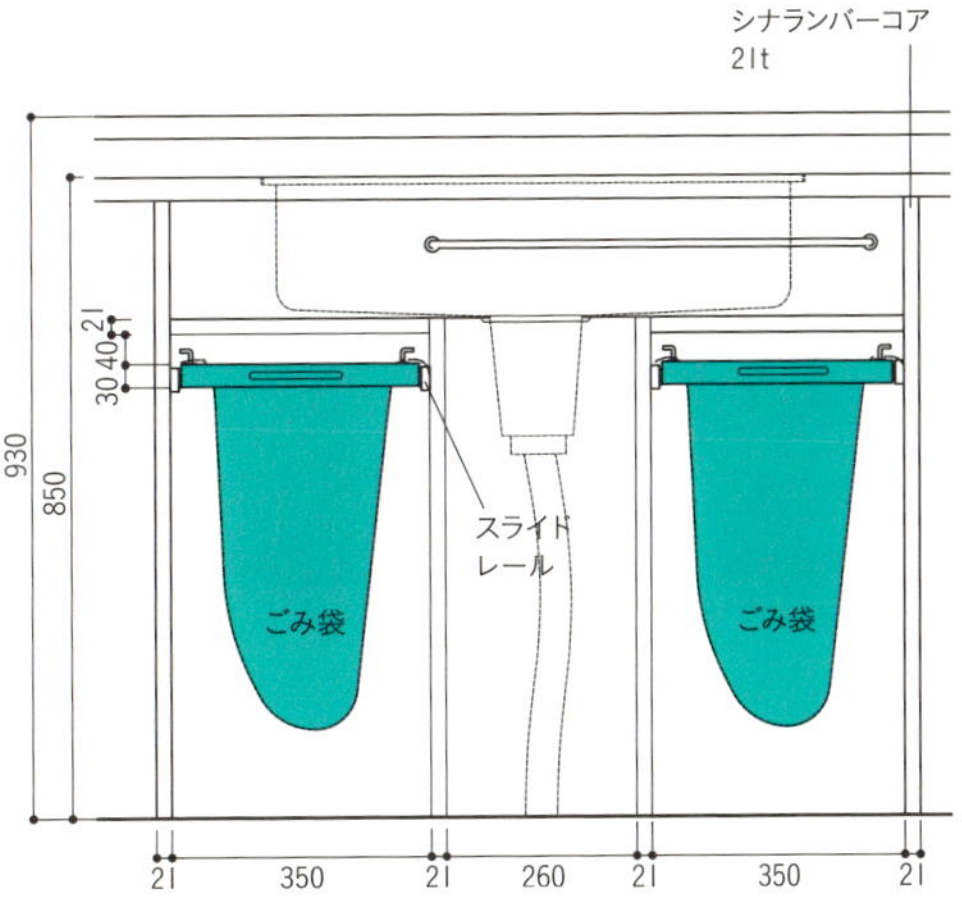

シンク姿図 S=1:20

DETAIL

06

キッチン横のスタディスペース

子供が宿題をしたり、家族がパソコンを使う場所として、家族室の一角に設けるスタディスペースは非常に喜ばれる。キッチン仕事をしながら子供の勉強を見たり、自分の調べものをしたりという使い方を考えると、キッチンの横に配置すると便利である。広さは2～3畳程度、本棚などでやわらかく仕切ることで、家族の気配を感じながらも落ち着いて作業ができる。また他のスペースからほどよく仕切ることで、物が多少散らかっても目立ちにくい。それとスタディスペースの壁面を一面コルクボードの掲示板にするといい。家族の記念写真や学校関係のプリントやカレンダー、メモなどが貼れる。それまで冷蔵庫の扉にマグネットで貼り付けていた物たちが、すっきり整理される。

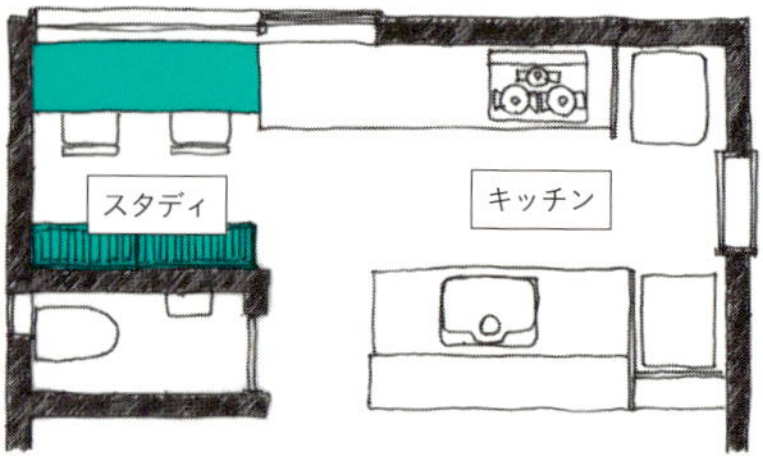

カヅノキハウス平面スケッチ

キッチンとスタディスペースを平行に配置したプラン。連続した空間になっているのでキッチンがあまり広くないときにはスペースが広く感じ、有効である。

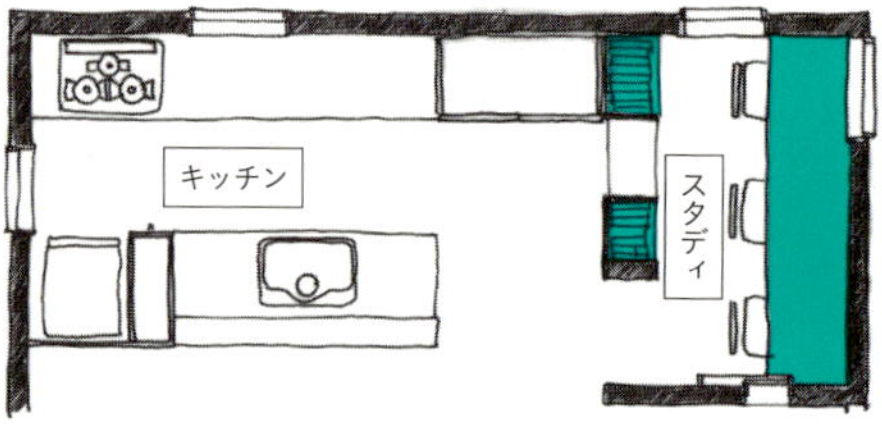

カエデハウス平面スケッチ

キッチンとスタディスペースを直角に配置したプラン。間に本棚を設けることで、スタディスペースの囲まれ感をつくっているが、あまり閉鎖的になりすぎないように、本棚の一部を抜いてつくり、視線が行き来するようにしている。

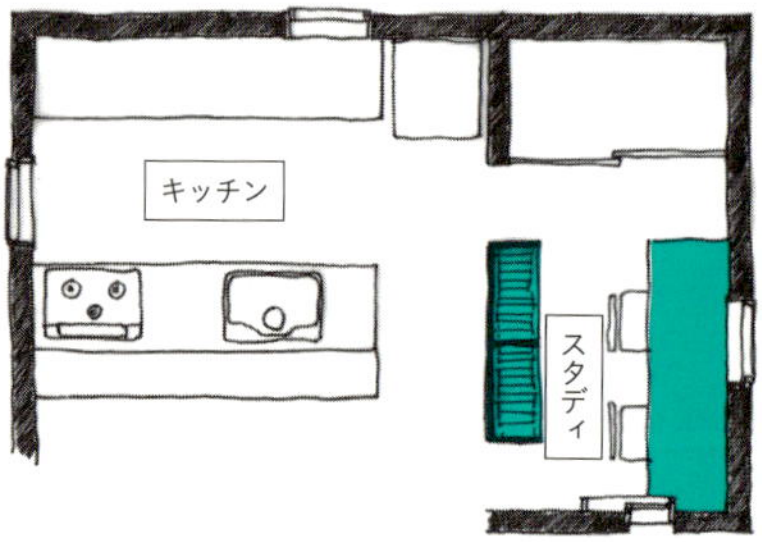

ネストハウス平面スケッチ

キッチンとスタディスペースを直角に配置し、かつ二方向からスタディスペースに出入りできるようにしたプラン。

カエデハウス

本越しに見え隠れ…。

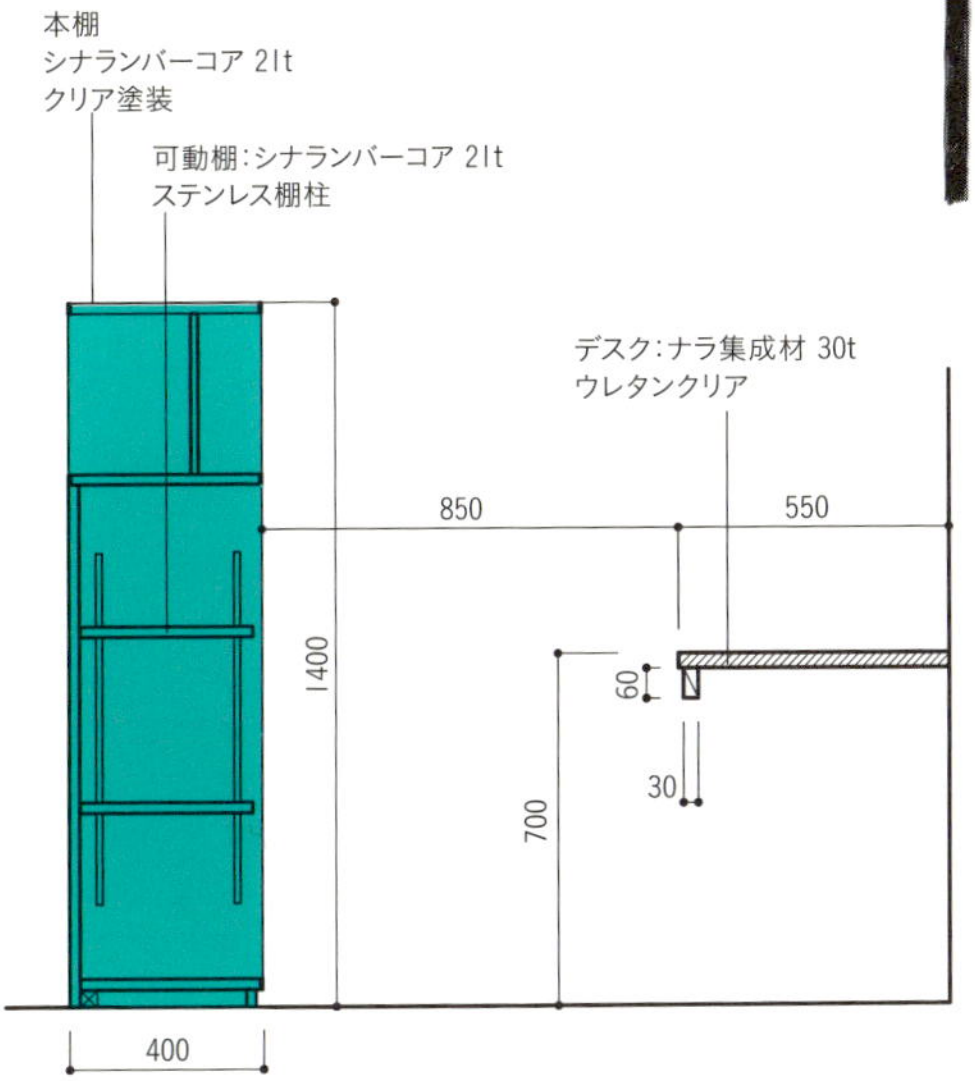

エンガワハウス スタディスペース断面図 S=1:30

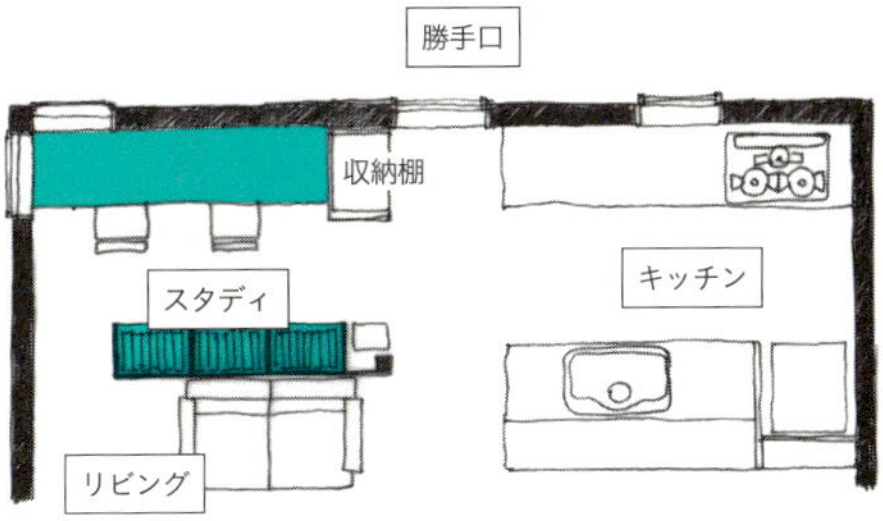

エンガワハウス平面スケッチ

キッチンとスタディスペースを平行に配置しているが、デスクの端部に収納棚を設け、スタディスペースへの視線をコントロールしている。またスタディスペースとリビングの間に本棚を設け、やわらかく仕切っている。

エンガワハウス

キッチンからスタディスペースを眺める。

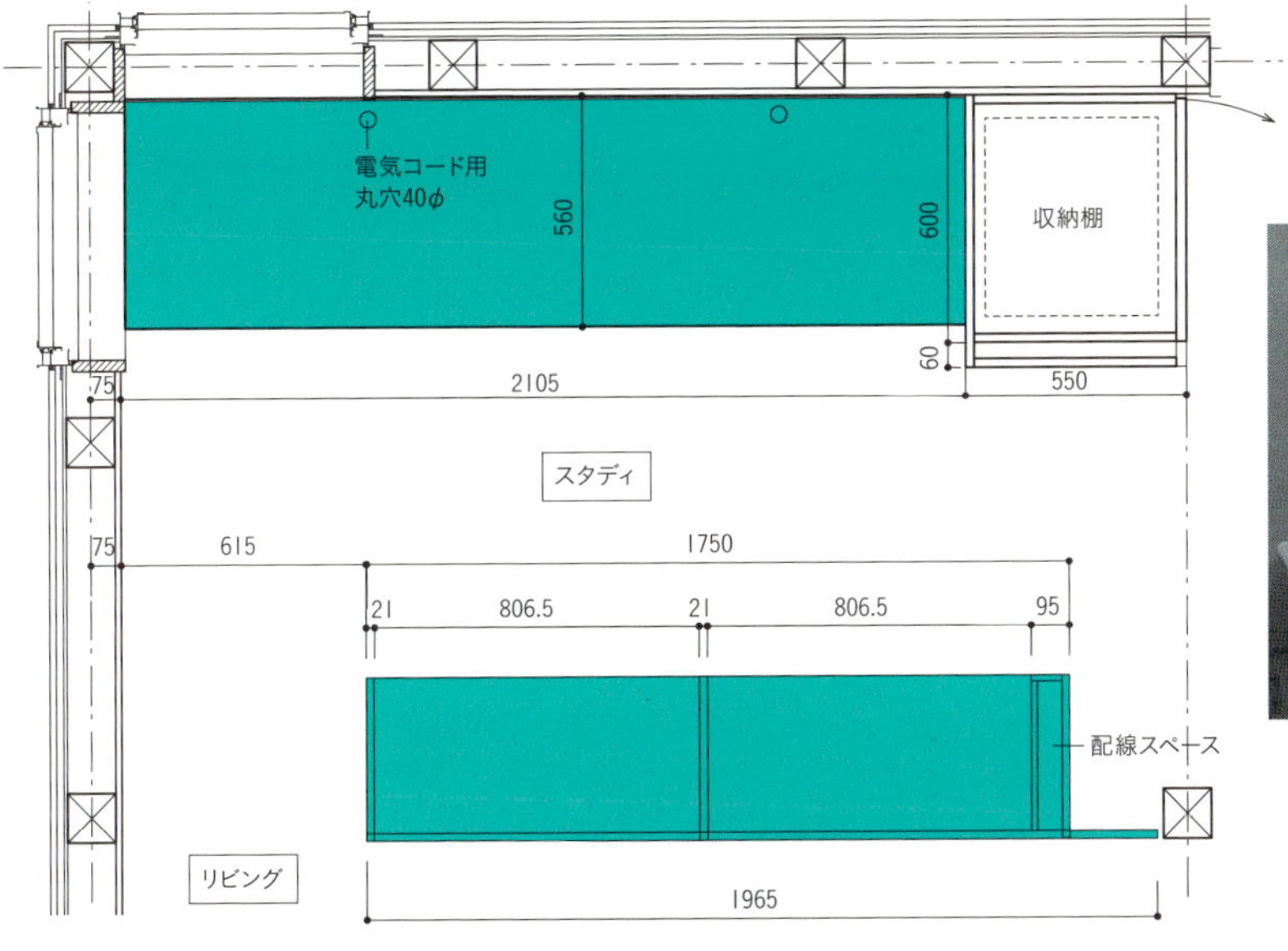

エンガワハウス スタディスペース平面図 S=1:30

エンガワハウスの
スタディスペース

DETAIL

07

コンロが仕舞えるオープンキッチン

立ち上がりのないアイランドカウンターを中心としたオープンキッチンは、食堂側からも向かい合って作業できるので、家族が料理や片付けに自然に参加できるキッチンとなる。ガスコンロは、炒め物などに集中できるように、また油汚れがリビングの方に飛んでいかないように壁側に分けて設けている。このコンロ台と冷蔵庫は、建物本体から下屋で出ていて、三枚の引戸で隠すことができる。食事の後片付けが終わり、引戸を閉めてしまえば、見た目にも台所臭さが消えてリビングの一部となる。不意の来客があったときは、雑多なものをコンロ台に移して隠してしまうこともできる。三枚の引戸のうち端の一枚は冷蔵庫なので、一枚だけ開けておくことも可能だ。

上：料理モード／引戸→開　下：くつろぎモード／引戸→閉　（写真撮影：そあスタジオ）

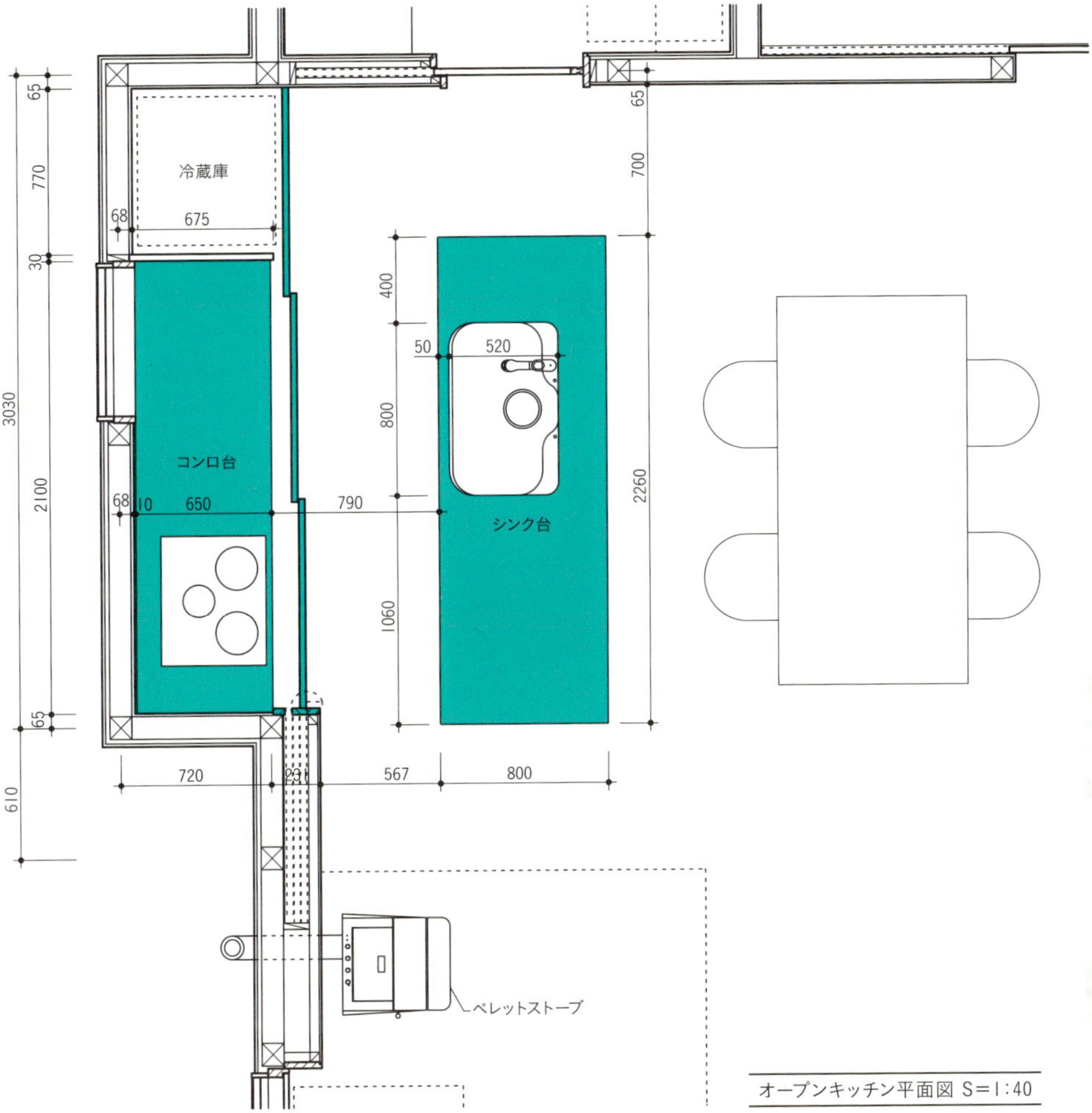

オープンキッチン平面図 S=1:40

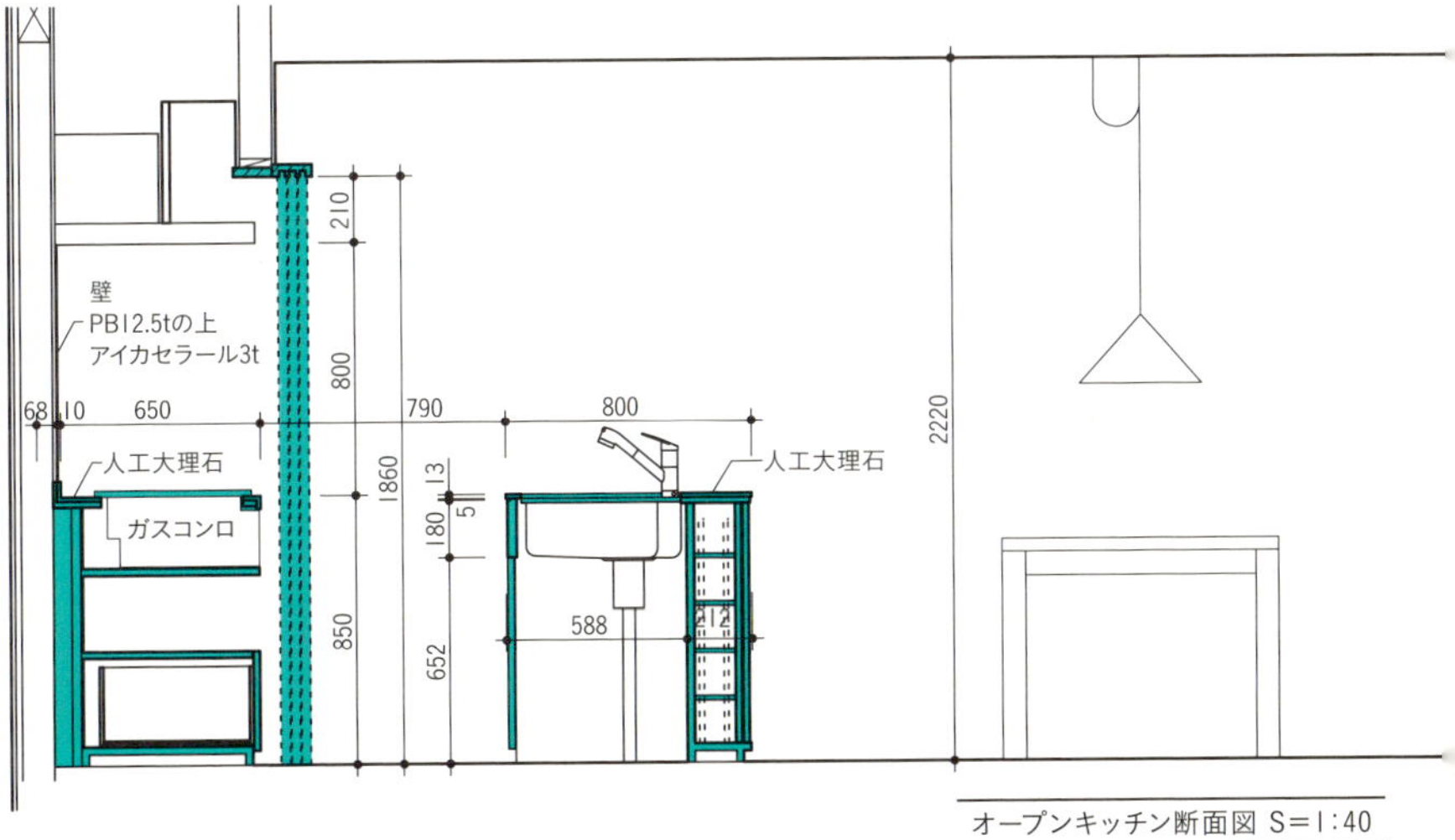

オープンキッチン断面図 S=1:40

Column

一つ決めると、それを続ける

独立して間もない頃、私（T）はしばらくN設計室・永田昌民さんの事務所に間借りし、自分の仕事と平行して、永田さんと共同設計させていただいた時期がありました。事務所の近くにおいしいつけめん屋があり、よく通っていたのですが、永田さんがお店に入ると、「メンマつけめん一丁！」と店主がいつもの注文を心得ているほど同じものしか食べないことは設計事務所の仲間内では知られた話でした。

永田さんには「一つ決めると、それを続ける」という一面があり、それがデザインにも反映されていると思います。壁や天井の仕上げ材、建具金物、照明器具、気に入ったものを決めたらずっと使い続けます。そのどれかが廃番になったら大事なので、昔からあってこれからもなくならないようなものを吟味して選んでいました。

仙台の家（2006年竣工） 設計：N設計室＋徳田英和

ディテールに関しても、同じような納まりの図面を毎回描き、デザインに磨きをかけていくような仕事の進め方をされていました。私は８軒の住宅を担当させてもらいましたが、現場が着工してから描く詳細図の枚数が多く、はじめの頃は結構な時間がかかりました。何軒か経験していくうちに徐々に慣れていくのですが、慣れたら細かいこだわりも出てきて、やるべきことが次から次に見つかり、深いディテールの世界を垣間見ることができました。

工事では、いつも依頼している工務店に、いつも担当している現場監督や大工さんが待っています。着工して私が描いた詳細図面を持っていくと、私よりも大工さんの方が永田さんの仕事を心得ているので、間違いを指摘されたりなんてこともありました。永田さんのものづくりに対する真摯な姿勢と同じような雰囲気を現場にも感じ、多くを学ばせていただきました。

家づくりの過程で家の中での

過ごし方についてヒアリングしていると、

適度な距離感を保ちつつ、一つの家族スペースで

過ごすことを求めている住まい手が多いと感じている。

家族スペースの居心地が悪いと

個室で過ごす時間が長くなるため、

いかに家族スペースの居心地をよくするか…。

そこが建築家の腕の見せどころである。

第3章

思わず集まる家族の居場所

DETAIL

01

リビングダイニングの斜めの関係

一つ屋根の下、家族で過ごしていると、いろいろなときがある。気分がいいとき、落ち込んでいるとき、仲がいいとき、叱られたとき、一緒にいたいとき、一人になりたいとき…。家の空間のつくり方で、その時々に応じた家族の距離感が保てると居心地がよくなる。大きな邸宅でない限り、家族が過ごす場所はだいたい食事をするテーブルが置かれているダイニングと、ごろっと横になったり本を読んだりするリビングになる。この二つの空間を「斜めに配置する」ことで、家族同士が見え隠れするかたちとなり、お互い気配は感じつつ、自由な気持ちで過ごせる。でも声をかければ届く距離。このくらいの距離感が心地よい。

ホームパーティのときなどは大人たちはダイニングとキッチンで料理やお酒を楽しみ、子供たちはリビングで遊び出す。自然と居心地のよい距離感に落ち着く。

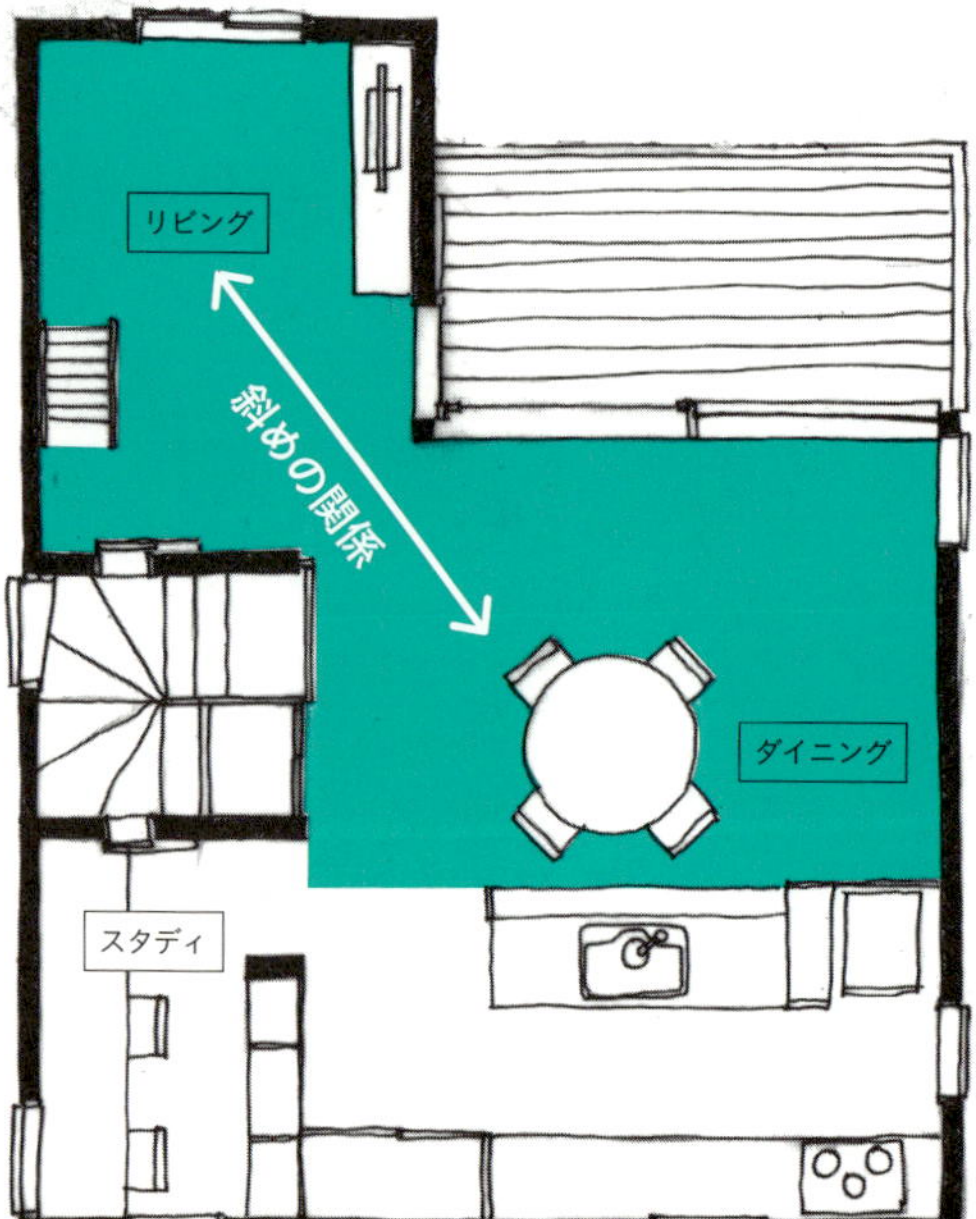

カエデハウス平面図 S=1:100

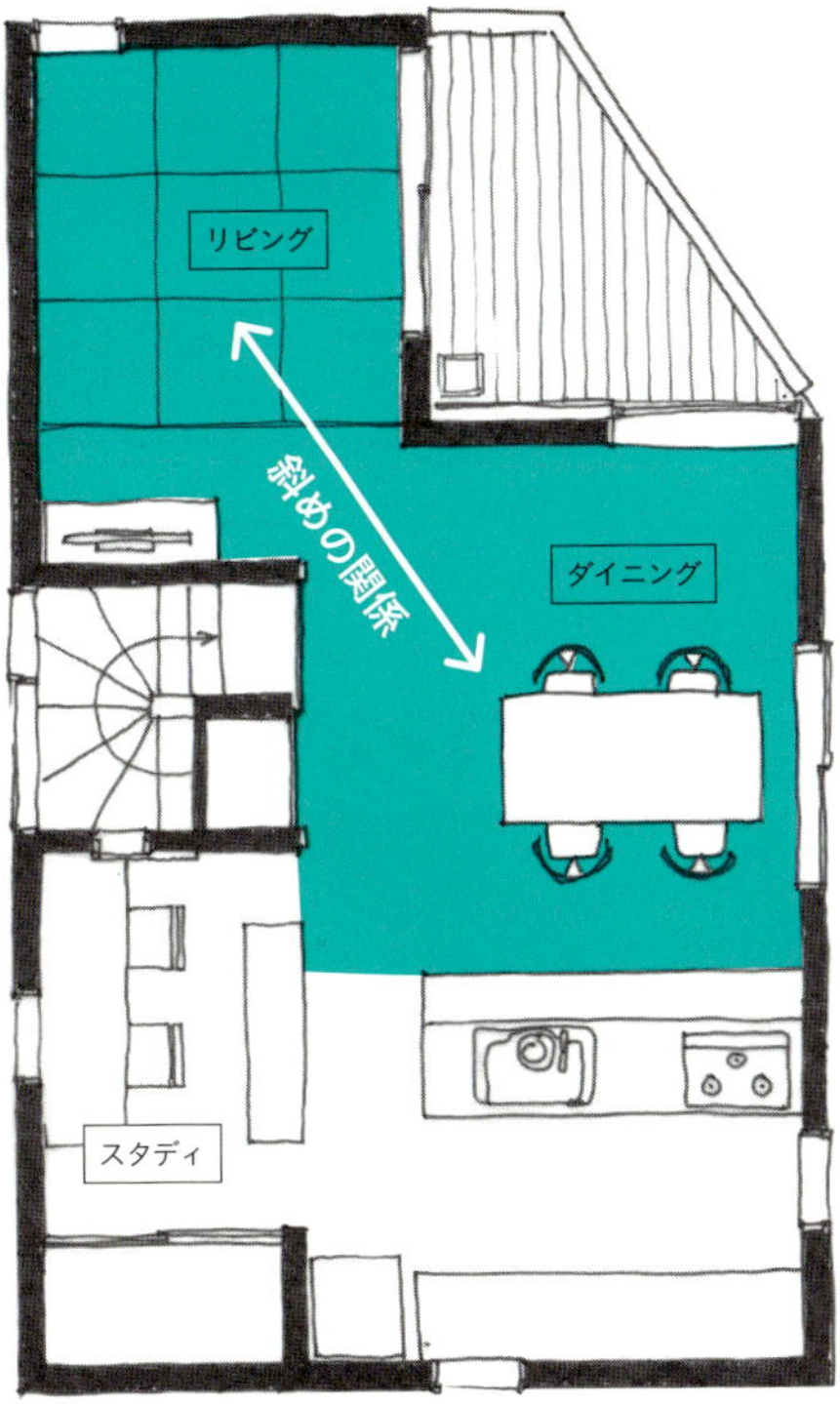

ネストハウス平面図 S=1:100

ダイニング側から畳のリビングを見る
（ネストハウス 写真撮影：牛尾幹太）

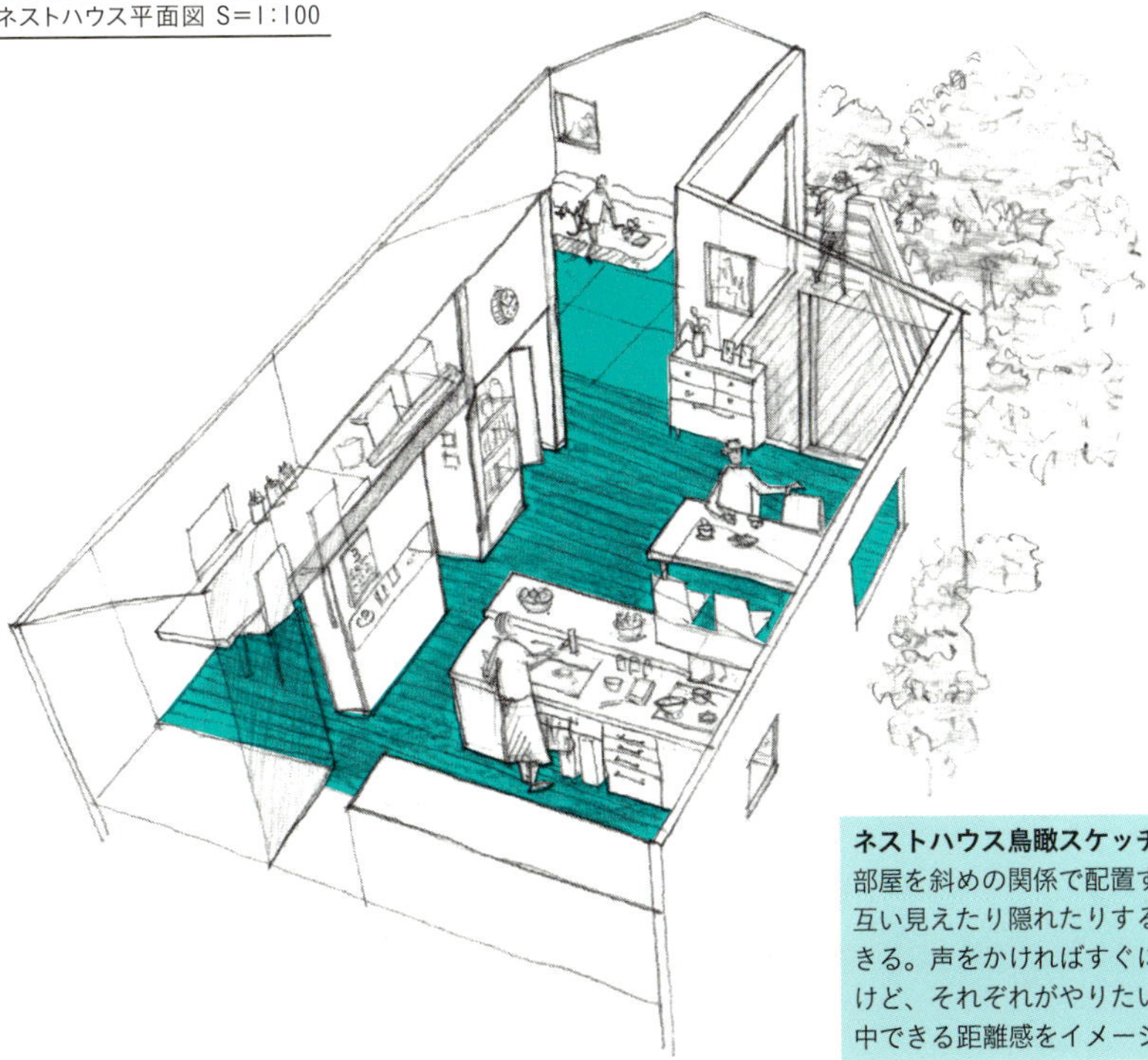

ネストハウス鳥瞰スケッチ
部屋を斜めの関係で配置すると、お互い見えたり隠れたりする場所ができる。声をかければすぐに聞こえるけど、それぞれがやりたいことに集中できる距離感をイメージして…。

DETAIL

02 仲間が集うダイニング

夫婦2人のための住まいだが、住まい手は釣りが趣味で、釣り仲間が集い楽しむための大きめのダイニングが求められた。テーブル甲板の一角を丸くくり抜いたのは、ご主人が客に振る舞う席にするのと、デッキテラスへの出入り口の動線をスムーズにするためである。

テーブル、ベンチとも大工工事でつくれるよう、集成材とランバーコアを使っているが、壁に固定された背板のみタモ無垢材を使い、ゆるやかなカーブをつけて背当たりをやさしくしている。ベンチはクッションの下の座面がフタになっており、収納を兼ねている。デッキテラスでは、釣った魚を七輪で焼いて、すぐにダイニングに持ち込むことができ、内・外両方で景色を眺めながら、仲間との楽しい時間を楽しむことができる。

左：河津の家。ダイニングからインナーデッキテラスを見る
右：半階上のリビングからダイニングを見下ろす

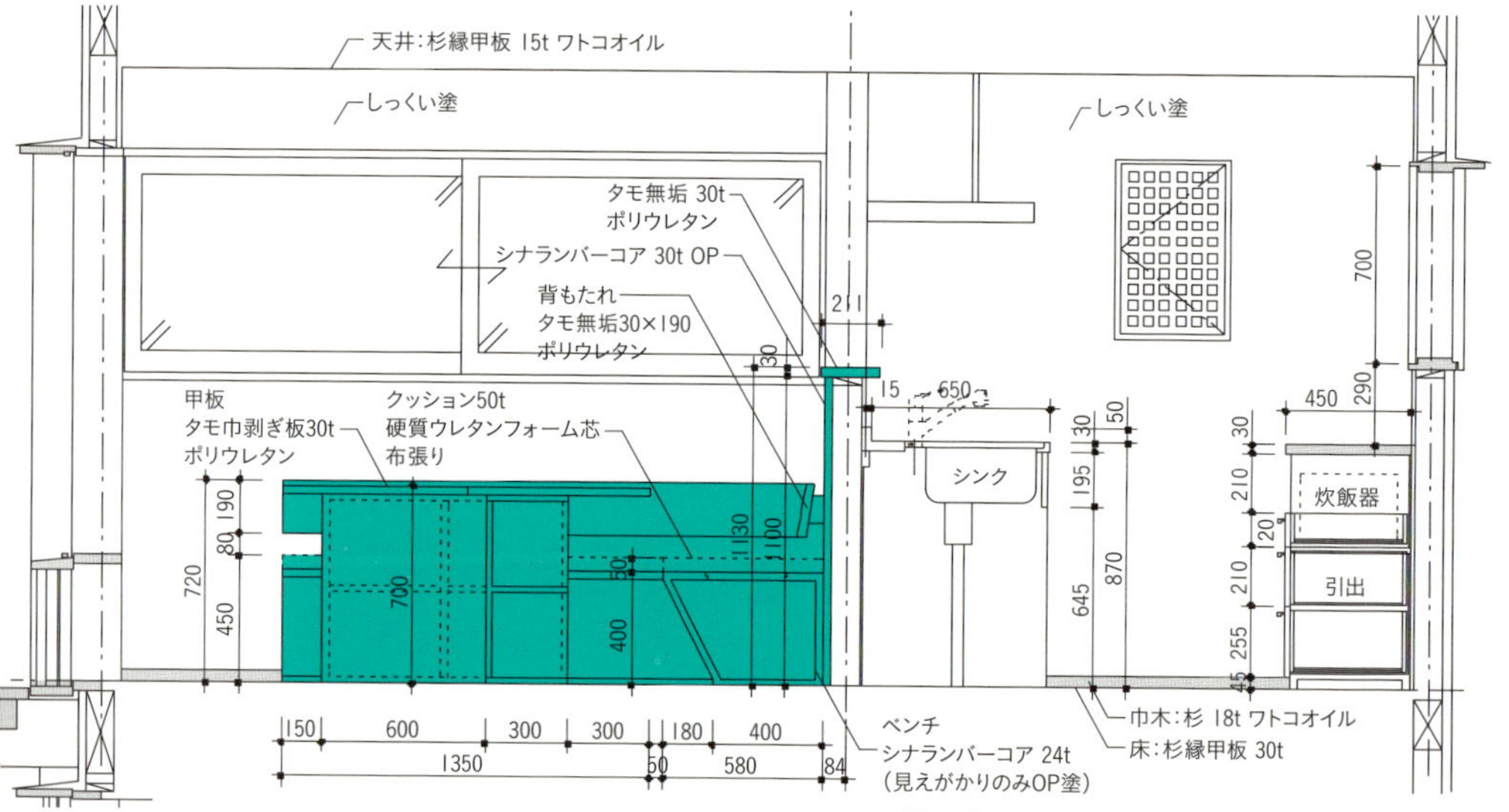

河津の家 ダイニングキッチン断面図 S=1:40

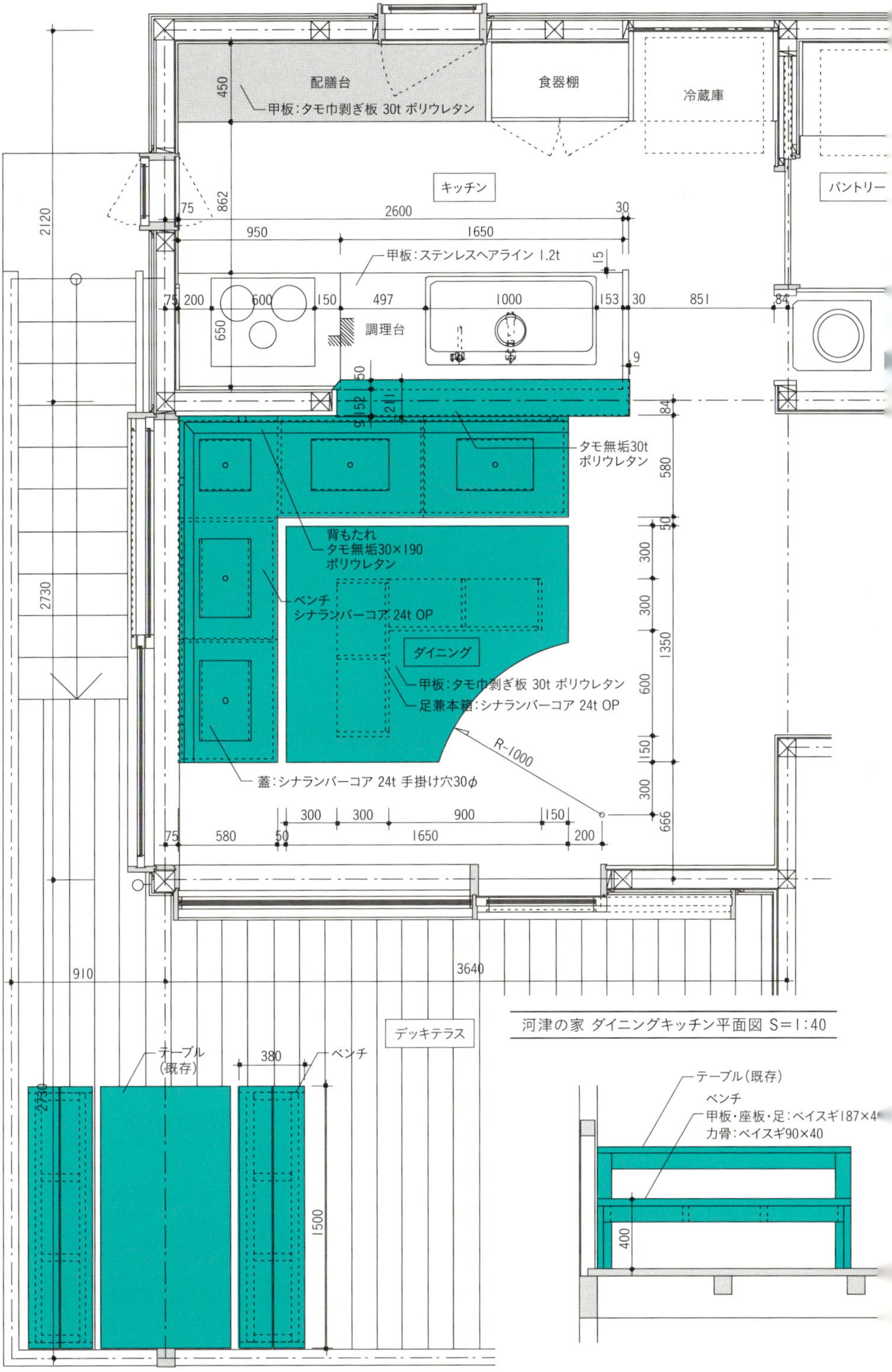

河津の家 ダイニングキッチン平面図 S=1:40

DETAIL

03

スキップフロアで、斜めの関係

Hidamariハウスのライブラリー
お互いの気配を感じながらも、それぞれが自由に過ごせるかたちが、心地よい。

Hidamariハウスは3世代の家族が同居する家。1階のおじいさんの部屋と、2階の若い家族のスペースを自然なかたちでつなぐ工夫がほしいと感じた。そこでスキップフロアのプランを採用し、中2階にライブラリースペースを設けることにした。

1・2階で完全にセパレートするのではなく、間に誰の部屋でもないライブラリースペースがあることで、上下階を移動するときに、なにげなく顔を合わせて声を掛け合うような場所にしたいと考えた。住みはじめて3年。クライアントからこんなメッセージが届いた。「中2階の付かず離れずの距離感は子育てするうえでも絶妙ですね」。

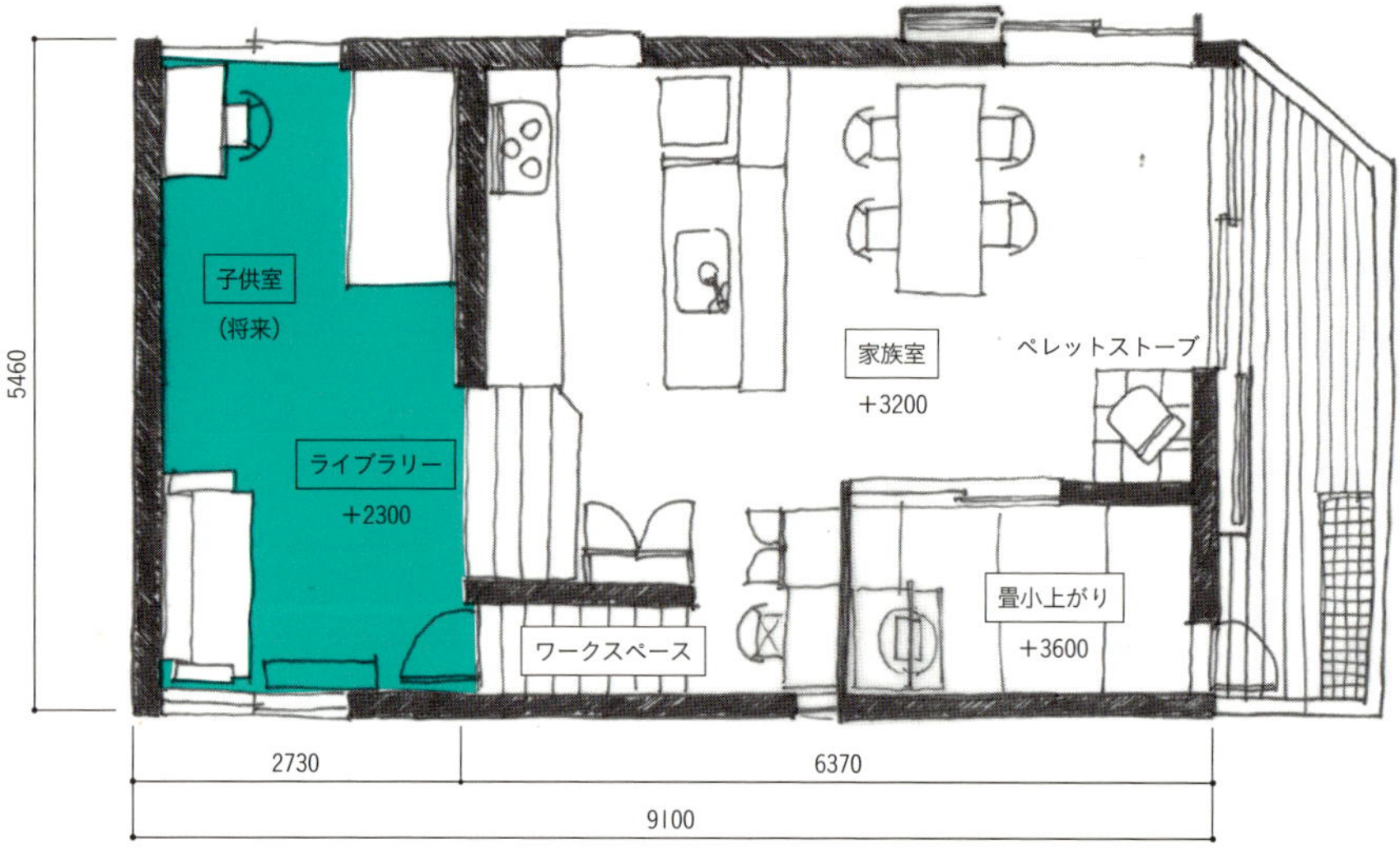

Hidamariハウス2階平面図 S=1:100

1・2階をフラットにした場合の断面スケッチ

家族室からライブラリー・ロフト側を見る

スキップフロアにすることで、中2階のライブラリースペースが1・2階の両方から適度な距離感を感じるスペースとなる。また玄関ホールを挟んで、半地下の夫婦の寝室とおじいさんの部屋の関係もフラットな計画に比べ、お互いが落ち着ける距離感をつくり出している。

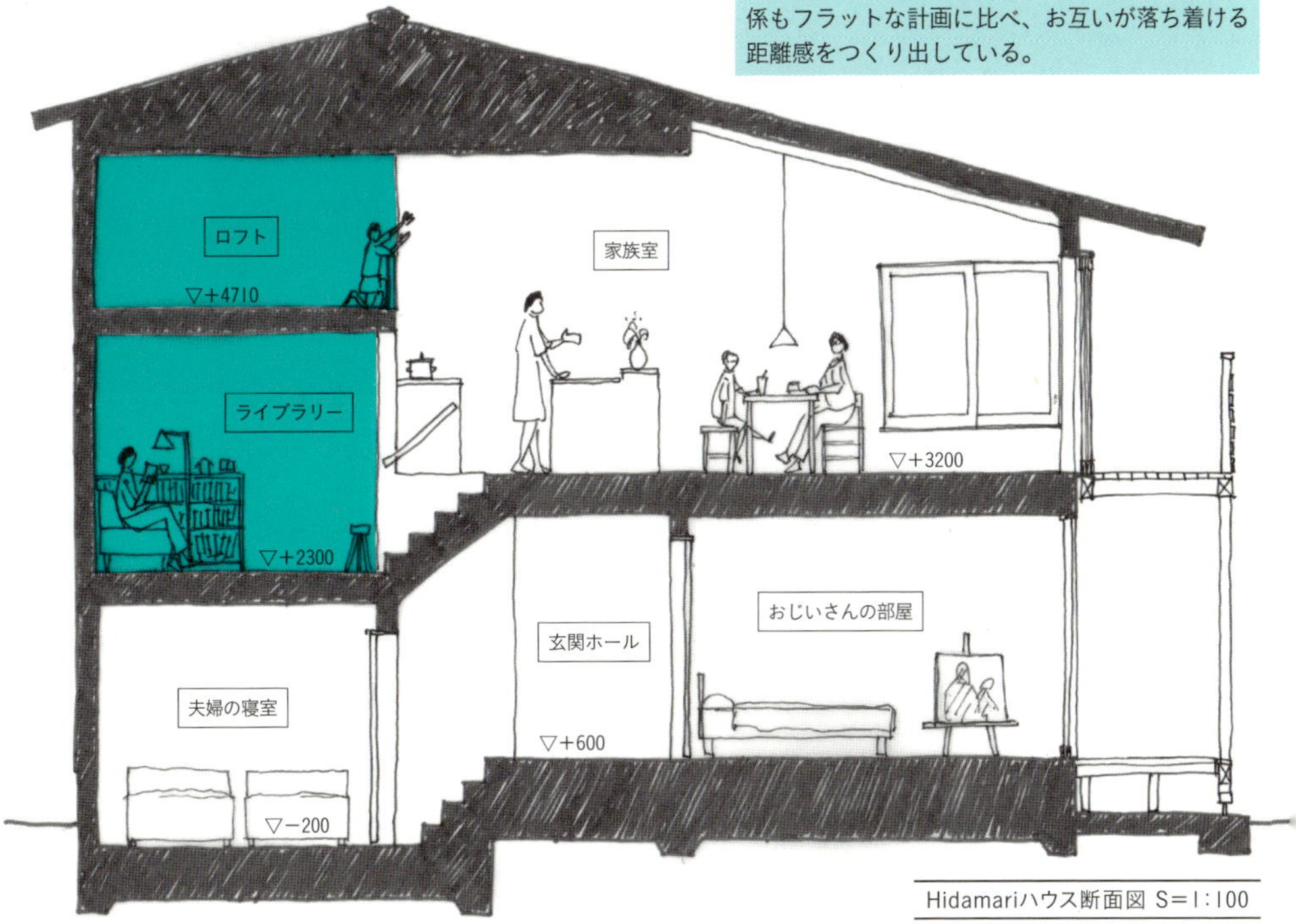

Hidamariハウス断面図 S=1:100

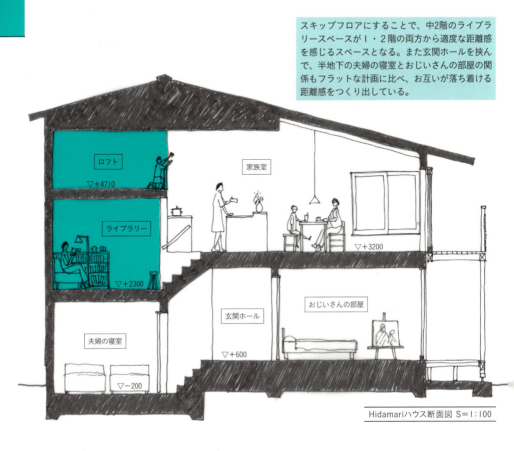

DETAIL

04

ラワンベニヤの目透かし張り天井

ラワンベニヤといえば、一般的にイメージするのは押入れの中の壁や天井に使う材料である。いわば一番安く仕上げるための材料として代表的な素材だ。そんな材料でも設計次第では、とても魅力的な空間をつくることができることを、先輩方から学んだ。

この家では玄関、廊下、リビング、ダイニング、寝室、子供室の天井にラワンベニヤを使用している。天井伏図で割付や目地の取り方を検討するだけで、安い材料でできているとは思えない品格が出る。経年変化によって色が濃くなり、飴色になっていくさまも、魅力の一つだ。このラワンベニヤに合わせて、窓枠材もラワンを使用し、さらに建具もガラス戸、網戸、障子までラワンでつくったときのデザインの一体感が気に入っている。

上：茨木の家。半階上の子供室よりダイニングを見下ろす　下：ダイニングキッチン（写真撮影：築出恭伸）

割付はベニヤの長辺側を4㎜の目透かしとし、短辺側を突付けとする変則の目透かし張りである。一方だけ目地を付けることで、少し緊張感が出てベニヤの安っぽさが消える。グリッドが変則的になっているところは、細い巾になると見た目におかしいので、注意しながら割付している。

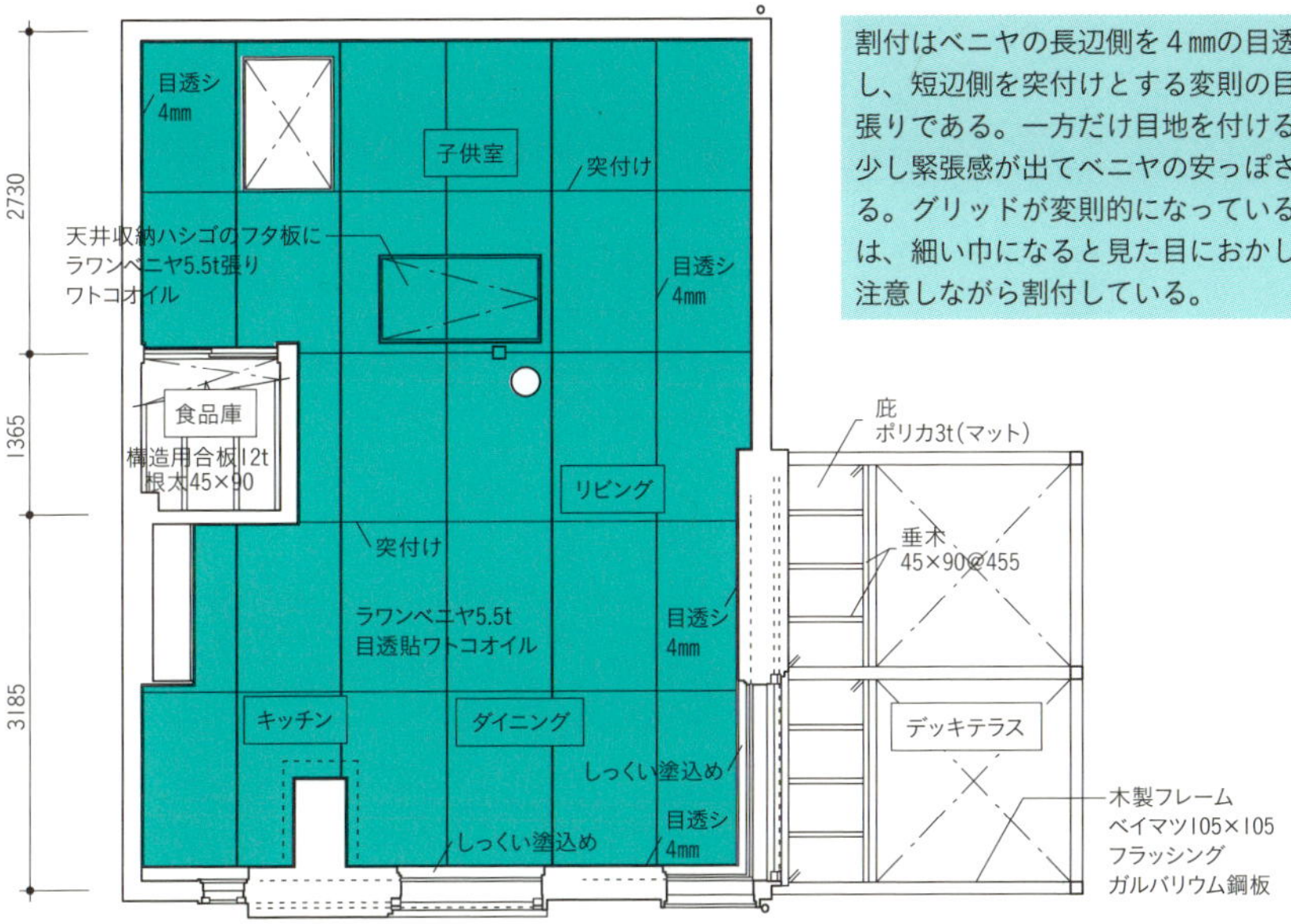

茨木の家天井伏図 S=1:100

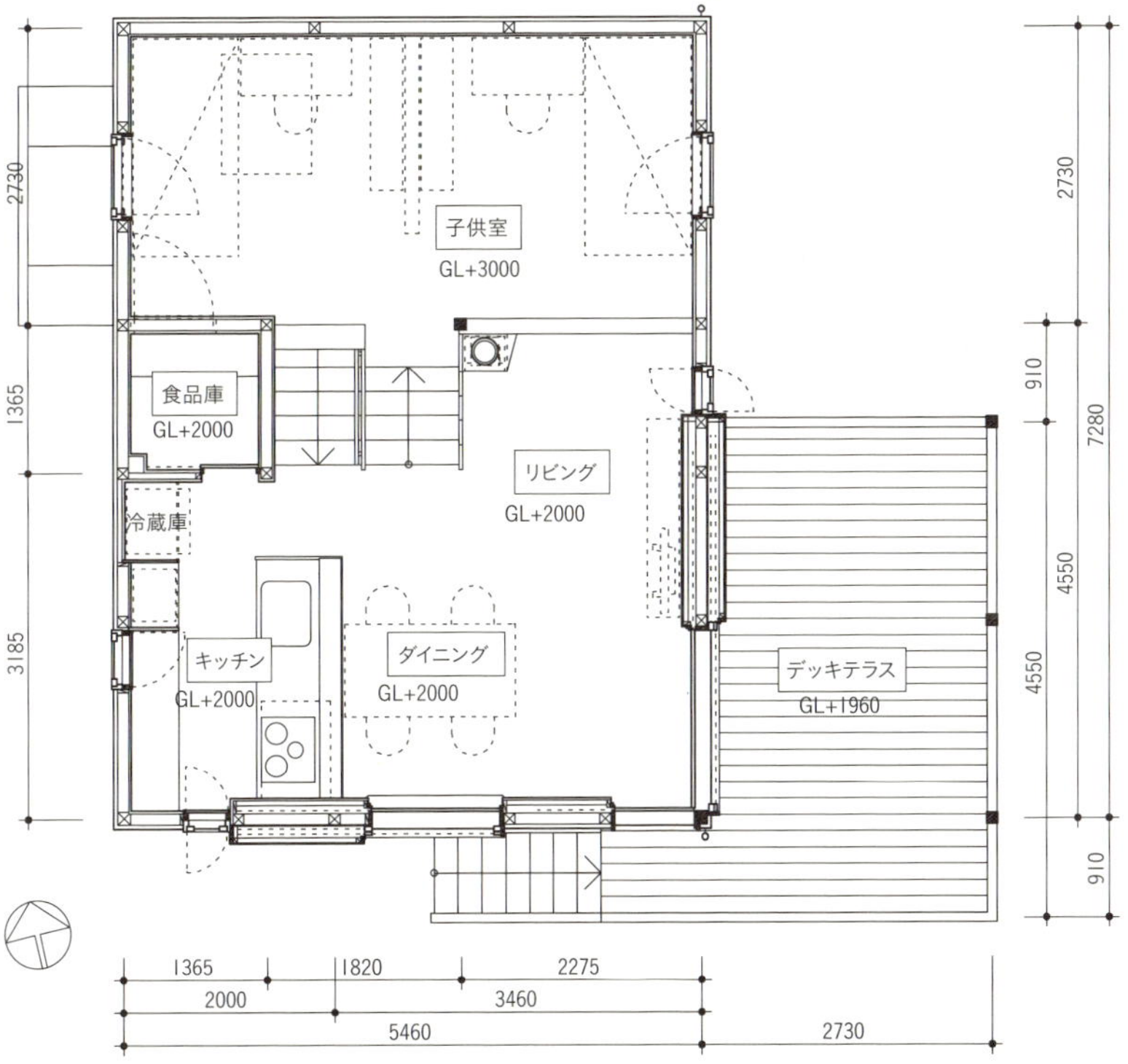

茨木の家平面図 S=1:100

05

浮遊感のあるリビングとデッキテラス

密集地におけるリビングの設計は、どこに向かって開くことができるか、ウチとソトとのつながりを大切に考えている。日比津の家2では、敷地に余裕はあるが、南と東が道路に接しているのと、駐車場に車をいっぱい置けるようにしたいという要望から、リビングを1階の床から階段3段分ほど高床に持ち上げた変則のスキップフロアとし、少し浮いた大きなデッキテラスを連続させた。

デッキテラスは奥行きの1/3ほどを跳ね出して、浮遊感を出している。セキュリティの面から閉鎖的な家が多くなりつつある中で、浮遊感のあるリビングとデッキテラスは、道行く人との視線を少しずらすことで、開放的に住まうことができる空間となった。

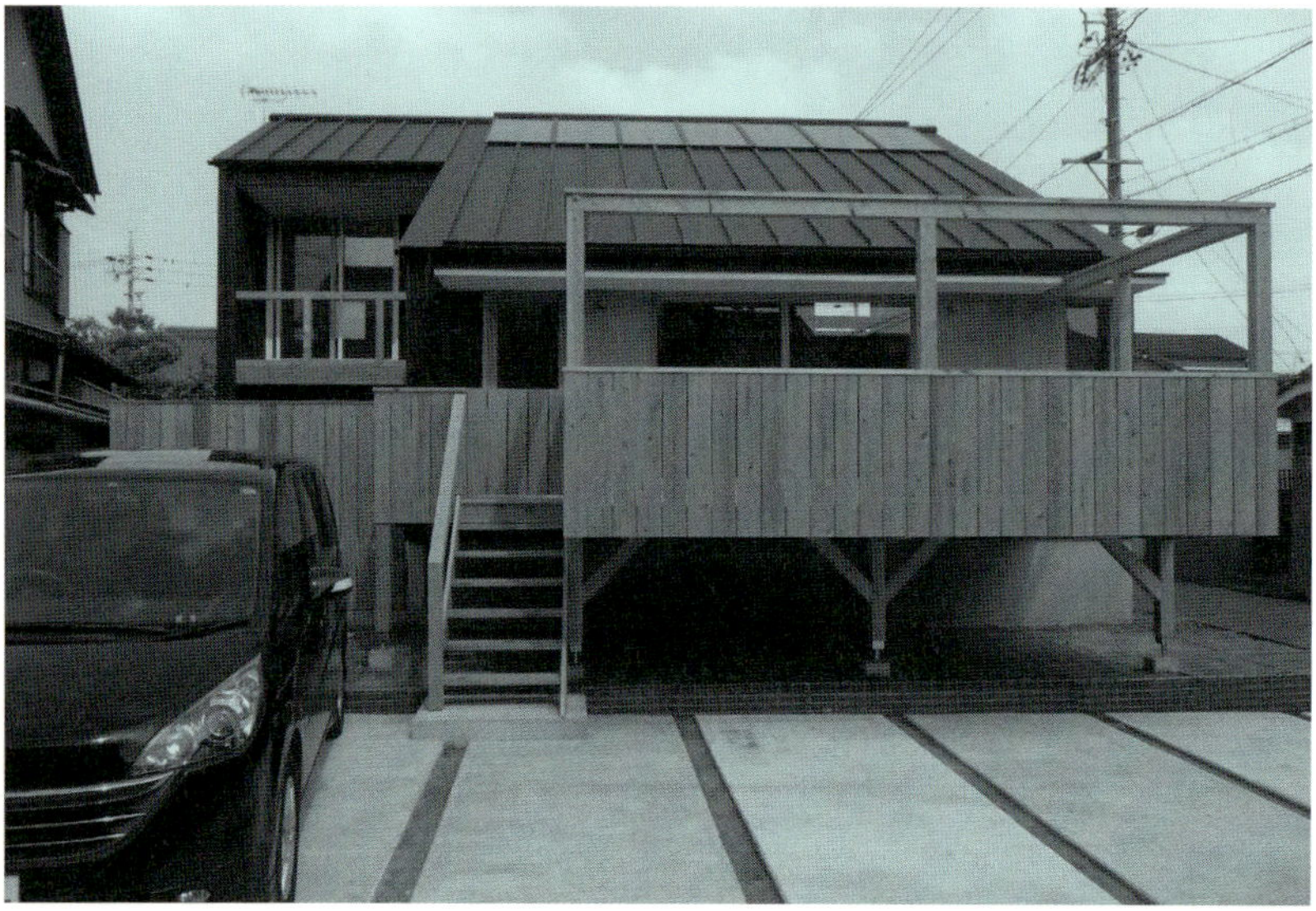

日比津の家２外観
デッキテラスから直接駐車場に下りられるよう、外階段付きである。デッキテラスには、木製フレームを設けているが、日除けのターフを取り付けたり、緑のカーテンを容易にできるようにしている。

日比津の家２リビング・キッチン
リビングよりデッキテラスは27cm上げ、視線が少しでも上に向かうよう意図している。キッチンにもデッキテラスに出入りできる窓があり、買い物の荷物の持ち運びや、ごみ出しをしやすくしている。

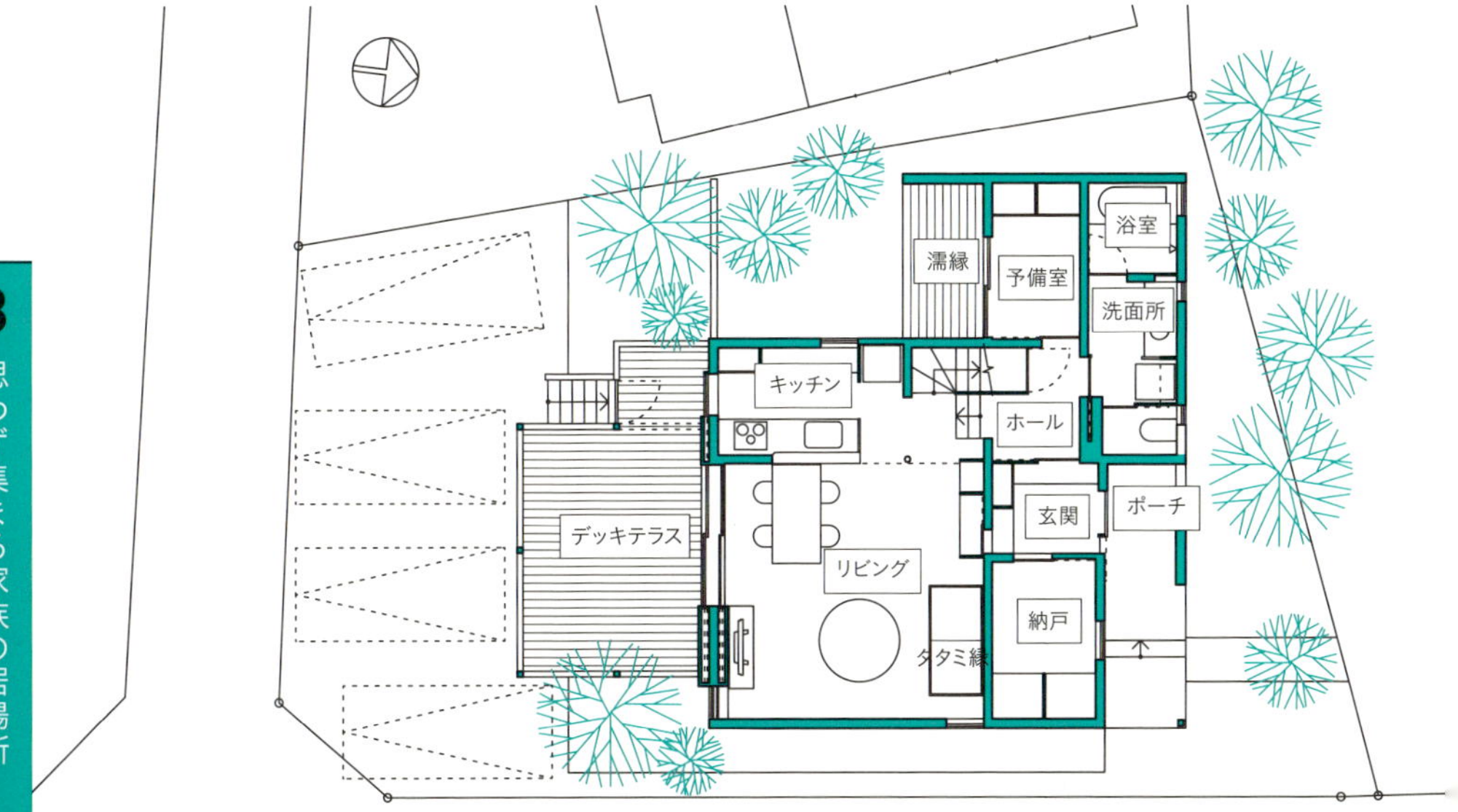

日比津の家2 1階平面図 S=1:200

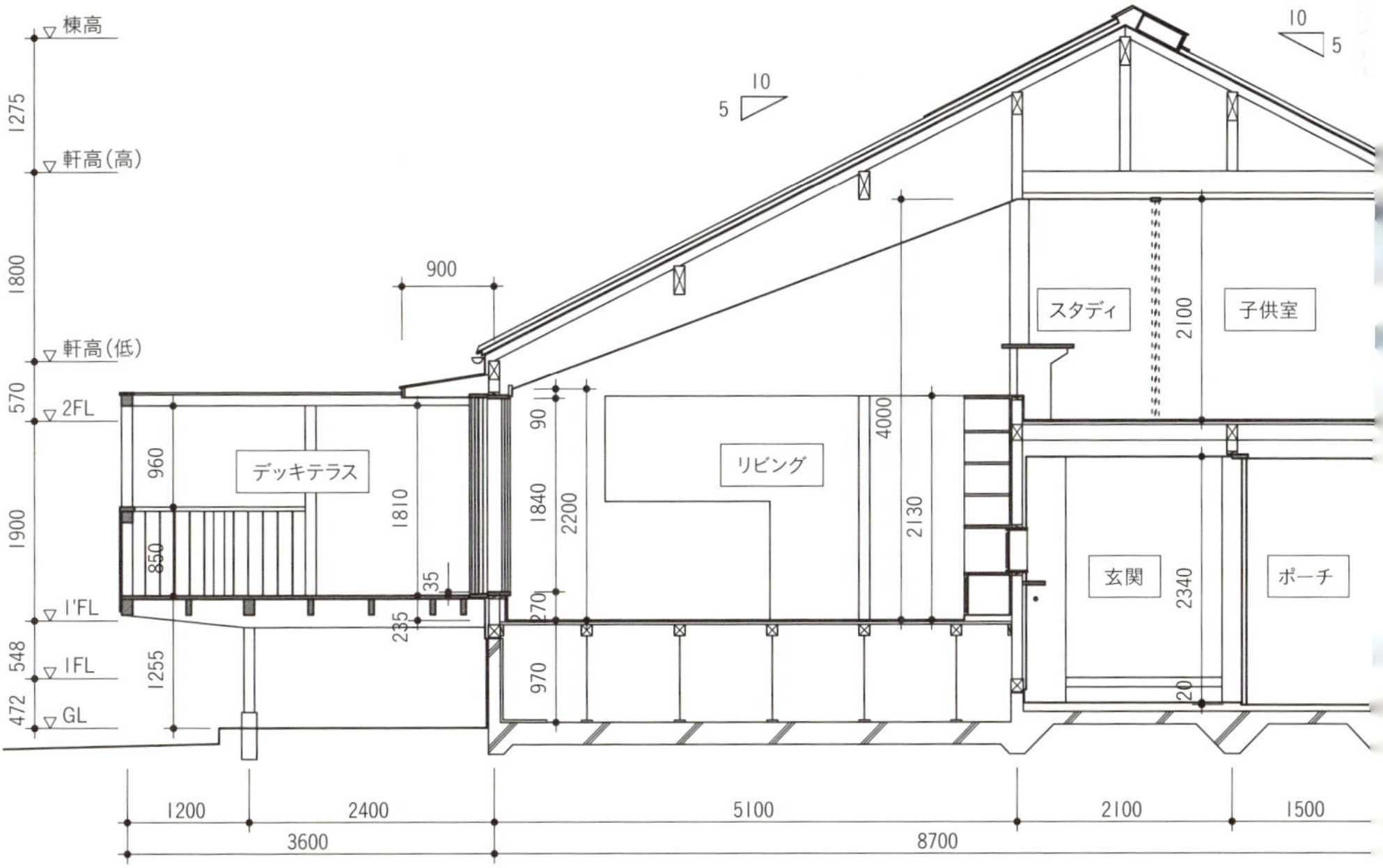

日比津の家2 断面図 S=1:100

06

家具はウラオモテを使う

空間を仕切るとき、通常であれば壁をつくるが、家具を置くことで二つの空間をやわらかく仕切ることができる。そのときに、家具を部屋のシーンに合わせて両面で使い分けるようにすると、非常に便利である。ミズニワハウスではダイニングとリビングを家具で仕切った。ダイニング側は電話を置いたり、引出しで小物類を収納できるようにした。一方、リビング側には本棚とマガジンラックを設け、ソファから本や雑誌を取りやすいように工夫した。

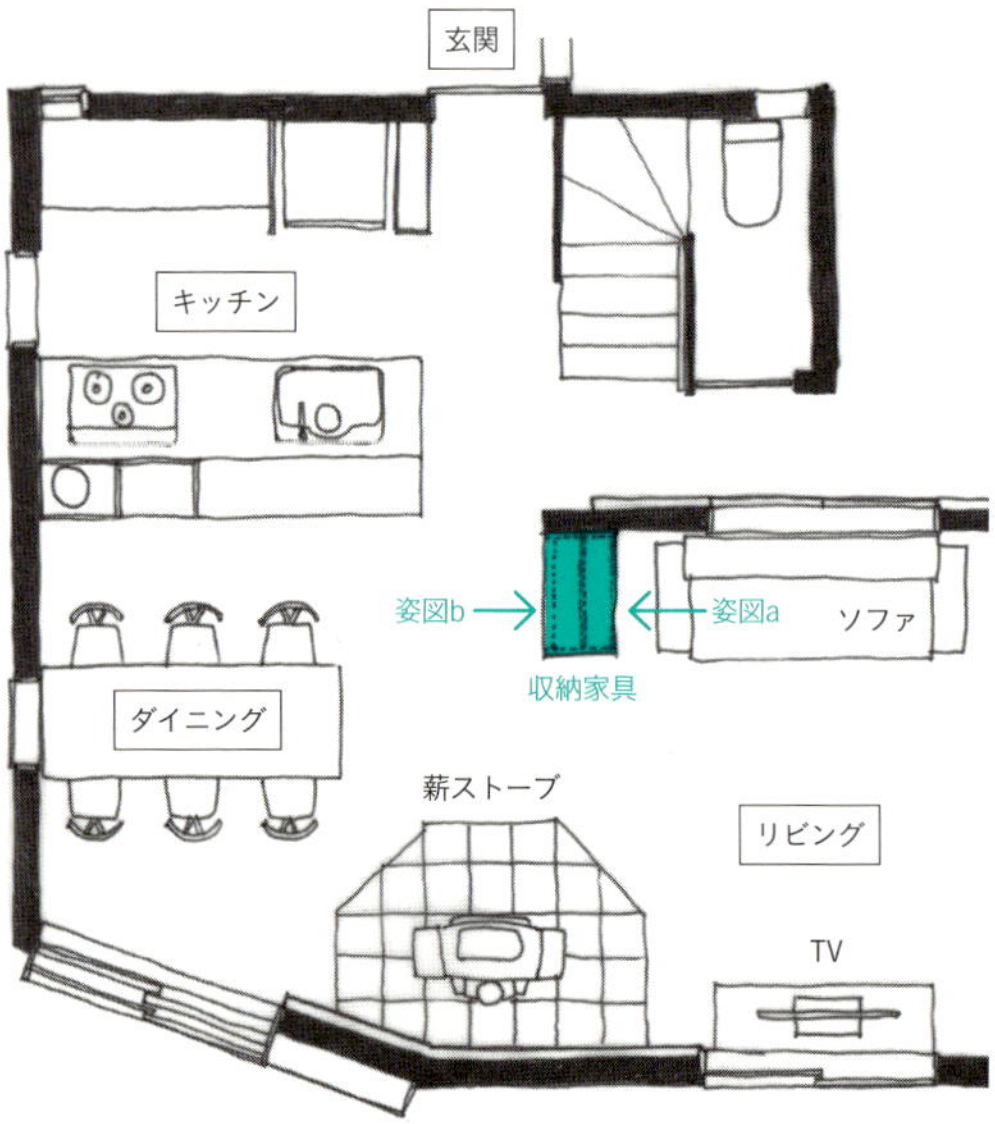

ミズニワハウス平面図 S=1:100

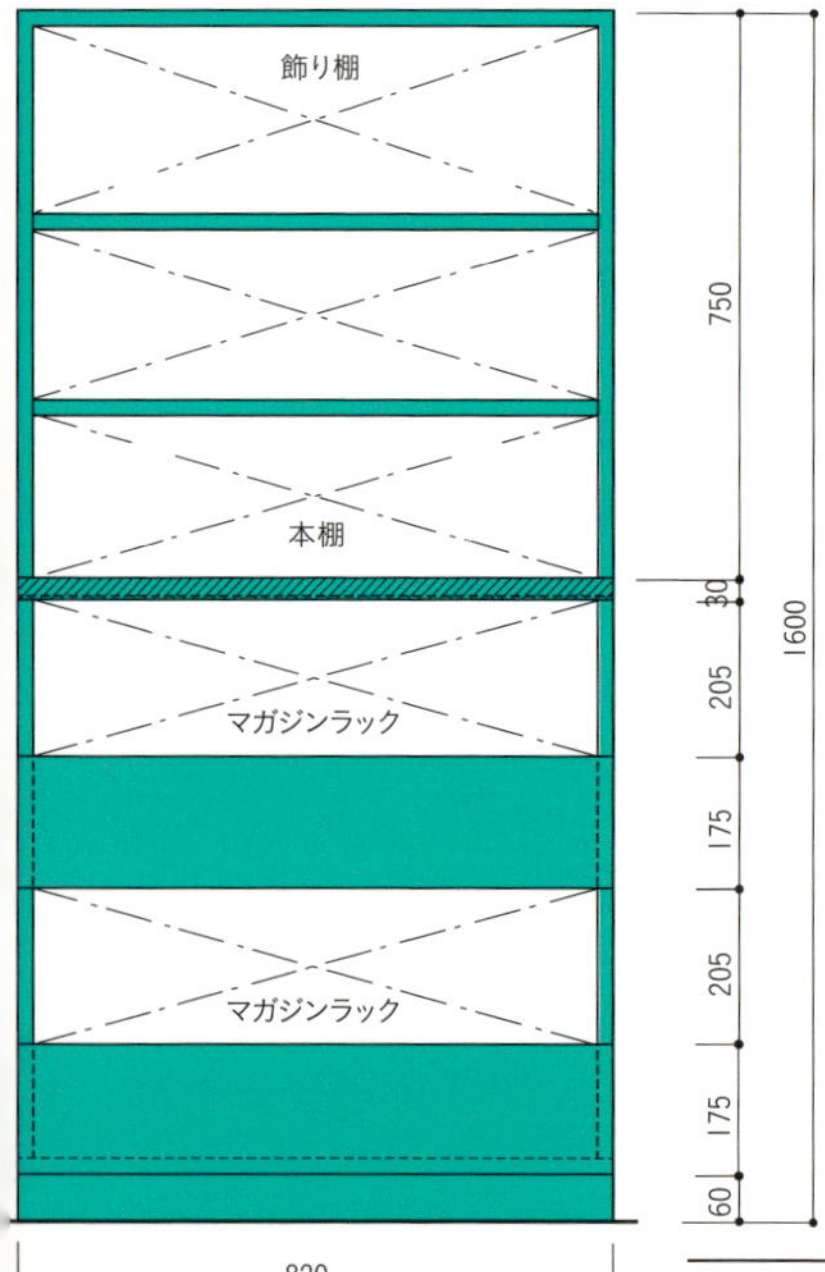

家具姿図a S=1:20

ミズニワハウス リビング側スケッチ
ダイニング側のソファから手が届きやすい棚は、本やマガジンラックにするとソファから本や雑誌が取りやすくなる。また棚があることで、キッチンやダイニングからの視線が遮られ、落ち着いたスペースになる。

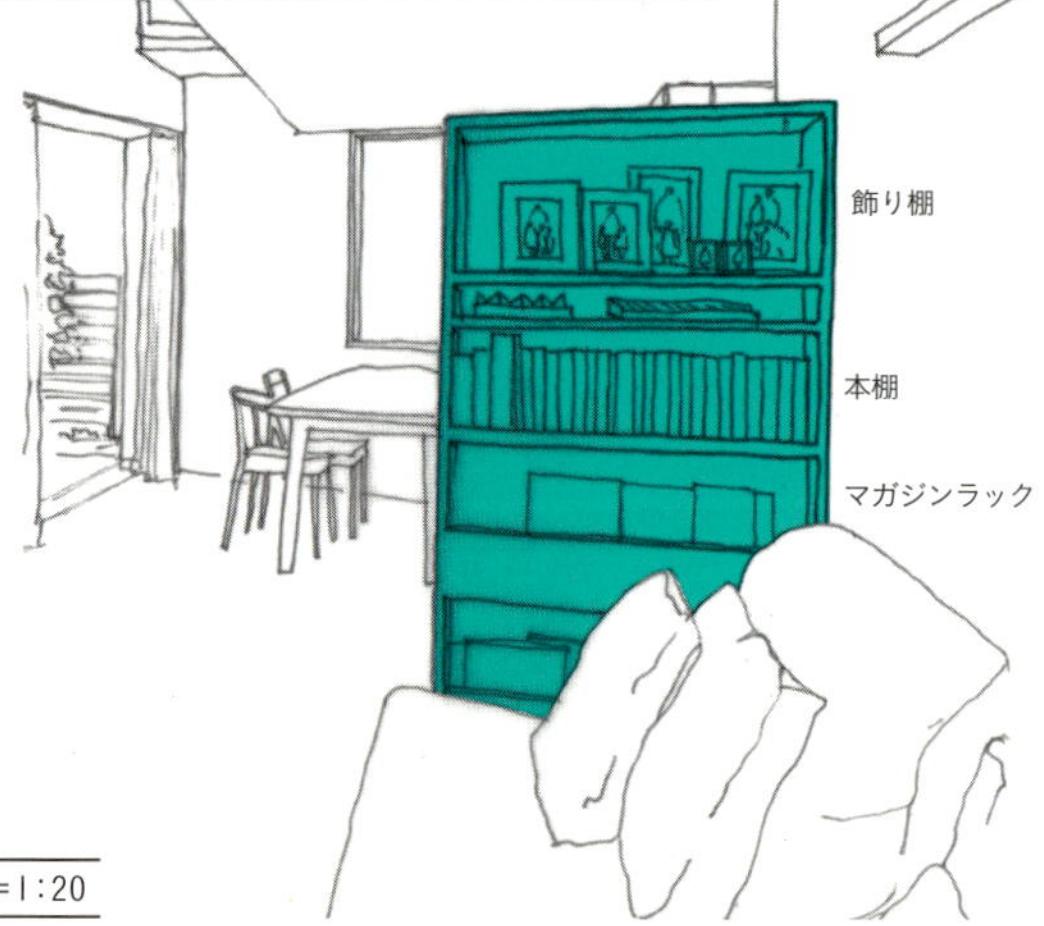

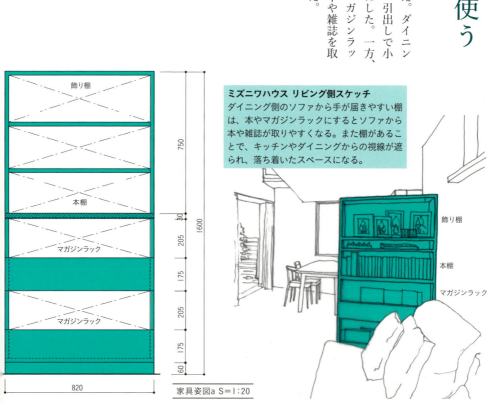

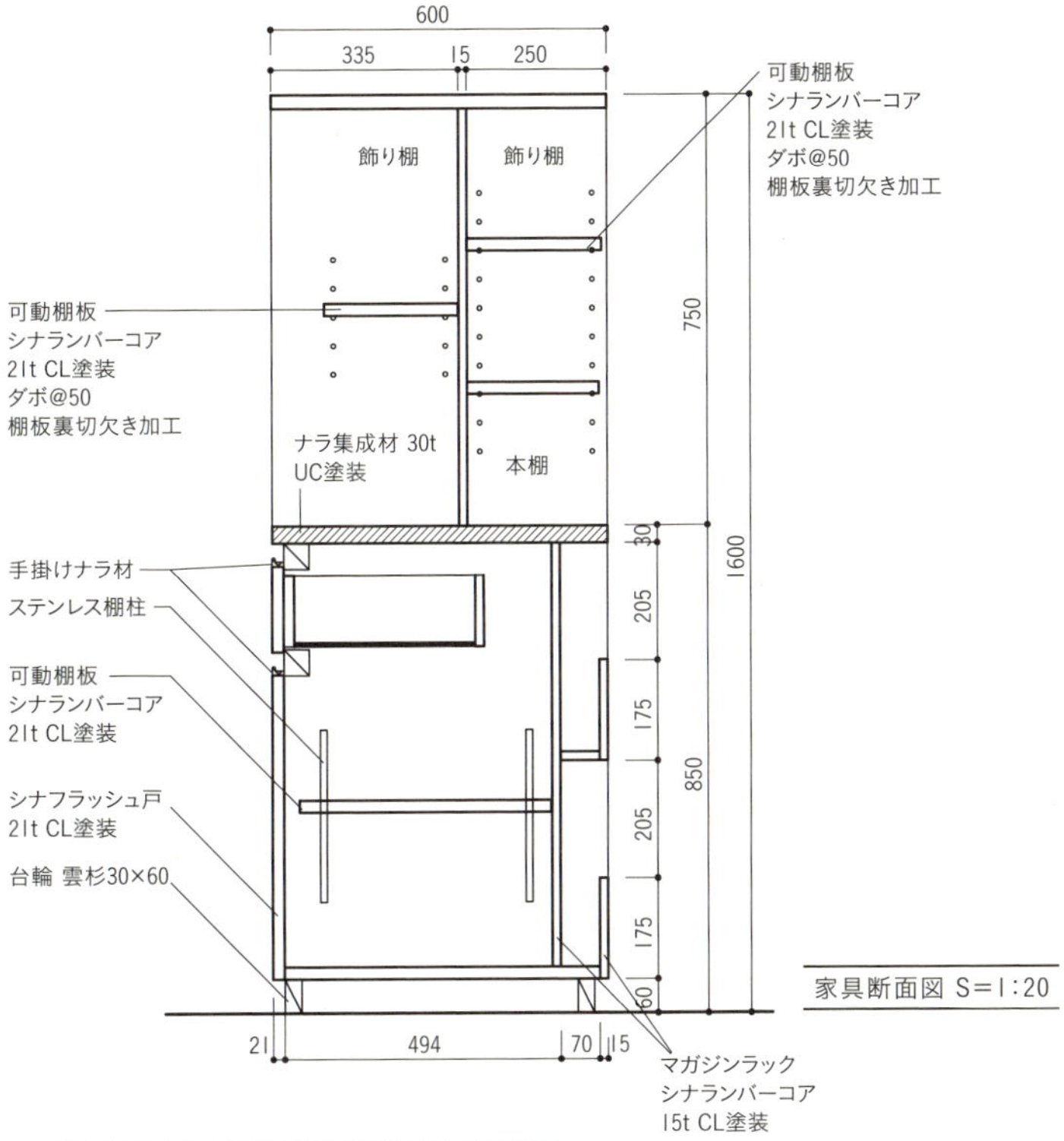

家具断面図 S=1:20

ミズニワハウス ダイニング側スケッチ
ダイニング側の棚は玄関に近い位置になるため、鍵類など出かけるときに必要なものを置くと便利。また使用頻度の高い物などをすばやく出し入れできるように、引出しなどを設けている。

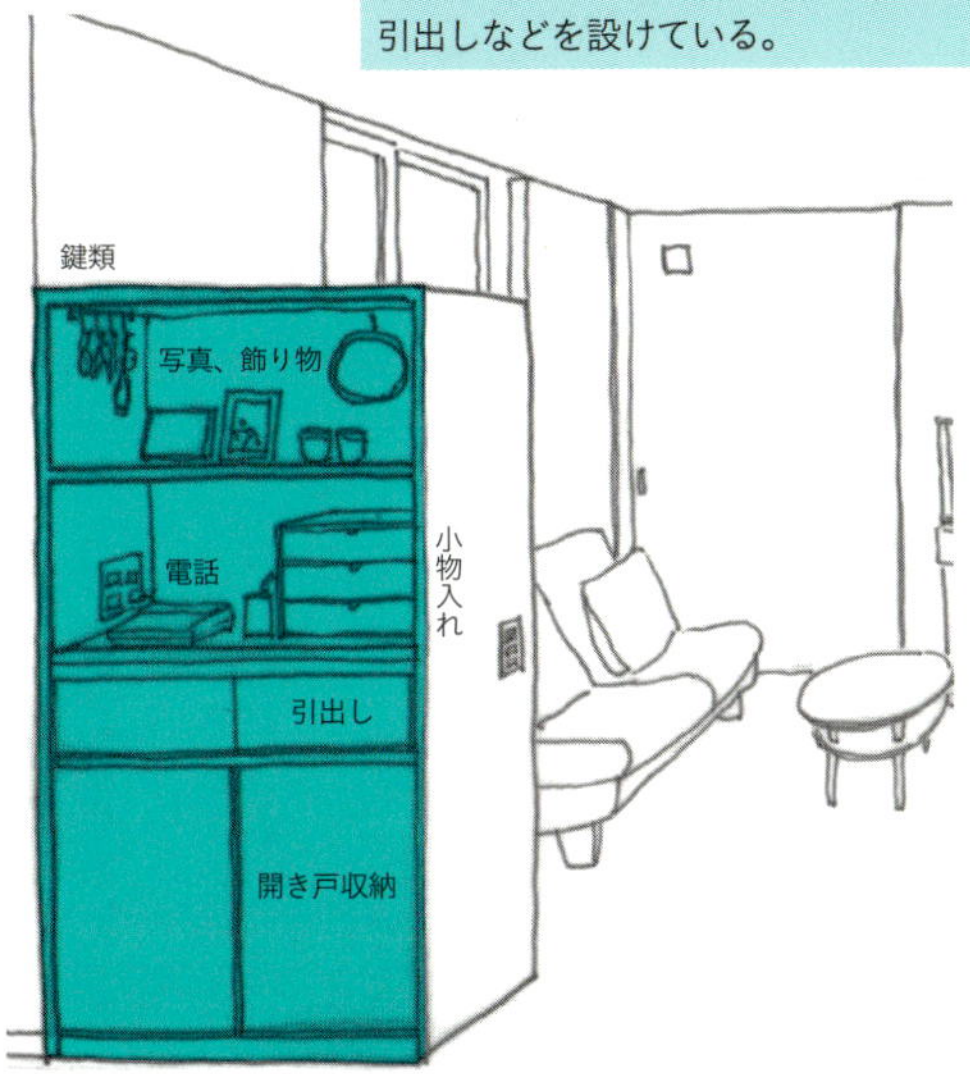

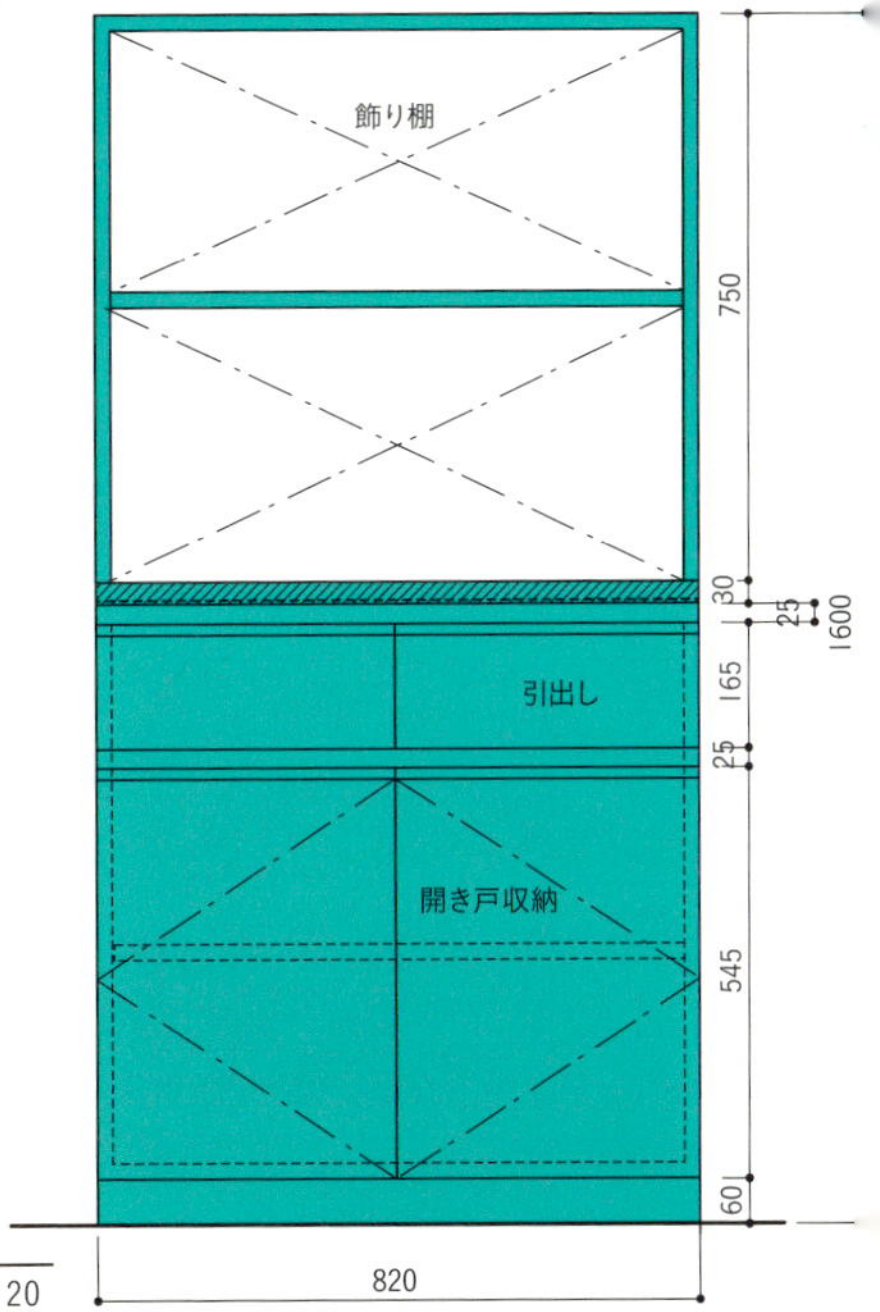

家具姿図b S=1:20

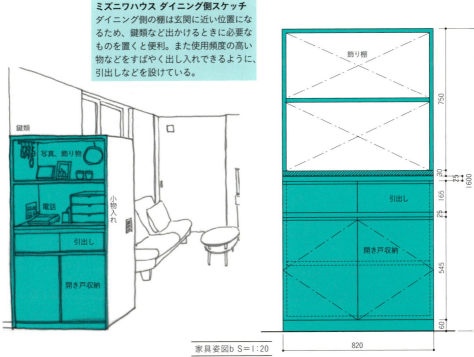

07 正方形ソファ

自宅を設計したとき、部屋の間取りに合わせてL字型に配置するソファをつくった。住みはじめてから3年後、当初計画になかったピアノを置くことになったが、ソファがL字型の配置のままではうまく納まらなくなった…。

試行錯誤した結果、L字型配置を平行配置して〝正方形のソファ〟として利用している。計画時には予想もしていない配置だったが、正方形のソファは足を伸ばしたり、横になるには好都合で、以前よりも家族間でのソファの争奪戦が厳しくなった。リビングにソファを置いても、なぜかソファには座らず背もたれにして使っている場面をよく見かけるが、足をお尻と同じ高さで伸ばせると楽なのだろうと思う。この経験を活かし、だんの間ハウスでは、最初から足を伸ばせるソファを計画した。

なぜか「背もたれ」になってしまうソファ…。

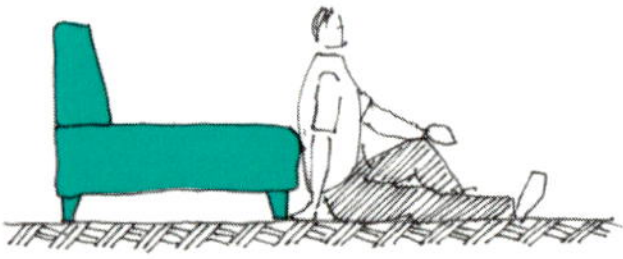

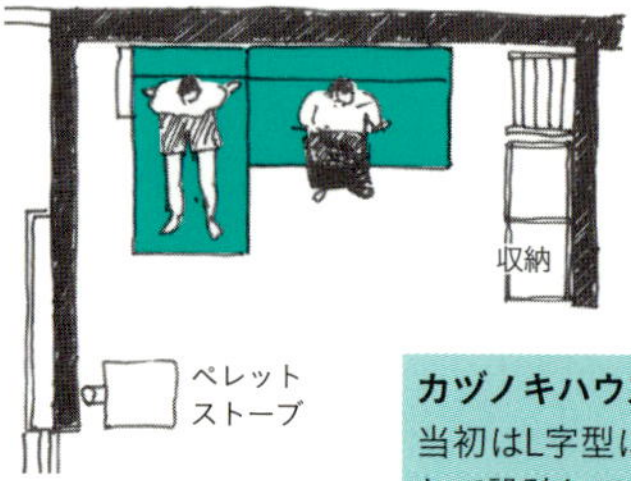

カヅノキハウス　ソファ当初配置
当初はL字型に配置するソファとして設計していた。

ソファの上で足が伸ばせると足が楽に座れる…。

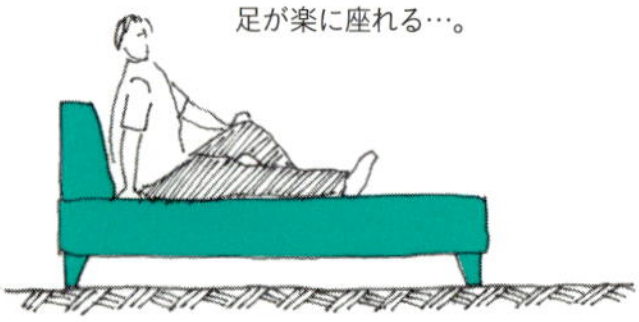

カヅノキハウス　ソファ変更後配置
住みはじめて３年目にピアノを置くことになり、ソファの配置を正方形に変更した。ソファの上で２人が足を伸ばして座ったり、ごろっと横になることもでき、利用頻度が増えた。

だんの間ハウス　スケッチ

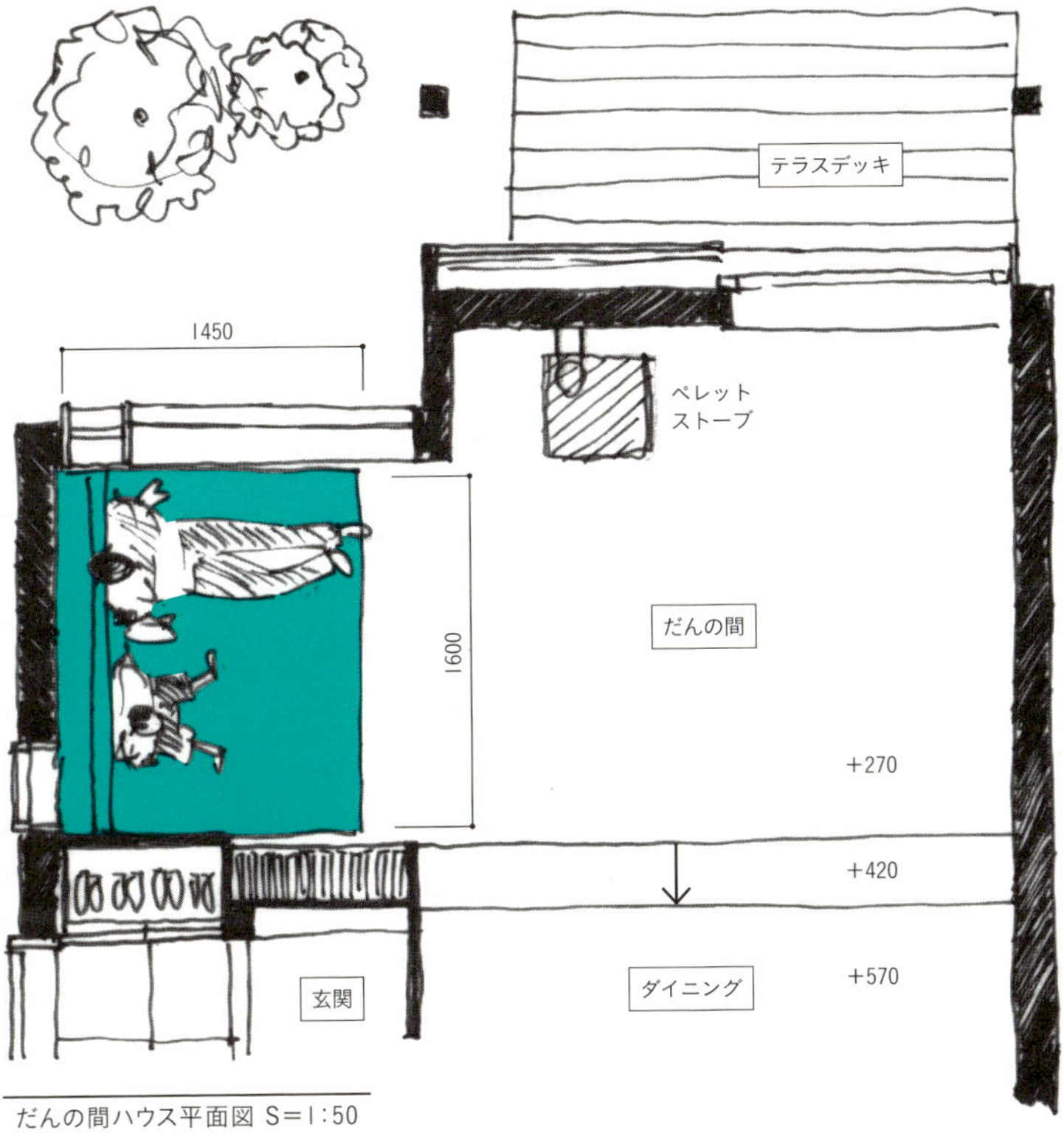

だんの間ハウス平面図 S=1:50

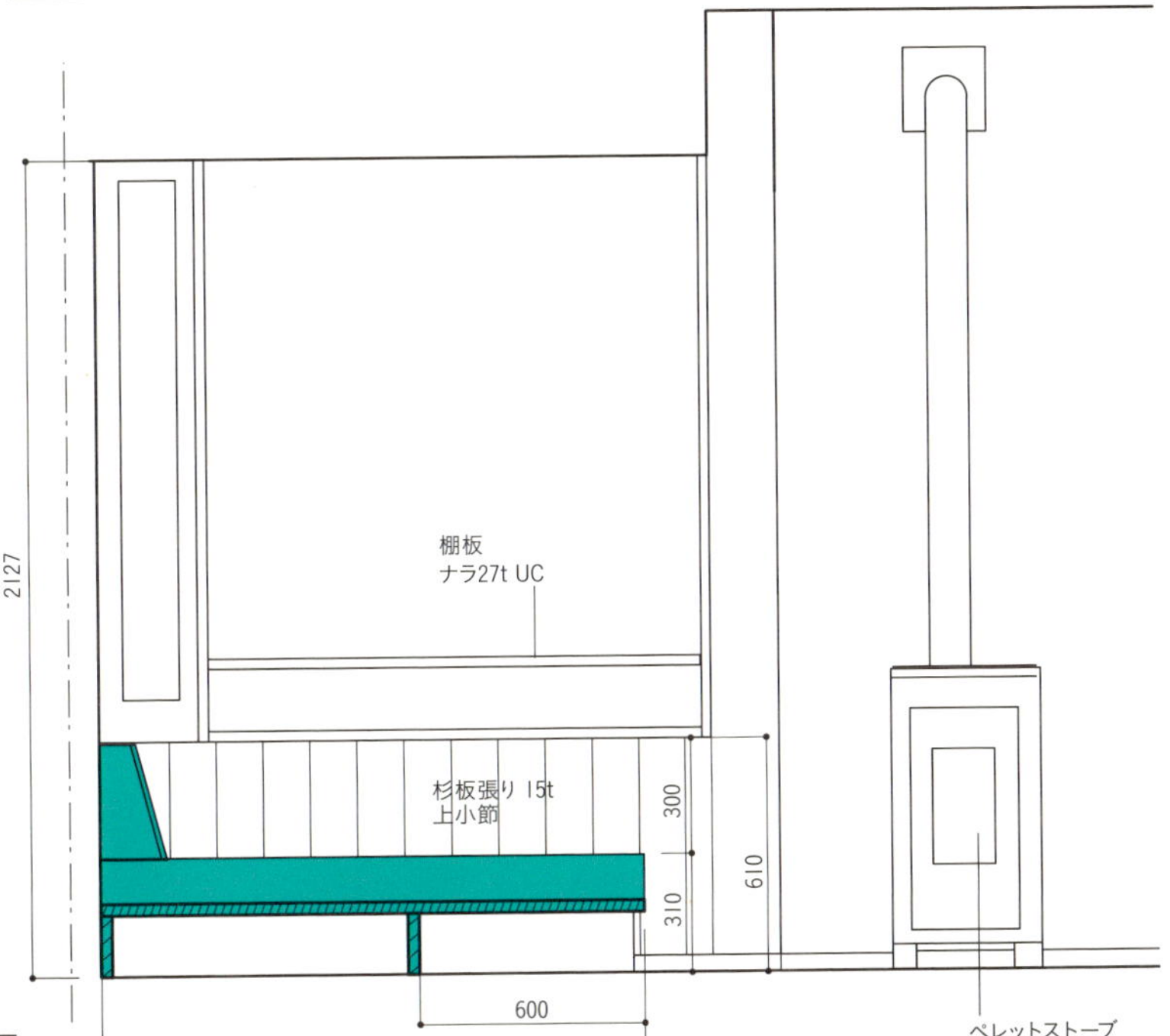

断面図 S=1:30

家族スペースのやわらかな仕切り

Bulatハウスには4人のお子さんがいる。リビングとダイニングの間に、家族の人数に合わせた大きなソファを置くと圧迫感が出てしまう…。そこでリビング部分の床レベルを300ミリ低くして、その段差部分に背もたれのクッションを設え、ソファいらずのリビングスペースをつくった。このように床面から1段掘り込んだスペースをラウンジピットと呼ぶが、ここではテレビと本棚、そしてペレットストーブを配置して、こもり感のあるくつろぎスペースとした。

ソファの背面がダイニングから丸見えに…。

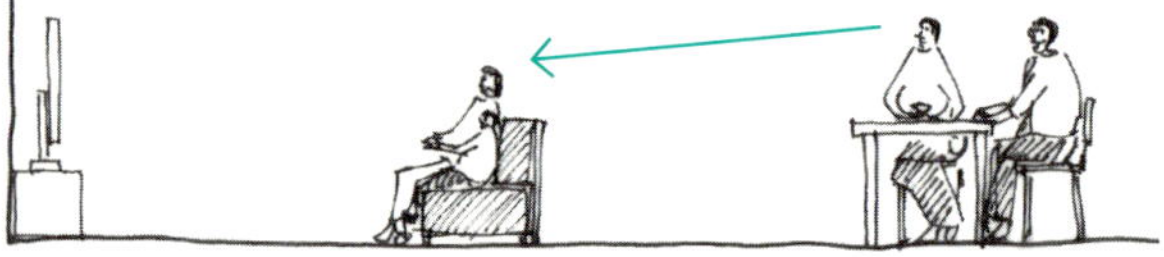

ラウンジピット形式にして段差を設けることでソファを置かなくてもくつろぎスペースがつくれる。

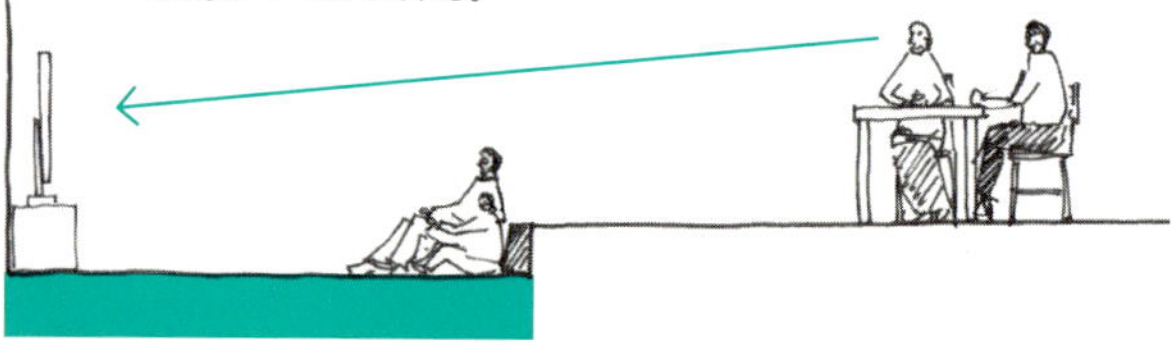

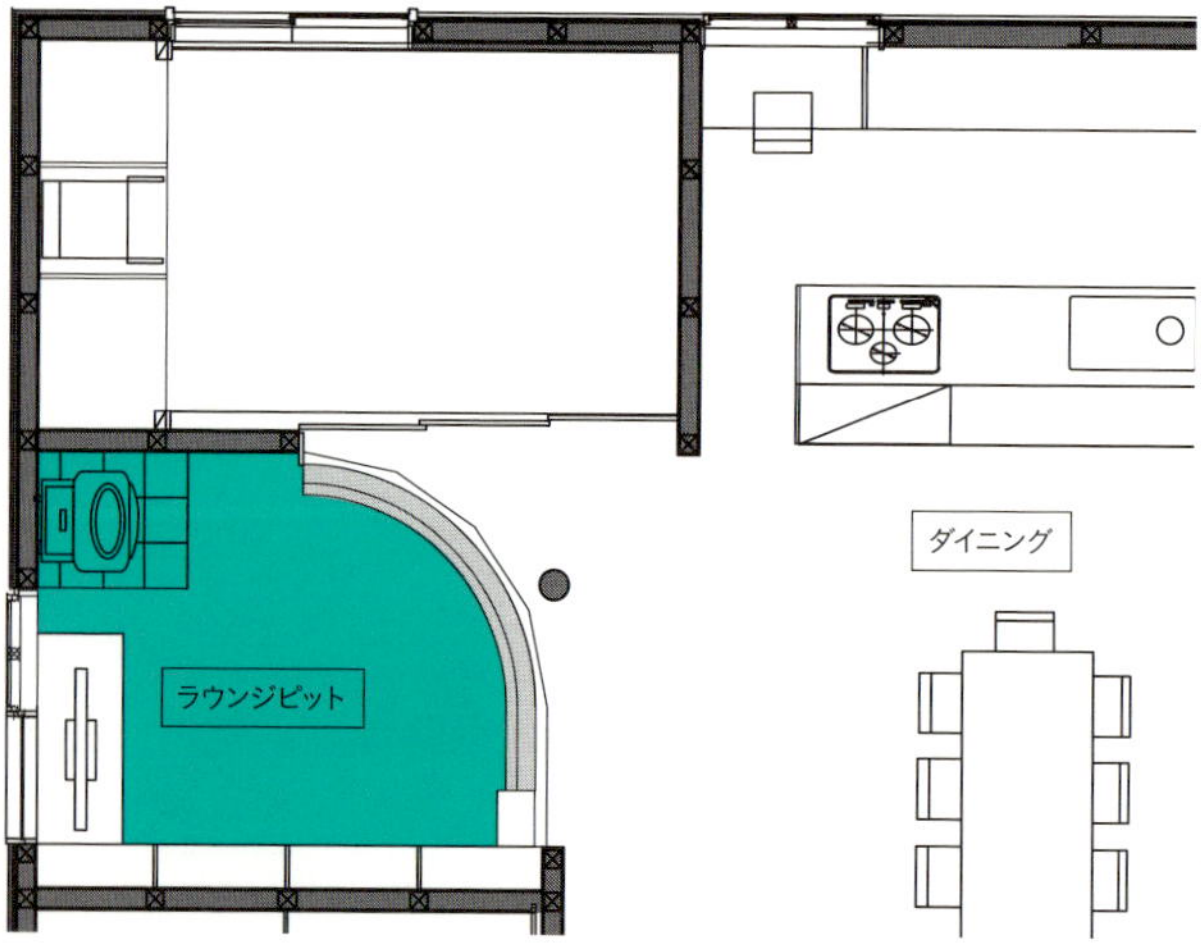

Bulatハウス平面図 S=1:100

Bulatハウス ラウンジピットクッション

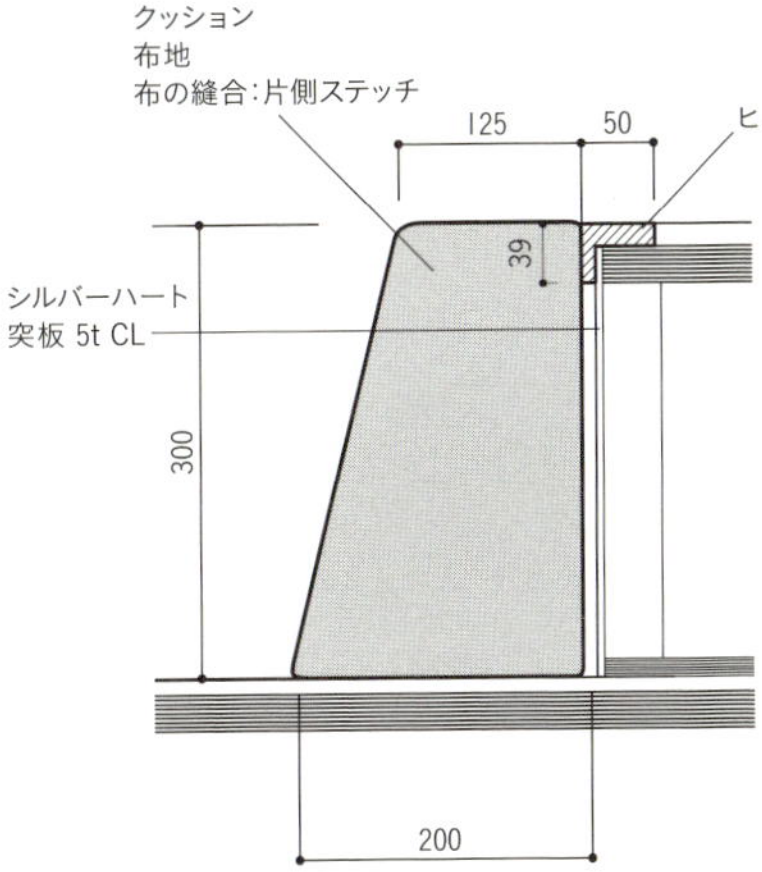

クッション断面図 S=1:10

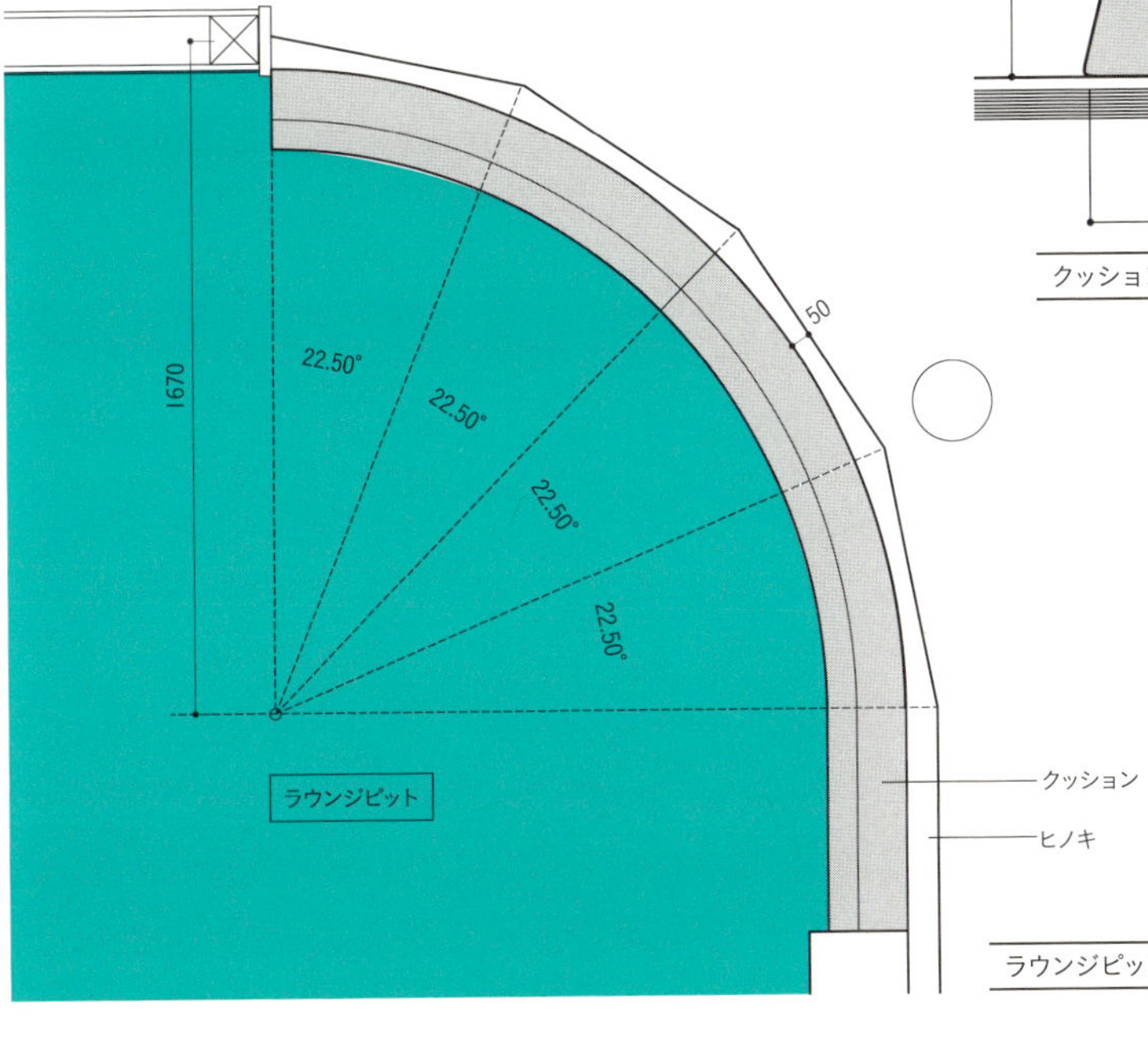

ラウンジピット平面図 S=1:30

DETAIL

09 1帖半の昼寝室

もともと、リビングの片隅に小さくていいので「寝転んでテレビが見れるような、小上がりの畳コーナーがほしい」という要望をいただき、もう一つの要望にあった「エッセイを書いたり、ミシンが使えるコーナー」を絡めて考えることにした。

リビングダイニングと空間をつなげれば9帖のワンルームになるところを、あえて壁で仕切り、「1帖半の昼寝室（和室）」を提案した。出入り口や小さな窓から部屋の様子や外の景色が垣間見える方が、オープンな畳コーナーよりもかえって奥行きを感じるのではないかと考えたからだ。

この1帖半のスペースは、その用途から、天井が低くてもいいのではないか、茶室の躙り口ようにかがんで入るのはどうか、書斎コーナーは掘りごたつ式にして…と思考を巡らせ、このような濃密な空間が生まれた。

1帖半の昼寝室＋ミニ書斎

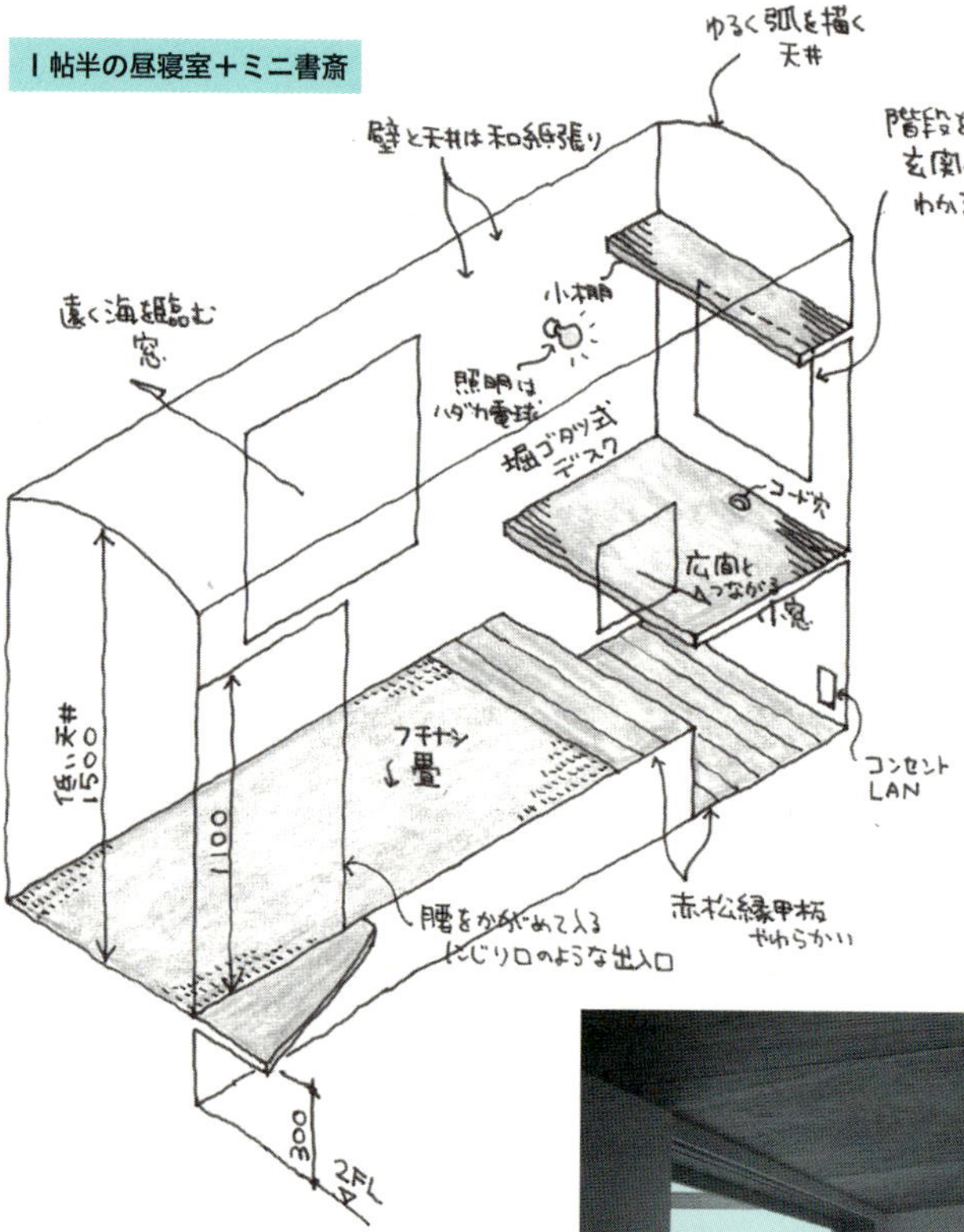

1帖半の昼寝室（写真撮影：安川千秋）

西鎌倉の家。広間奥に昼寝室の小さい入口が見える（写真撮影：安川千秋）

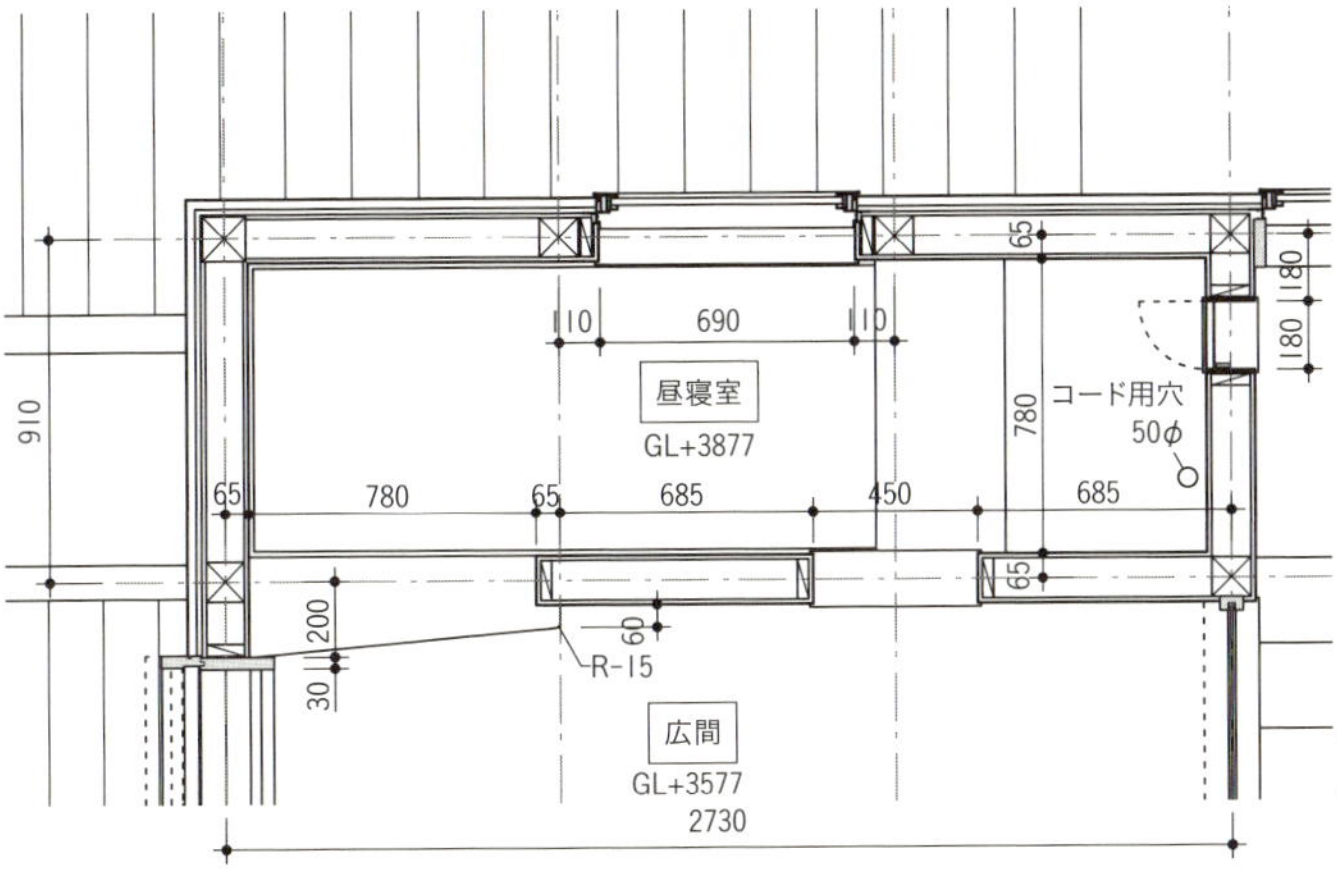

1帖半の昼寝室 平面図 S=1:40

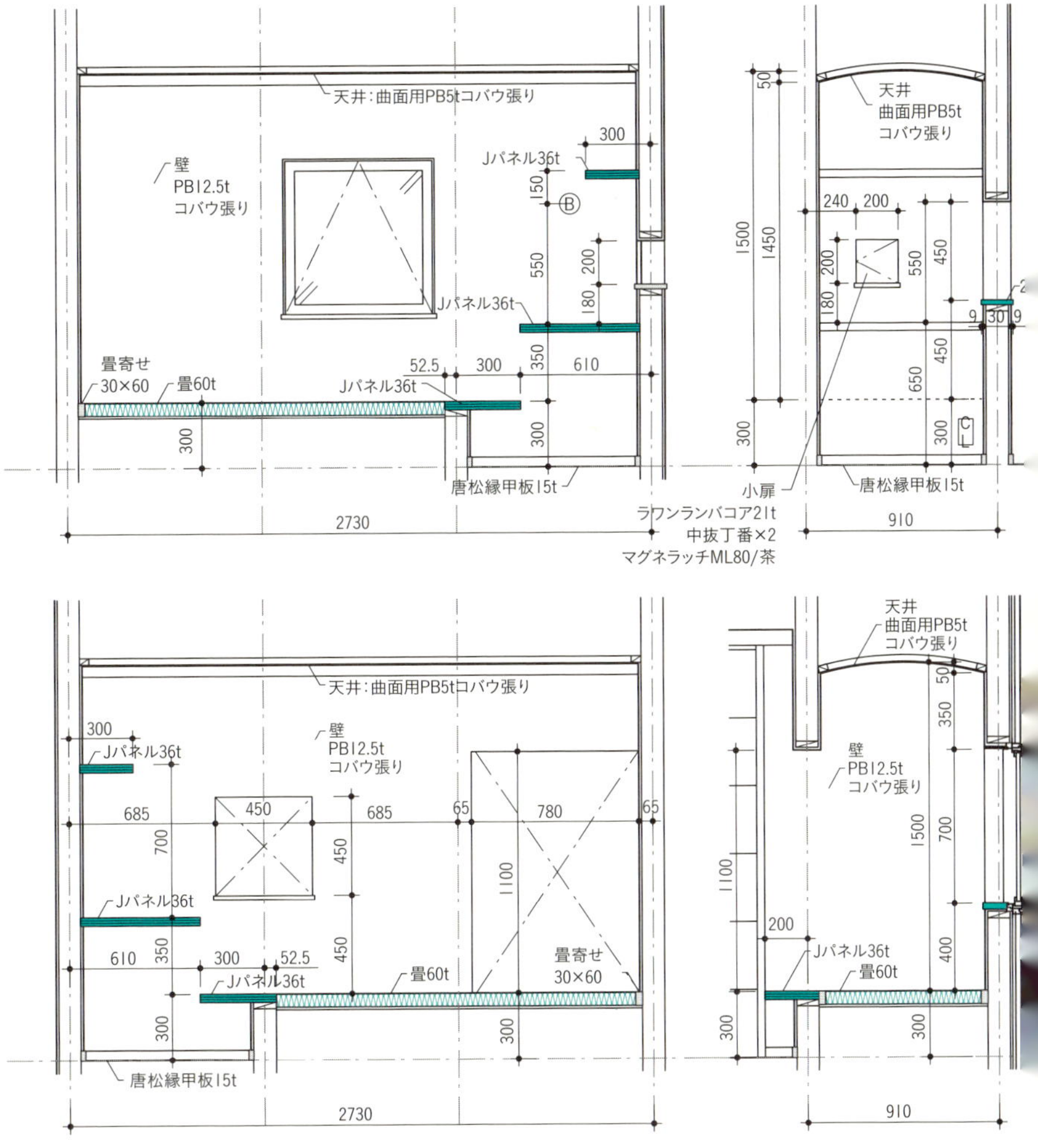

1帖半の昼寝室 断面図 S=1:40

10 造付けソファとTVキャビネット

家具は建築の重要な要素と考えている。既製品にもいいものはあるが、造付けで家に合わせて設計してほしいという要望が何度かあった。その家に合った家具を選ぶことも建築家の仕事の一つであるし、家具デザイナーにデザインしてもらうこともあるし、私が造付け家具をデザインすることもある。

造付けソファ
ランバーコアで箱をつくり、ウレタンフォーム芯のクッションを置いただけのシンプルなものなら、意外と安価にできる。箱の部分は、固定してしまうと将来的に不自由になってしまうので置き家具としている。引出しが付いており、雑多なものを収納できて重宝されている。

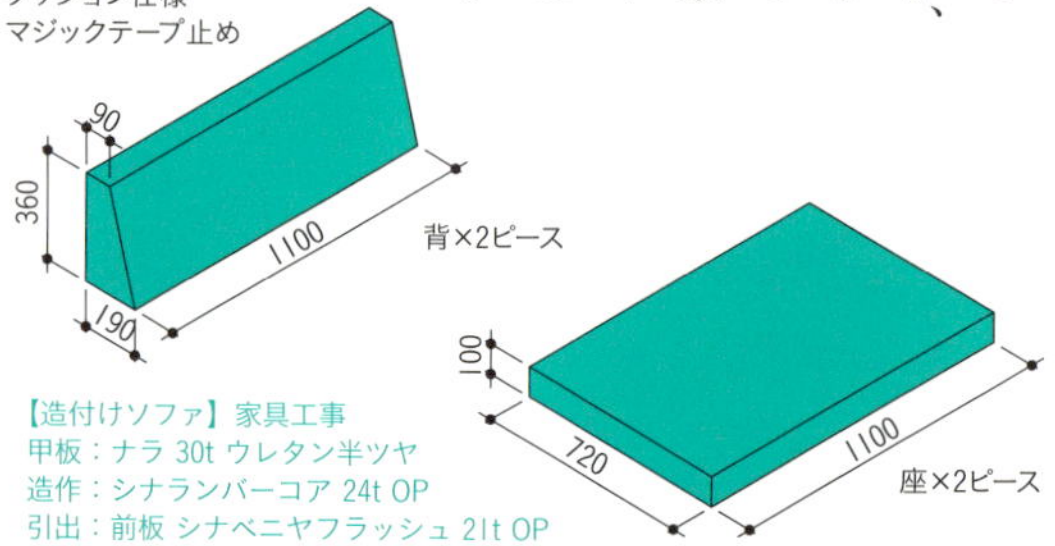

【造付けソファ】家具工事
甲板：ナラ 30t ウレタン半ツヤ
造作：シナランバーコア 24t OP
引出：前板 シナベニヤフラッシュ 21t OP
底板 ポリ合板（白）
アキュライド完全スライドレール
クッション：硬質ウレタンフォーム芯、布張り

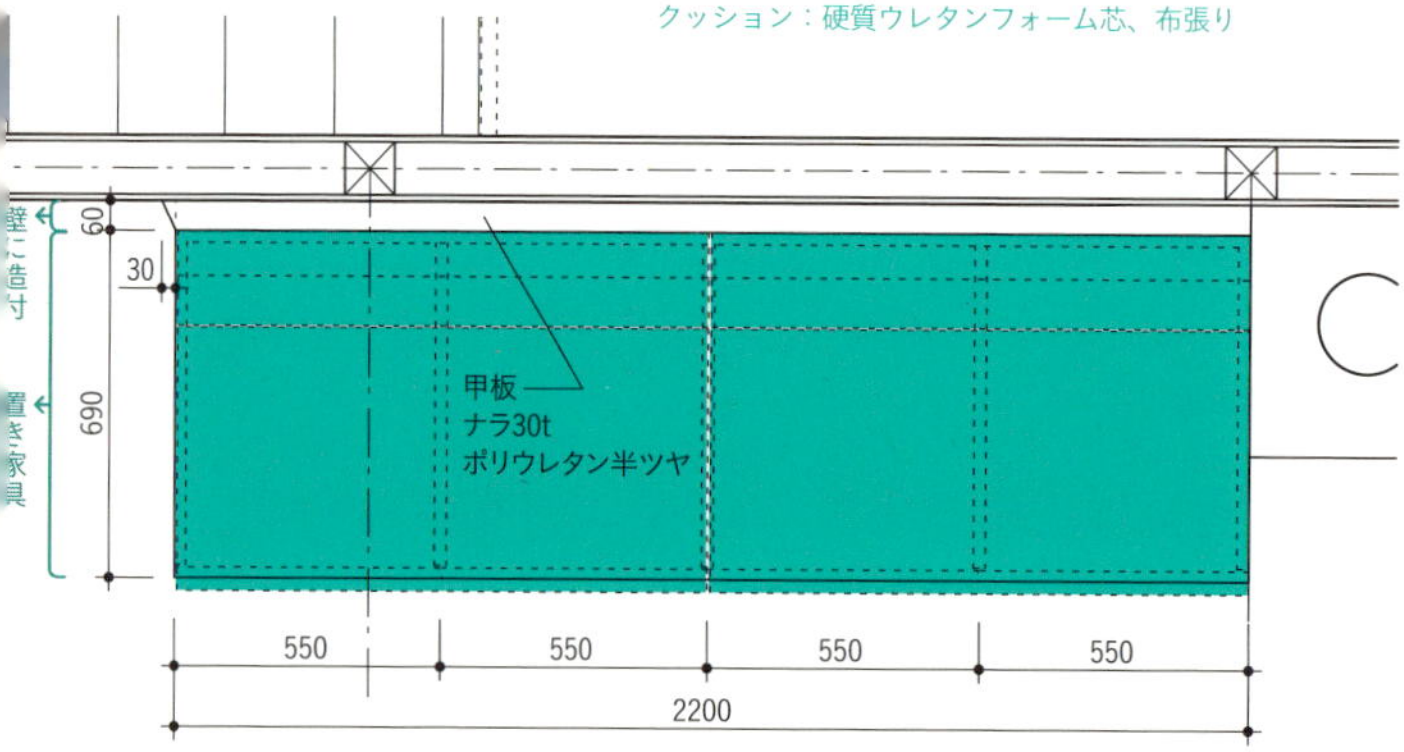

造付けソファ平面図 S=1:30

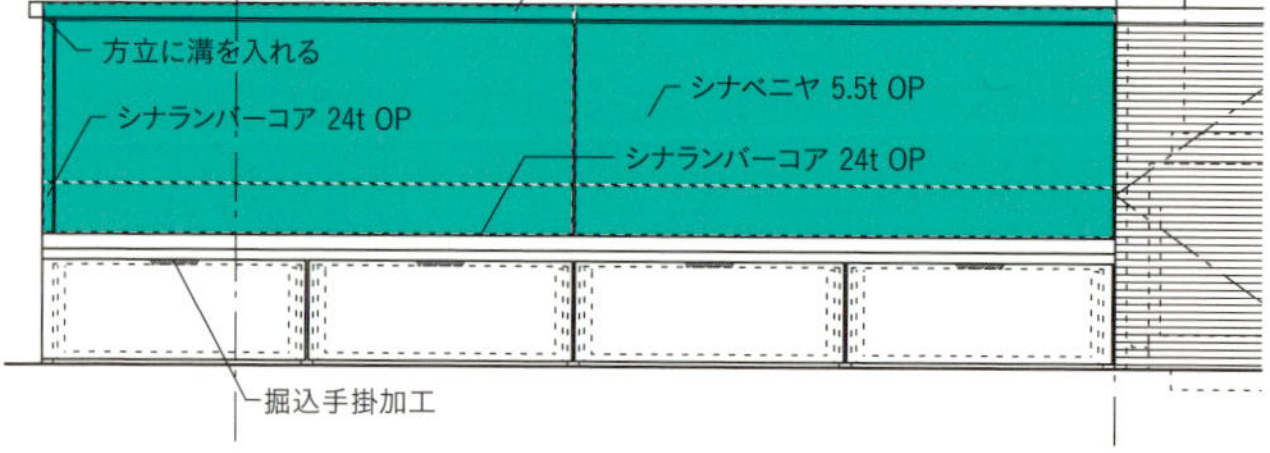

造付けソファ姿図 S=1:30

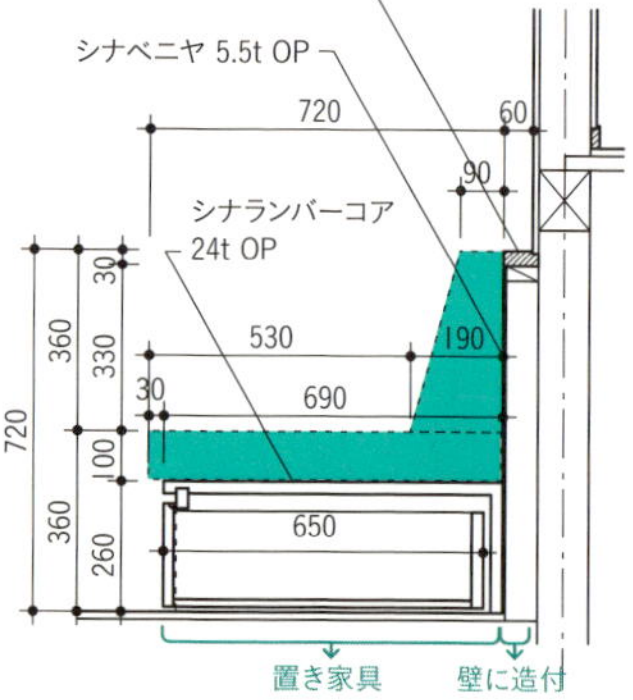

断面図 S=1:30

TVキャビネット
TVキャビネットは既製品にいいものが少なく、可能であれば設計してつくってもらっている。小窓に付ける格子網戸とデザインを合わせた引き分け戸は、吊戸になっていて、跳ね出しの甲板の巾いっぱいに引き分けられる。

【TVキャビネット】置き家具　家具工事
甲板：ナラ集成材 30t ウレタン半ツヤ コード用穴
側板・底板：シナランバーコア 24t OP
可動棚：シナランバーコア 24t OP ダボ@50
背板：有孔シナベニヤ 5.5t
両引き分け格子吊網戸：ラワン/見込24 ワトコオイル レックスネット
吊レール：（ア）AFD-130、吊車：（ア）CD-1202、吊戸ガイド

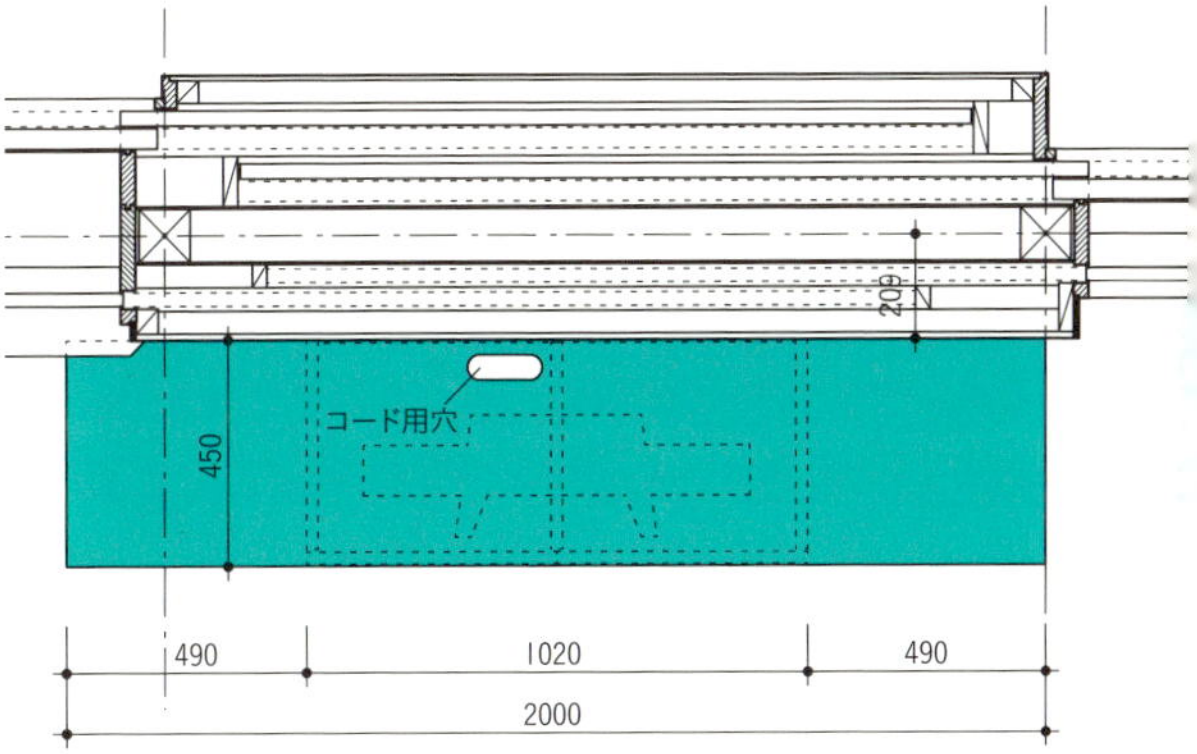

TVキャビネット平面図 S=1:30

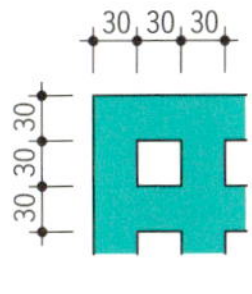

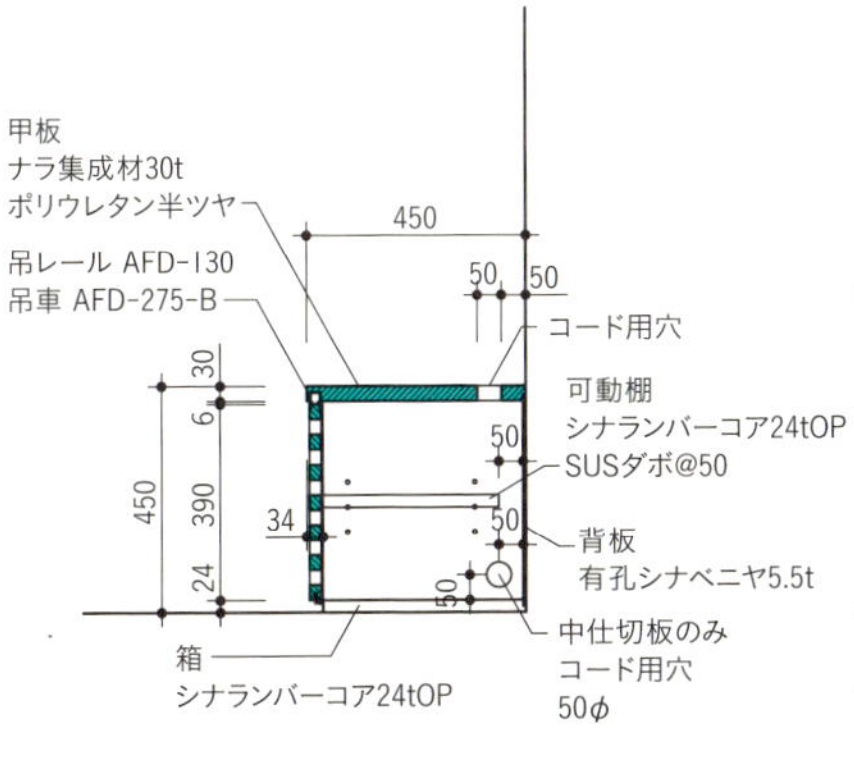

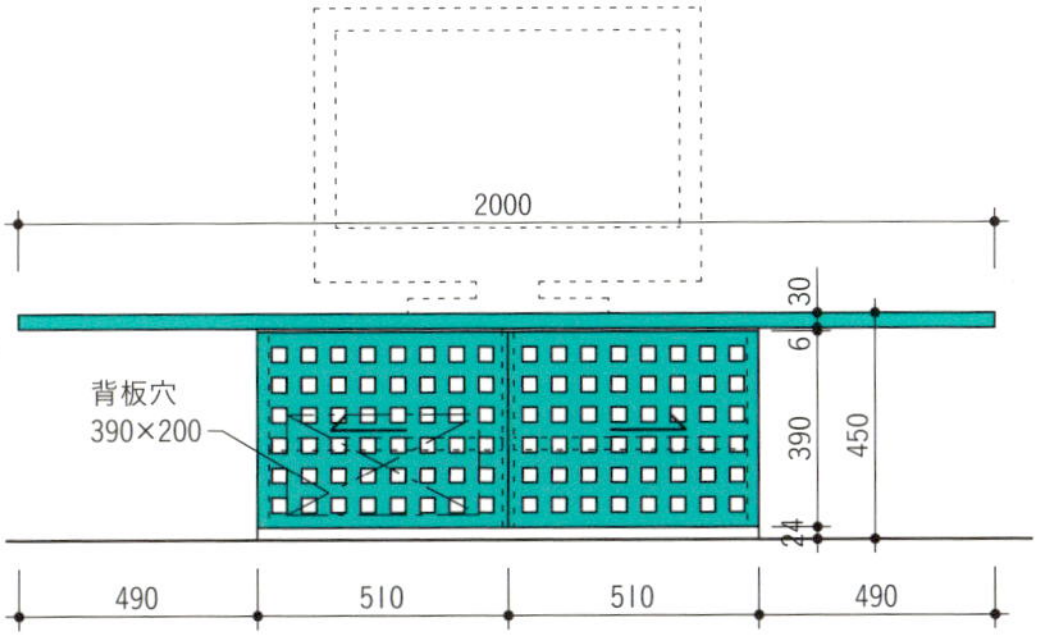

TVキャビネット姿図 S=1:30

DETAIL

11 ダイニング脇のPCコーナー

一般家庭にPCおよびインターネットが日常的に欠かせないものなってずいぶん経つが、PCコーナーを求められたとき、ダイニングあるいはリビングの一角に設けるようにしている。

　私の設計では空気集熱式ソーラーを標準的に採用しているので、ソーラーのダクトおよび吹出し口とセットでPCコーナーを造り付けている。ひょっとしたら、1日のうちで一番長い時間を過ごすかもしれないこの場所にダクトがあり、冬場太陽の暖かさを実感できる。

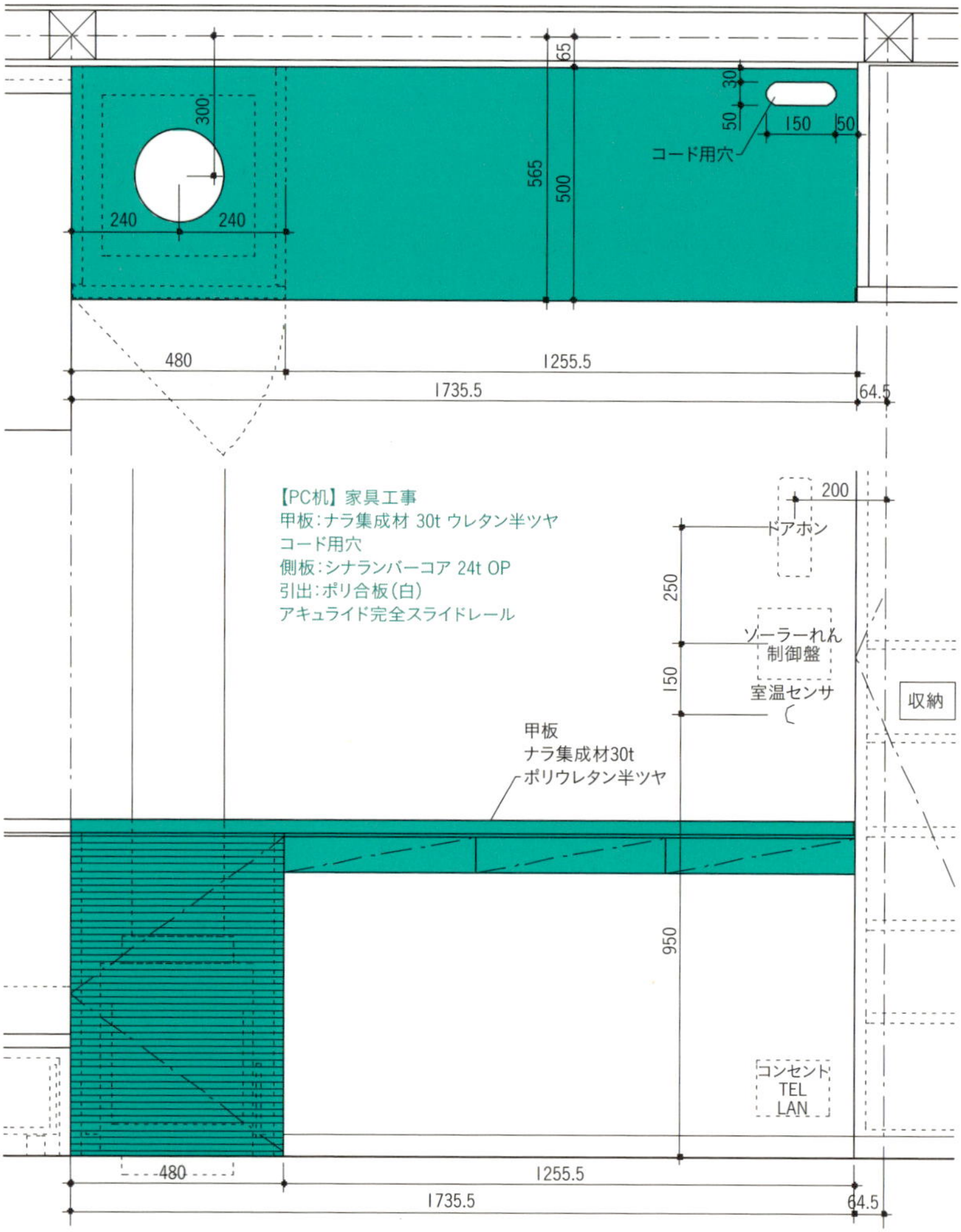

PCコーナー姿図 S=1:20

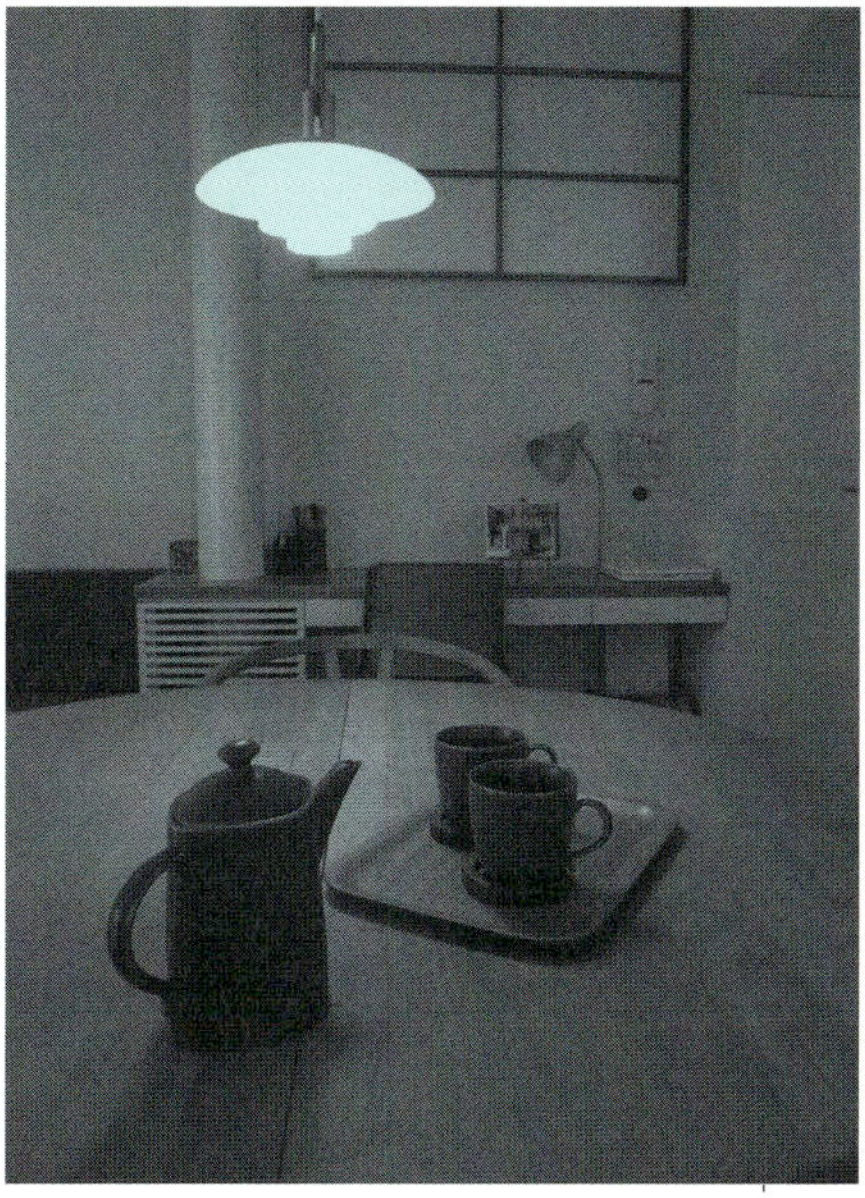

ダイニングからPCコーナーを見る

空気集熱式ソーラーは、屋根で暖めた空気をファンで1階の床下に送り、基礎のコンクリートに蓄熱するのが基本であるが、2階リビングの場合は立ち下がりダクトの中間に切替吹出し口を設け、2階に直接暖気を吹き出すことができる。その切替吹出し口をPC机の中に組み込んでいる。

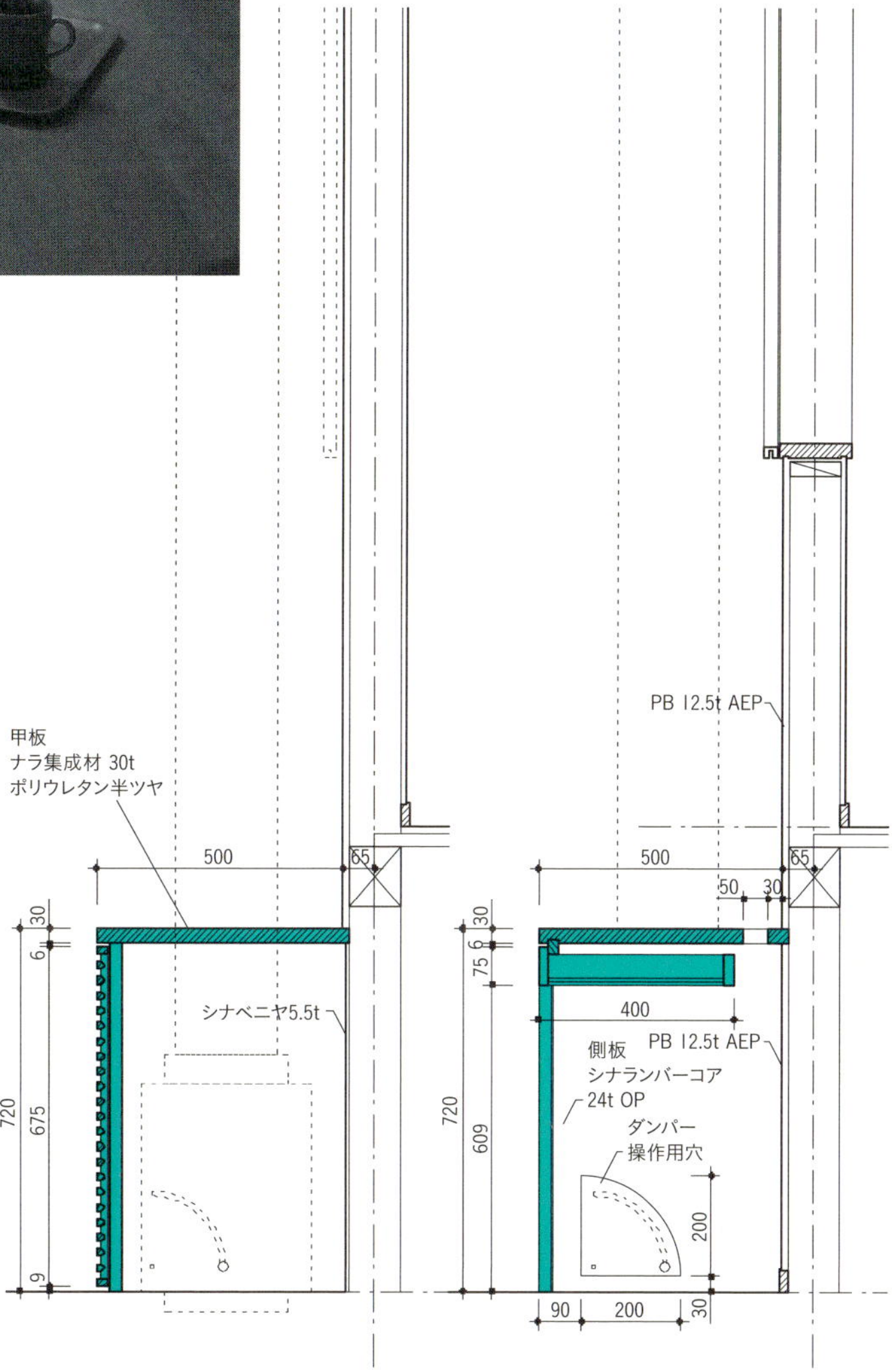

PCコーナー断面図 S=1:20

DETAIL

12

可動タタミ縁

日比津の家２の可動タタミ縁

イス・テーブル・ソファを置かない床座の暮らしを主とした住まいは、部屋を広く使えてすっきりするが、ちょっと腰掛けたくなるときもある。そこで「可動式のタタミ縁」を考えた。寝転んでテレビを見たり、来客時にはベッドとして使え、季節によっては五月人形を飾る床の間的にも使用できる。窓際にもっていけば縁側のようなくつろぎスペースにもなる。ランバーコアの箱に畳1帖分のフタをした簡易なつくりで、収納も兼ねている。縁の木枠はテーパーと丸面をとり、床に座ったときに背もたれになるよう工夫した。

【畳】置き家具 大工工事
造作：シナランバーコア 30t OP
フタ：シナランバーコア 21t
畳寄せ：杉45×120ワトコオイル
畳：フチナシ畳 60t

可動タタミ縁 平面図 S=1:20

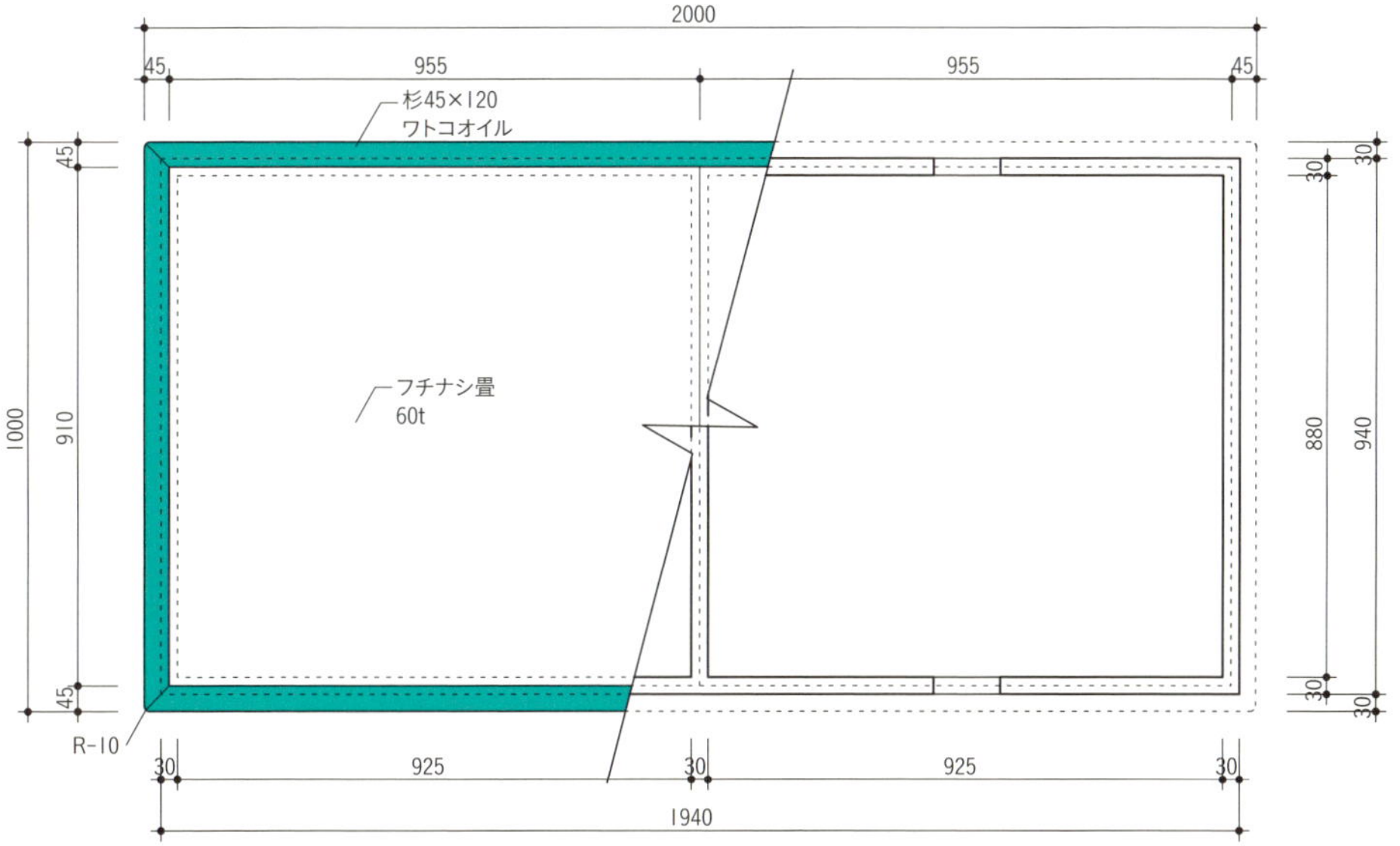

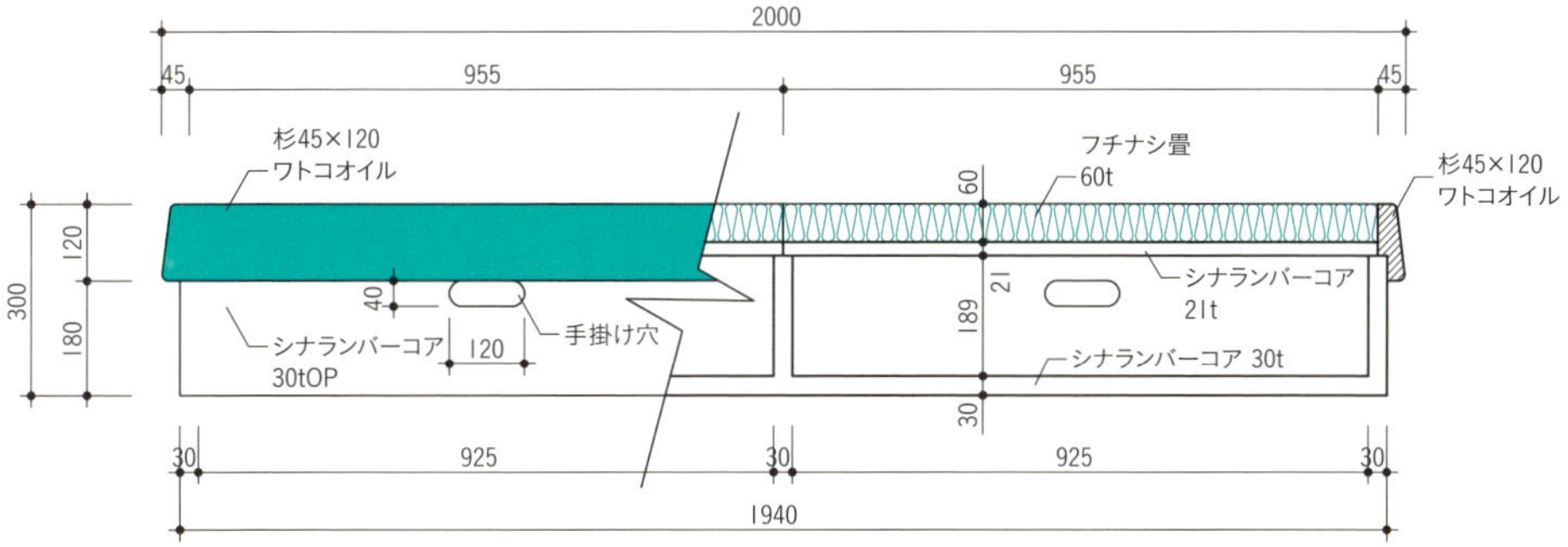

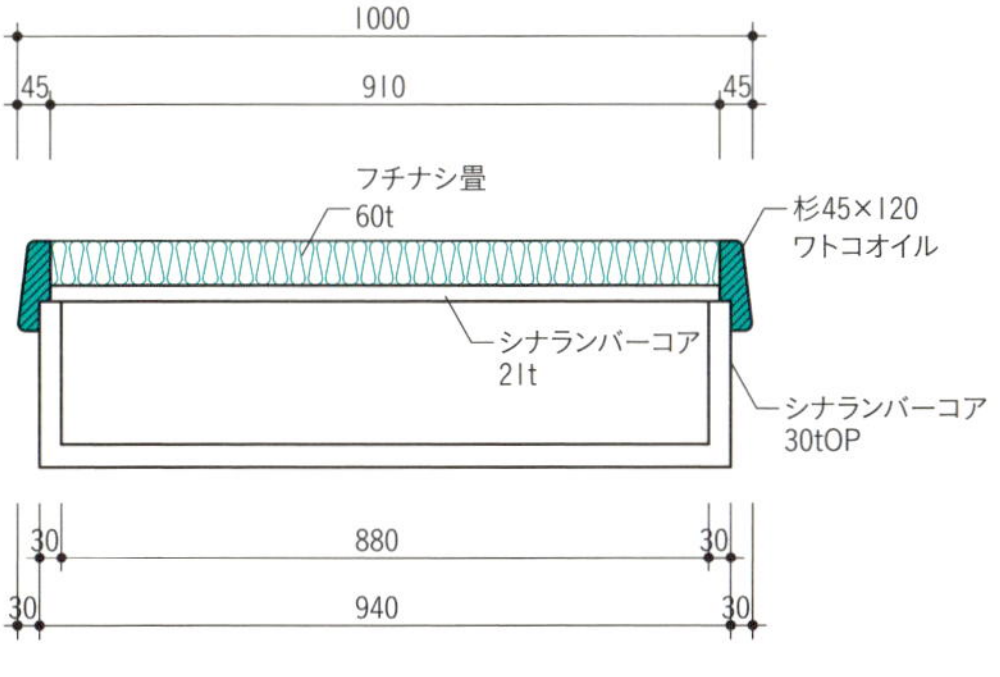

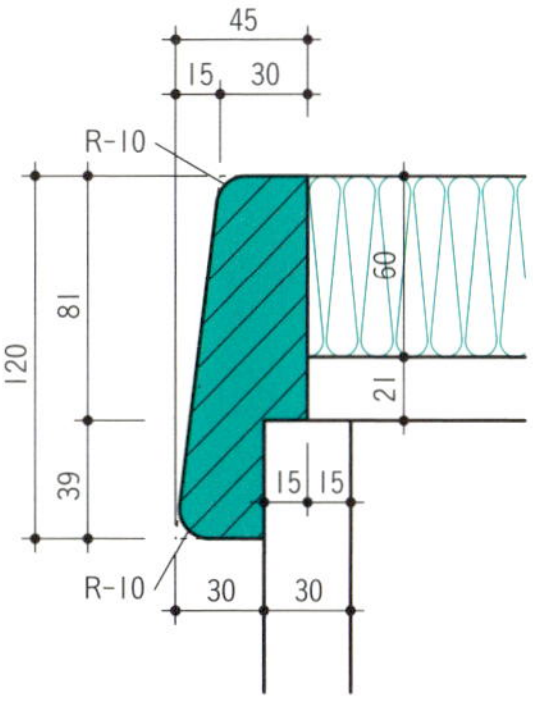

可動タタミ縁 断面図 S=1:20

詳細図 S=1:5

DETAIL

13

薪ストーブ廻りはすっきりと

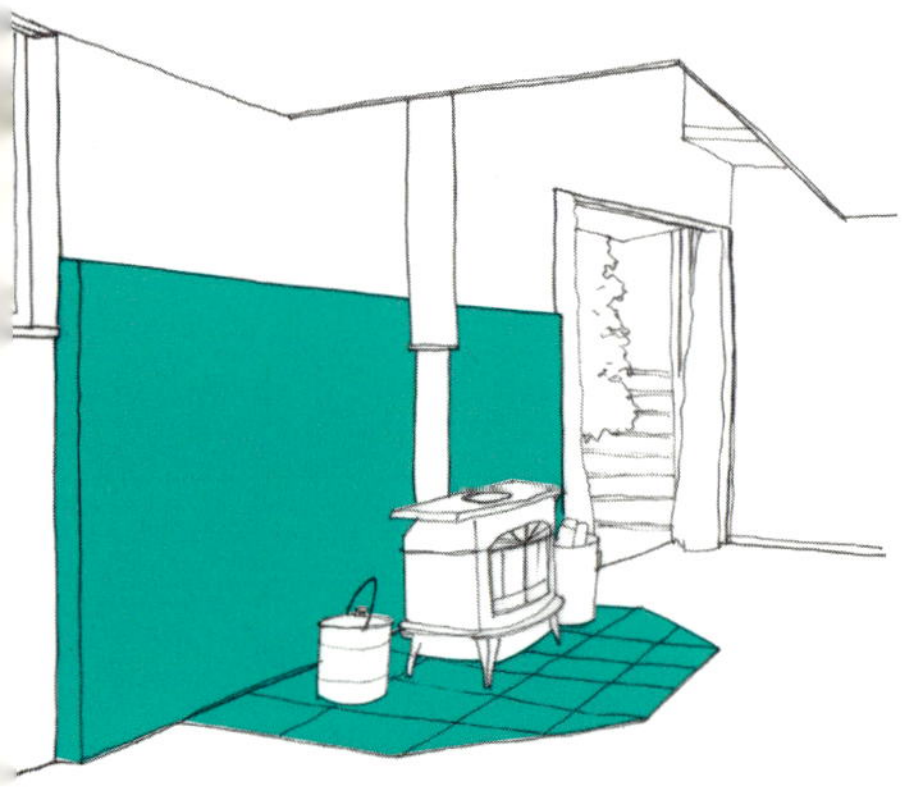

炎のある暮らしの豊かさを味わってもらいたくて、薪ストーブやペレットストーブをよく設計に取り入れている。薪ストーブを設置する場合は、床や壁の防火、遮熱対策をしっかりする必要がある。

床や壁にレンガを積むと、防火と同時に蓄熱の効果もある。一方で、その部分だけが家全体の雰囲気に合わないケースもある。

そこで床と壁に一工夫することで、すっきりとした納まりが可能になる。まず床について、37ミリのALC板を大引に落とし込んで張った上にタイルを張ると、段差なく仕上げることができる。

壁は、ALC板の裏に通気層を確保することで熱を遮断できる。そして不燃材であれば、厚みの薄いものでの仕上げが可能になる。

床にALC板を落とし込んで遮熱することで、周りの床とフラットに仕上げられる。

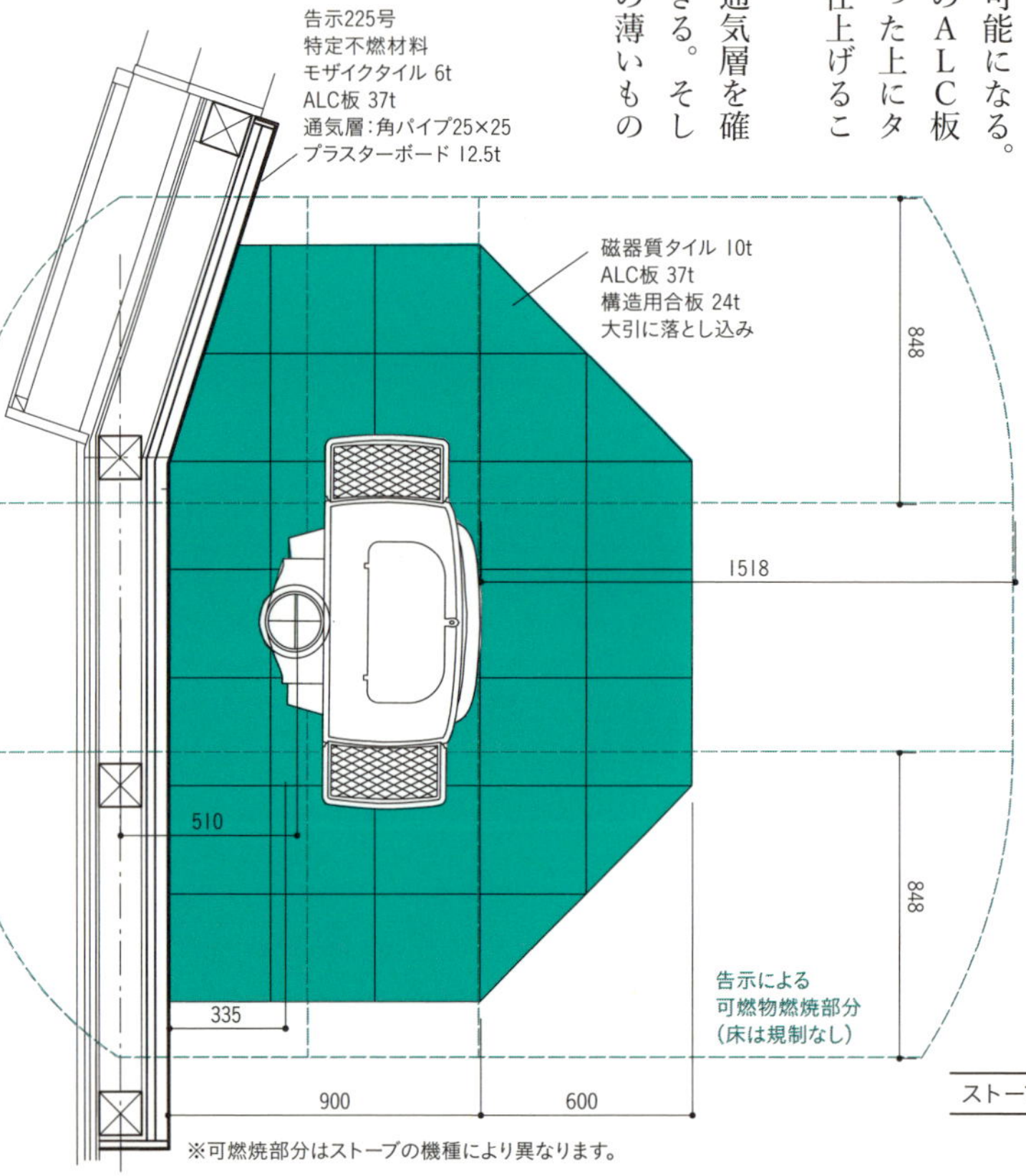

ストーブ廻り平面図 S=1:30

※可燃焼部分はストーブの機種により異なります。

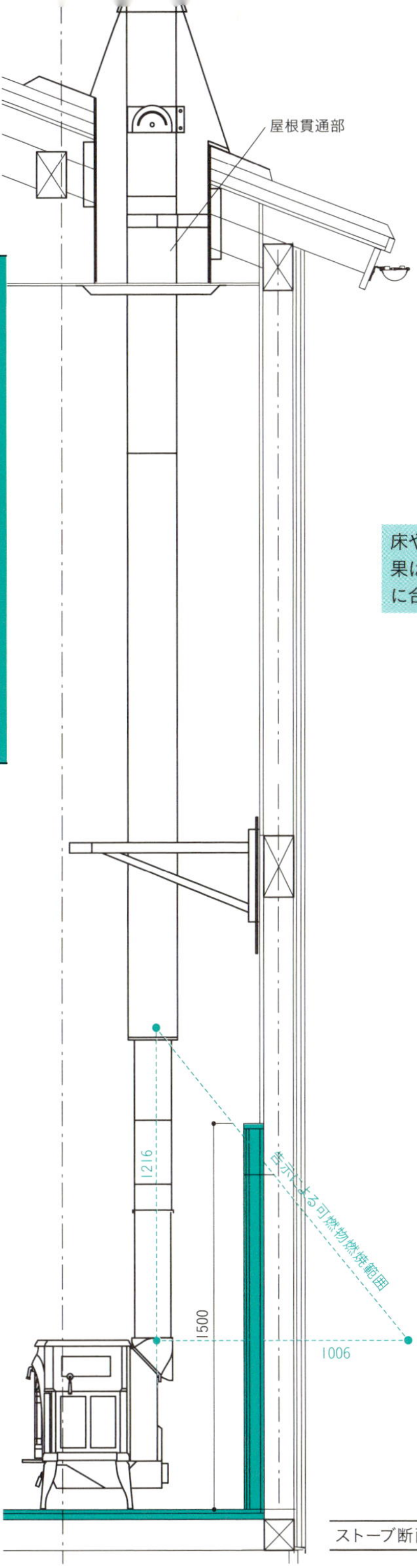

ストーブ断面図 S=1:30

床や壁にレンガを積むと蓄熱効果は期待できるが部屋の雰囲気に合わない場合もある。

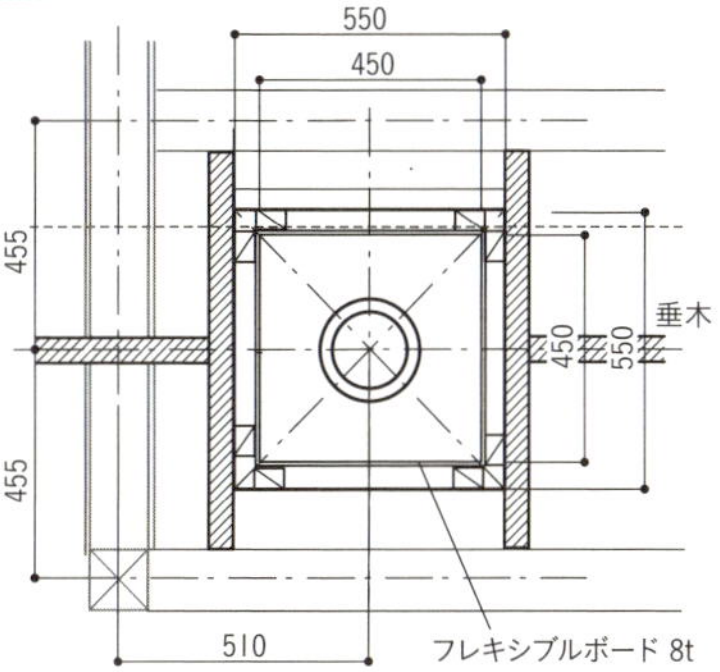

屋根貫通部平面図 S=1:30

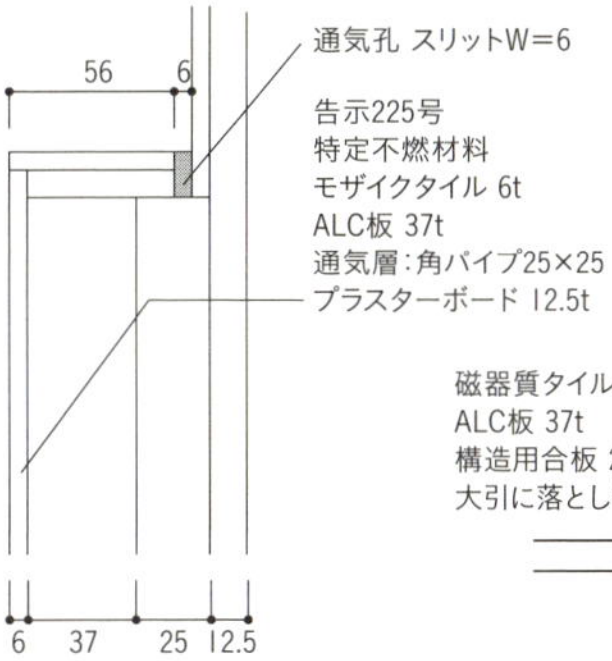

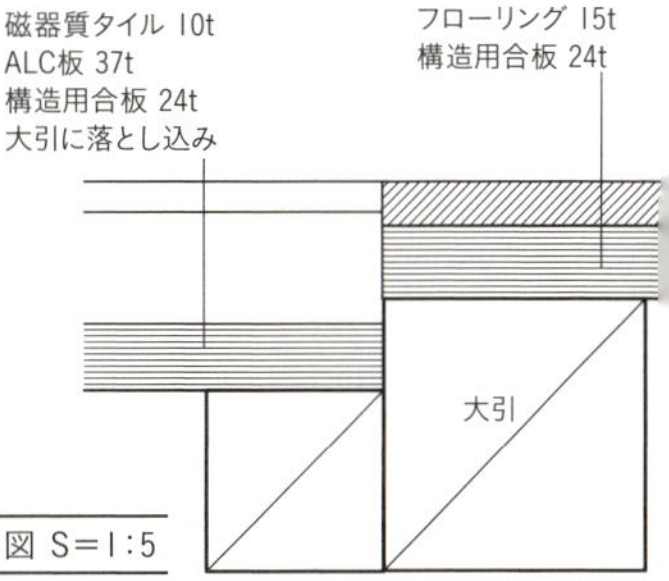

断面詳細図 S=1:5

Column
建物と敷地の間の余白

「家を設計するとき、まずどこから考えはじめるか？」そんなことを設計者仲間で話していたことがあります。そのとき、私（S）は「建物と敷地の間の余白部分から考える」と答えました。

なぜこのように答えたかを、もう少し詳しく、順を追って説明します。

まず敷地に立って、どの方向に家を開放したらよいかを確認します。私が設計の依頼を受ける家の敷地は、たいてい住宅が建て込んでいる場所なので、単純に大きな窓を設けると周辺から丸見えになり、カーテンが閉めっぱなしになってしまいます。そこで開放する窓と、道路や隣地との間に、どれだけの余白が確保できるか、植栽やデッキなどウチとソトをつなぐものを、どのように設えることができるかを徹底的に検討します。

よい余白がつくれれば、そこに向けてよい窓をつくることができ、よい窓がつくれれば、心地よい部屋ができるのです。

では、どうして家を外に向けて開放したいのか。家の中の環境はそんなに変化するものではありません。模様替えすれば少し雰囲気は変わりますが、それも一時のことです。それに比べて外の環境は刻一刻と変化しています。朝から晩までの変化もあれば、1年を通して緑や花が咲いたり散ったりします。風の音や鳥の鳴き声、通りがかりの人たちの話し声も聞こえます。そんな変化に富んだ外の環境を、家の中で感じ取りながら生活していくことが大切だと考えています。

そんな住宅を実現するために、「建物と敷地の間の余白部分が大事」ということになるのです。

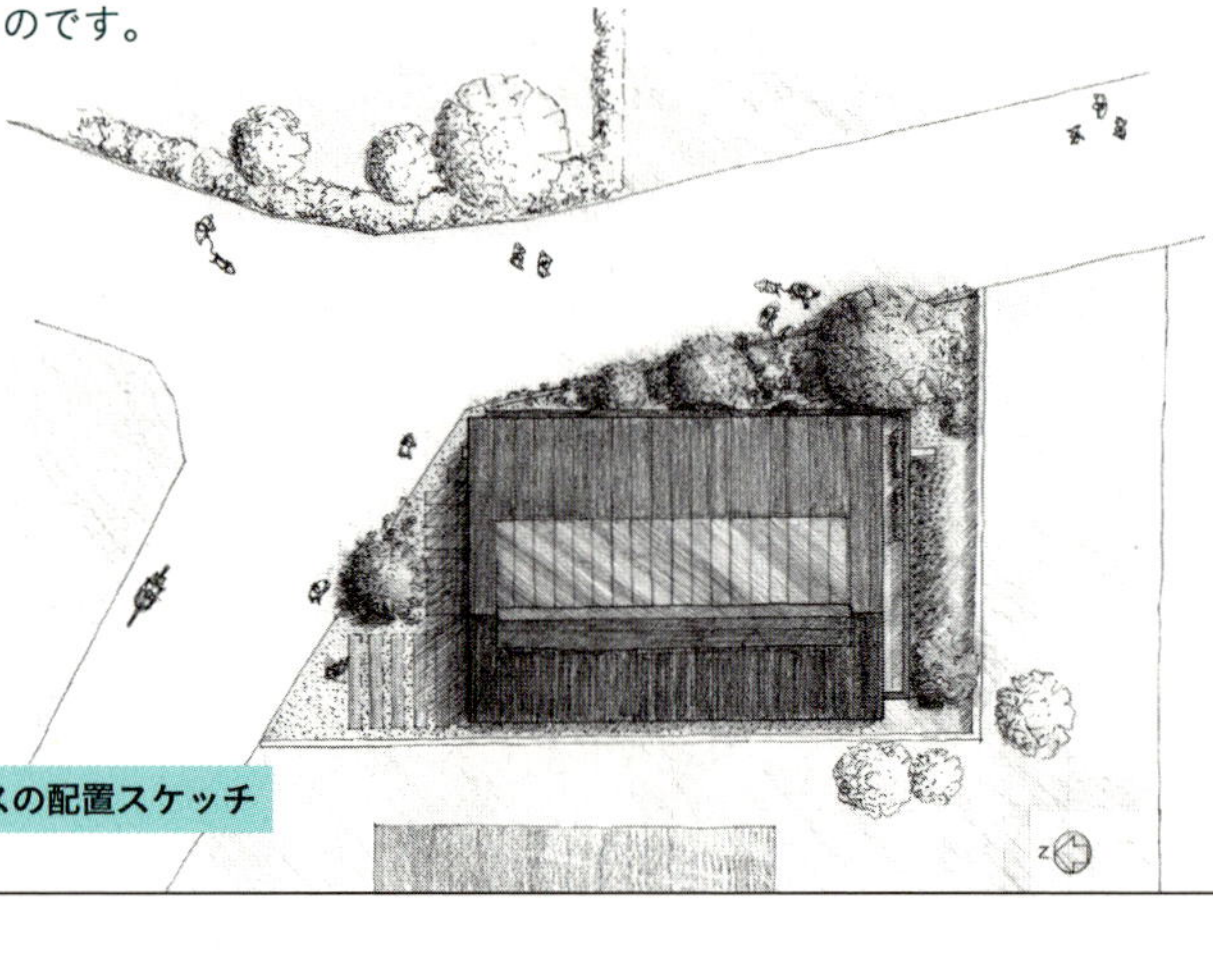

カヅノキハウスの配置スケッチ

お風呂は1日の疲れを癒す大切な場所であり、
洗面室も体のケアをするところなので、
水廻り空間は清潔に使える設計が要求される。
湿気がこもる場所なので、換気にも気をつけたい。
また、洗濯・物干し作業のしやすさを考えた家事動線の計画や
洗剤・リネン類の収納を使いやすく考えたい。

第4章

ごちゃごちゃさせない水廻り空間

1坪洗面脱衣の収納

延床面積30坪前後の家では、洗面脱衣室の大きさは1坪の広さになるケースが多い。

そのスペースに洗面台や洗濯機を配置した上でバスタオル、着替え置き場、脱いだ後の衣類、洗面、掃除道具など必要なものを納めていくことはなかなか難しい。

下記に洗面脱衣室の代表的なプランを示している。廊下と浴室の位置関係によっては収納スペースの確保が難しい場合もある。そのようなときには壁の中に収納を埋め込む方法もある。

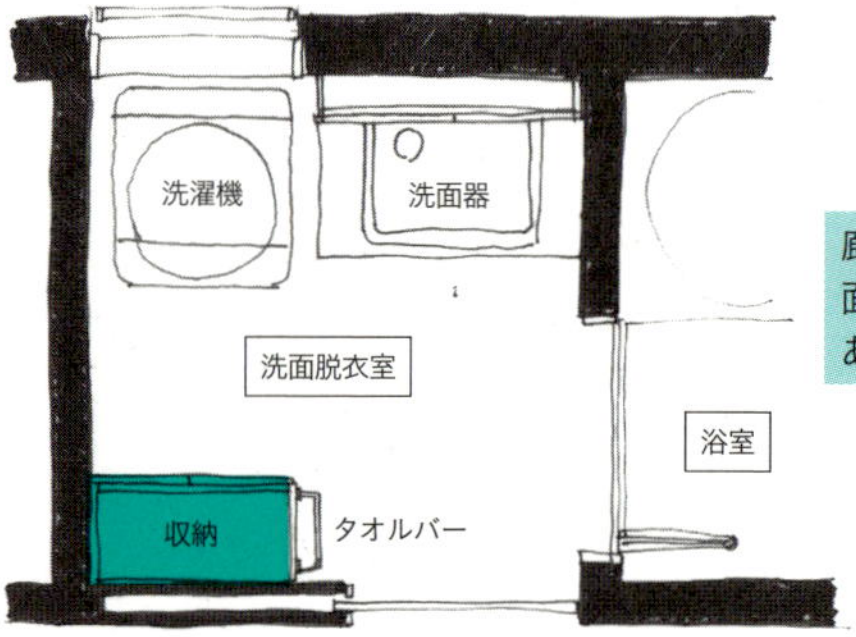

平面図A S=1:50

廊下から洗面脱衣室に入って正面に洗濯機と洗面器を配置したプラン。洗濯機背面に奥行きのある収納スペースが確保できる。

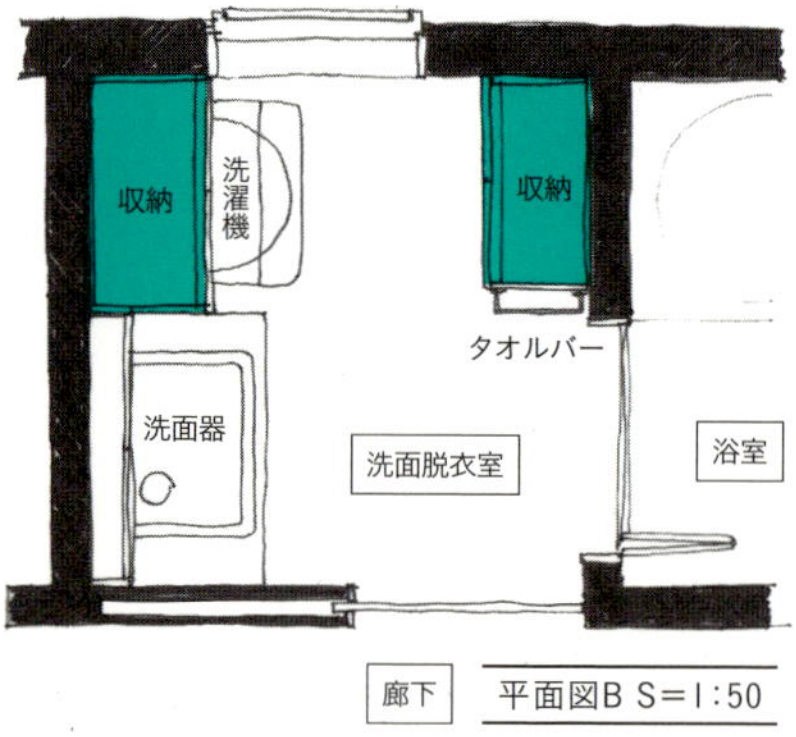

平面図B S=1:50

廊下から洗面脱衣室に入って左手側の壁に洗面器、洗濯機を配置したプラン。窓が正面の壁に配置できるため、洗濯機上部に収納が確保できる。平面図Aと比較し、窓の開閉は容易であるが、洗面脱衣室にいる人のシルエット映りに配慮した窓のサイズと配置検討が必要。

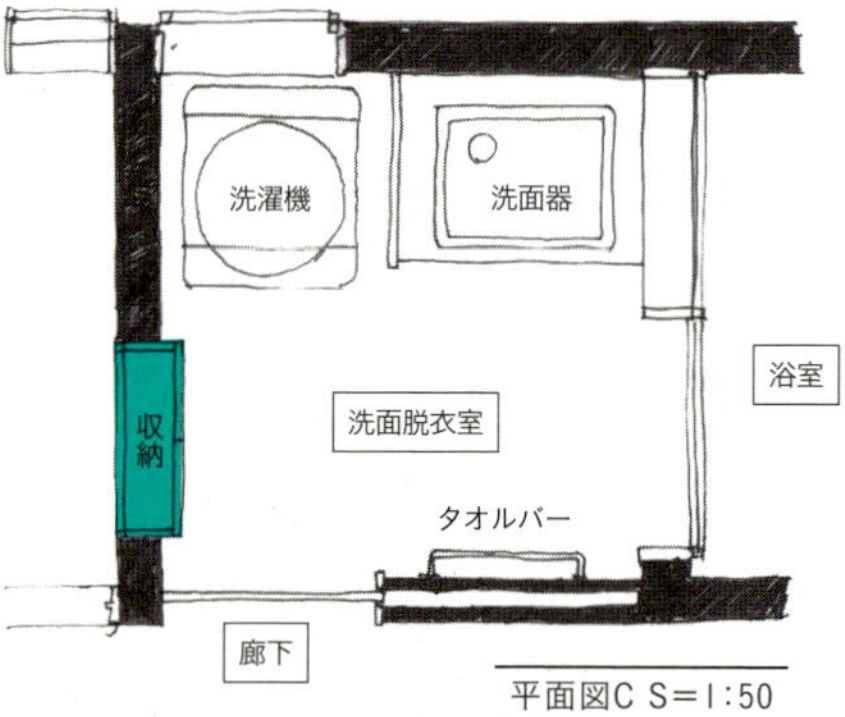

平面図C S=1:50

浴室から手の届く範囲にバスタオルを掛けるためのタオルバーを設置したい場合、廊下から洗面脱衣室への入口を浴室から離して配置することになる。このようなときは壁に埋め込むようなかたちで収納スペースを確保するような工夫が有効になる。

壁に埋め込んだ収納

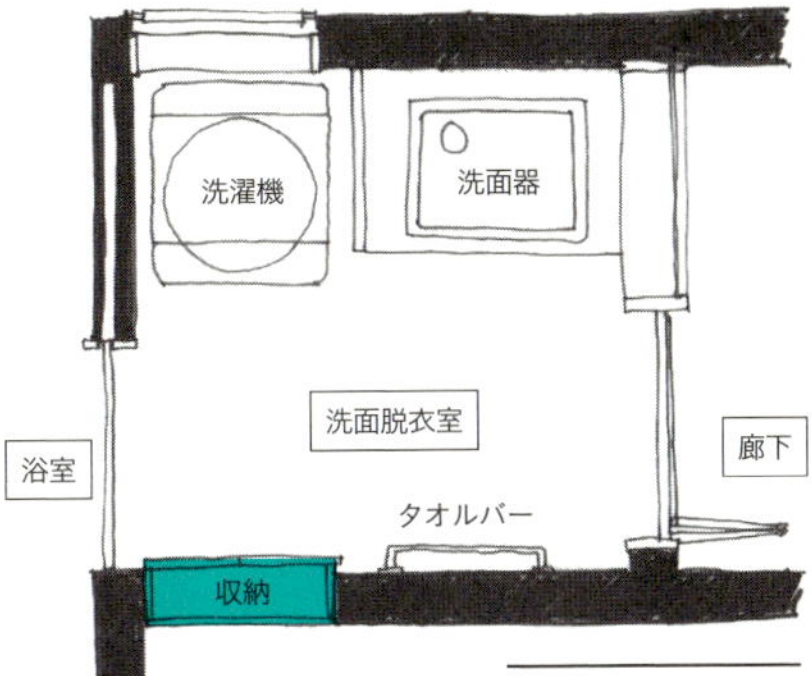

平面図D S=1:50

廊下から見て、洗面脱衣室と浴室を縦に配置した場合、動線と収納が重なり奥行きのある収納が確保しにくくなる。このような場合は、壁に埋め込むタイプの収納を設置すると動作空間が狭くならない。

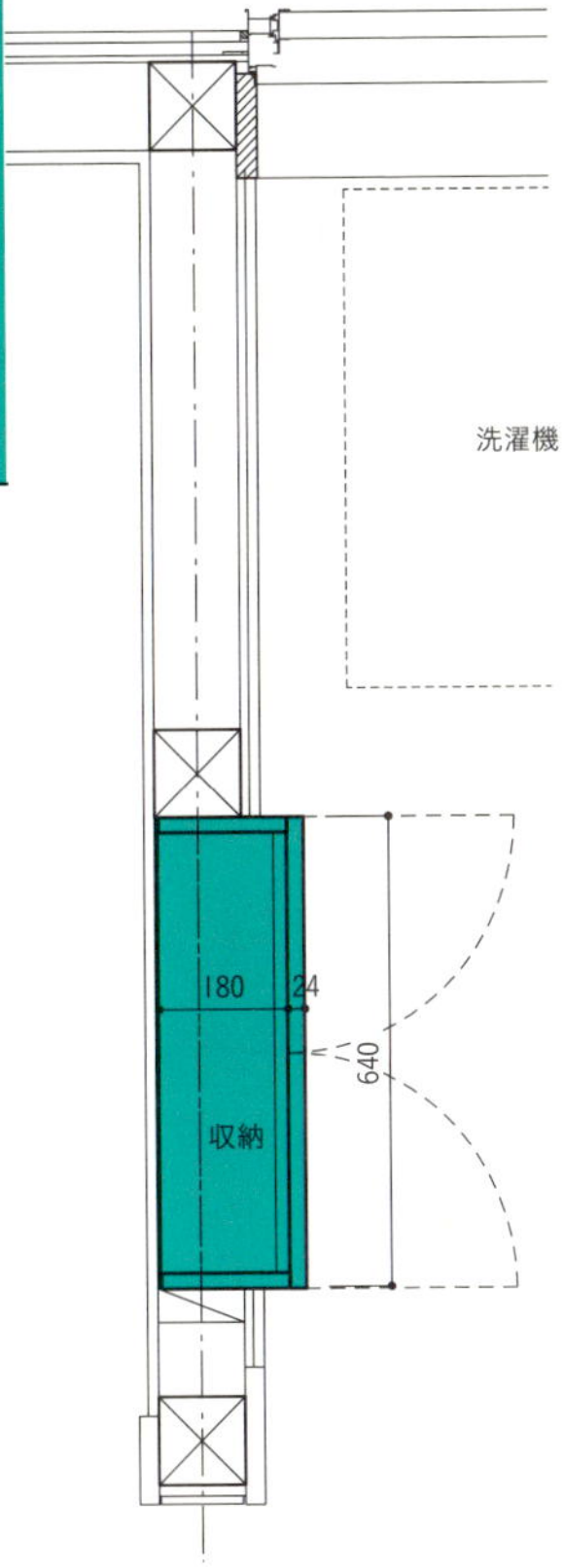

収納平面図 S=1:20

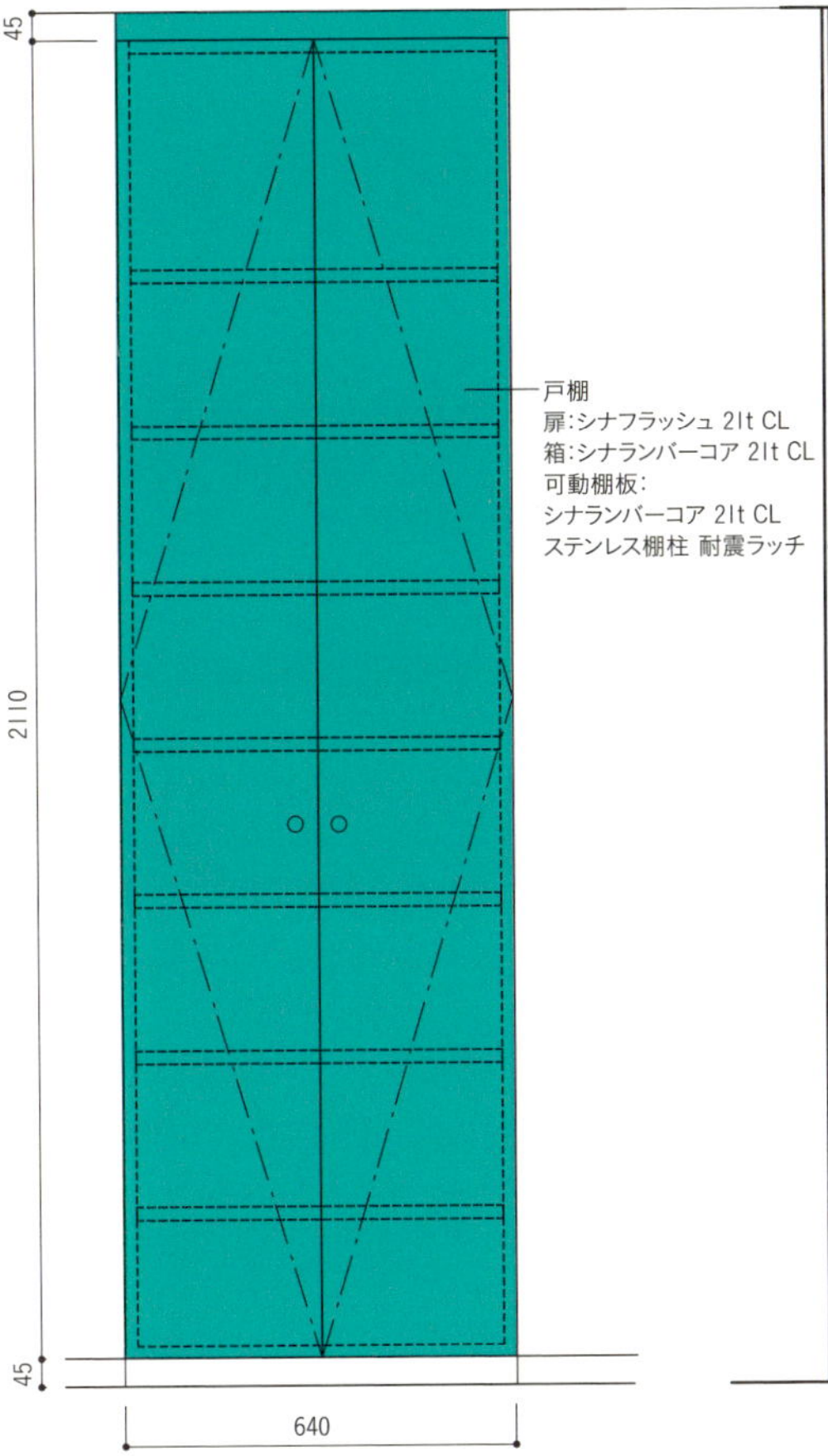

収納姿図 S=1:20

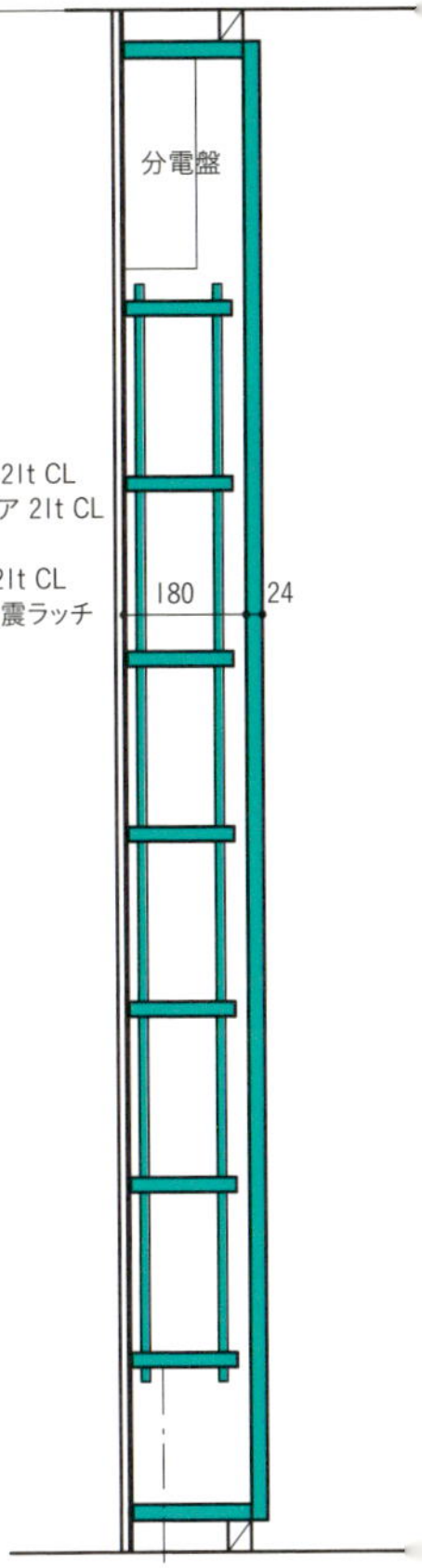

収納断面図 S=1:20

02 天然大理石の洗面台

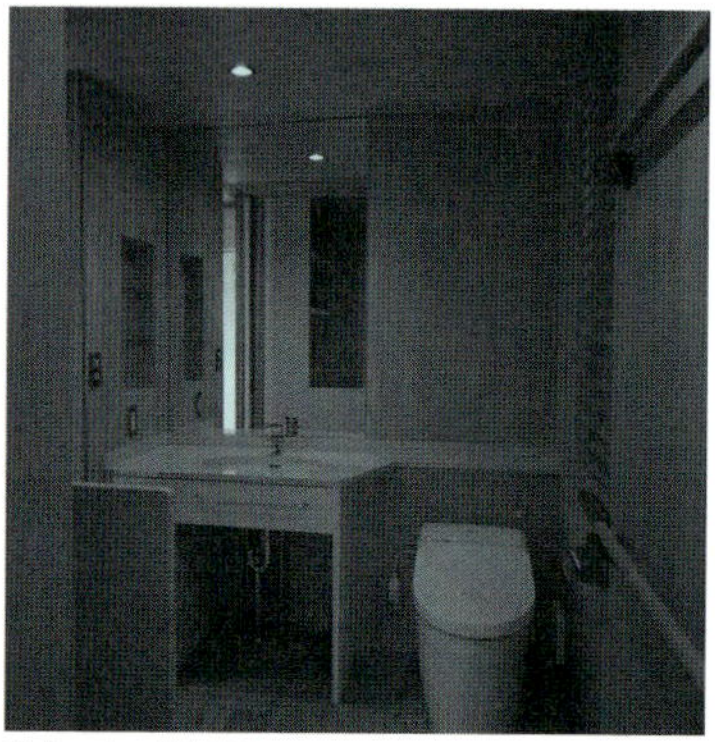

茨木の家の洗面所

洗面所の天井高は2・1メートルと低く抑え、壁・天井はサワラ縁甲板張り、建具や鏡は天井いっぱいまでとする。洗面台は天然大理石のクレママーフィルを使用。天然大理石というと、高価なイメージがあるが、実際見積してみるとそこまで高いものでもない。薬品や衝撃に対する強さなど、性能では人工大理石より劣る部分もあるが、本物の素材感は何ものにも代えがたい魅力がある。

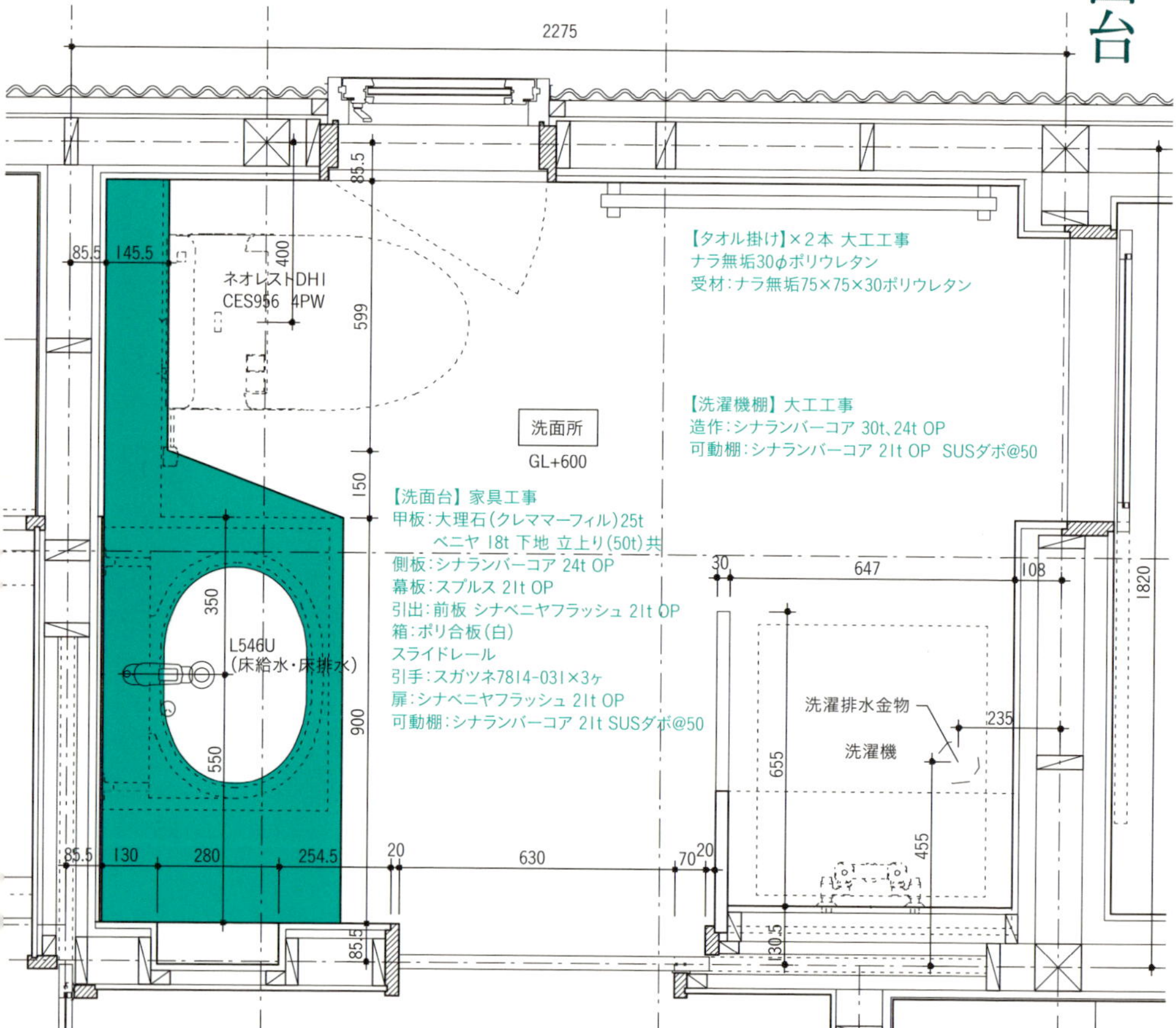

茨木の家 洗面所平面図 S=1:20

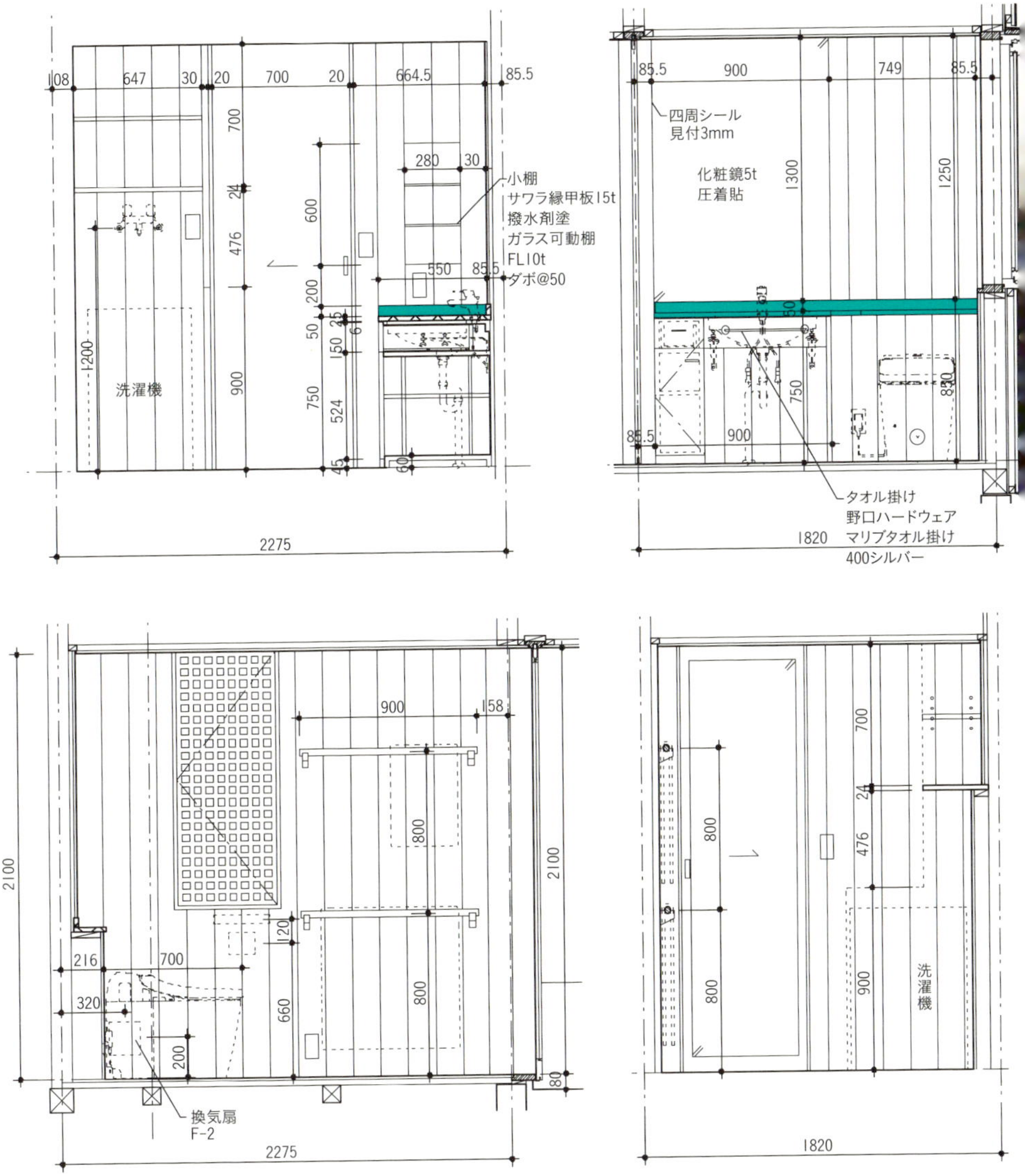

茨木の家 洗面所展開図 S=1:40

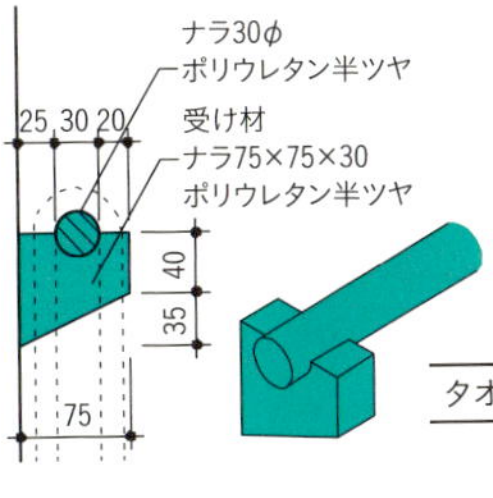

タオル掛け詳細図 S=1:10

タオル掛けはデザインして、大工さんに木でつくってもらうことが多い。少し骨太なのでタオル以外にもいろいろ吊るせて重宝されている。

木とタイルのお風呂

浴室というと最近はユニットバスあるいはハーフユニットバスにすることが一般的に多く、いまどき浴槽とタイルを使った在来工法の浴室を設計しているケースは希少かもしれないが、クライアントからは、「ユニットはどうしても嫌、予算が厳しくても在来工法の浴室だけは譲れない」という要望をたびたびいただく。

いつもの仕様では、床と腰壁はポリコンモザイクタイルという昔からある2センチ角のタイル張り、腰から上の壁と天井はサワラ縁甲板張り、浴槽は人工大理石の1400ミリの

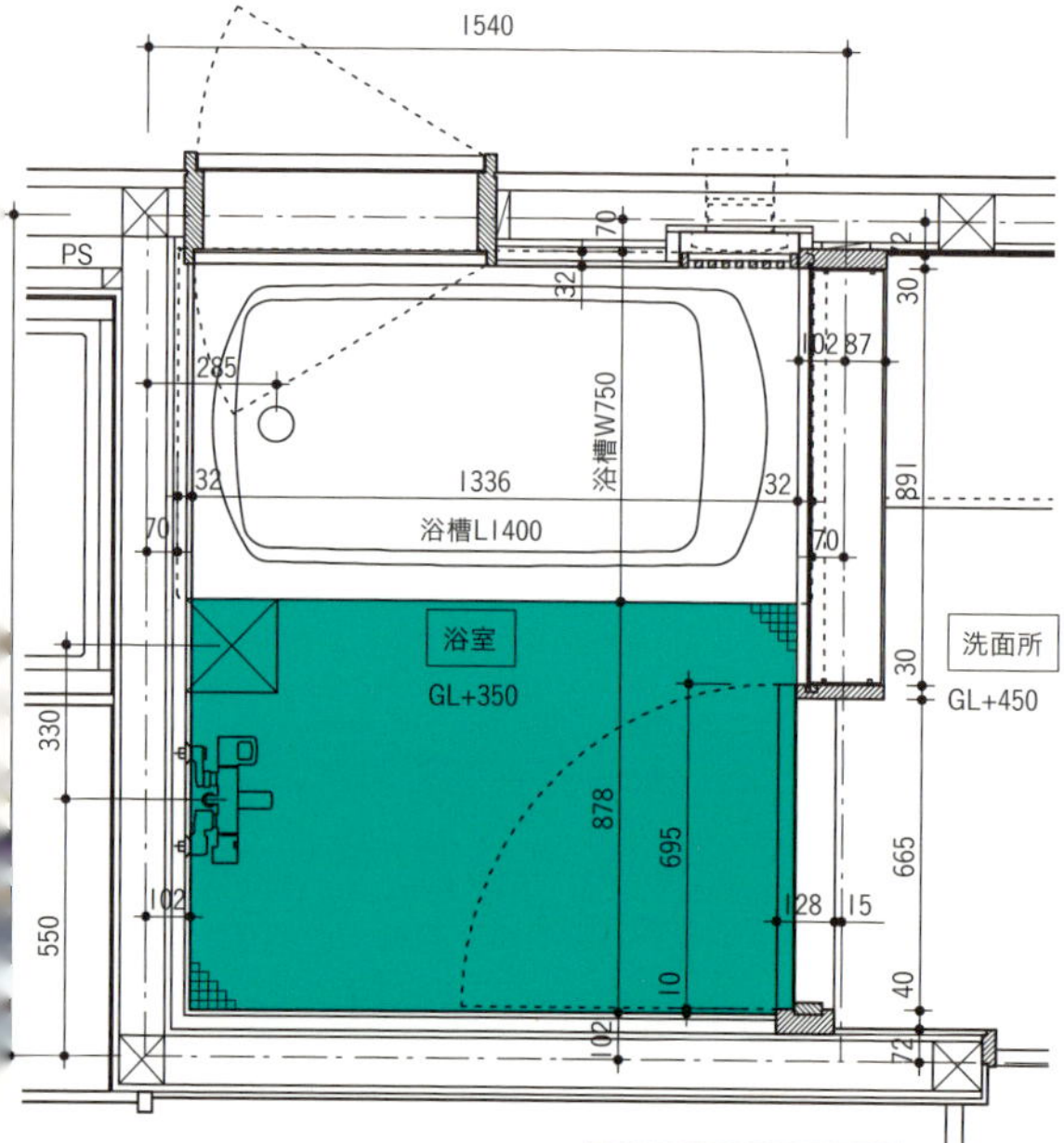

浴室平面図 S=1:30

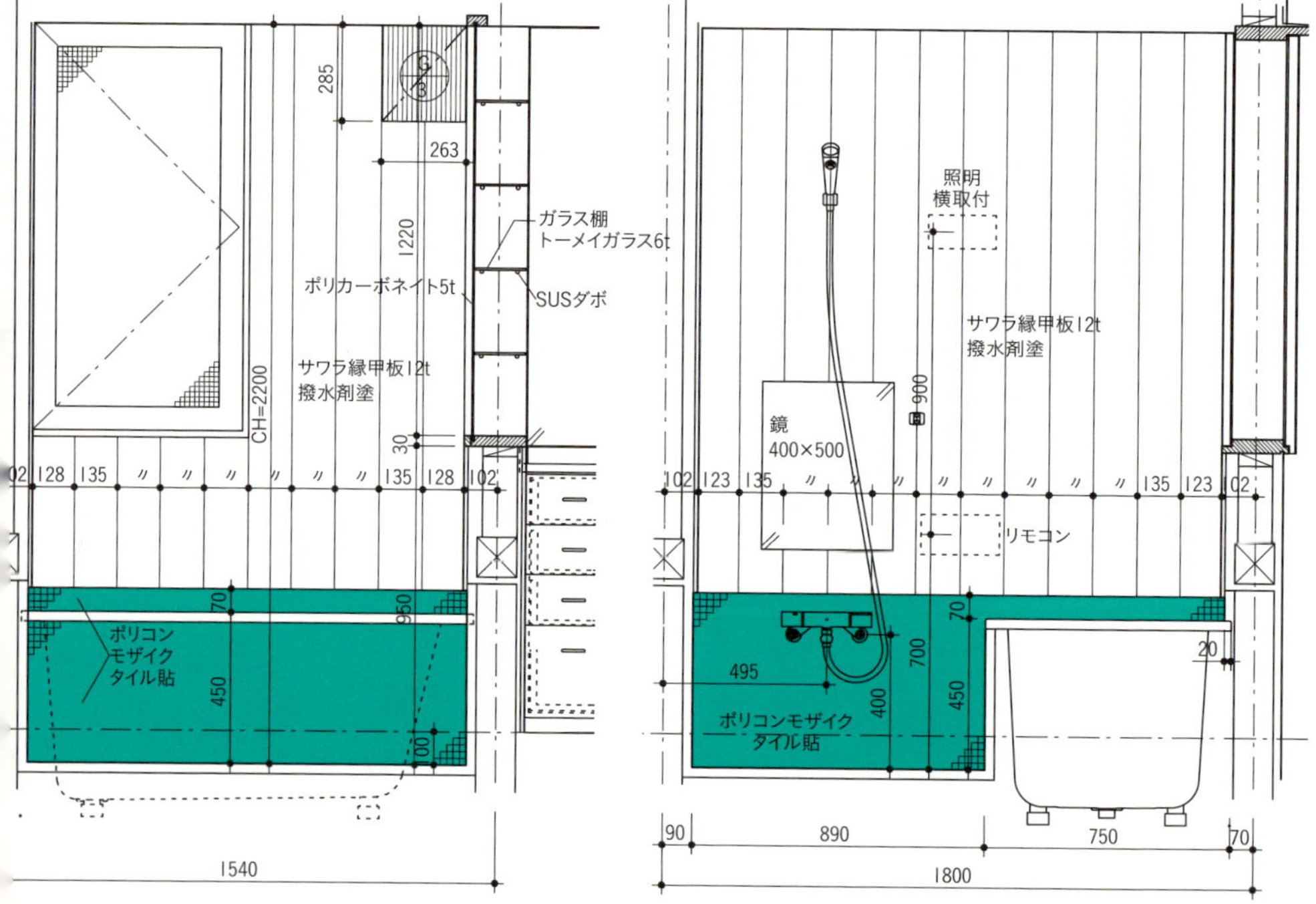

浴室断面図 S=1:30

木とタイルのお風呂

サワラでつくる換気扇ガラリ

サワラでつくる換気扇ガラリ
木の壁に換気扇のグリルを付けると、目立ってしまうので、同じくサワラでガラリをつくって隠している。格子は横方向にした方が見映えはいいが、水滴が溜まるのを嫌い、あえて縦方向としている。

ものを使用している。サワラは水に強い樹種で、普段から換気をよくして使っていればそれほど手のかかるものでもない。また、土台など木構造が腐りにくいよう、タイルを張る腰壁部分は基礎のコンクリートを立ち上げている。

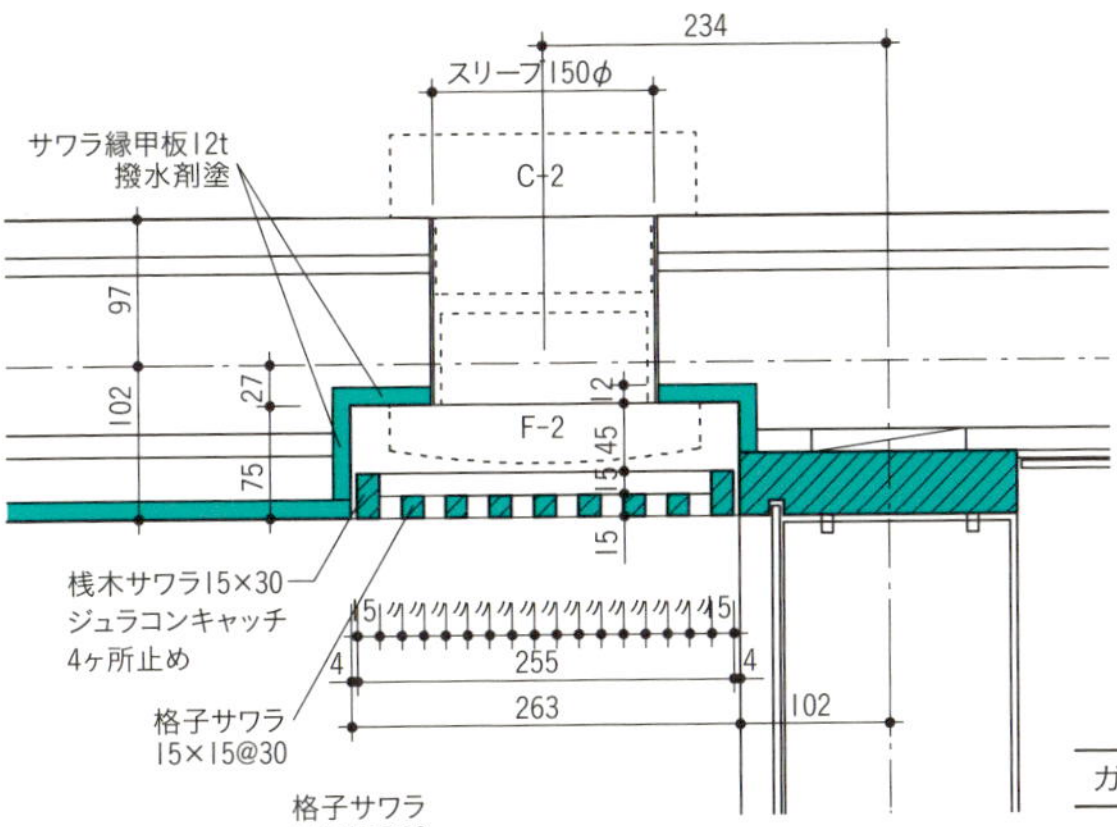

ガラリ平面図 S＝1:10

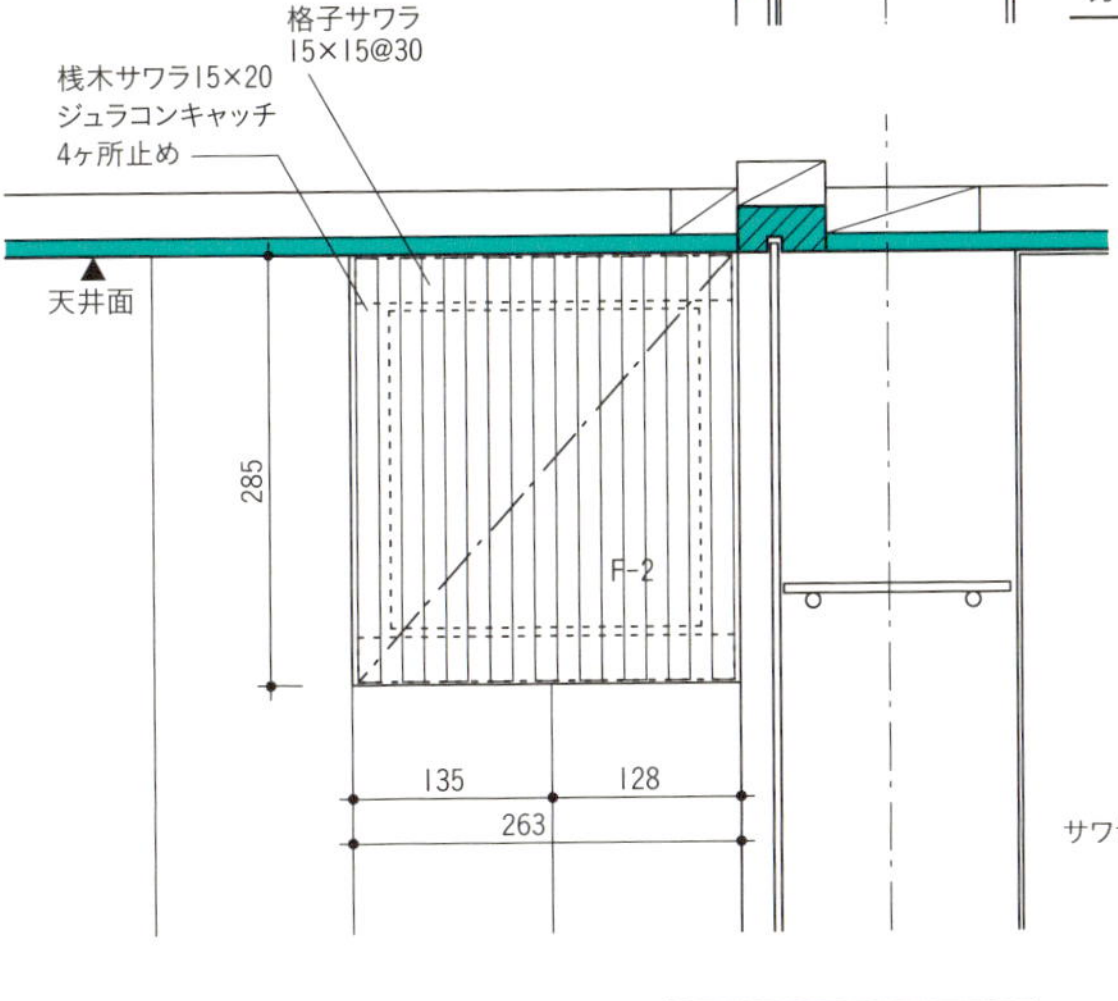

ガラリ立面図 S＝1:10

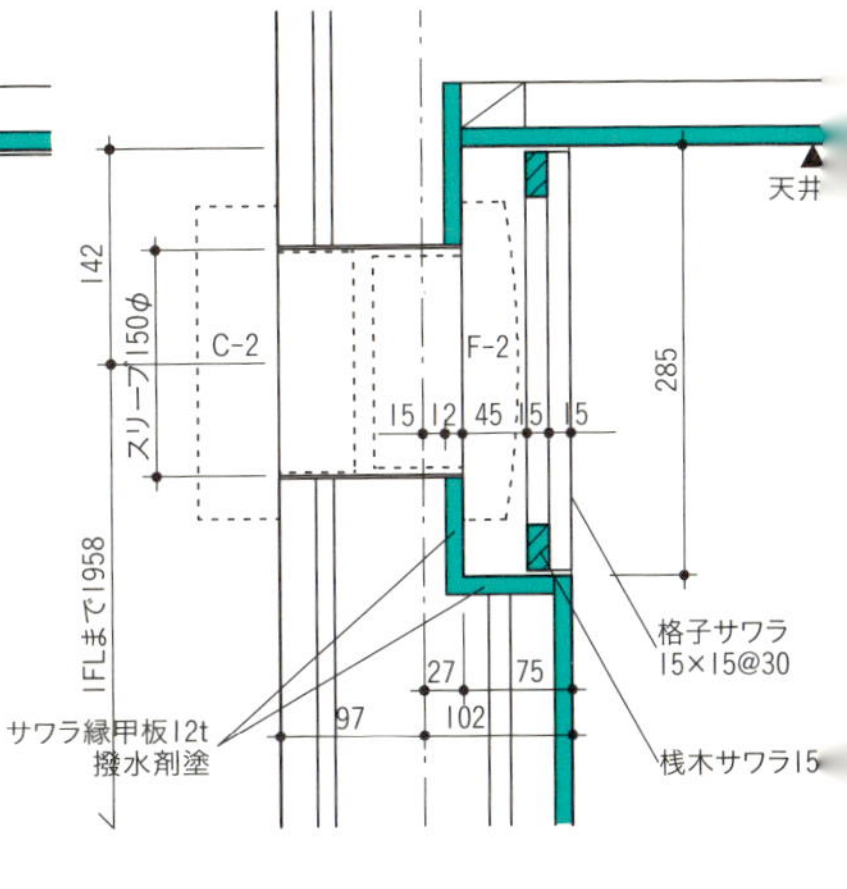

ガラリ断面図 S＝1:10

DETAIL

04 家事動線優先の2階浴室プラン

1階リビング・2階寝室の場合、浴室を1階にするか2階にするかは悩ましい問題である。1階浴室にするメリットは、なんといっても将来足腰の自由がきかなくなってきたときに、1階だけで生活が完結することであろう。ただし、洗濯物をもって階段を上り下りする必要があることと、1階の面積が大きくなるので、狭小敷地の場合はリビング・ダイニングが圧迫される可能性があるというデメリットが考えられる。2階浴室にすると「お風呂→洗濯→物干し→畳んで収納」という一連の家事が、階段を上り下りすることなく楽にできる。この家のケースでは、1階の収納部分を将来的にお風呂にリフォームできるよう想定して設計しており、2階浴室のプランを採用した。

浴室入口横に洗濯機を配置し、ベランダで物を干し、乾いたら取り込んで畳む、そして、クローゼット（家族全員の共有）に収納するという、流れるような家事動線になっている。

浴室を日当りのいい南側に配置した。湿気でカビが生える心配はまずないであろう。窓を低くしたので、ベランダの手摺で視線が遮られ、夏は窓を全開しての入浴が可能である。
（写真撮影：そあスタジオ）

ベランダは奥行きをたっぷり確保し、雨が降っても洗濯物が濡れないよう屋根を架けてある。

家族全員のためのクローゼットは、寝室からも、廊下からも出入りできる。手持ちのタンスなどが置けるように造付けの棚などは最小限にした。窓際は仕切れば書斎コーナーとすることもできる。

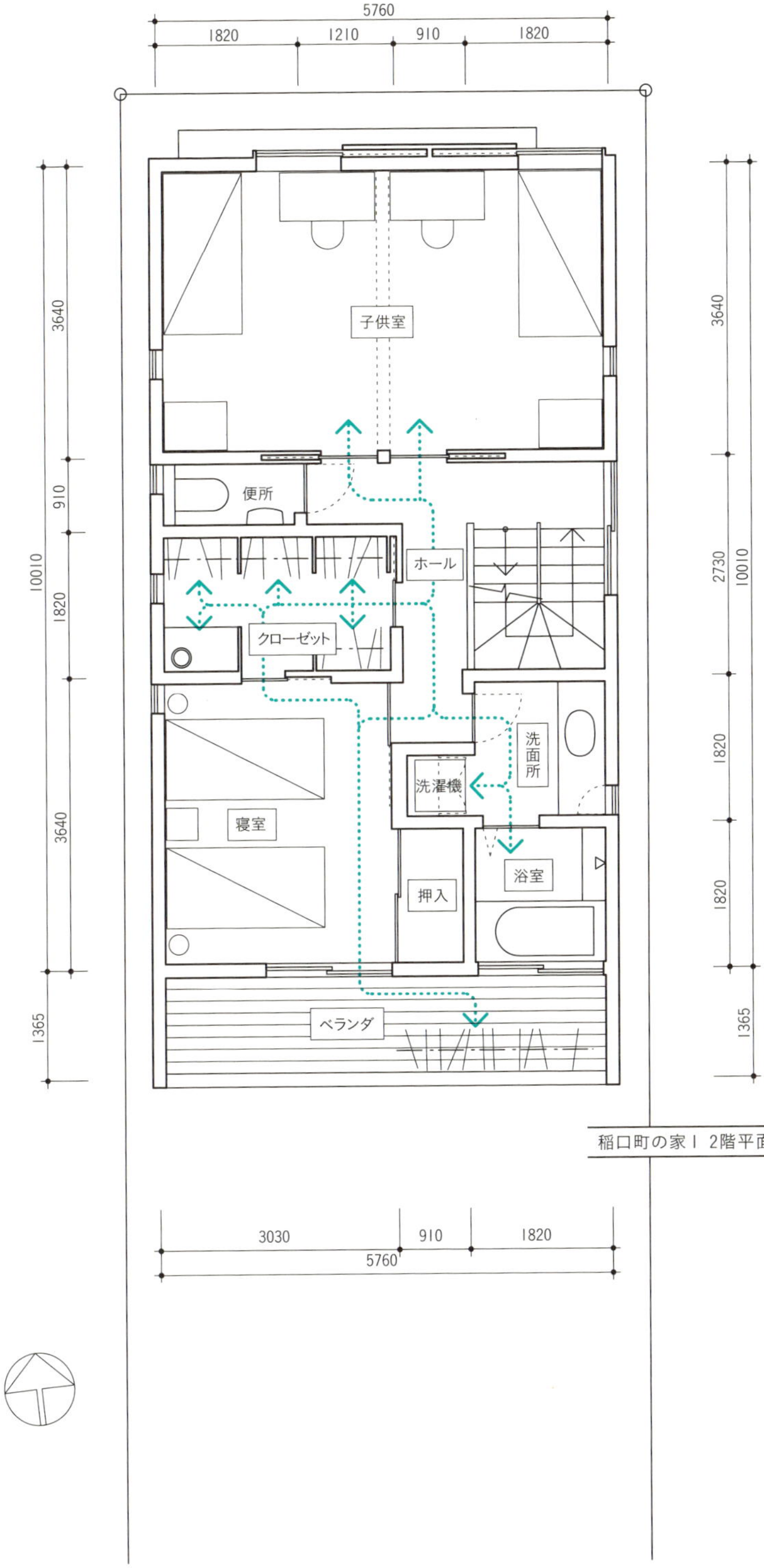

稲口町の家Ⅰ 2階平面図 S=1:100

DETAIL

05

洗濯物干しは目立たないところに

住宅の計画を進める中で、途中段階まで検討されず、終盤に慌ててしまうのが、洗濯物を干すスペースの計画である。通常、洗濯物は日当たりのよい南側で干したいが、南側には大きな窓を設えたい場合が多いので、いざ生活してみると窓から見えるのは自分たちの洗濯物ばかり…、という事態になりかねない。そんなこと避けるには、窓を目一杯広く確保しようと欲張らず、壁を残すとよい。そうすることで、室内から目立たない位置に洗濯物を干すことができる。またスペースの関係で全面を窓にしたい場合は、すべてを掃き出し窓にせず、部分的に腰窓にするとよい。

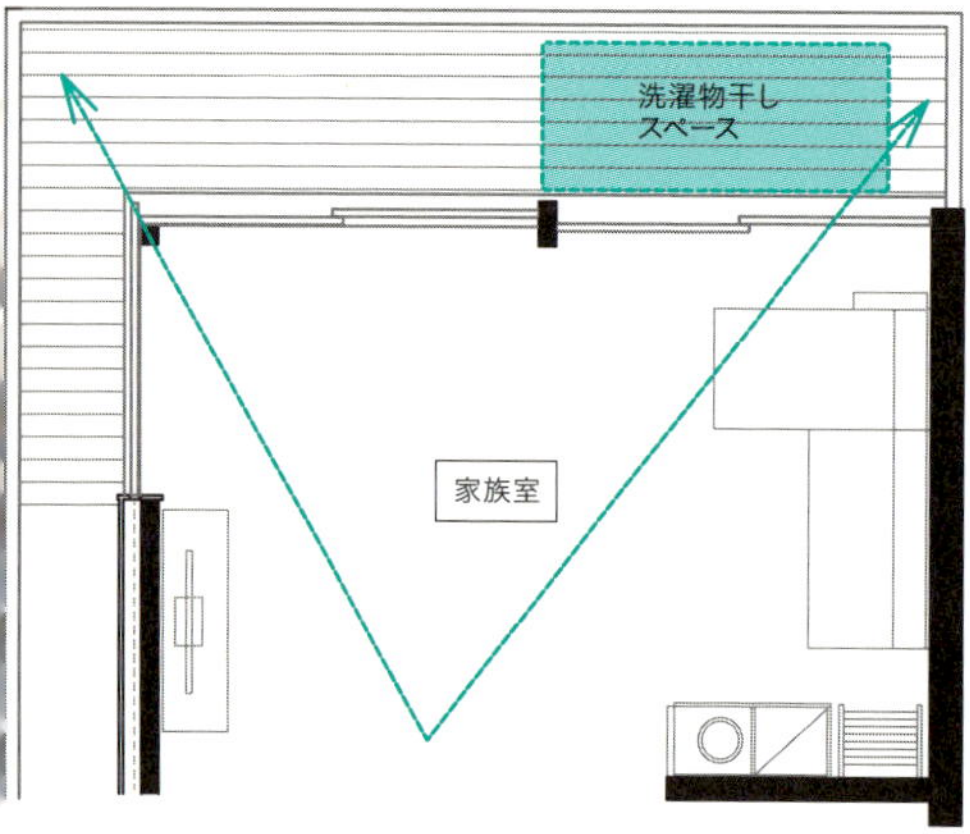

ガラス面を壁一面確保すると洗濯物を干したときに部屋の中から丸見えになってしまう。

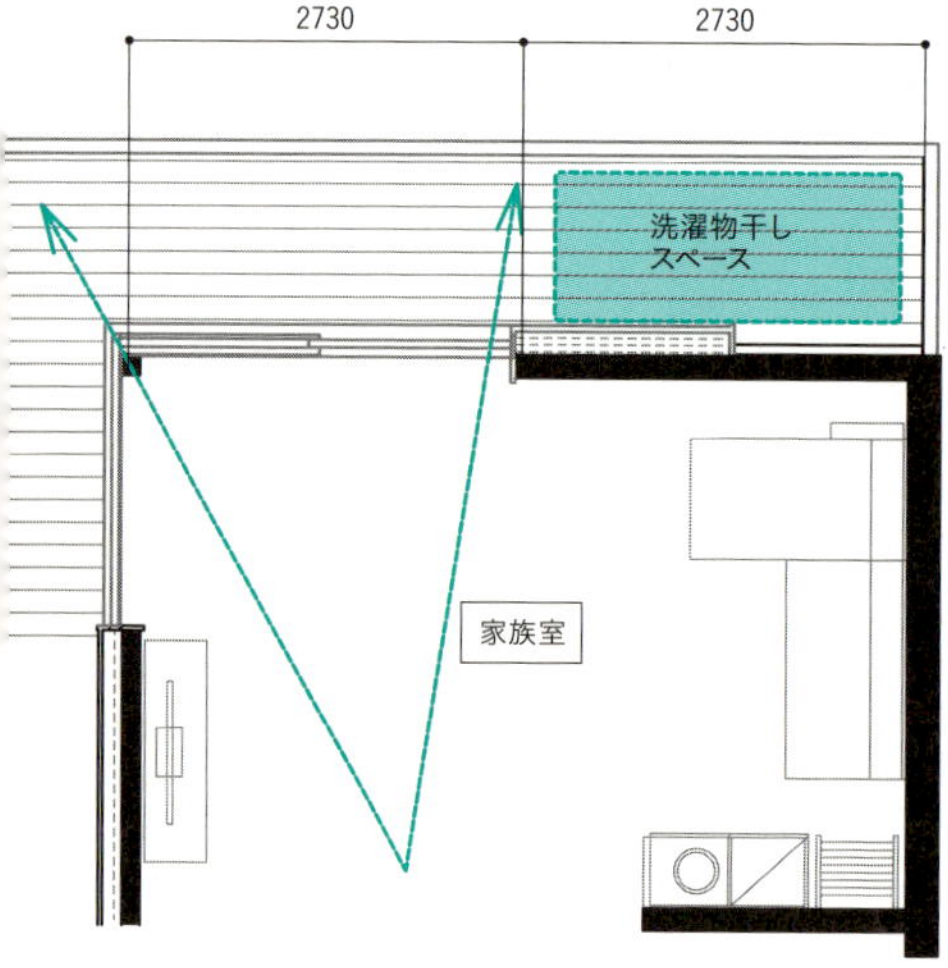

カヅノキハウス平面図 S=1:100

N

開口部をある程度絞って壁を残すことで、家の中から目立たない位置に洗濯物干しスペースが確保できる。

カヅノキハウスの洗濯物干しスペース

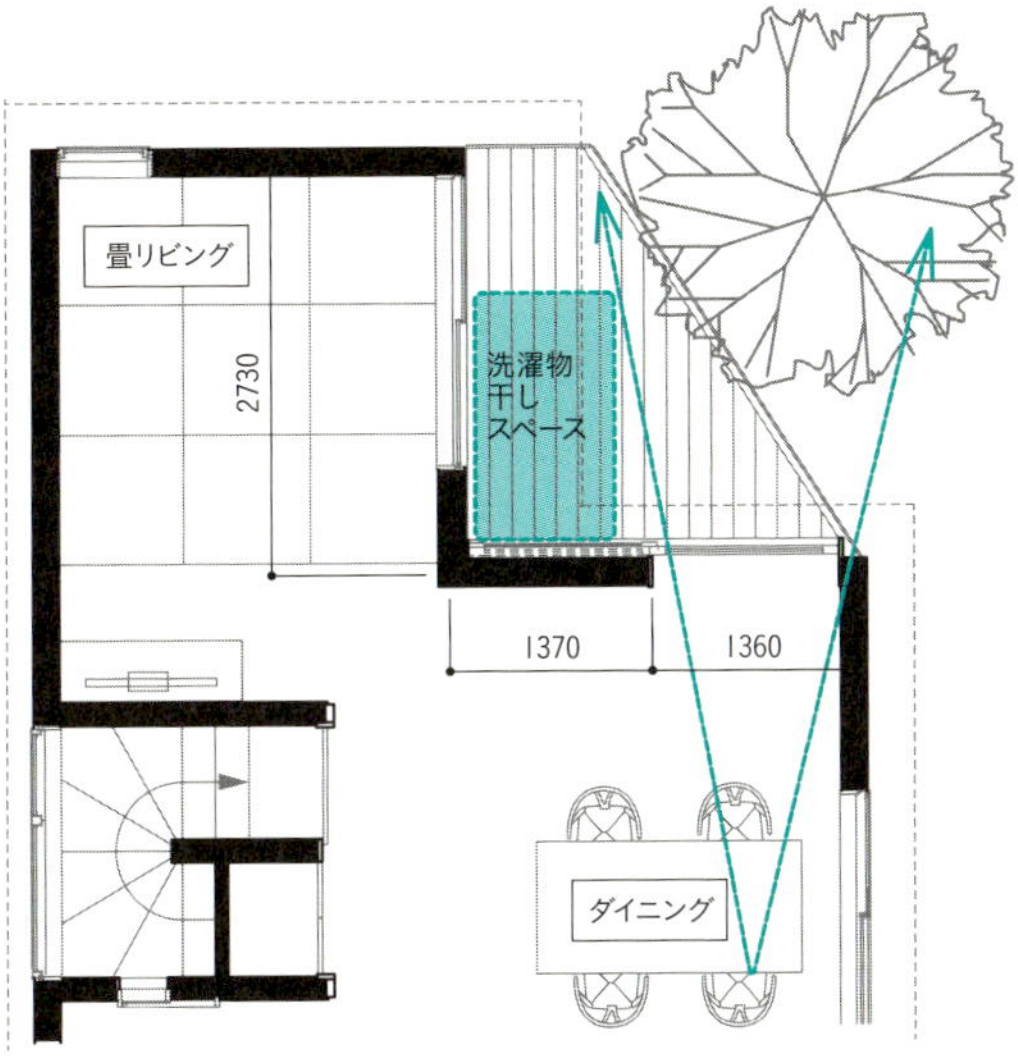

ネストハウス平面図 S=1:100

洗濯物を壁の背後に干せば、窓からはデッキ越しにシンボルツリーの緑が眺められる（ネストハウス　写真撮影：牛尾幹太）

ダイニング側の半分を壁、半分を開口部にすることで、窓からは洗濯物ではなくシンボルツリーの緑や外の景色を眺めることができる。

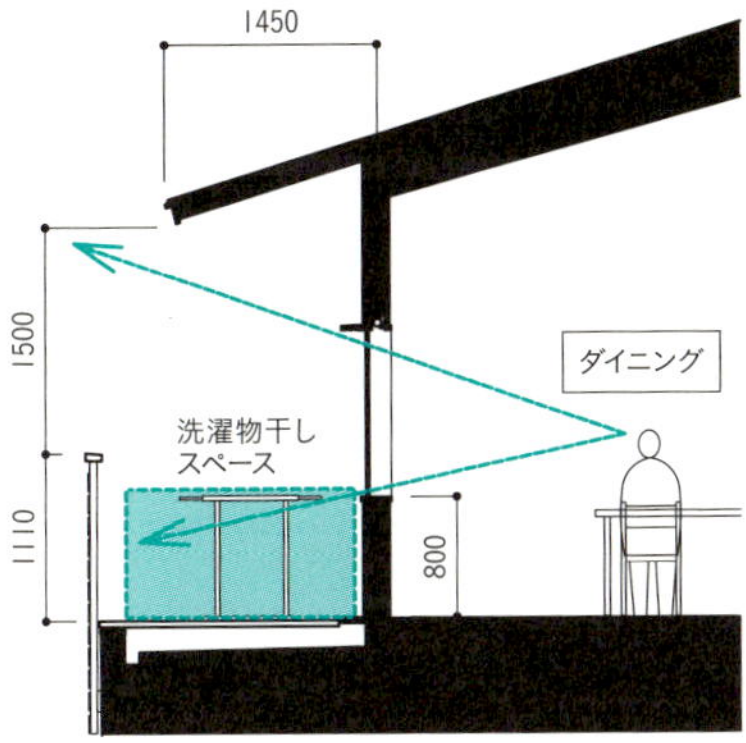

カエデハウス断面図 S=1:100

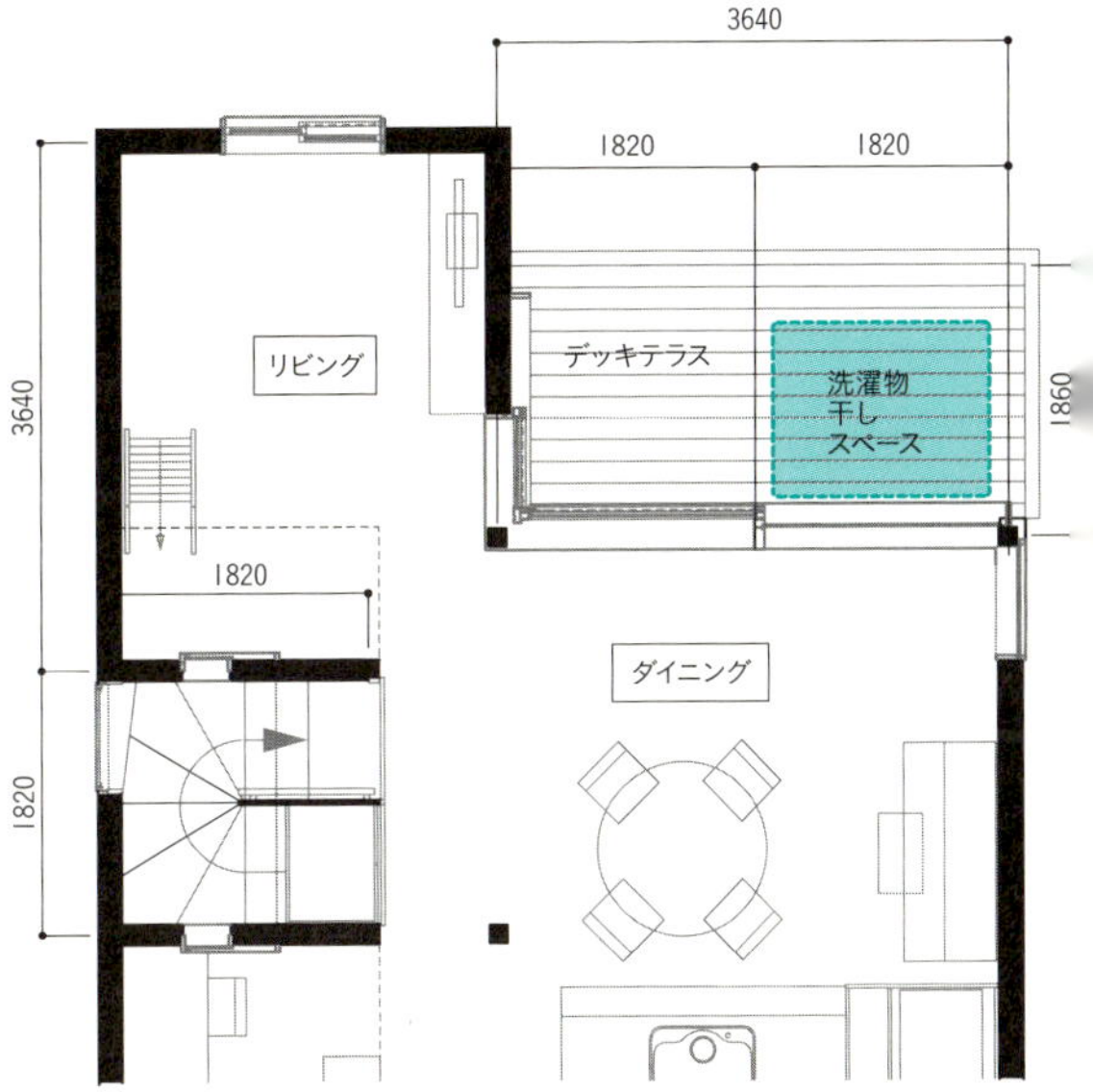

カエデハウス平面図 S=1:100

デッキテラス面に対して大きく開口を確保したいときに、一部分に腰壁を残すとよい。洗濯物を低い位置に干せば、室内から外を見たときに、まったく見えないわけではないが、洗濯物の存在感をかなり軽減することができる。

06

あると重宝する室内物干しスペース

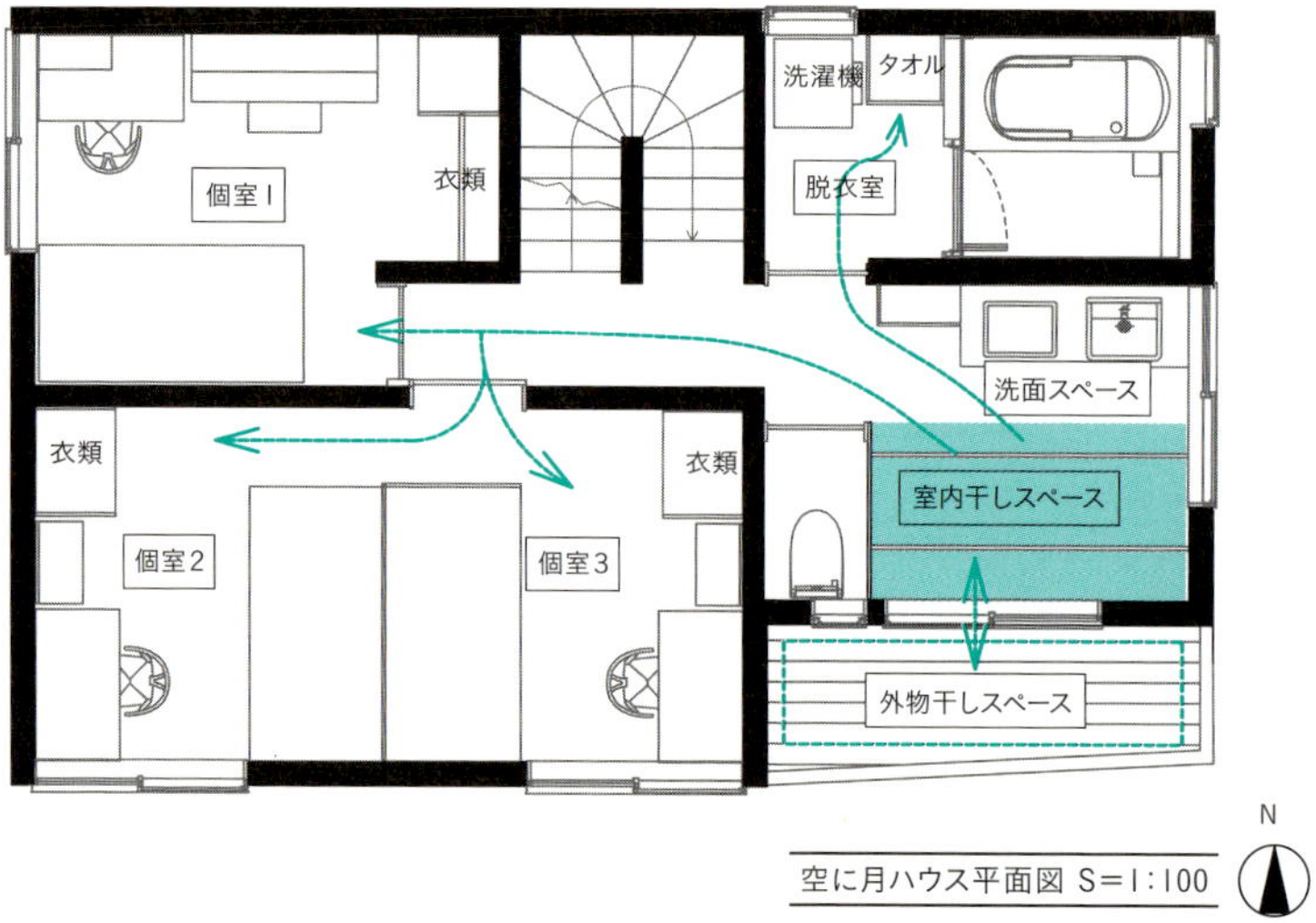

空に月ハウス平面図 S=1:100

脱衣室と洗面室を別々に設け、広めの洗面室に室内干しスペースを確保している。外干しができるデッキスペースも隣り合わせているため、状況に応じて、家の中や外に洗濯物を移動するのも負担が少ない。

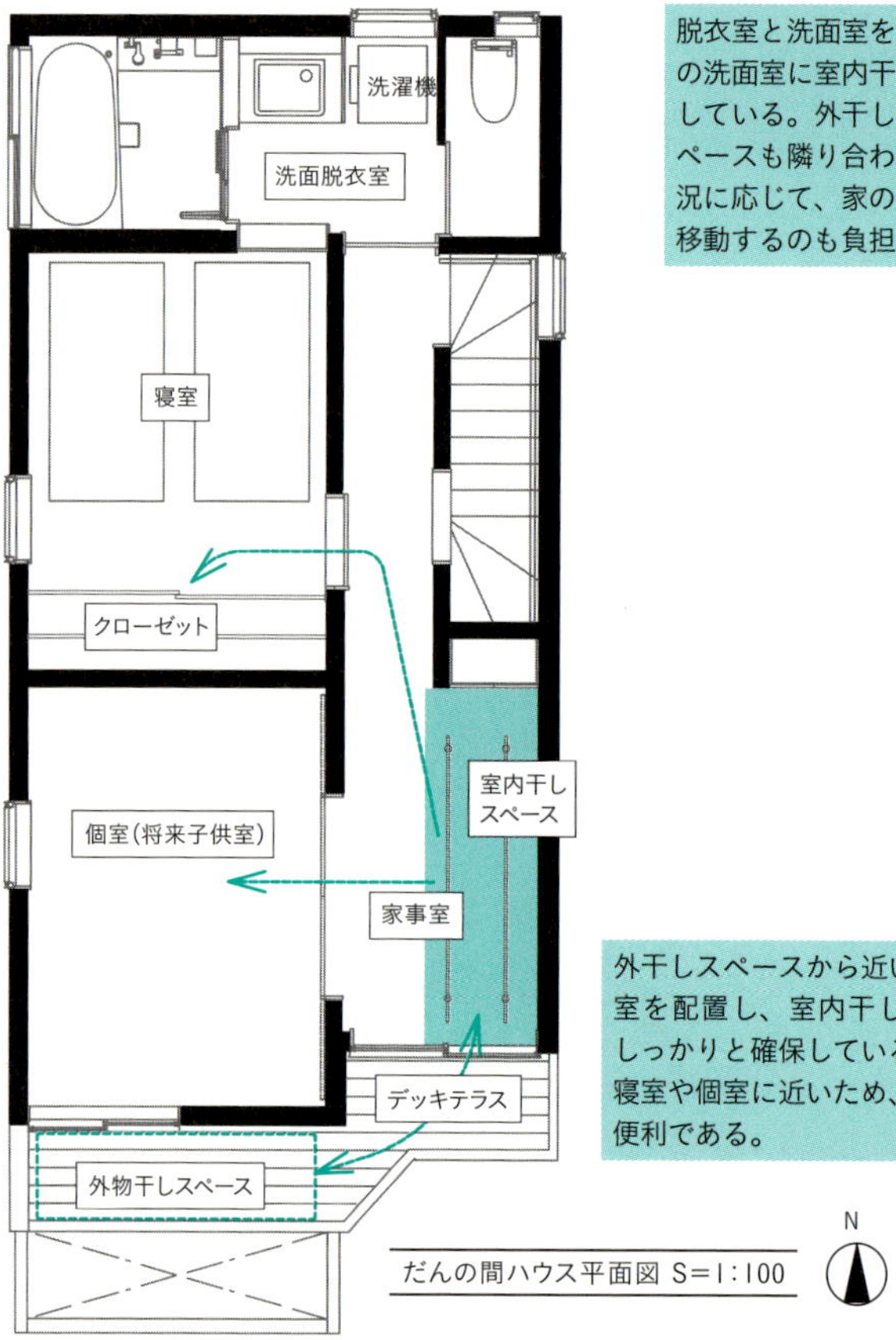

外干しスペースから近い位置に家事室を配置し、室内干しスペースをしっかりと確保している。家事室は寝室や個室に近いため、動線が短く便利である。

だんの間ハウス平面図 S=1:100

共働きで留守の時間帯が長いご夫婦や、花粉症の方がいる家族の住まいでは、室内に洗濯物干しスペースを要望されることも多い。面積に余裕がある場合は家事室を設け、専用の物干しスペースを設けると非常に喜ばれる。また専用のスペースがないときでも畳のスペースを設け、室内干しスペースを兼ねるとよい。乾いた洗濯物を畳スペースの上にガサッと置いて、ゆっくり座って畳むことができる。

ヘッジロウハウスでは外の物干しスペースの横に、多目的に使える畳のスペースを設けている。空に月ハウスでは脱衣室の隣に洗濯物干し場を設けているので、脱衣室で洗濯した衣類をすぐに干すことができる。

また、だんの間ハウスでは、3畳程度の家事室に洗濯物を干せるようにした。家事室はクローゼットや個室に近いため、畳んだ洗濯物を収納するのも楽である。

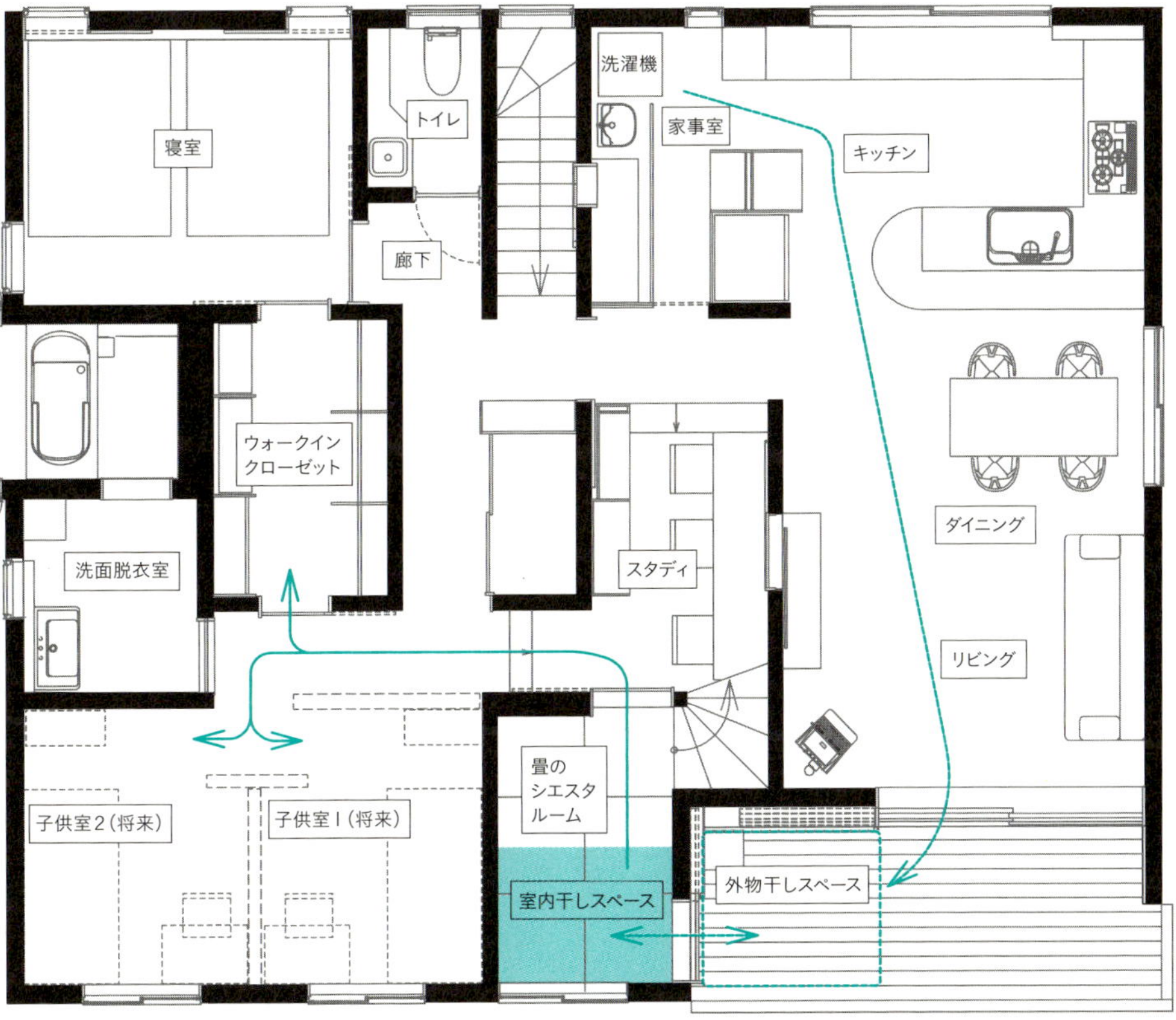

外干しスペースの隣に畳の部屋を配置しておくと、一時的な室内干しや洗濯物を畳むスペースとして活用できて便利である。

ヘッジロウハウス平面図 S=1:100

N

Column

パッシブソーラーにこだわる

大学時代に私（T）は、恩師である志水正弘先生から「建築は社会的要請によりつくられる」ということを教わりました。建築家は世の中でどういう社会問題が起こっているのかを捉え、「社会問題に対してどういう建築をつくるべきか考えなさい」ということでした。

社会問題というと教育や経済や文化などさまざまですが、先生が強く興味をもっていたのが「環境問題」でした。そんな先生は、私たち学生に、自然エネルギーを利用したパッシブソーラー建築への興味を熱く語ってくれました。

ちょうどその頃、空気集熱式ソーラーシステムを中心に地域工務店の活性化を働きかけるデザイン運動が動きはじめました。それが「OMソーラー」です。地元にモデルハウスができ、研究室の仲間で宿泊体験させてもらうなど、理解を深めていきました。考案者の奥村昭雄先生は吉村順三設計事務所出身で、パッシブソーラーにも取り組んでおられました。

私は、奥村先生と建築家数名が全国の工務店を巻き込んで動き出そうとするその運動に強く共感し、その中心メンバーであった石田信男さんの事務所の門を叩くことになりました。

それからというもの、パッシブソーラーは自分に課せられた義務と考え、修業時代から独立し今日まで、ずっと取り組み続けています。

時代は刻々と変化し、2020年からはゼロエネルギー住宅（ZEH）が義務になるといいます。巻末で取り上げている「稲口町の家1&2」は、ZEH時代を見据えたパッシブソーラーハウスとして、これまでのパッシブソーラーの取り組みの集大成となっています。

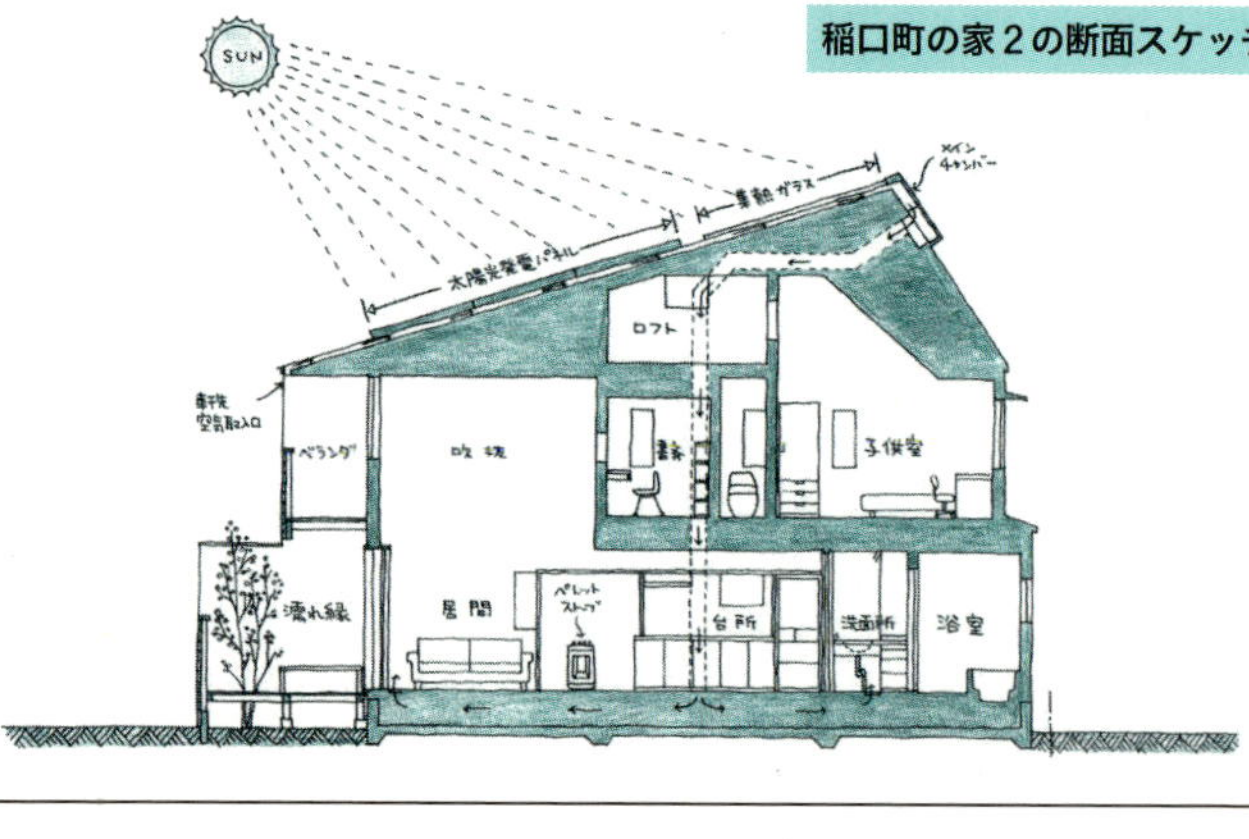

稲口町の家２の断面スケッチ

風景をどう切り取るか、ウチとソトをどうつなげるか、

住宅の質をもっとも左右するのが窓の計画だといっても過言ではない。

また、窓は住宅の温熱性能を決める重要な要素でもある。

光をどう取り込むか、風をどう通すか、

防犯対策、遮光、防火などディテールの質が求められる。

第5章

窓の設計が空間の質を決める

DETAIL

01

小窓が生み出す小さなコミュニケーション

朝の忙しい時間帯。家族が出かけるときに玄関まで見送りたいけど、どうしても手が離せないときがある。そんなときにキッチンから玄関ポーチや通りに視線が届く小窓があれば、キッチン仕事の合間に「いってらっしゃい」と一声かけられる。玄関まで行ってもたいした時間はかからないが、1分1秒を争う朝の時間帯には、この小窓は意外と重宝する。

また1階と2階のちょっとしたやり取りには、階段室の小窓をつくるといい。2階に家族室やキッチンがあって、1階に子供室がある家の場合、小窓からちょっと顔を出して「ごはんができたよー」と1階で遊んだり、勉強している子供たちに声かけができる。

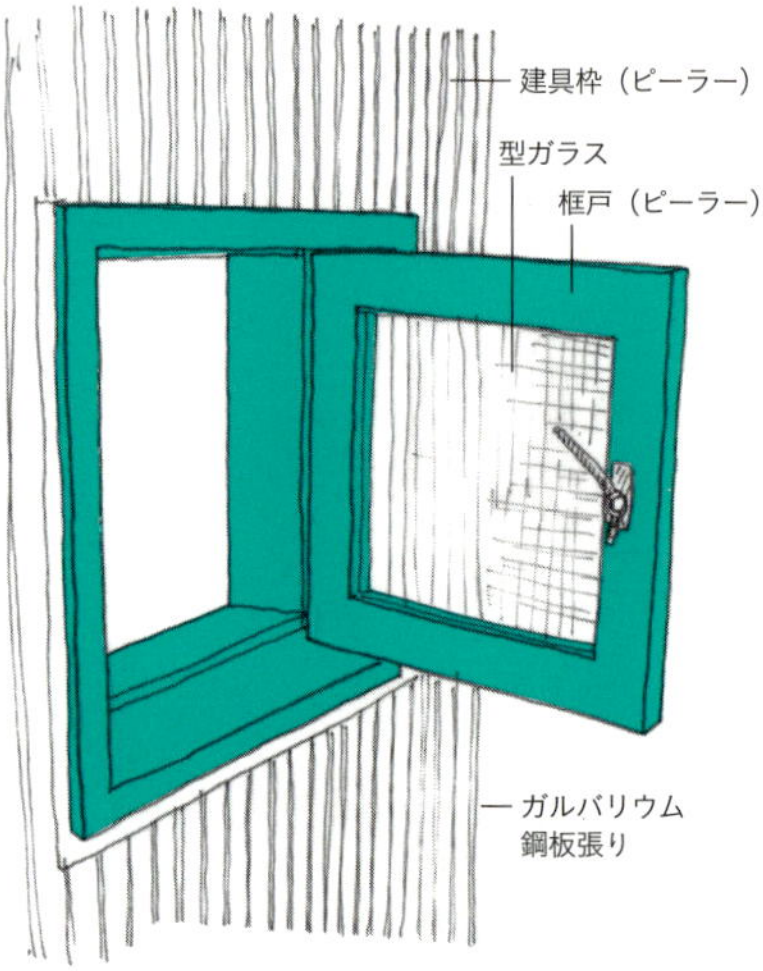

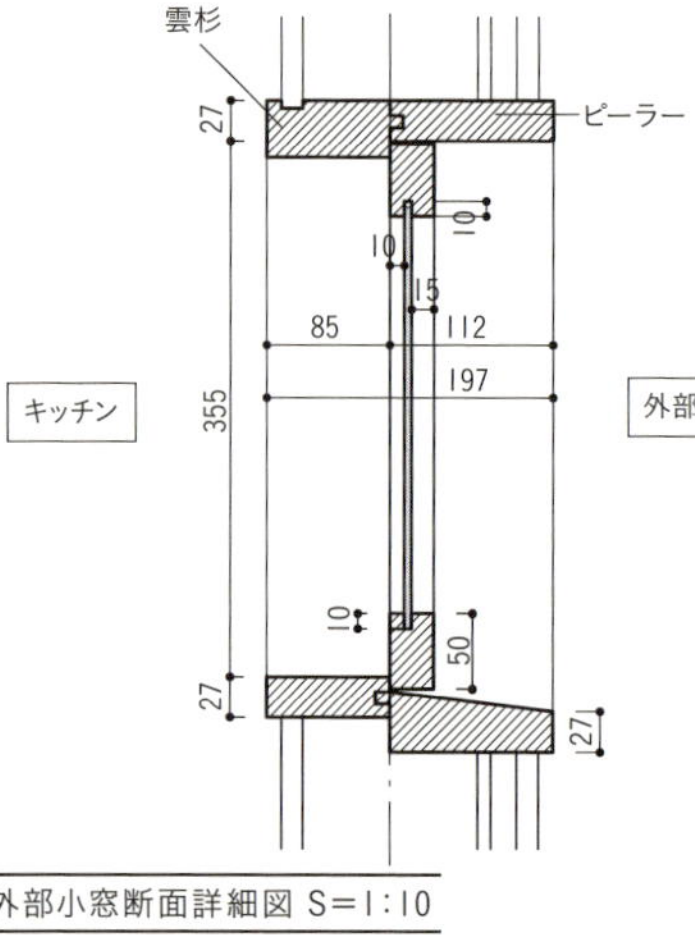

外部小窓断面詳細図 S=1:10

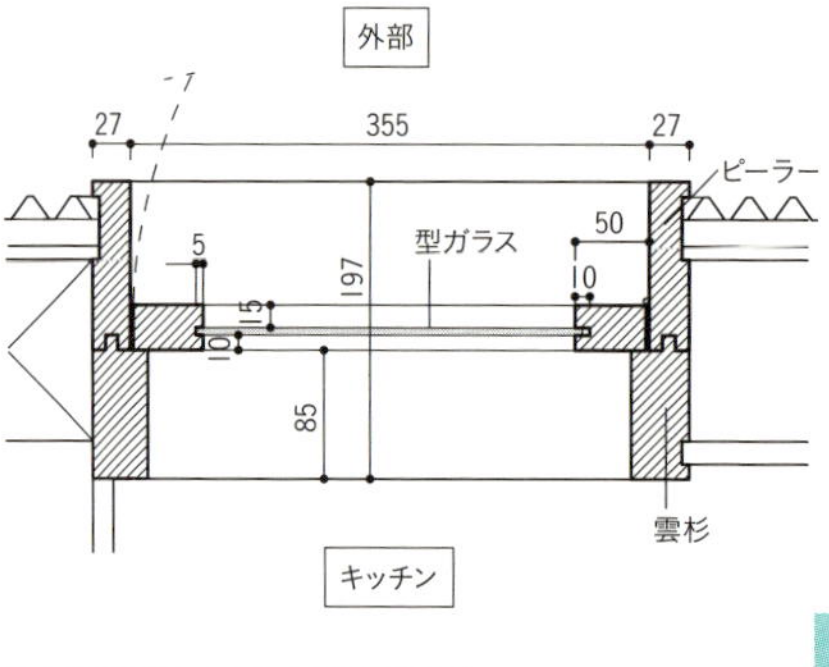

外部小窓平面詳細図 S=1:10

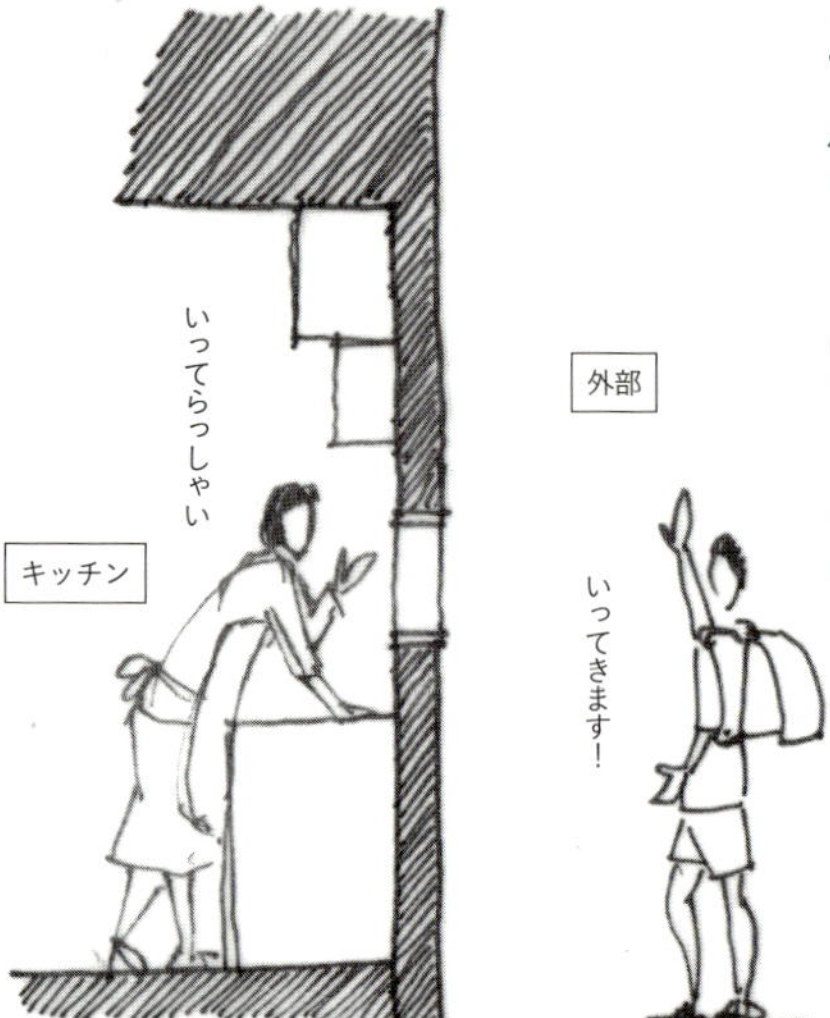

キッチンに立ちながら出かける家族に一声。

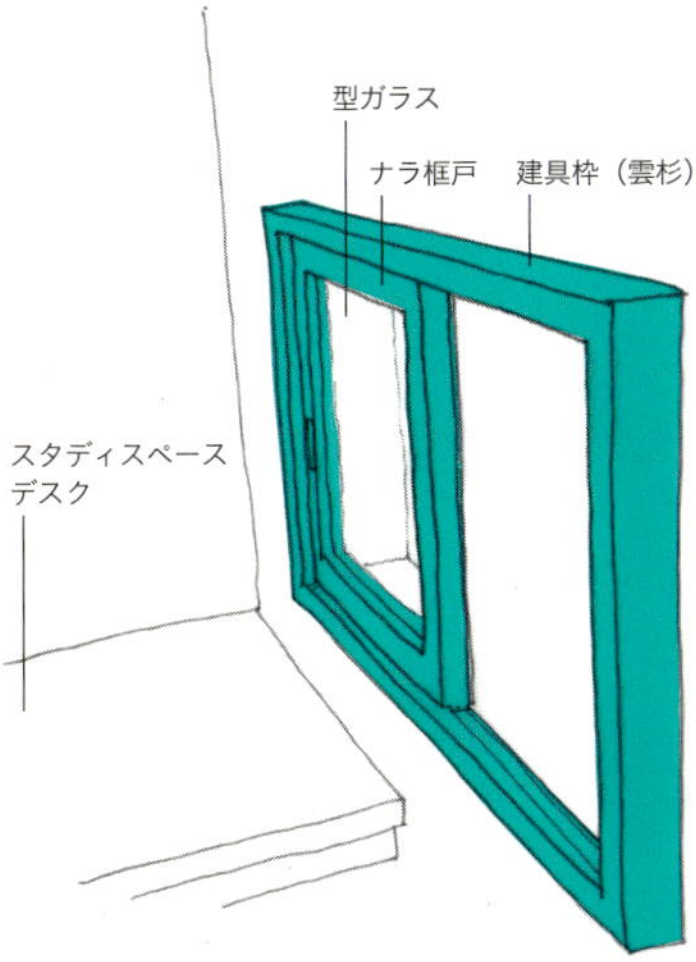

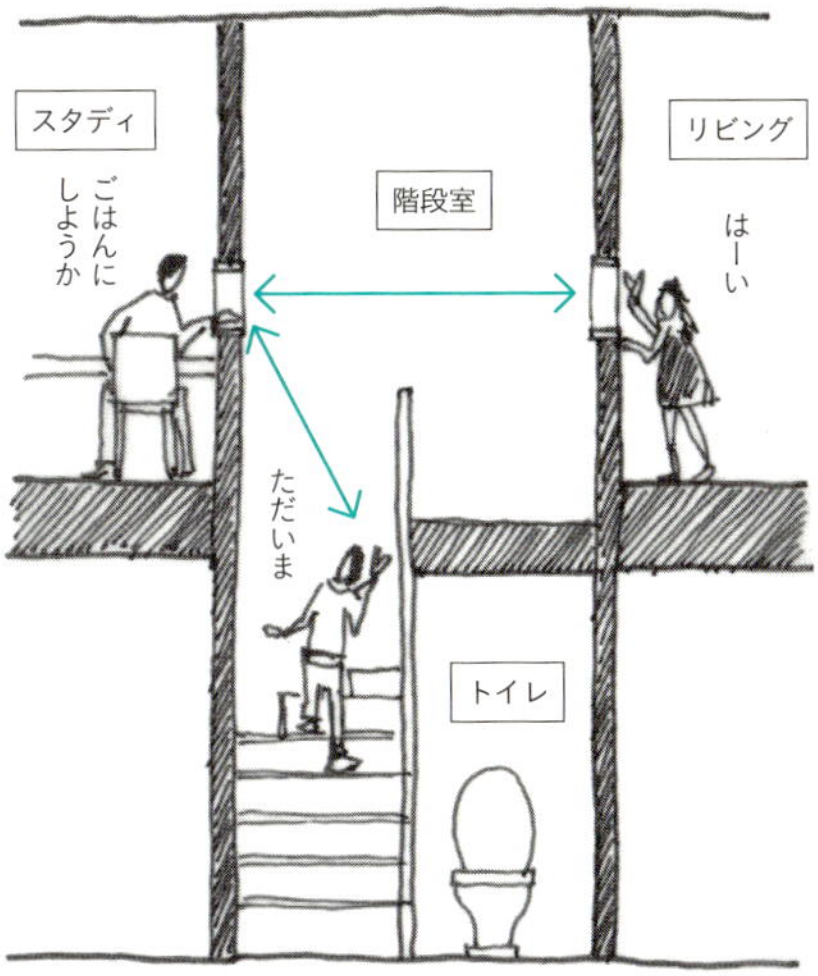

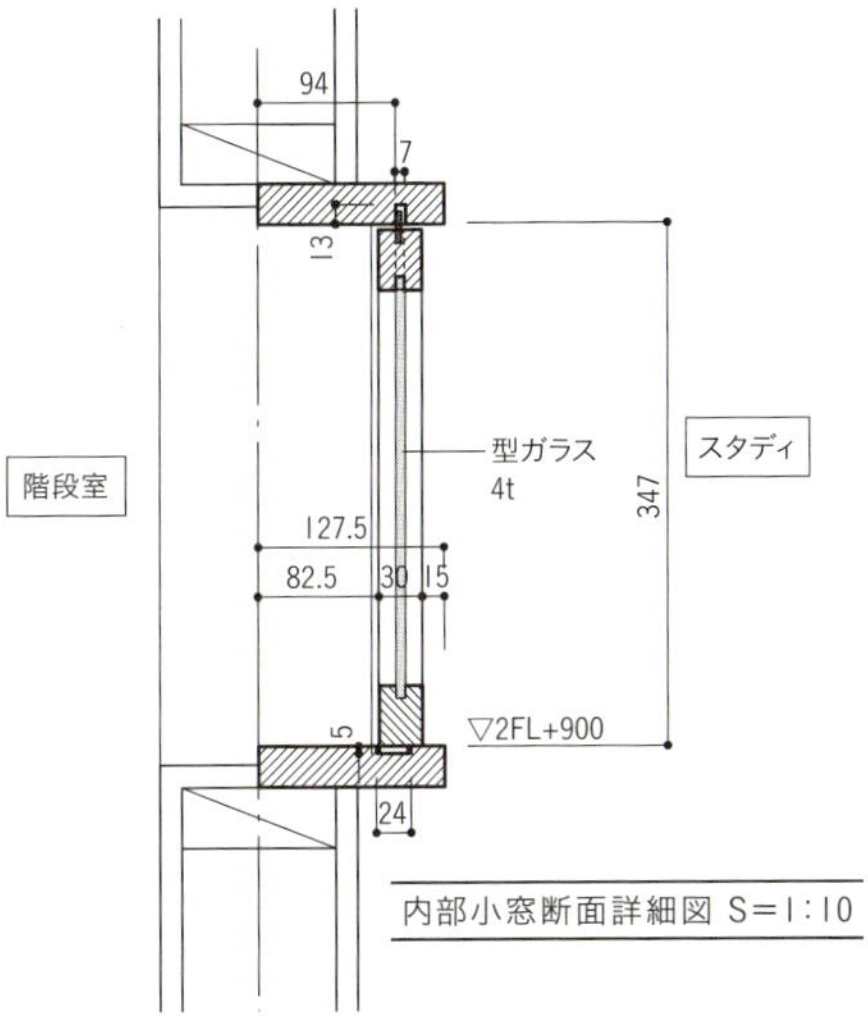

内部小窓断面詳細図 S=1:10

階段室から小窓を通してスタディスペースを見る
（ネストハウス 写真撮影：牛尾幹太）

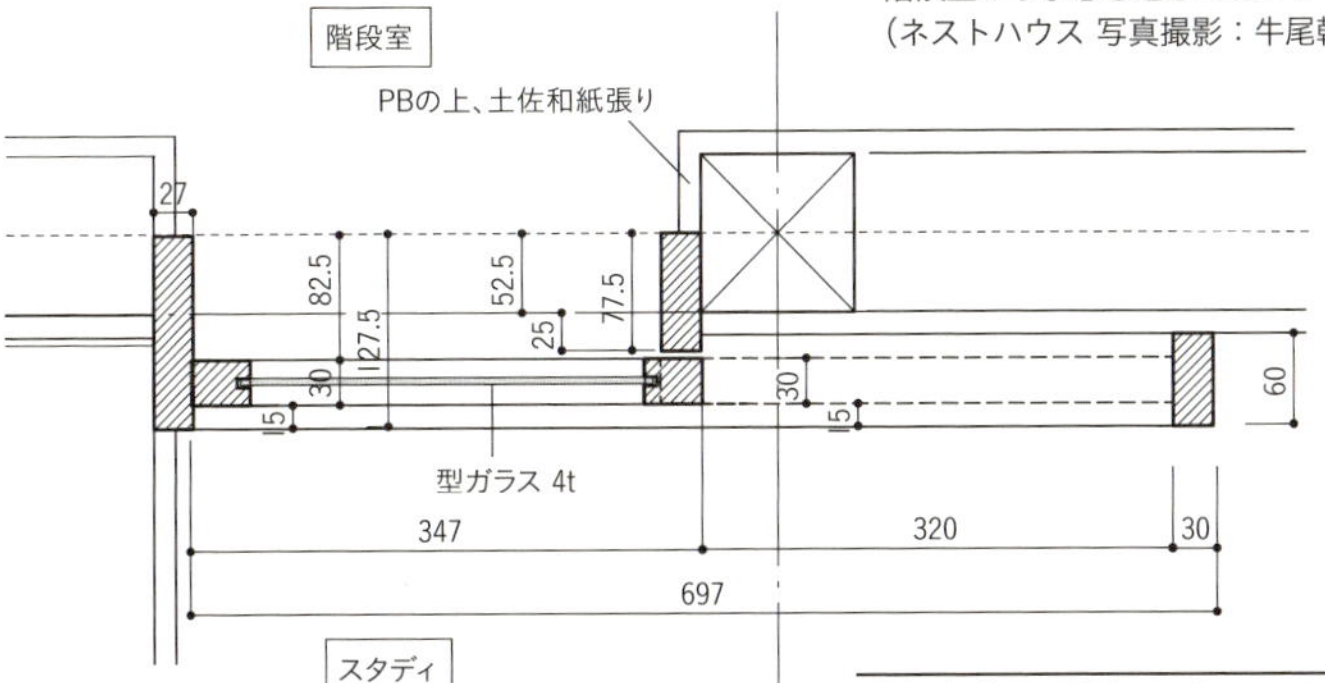

内部小窓平面詳細図 S=1:10

02 小窓に吊り障子

カーテンやブラインドの代わりに障子を設けることが多いが、リビングやダイニングなどの比較的大きな開口部は、壁をふかして戸袋にし、必要ないときは引き込んで存在感を消すことができる。では小窓はどうしているかというと、格子網戸を付けるか、プリーツブラインドを付けるか、外側の建具をスリガラスにして何も付けないかである。

ところがこの家では、クライアントから「小窓にも障子を付けたい」という要望があった。小窓に障子を付ける場合、壁全体をふかすのは部屋が狭くなりもったいないので、室内に露出するかたちで引き込むことになる。すると鴨居と敷居が出てきて目障りである。そこで上吊式引戸金物を使って敷居をなくし、すっきり見えるようにした。障子の上桟を少し太くして吊車を埋め込むだけの、いたってシンプルなディテールである。

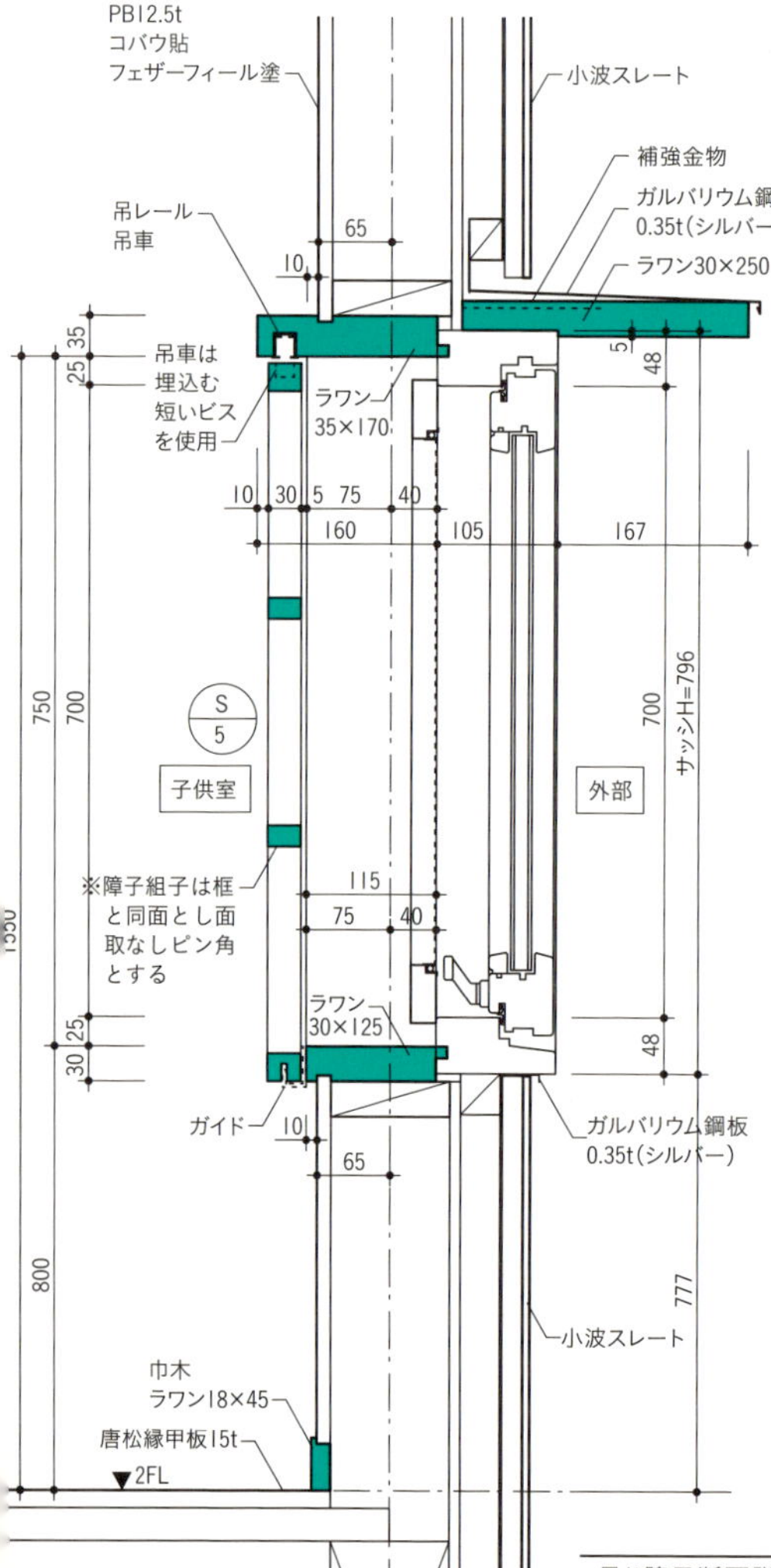

吊り障子断面詳細図 S=1:10

上吊式の障子

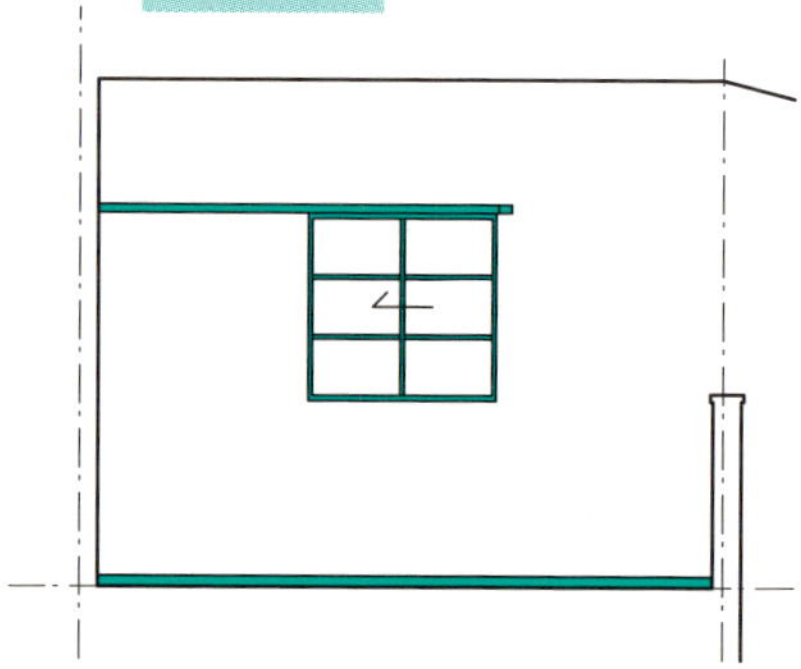

通常の鴨居・敷居を使った障子

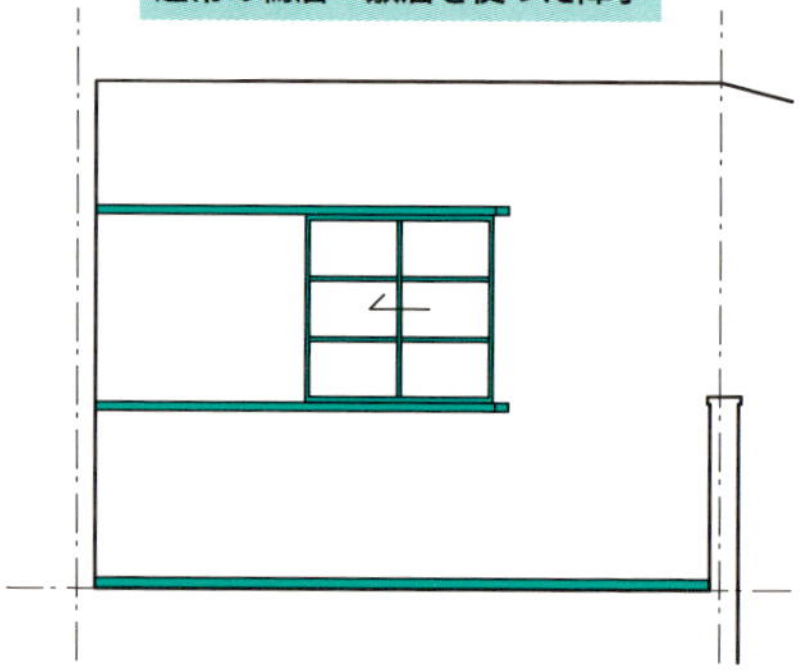

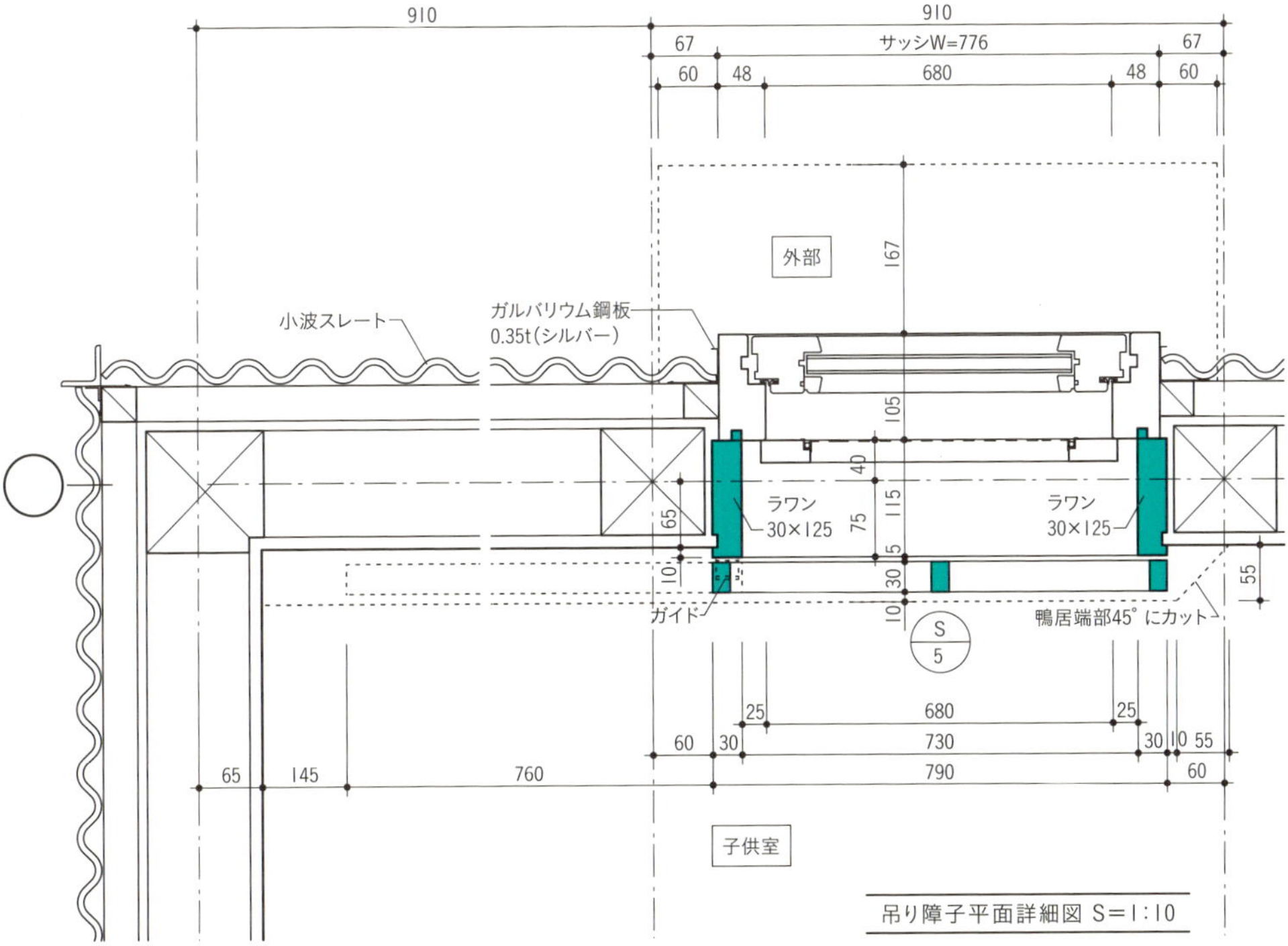

吊り障子平面詳細図 S=1:10

符号・数量	S/5 ×2
室名	2階子供室
形状・寸法	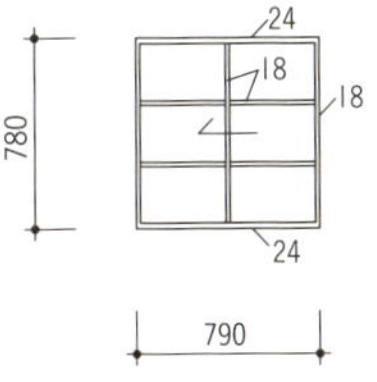
形式・見込	1本引き障子／30
材質・仕上	ラワン／ワトコオイル
ガラス・アミ	障子紙：タフトップエース（ワーロン）
金物・その他	アトムAFDシステム×1 （吊車はAFD-2750-Kで上桟に埋込とする）
備考	

障子の材質は、枠に使用しているラワン材に合わせている。桟は太めにして和風っぽさを抑えた。この家では猫を飼っているので、障子の紙にはタフトップエースという強化障子紙を使用している。一般の障子紙に比べて、単価は少し高いが張り替えの頻度も少なくてすむので、最近ではペットを飼っていない家でも標準的に採用している。

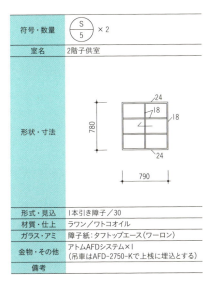

DETAIL

03 枠なし引戸

普段はリビング、ダイニング、キッチンを廊下なしのワンルームで計画することが多いが、この家では寒がりの住まい手のために、それぞれの部屋を仕切れるように工夫した。

とはいえ、仕切るのは真冬と来客時くらい、日常的にはほとんど開放しているので、建具を引き込んだ状態でワンルームに見えるように、戸当りの縦枠を消すディテールを考えた。

枠なし引戸 断面図 S=1:20

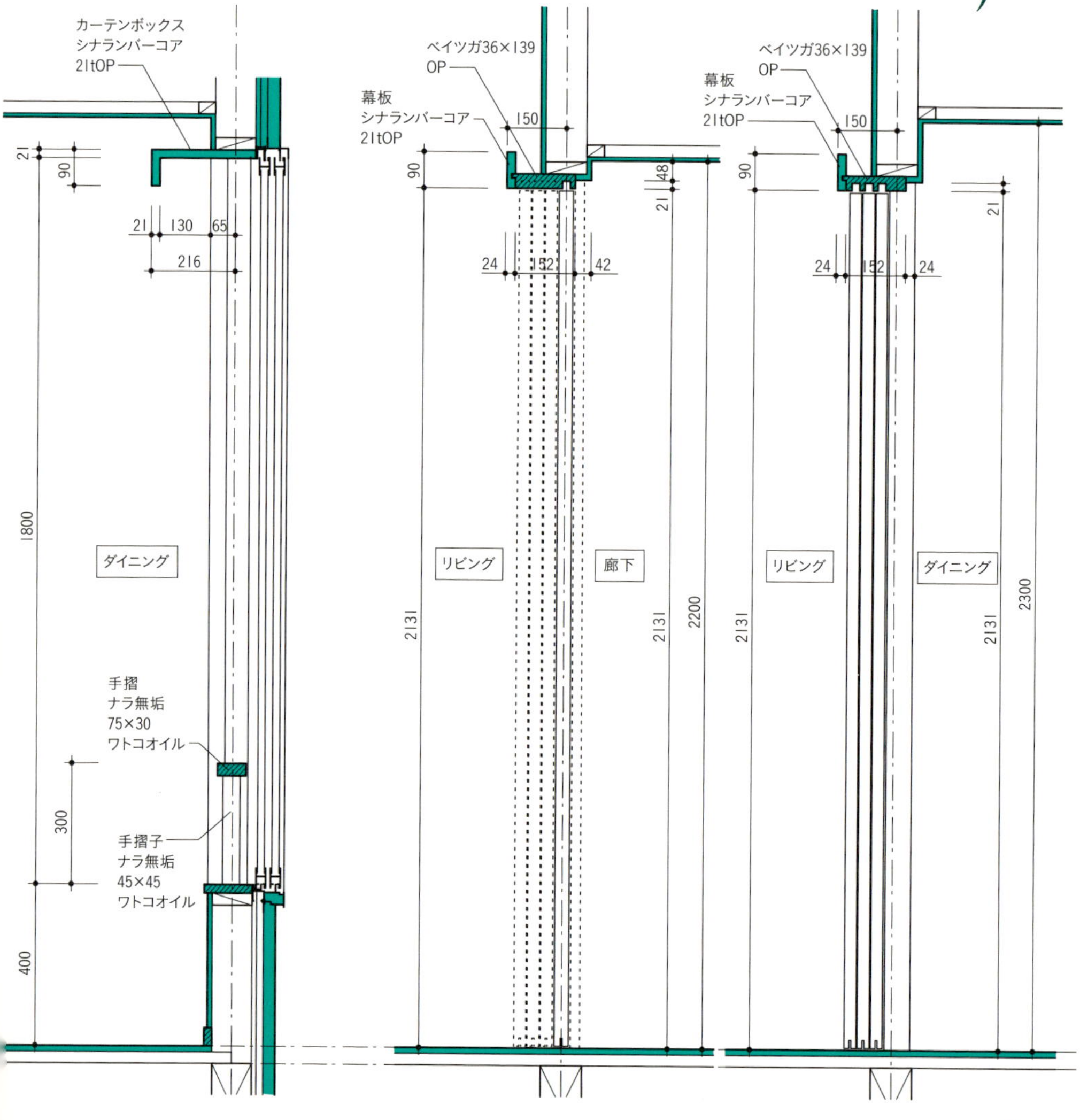

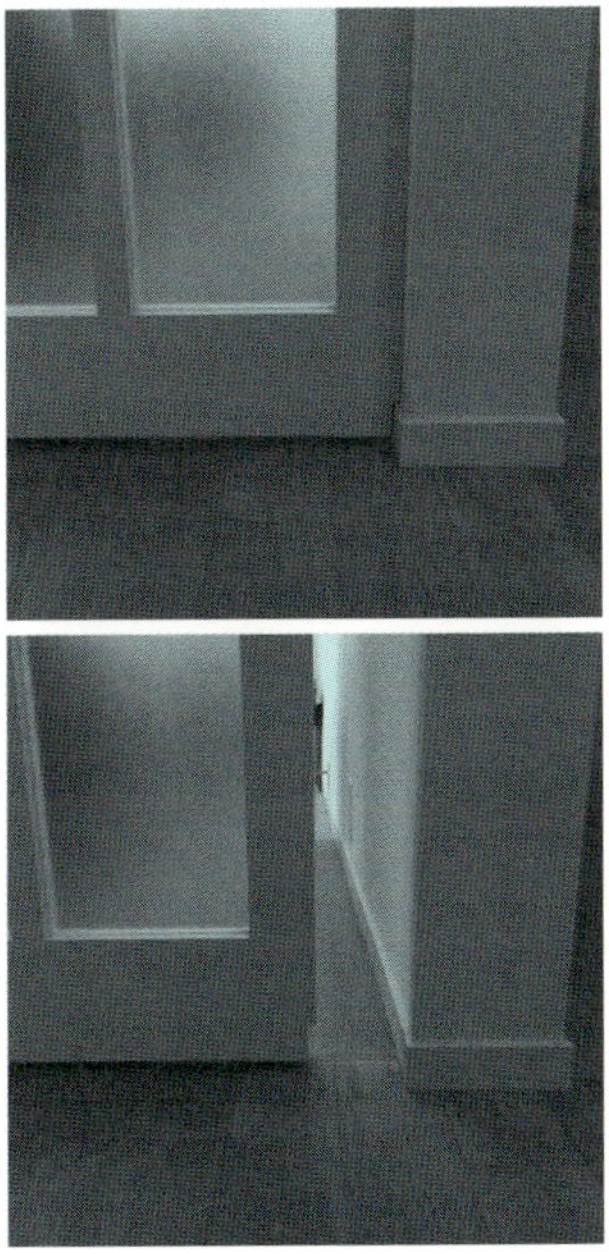

縦枠は省略して、巾木のチリは建具側に欠き込みを入れることで納めている。

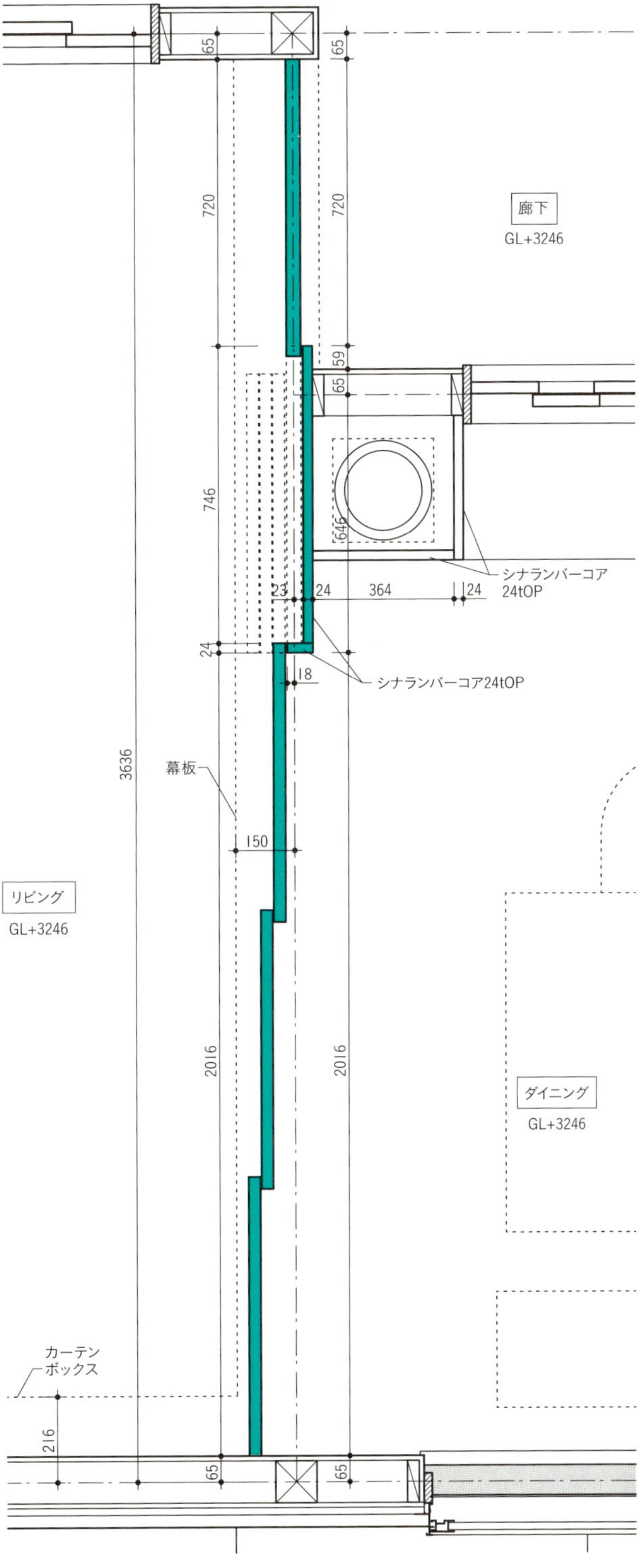

枠なし引戸 平面図 S=1:20

無双障子で風通し

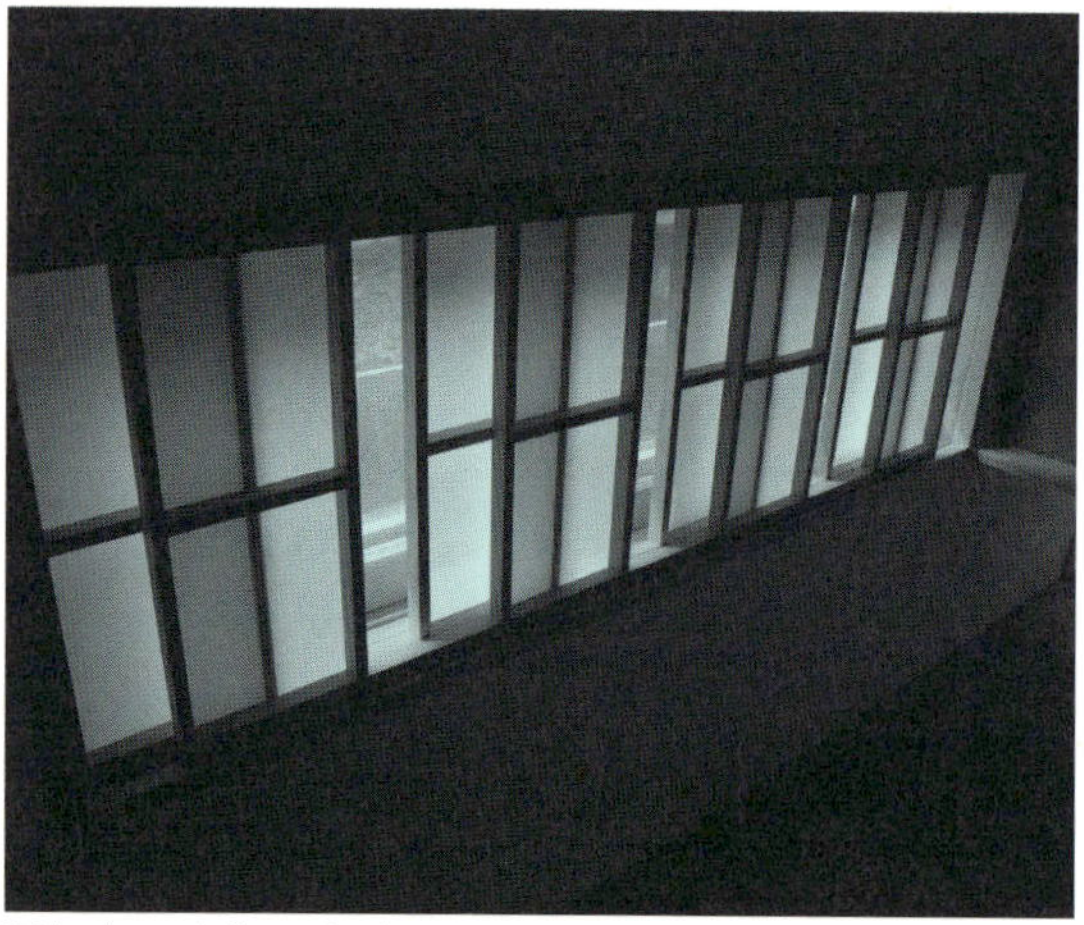

河津の家では和室の西窓に無双障子を採用した

「無双窓」といえば、お寺や神社、民家や茶室など古い日本建築ではよく使われていた風通しの窓である。一枚置きに板が框にはめ込まれた建具2本をずらすことで、通風量を調整できる先人の知恵である。この手法を障子の無双窓として応用した。全閉のときは障子紙が一枚、全開のときは二枚重なり光の量が変化する。中間で止めると、一枚のところと二枚のところのコントラストにより光のリズムが生まれる。

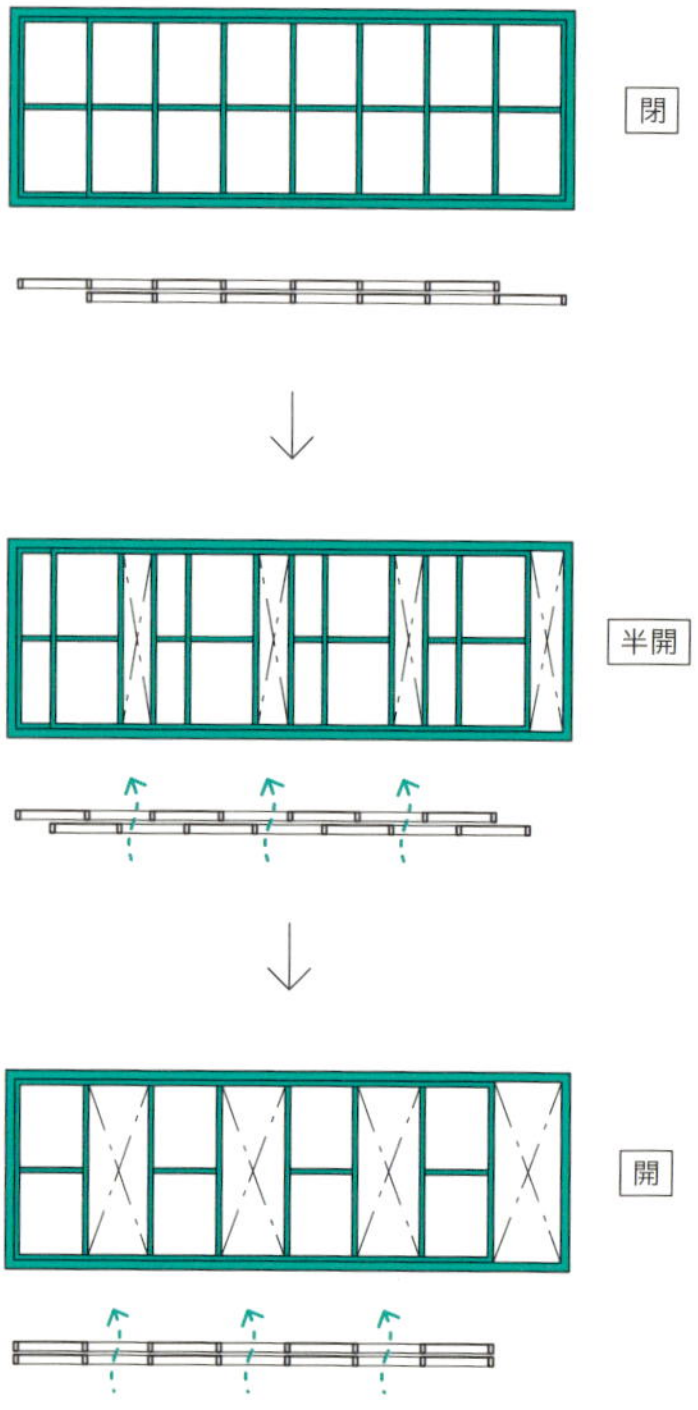

無双障子の開閉パターン

符号・数量	S/3 ×1
室名	2階和室
形状・寸法	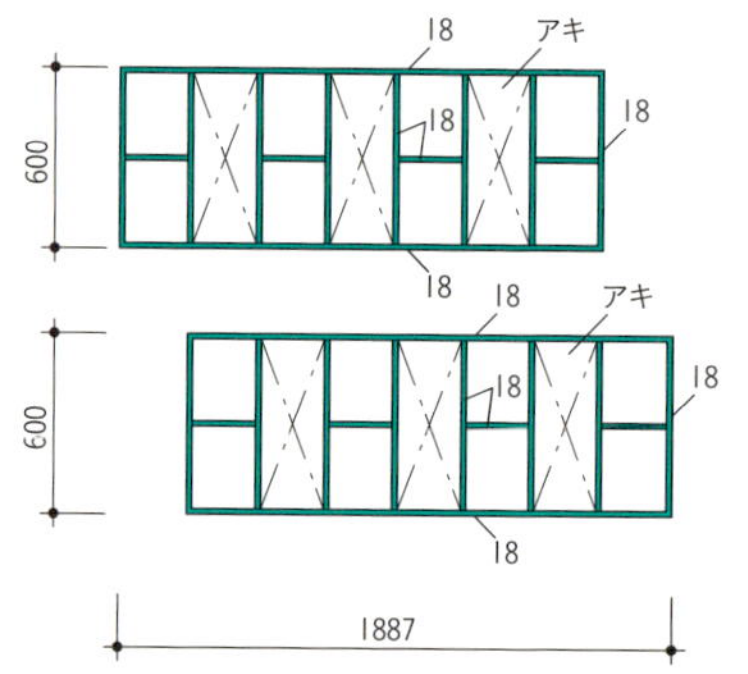
形式・見込	無双障子/30
材質・仕上	杉/ワトコオイル
ガラス・アミ	
金物・その他	
備考	障子紙：タフトップエース

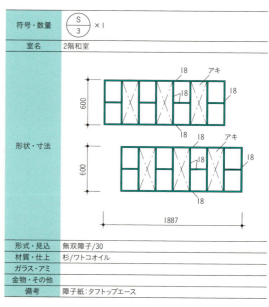

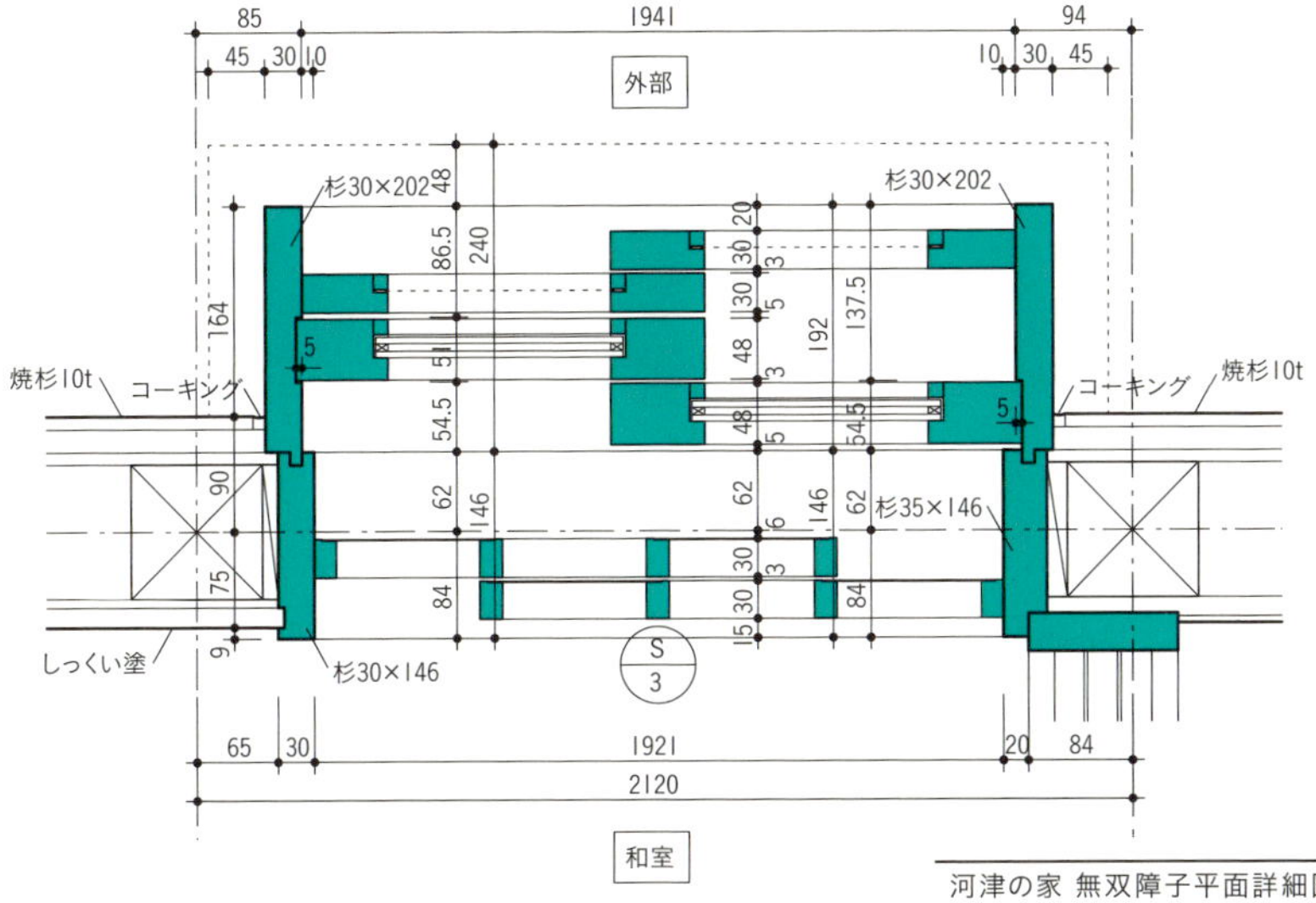

河津の家 無双障子平面詳細図 S=1:10

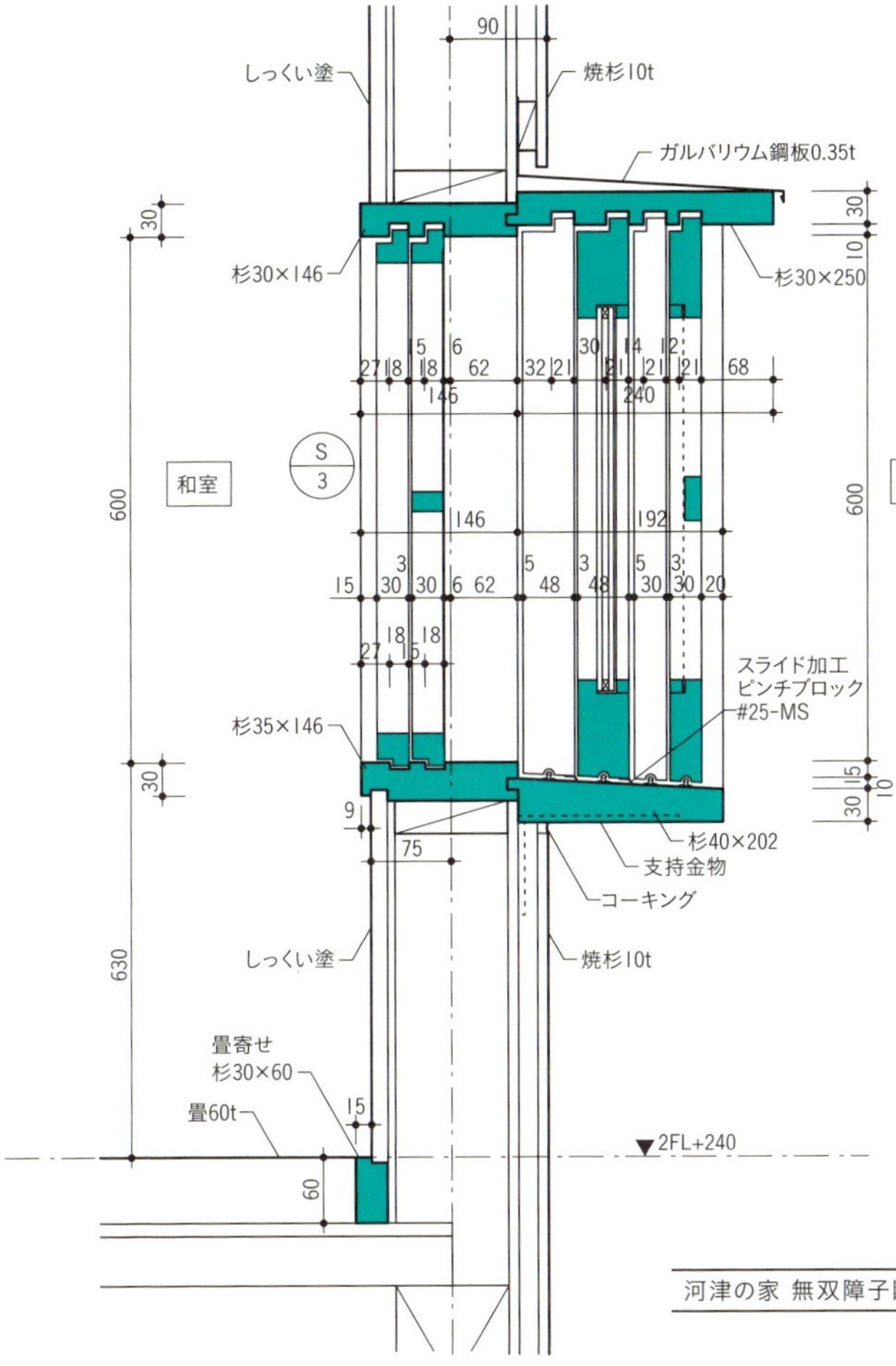

河津の家 無双障子断面詳細図 S=1:10

05 格子網戸で風通し

アルミサッシを使用する家でも、「インテリアとして木製建具の風合いを残したい」と考えてサッシに付属している網戸を使用せず、よく建具屋さんに木製の格子網戸をつくってもらっている。デザインは、師匠である永田昌民さんが多用していたものを踏襲している。

24ミリの角材を細かいピッチで組んだ格子は、内から外は見えるが、外からは内の気配を感じさせないので、ブラインドの役目も兼ねている。ベネチアンブラインドの場合、時折吹く強い風でバタバタと音を立ててスラットが折れ曲がるので、慌てて窓を閉めたりすることがあるが、この格子網戸はかなり強い風でもびくともしない。安心して窓を全開できるところが気に入っている。

西鎌倉の家では隣家との距離が近いリビングの東窓に格子網戸を採用している
（写真撮影：安川千秋）

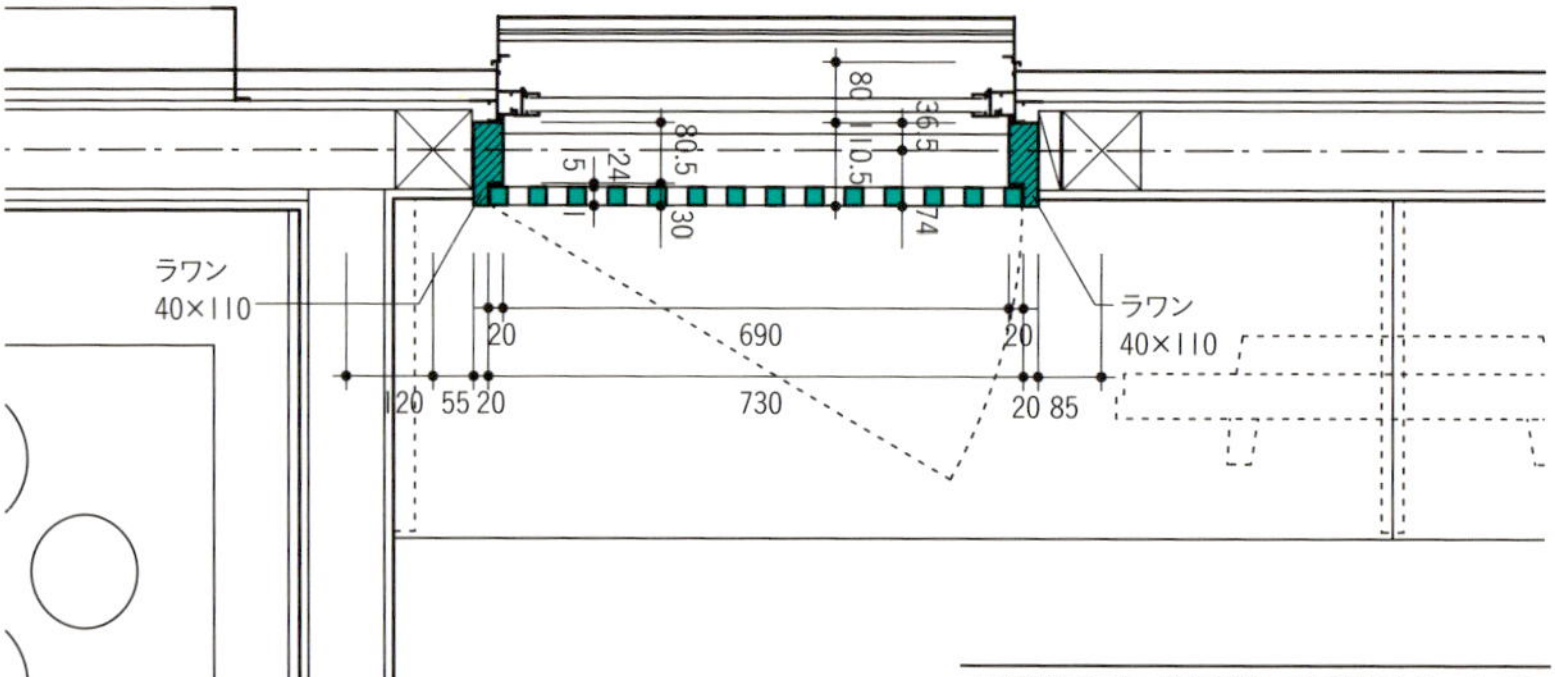

西鎌倉の家 格子網戸平面図 S=1:20

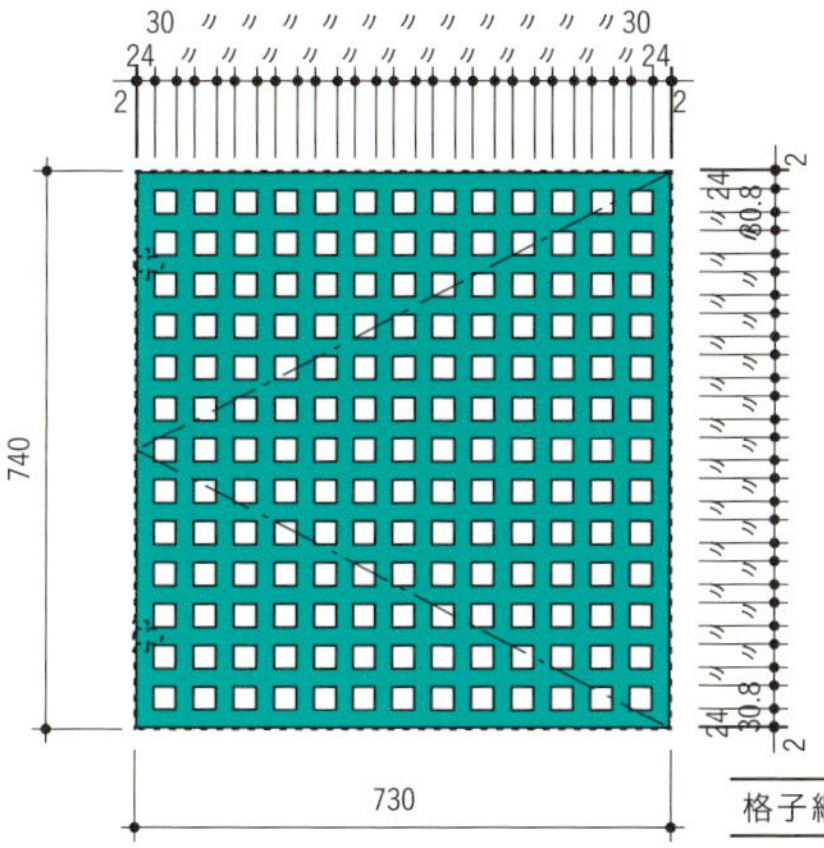

片開き格子網戸/24
ラワン/ワトコオイル
サランネット(ブラック)
アングル丁番:(ス)AHS-24M×2
マグネラッチ:(ス)ML80/茶×1

格子は24×24の角材を使用。面とチリは取らずゾロ(面一)で組んでいる。穴の寸法は30×30前後で、窓のプロポーションやその部屋に必要な明るさなどから大きさをその都度決めている。アングル丁番とマグネラッチは格子の見付に隠れるよう取り付けている。

格子網戸姿図 S=1:20

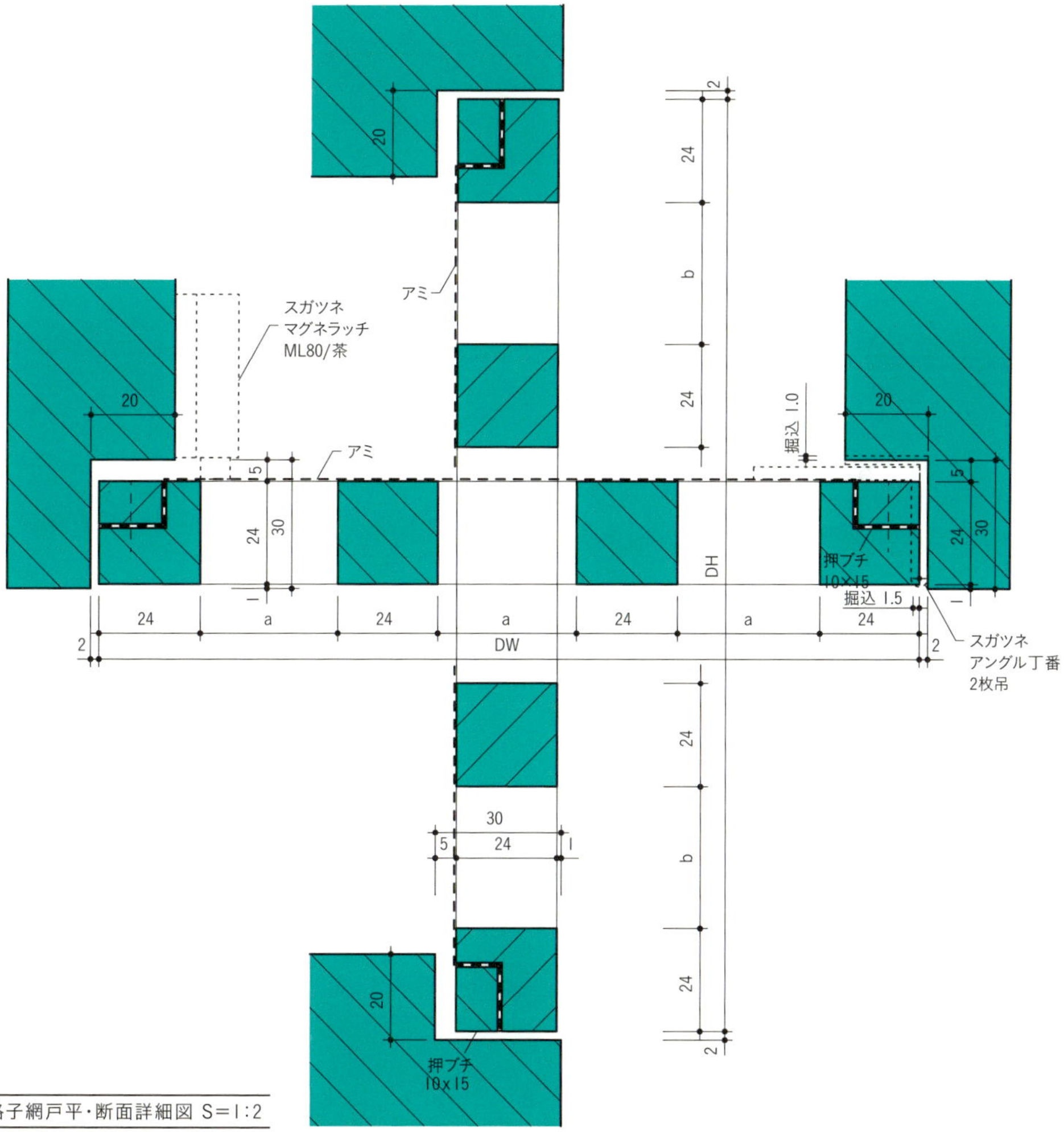

格子網戸平・断面詳細図 S=1:2

06

1階小窓の防犯対策

窓の防犯対策について。1階の大きな引き違い窓については、夜間や長期の留守のときに安心できるように、雨戸かシャッターを設置することをおすすめしている。また雨戸やシャッターを設置しないような小さな窓についても、人がくぐれるくらいの大きさがあれば、泥棒が侵入してこないか、心配なものである。

小さな窓の防犯対策として、窓の外にアルミ製の既成面格子を設置しているケースも見かけるが、格子が目障りなことが多い。そこで小さな引き違いの窓には、丸鋼を溶接加工してつくった侵入防止柵を設置すると、見た目もすっきりとする。

また滑り出し窓は外に向かって開くので、外部に面格子を設置するわけにはいかない。そこで部屋内側に木の角材にステンレスアングルを埋め込んで補強したバーを設置するようにしている。室内側に設置しているので、窓ガラスを破ってさらにバーを破壊するのは時間もかかるし音も出るので、時間稼ぎになり、防犯上有効だと考えている。

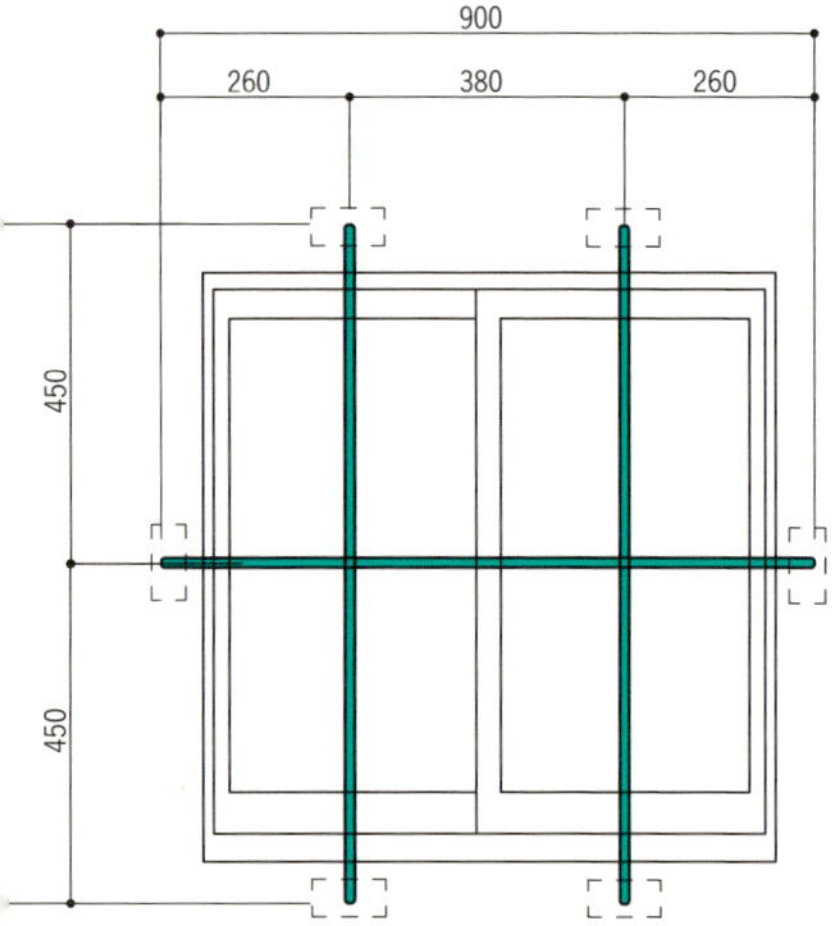

姿図 S=1:20

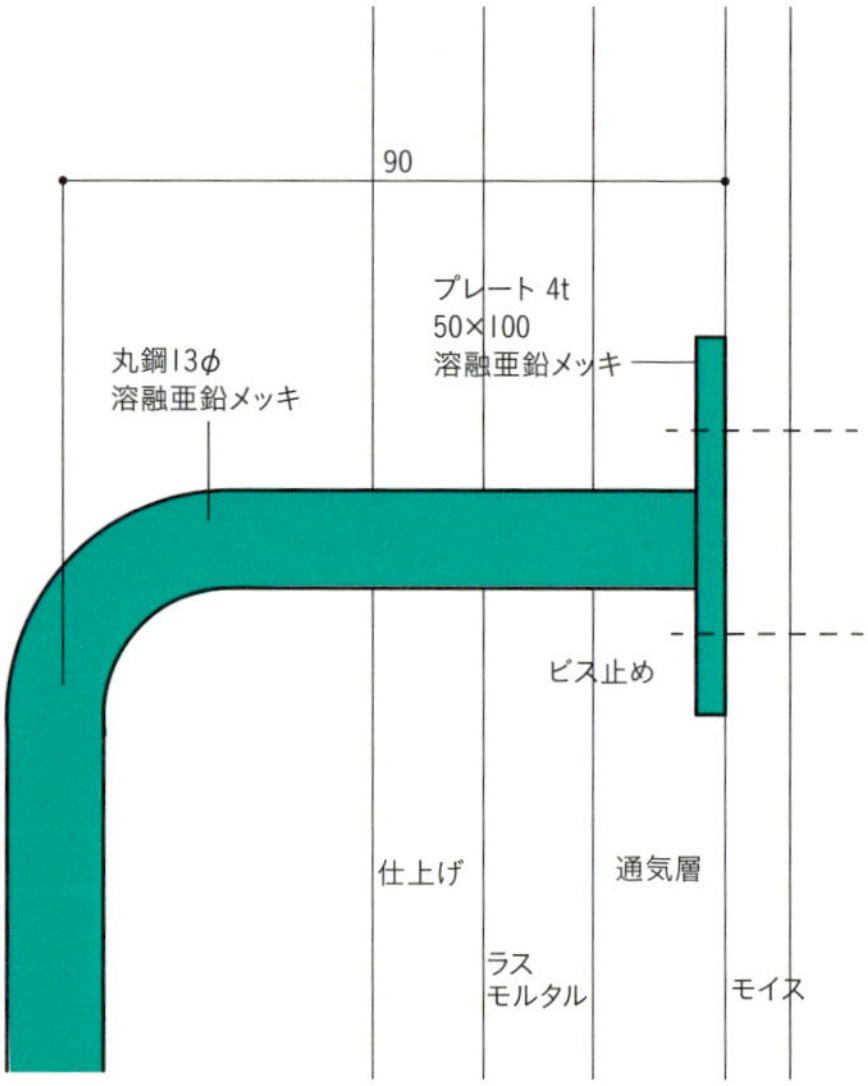

詳細図 S=1:2

左：部屋内側　右：外側、ステンレスのアングルを設置している

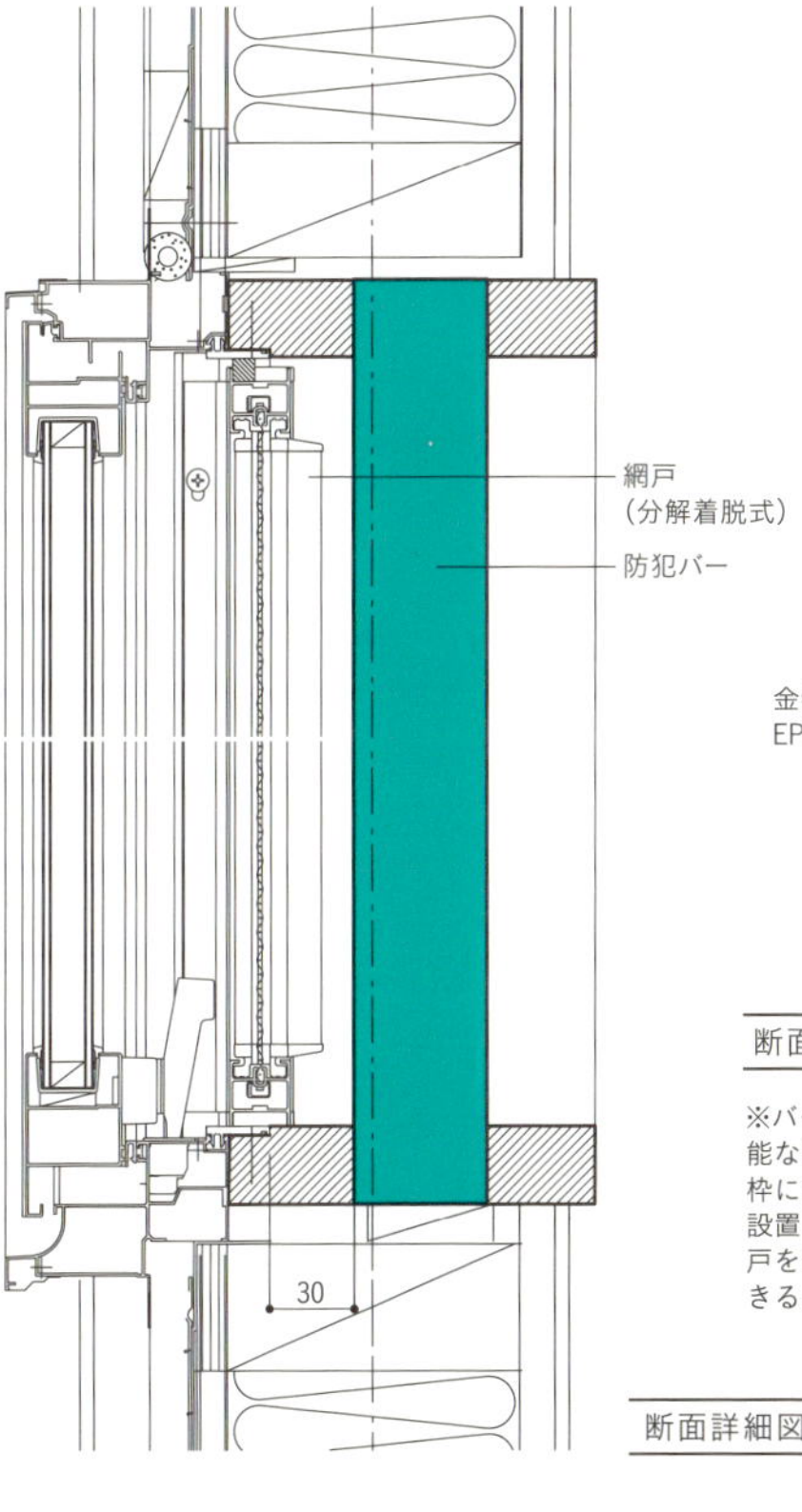

断面詳細図 S=1:5

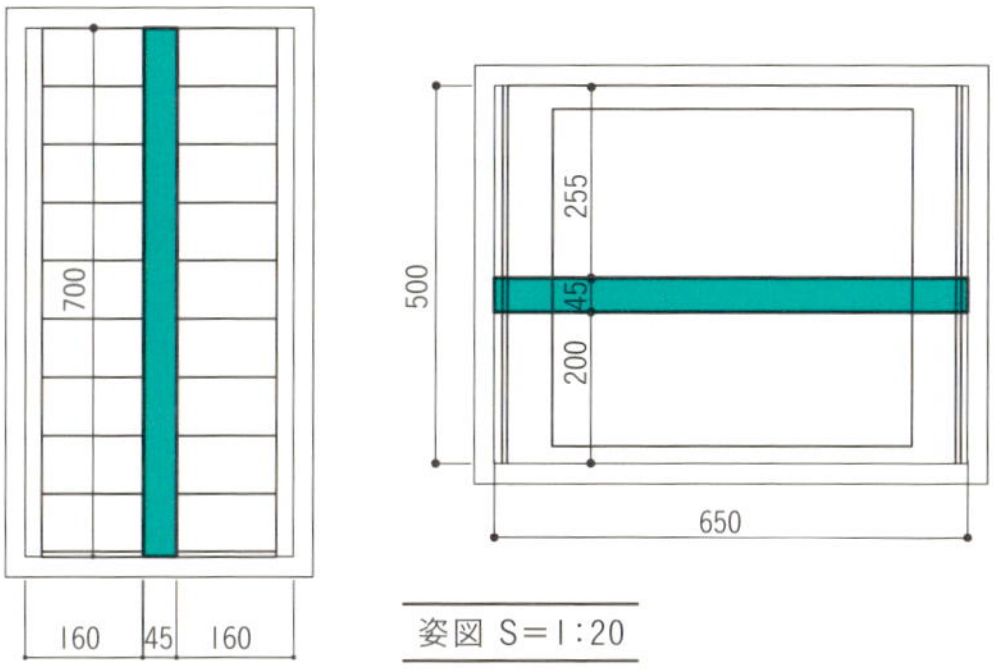

姿図 S=1:20

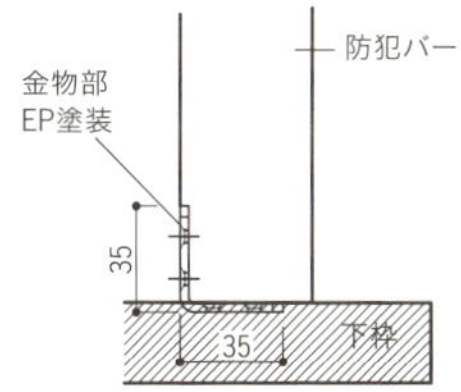

断面図（バー着脱式）S=1:5

※バーを設置した状態でも着脱可能な網戸の場合は、防犯バーを木枠に貫通させ固定するが、バーを設置した状態では着脱できない網戸を使用する場合、バーを着脱できるようにする必要がある。

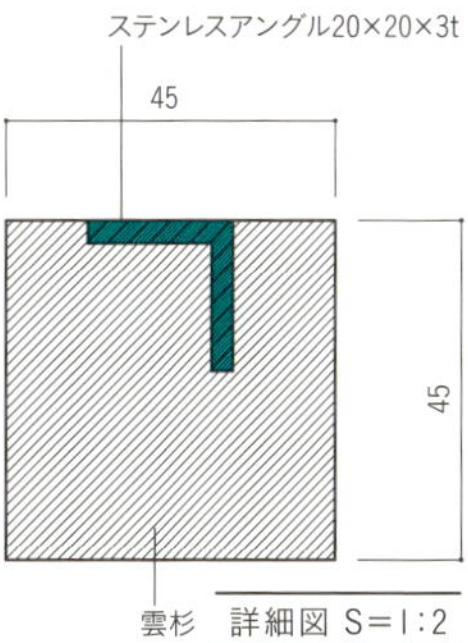

詳細図 S=1:2

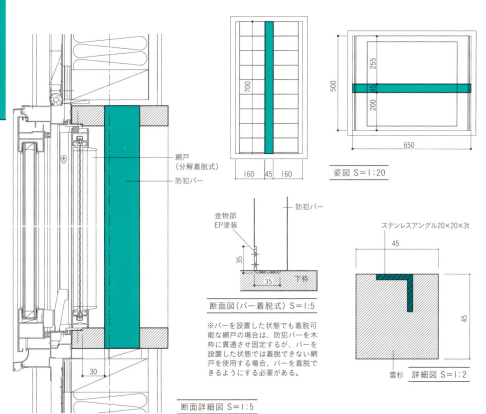

07 かどを開けると世界が変わる①

私にとってはじめての住宅(自宅)を設計したとき、吉村順三さんの「軽井沢の山荘」のような開放感のある開口部をつくりたいと考えた。コーナー部を大きく森に開いた「軽井沢の山荘」にならい、自宅の2階リビングの南東角を引戸で開け放てるように設計した。この場合に最も重要なのはコーナー部のディテールである。「窓からの景色をどのように見せたいか」を頭の中に思い描き、框や窓枠、ガラスの納まりを検討していく。自宅の開口部では建具を引き込むと、柱だけになるディテールとした。またロールスクリーンも壁内のボックスに納めることで、邪魔なものを隠している。はじめて来たお客さんを2階リビングに案内すると、予想外の開放感に驚きの声を上げる。その声を聞くのも楽しみの一つ…。

建具を引き込むと柱だけの開放的な空間になる

外部枠：ピーラーの上木材保護塗料
内部枠：雲杉の上オスモカラークリア
建具　：ピーラーの上木材保護塗料
レール：真鍮　ノイズレスレール
クレセント：ベスト1491　黄銅
戸車　：ステンレス戸車

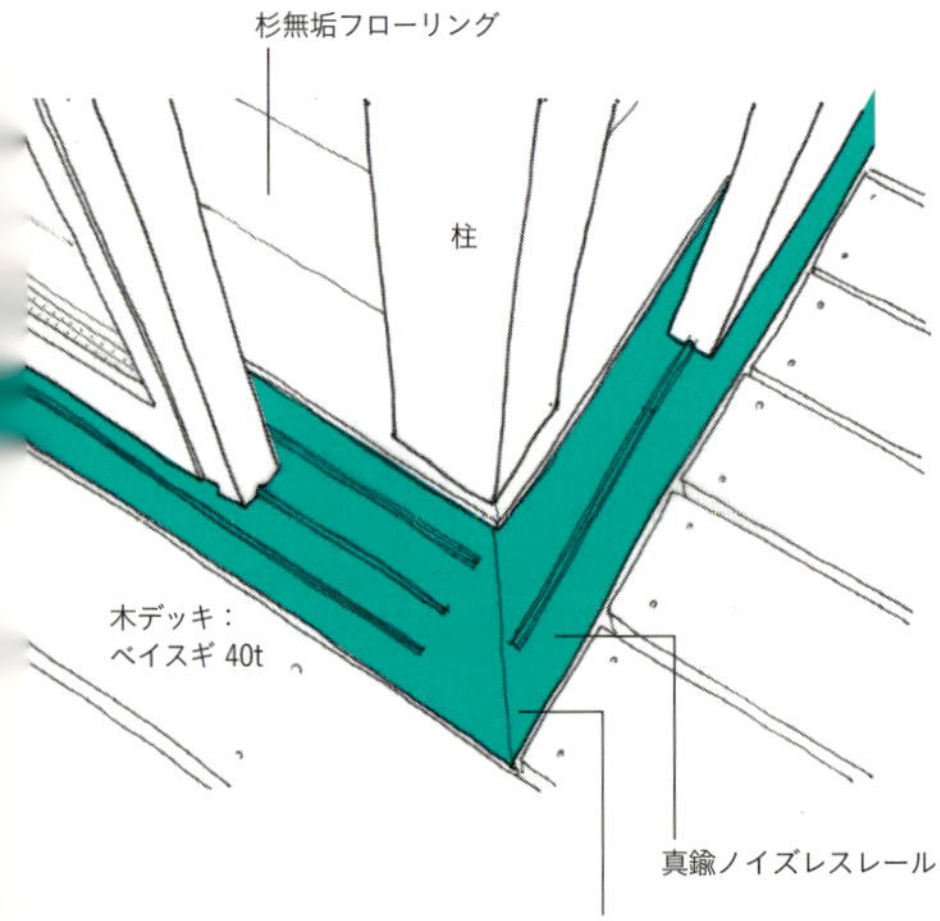

敷居部分スケッチ

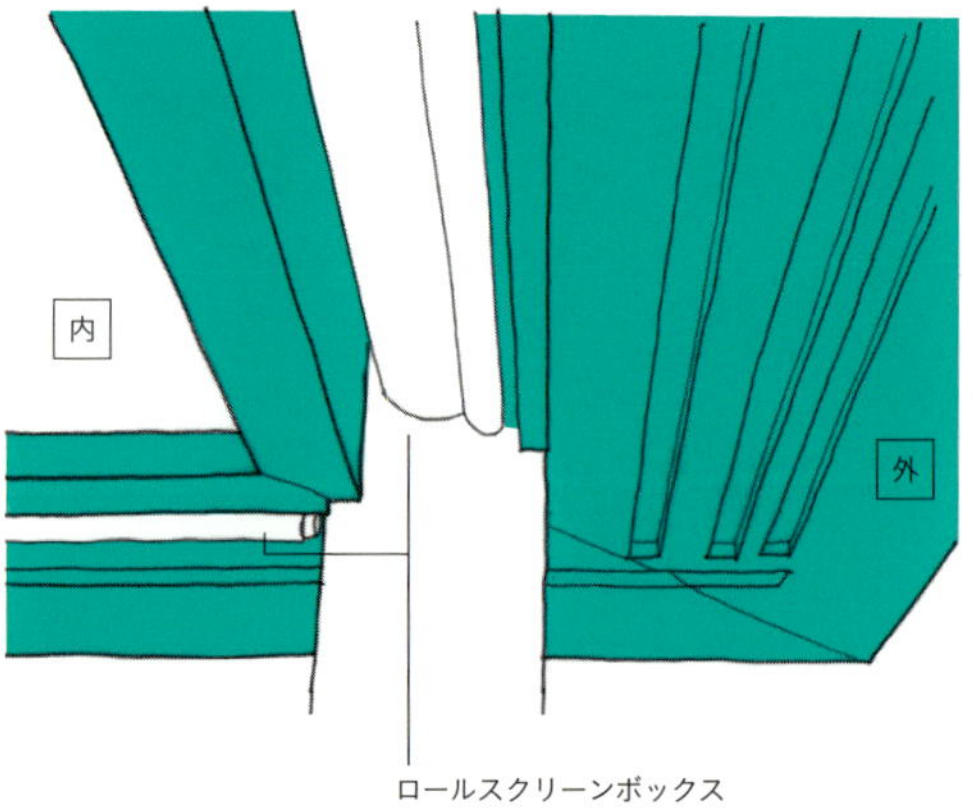

鴨居部分スケッチ

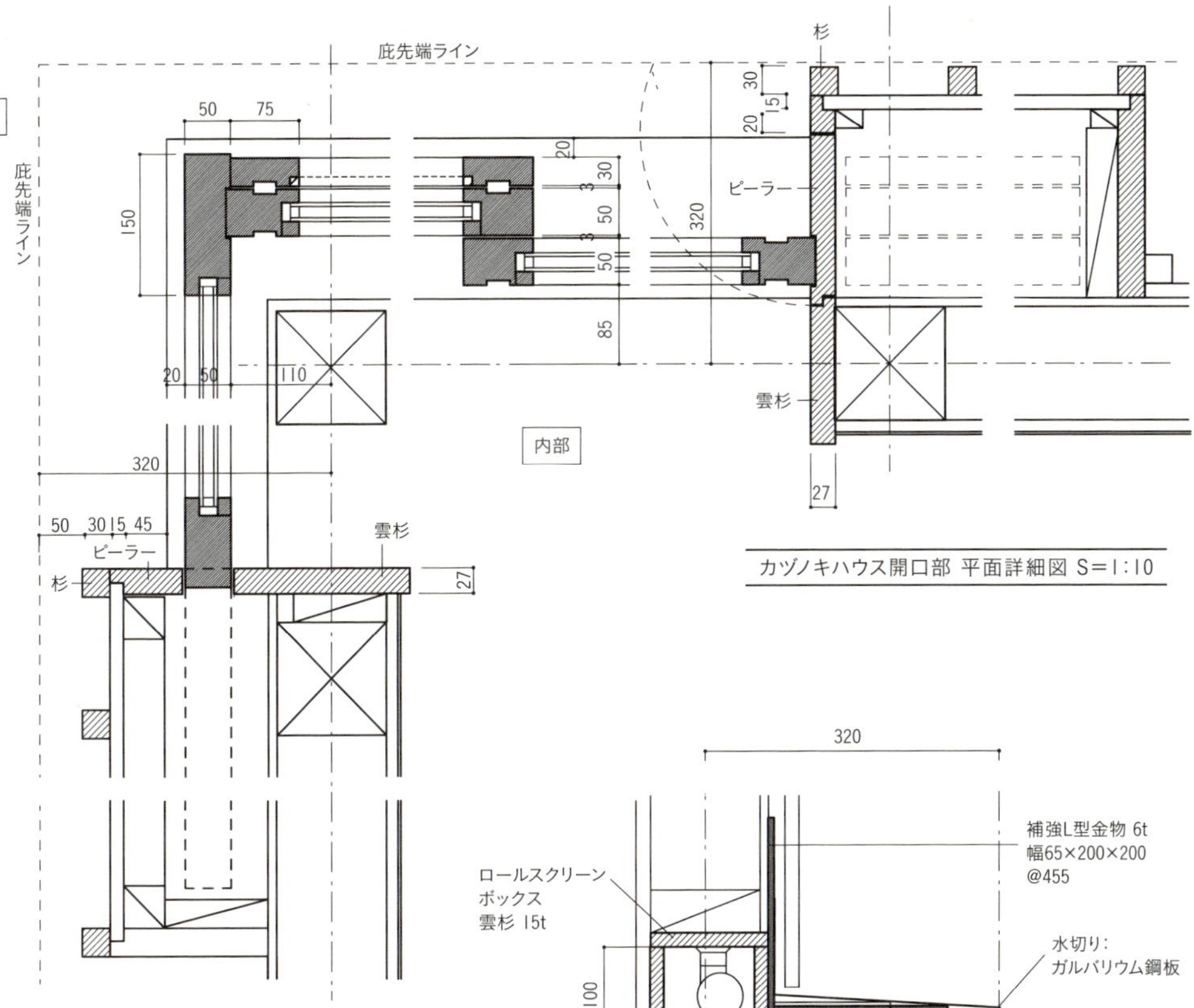

カヅノキハウス開口部 平面詳細図 S=1:10

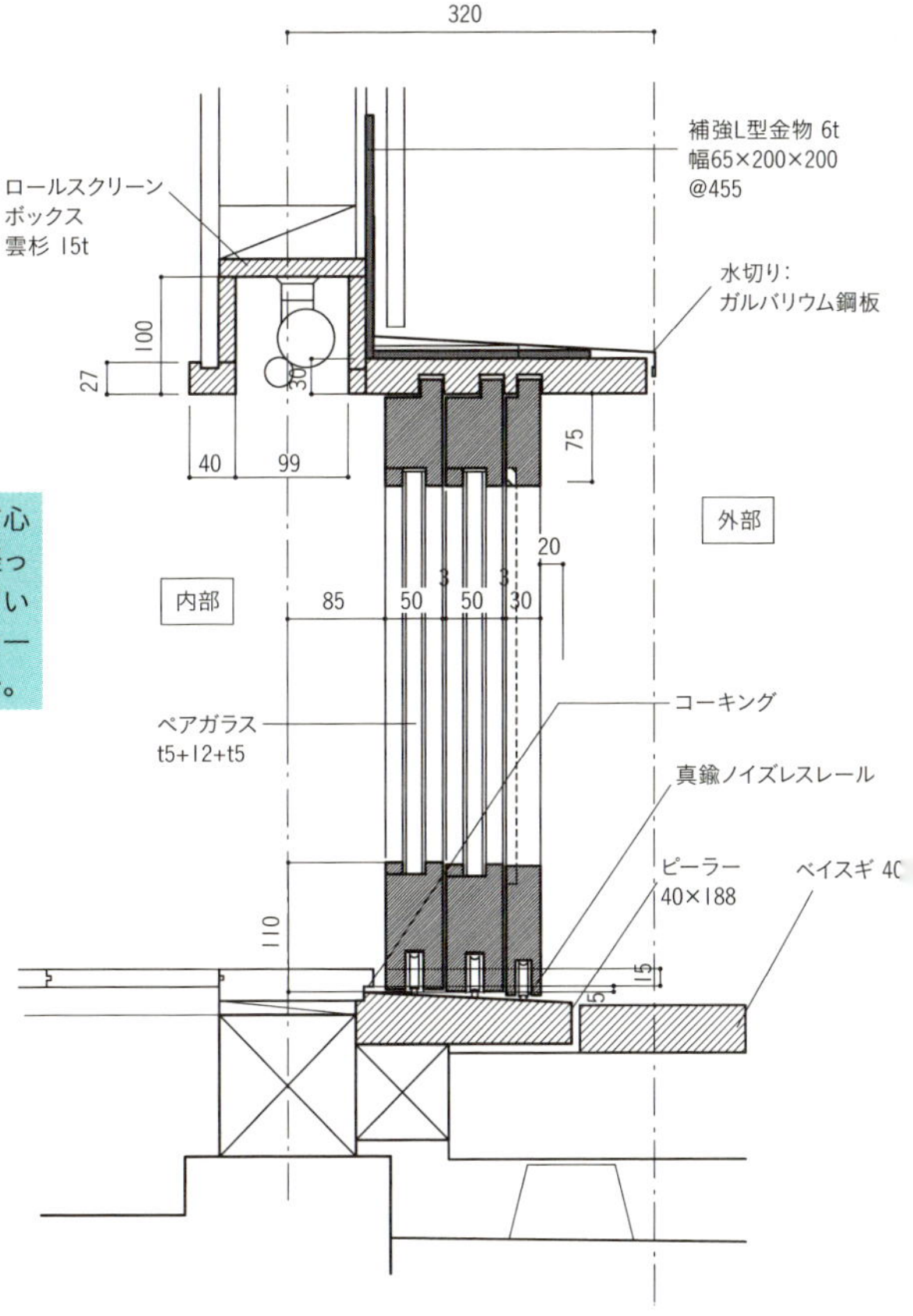

カヅノキハウス開口部 断面詳細図 S=1:10

当初、建具同士の納まりは狂いなど心配であった。住みはじめて８年が経ったが、いまのところ快適に過ごせている。コスト削減で三枚あった網戸を一枚にしたが、これは後悔している…。

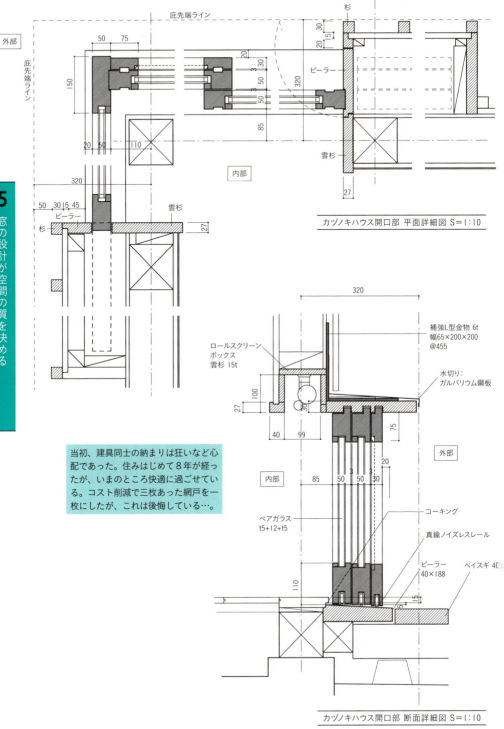

DETAIL

08

かどを開けると世界が変わる②

Hugハウスのご夫婦は、敷地から眺められる遊歩道の緑を気に入ってこの土地を手に入れた。そこで2階ダイニングスペースの南西角に窓とデッキテラスを設けて、暮らしの中で遊歩道の緑が感じられる計画とした。「炎のある暮らしにも憧れます」との要望にペレットストーブも設置することとなった。Hugハウスは延べ床面積19坪の小さな家であり、ストーブの配置が限られたため、窓の大きさを調節し、ストーブを窓下に配置した。そして、西面の窓の下枠の高さに合わせて、南面の窓に棚板を設けた。そうすることで窓辺にいろいろと小物を飾り楽しむことができるのと同時に、暮らしの気配が遊歩道側からも感じられて、雰囲気のよい窓辺となる。

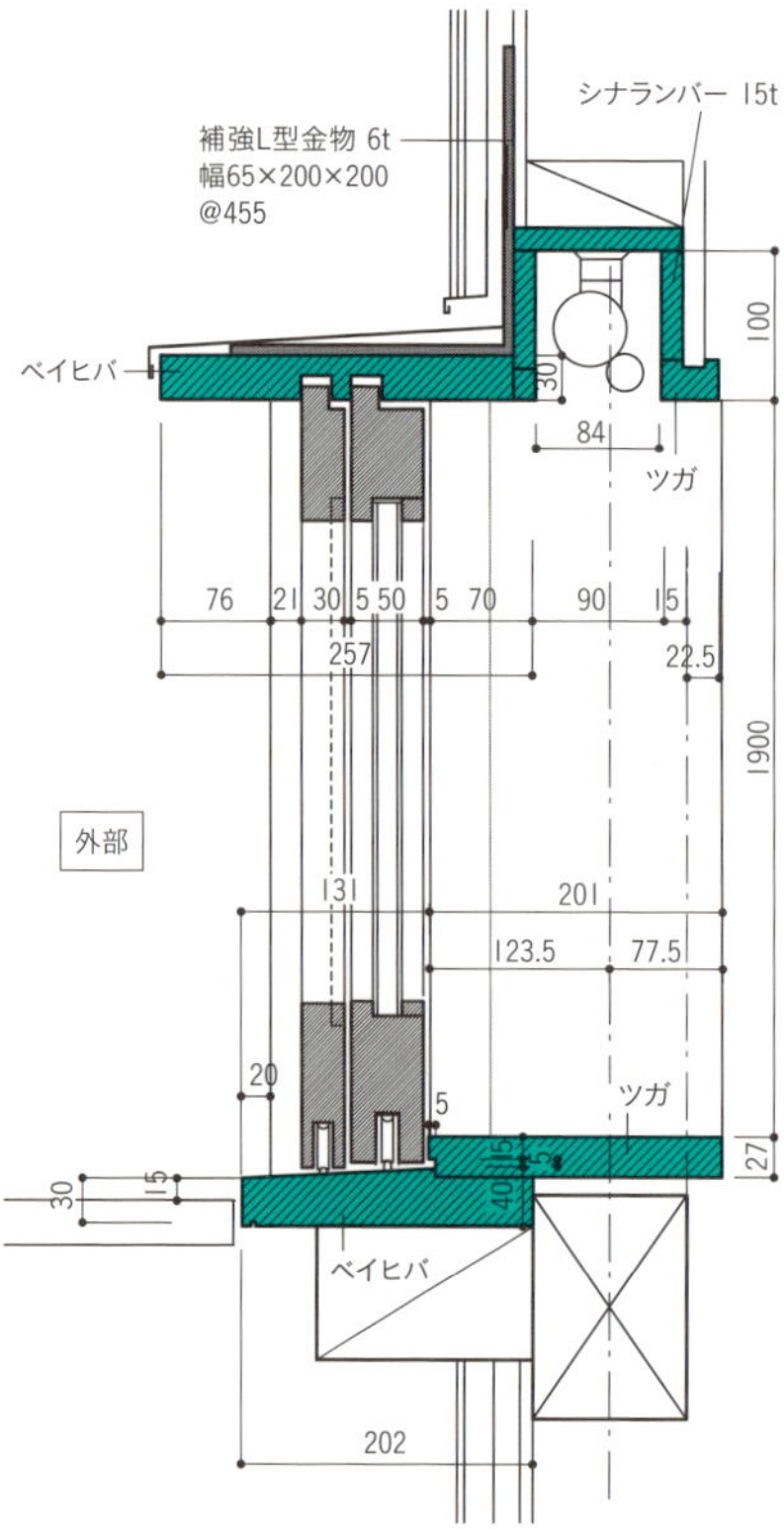

a-a' 断面詳細図 S=1:10

Hugハウスの窓廻り（写真撮影：牛尾幹太）

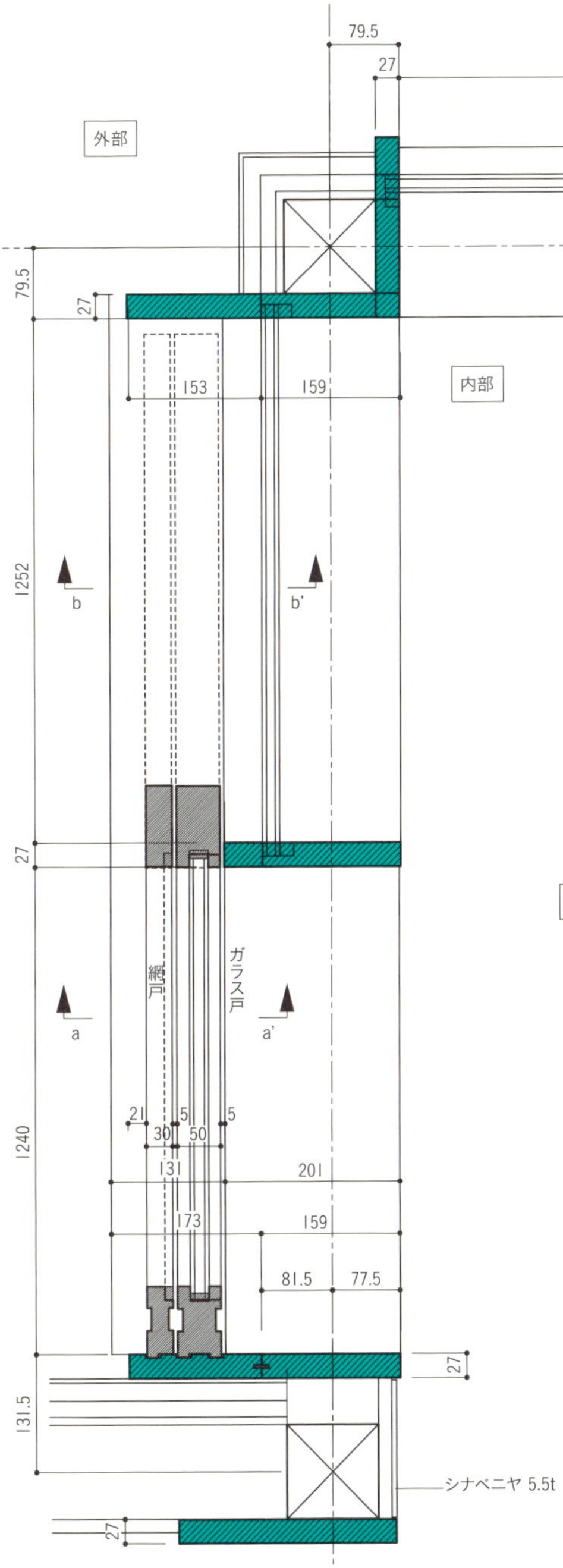

Hugハウス開口部 平面詳細図 S=1:10

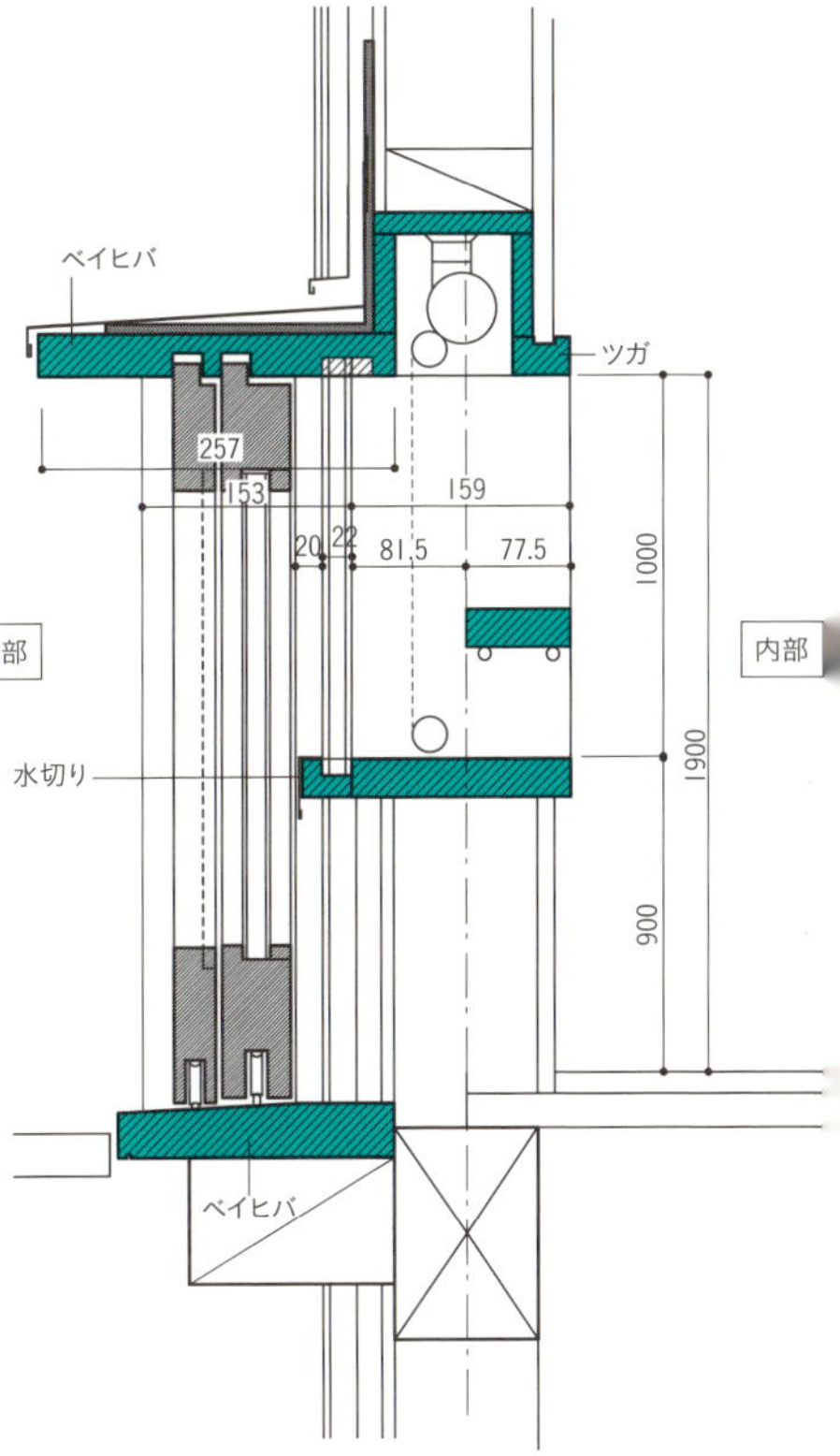

b-b' 断面詳細図 S=1:10

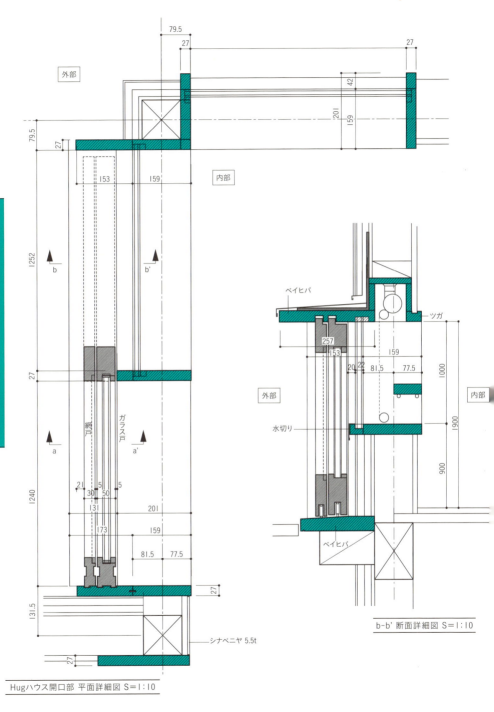

09

かどを開けると世界が変わる③

Hidamariハウスの窓を見上げる

クライアントの話をうかがっているとき、会話の中に「これだ」というキーワードが必ず潜んでいる。Hidamariハウスの第1回目の打ち合わせ。具体的な要望の話をする中で、ふとご主人が「家の中にカフェの日当たりのよいコーナーのような場所がほしいんです…」と話された。太陽の光と自然の風が気持ちよくてちょっと腰掛けられる場所を考えるうちに、南東角をオープンにできる木製建具をつくることにした。南面は掃き出し窓でデッキとつなぎ、東面はちょうど腰掛けられる高さの腰窓にしている。腰窓の安全対策として、目立ちにくい細めのスチールパイプを設置している。

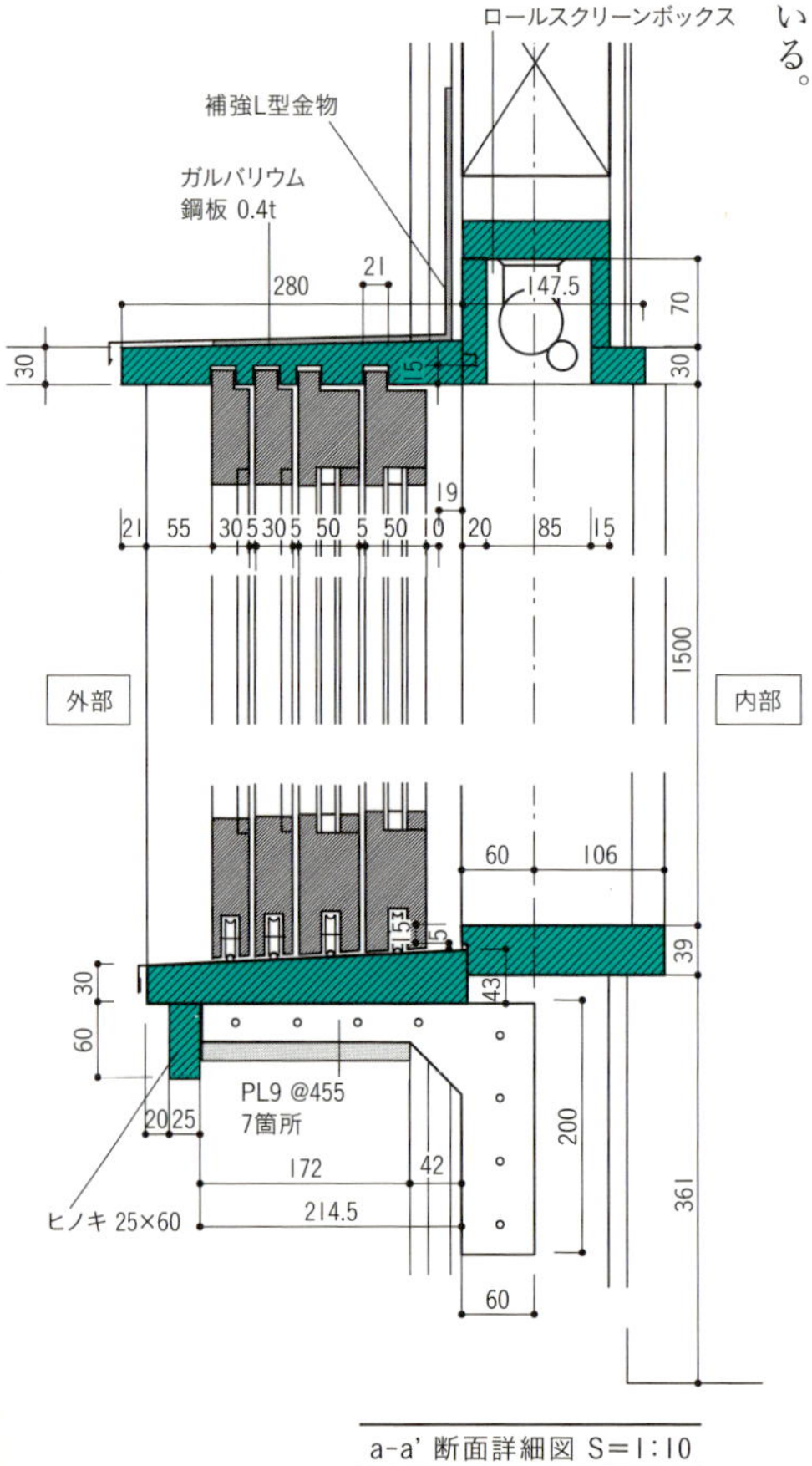

a-a' 断面詳細図 S=1:10

窓辺が心地よい居場所になる
(Hidamariハウス　写真撮影：西川公朗)

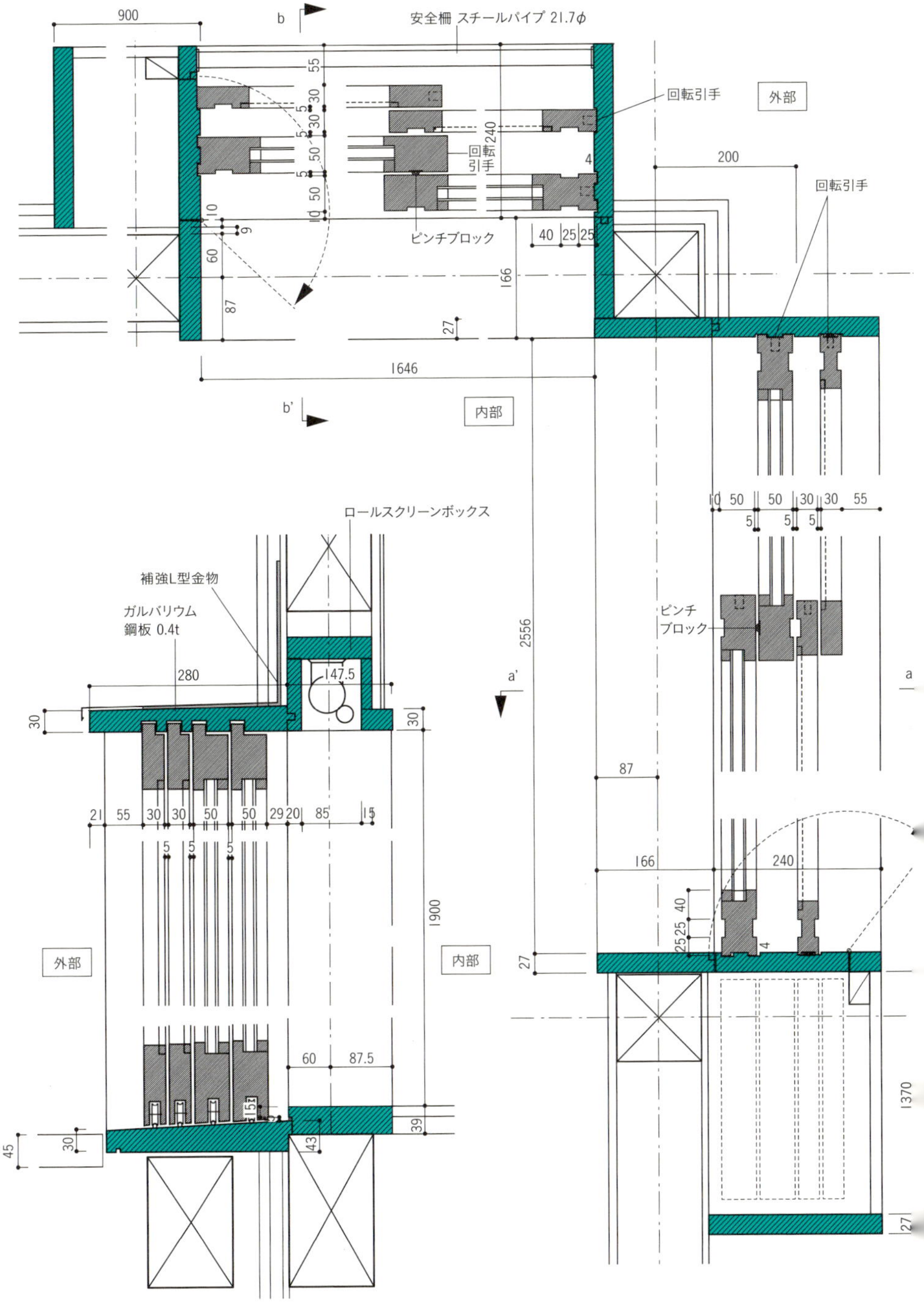

b-b' 断面詳細図 S=1:10

Hidamariハウス開口部 平面詳細図 S=1:10

DETAIL

10 ホイトコですべり出し窓

建具職人につくってもらう木製建具で、横すべり出し小窓をやる場合、「ホイトコ」という金物を使用する。大開口部の反対側の壁に、風抜きの窓として多用している。

網戸は必然的に内開きとなるが、格子網戸やロールスクリーンの生地を使った網戸と組み合わせる。建具サイズが大きすぎたり、防犯ペアガラスなど使用する場合は、建具が重くなって自然に下がってきてしまうので注意が必要である。

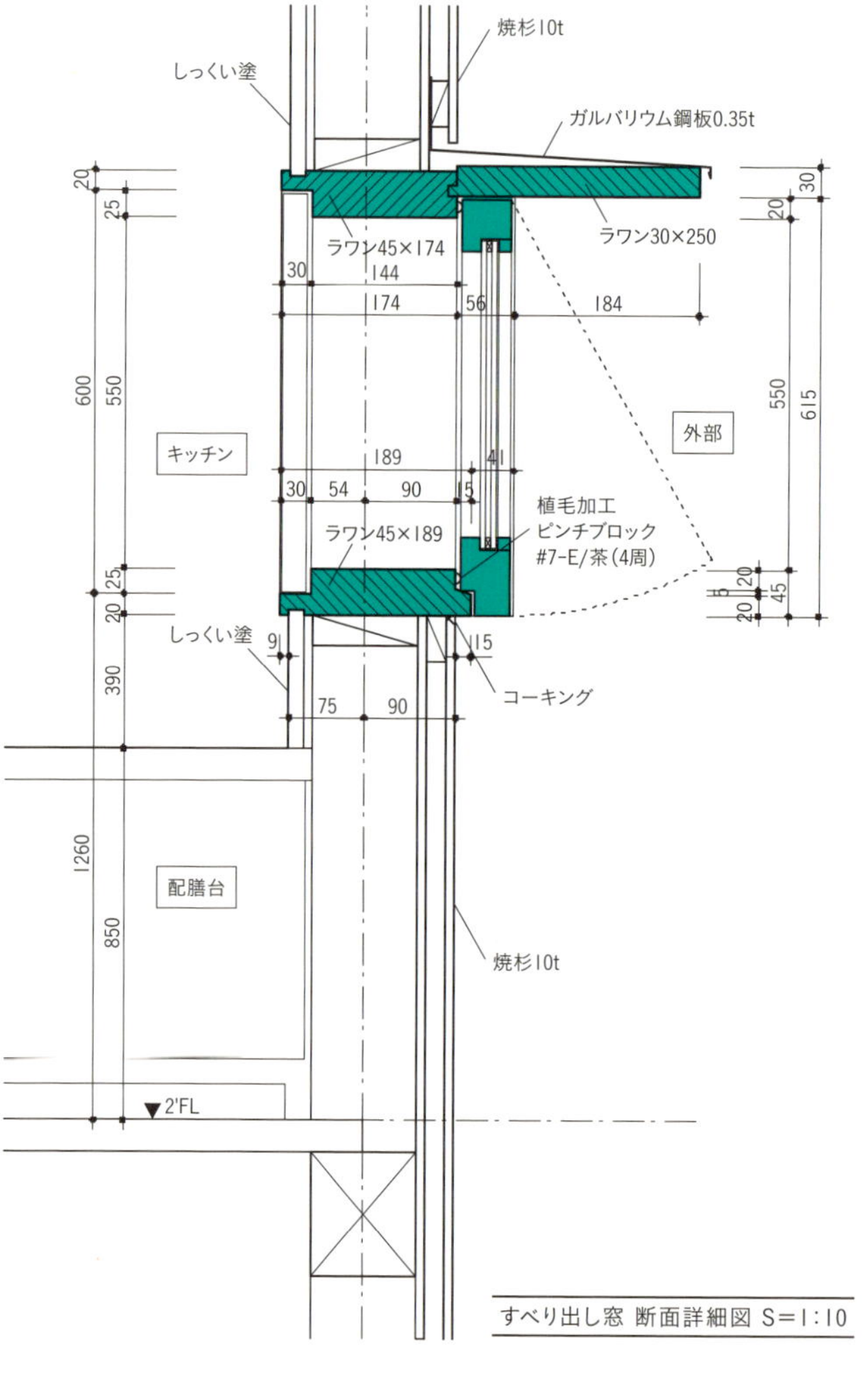

すべり出し窓 断面詳細図 S=1:10

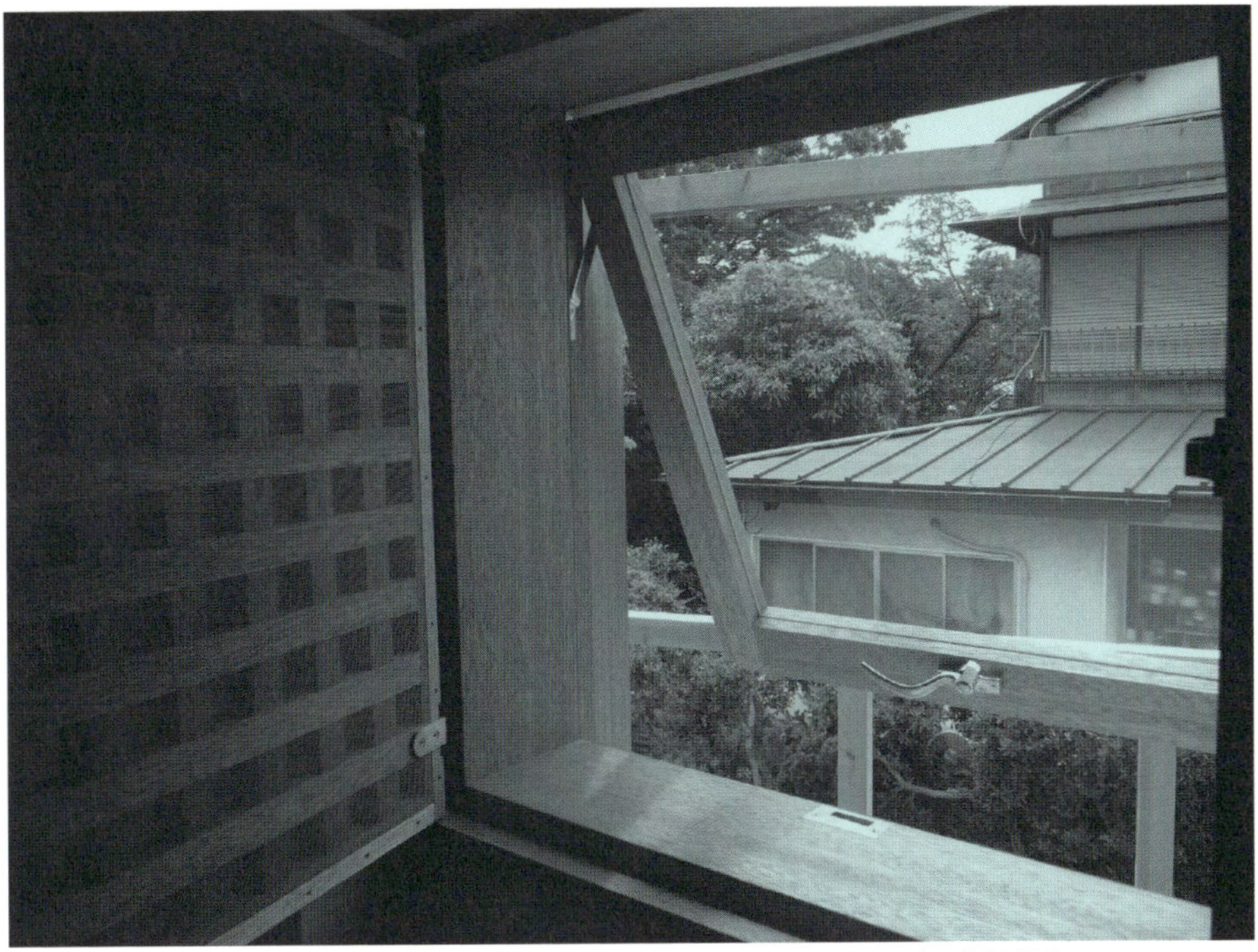

建具職人による製作木製窓は手づくり感があり、経年変化で味わいも増す。アルミサッシにはない魅力がある

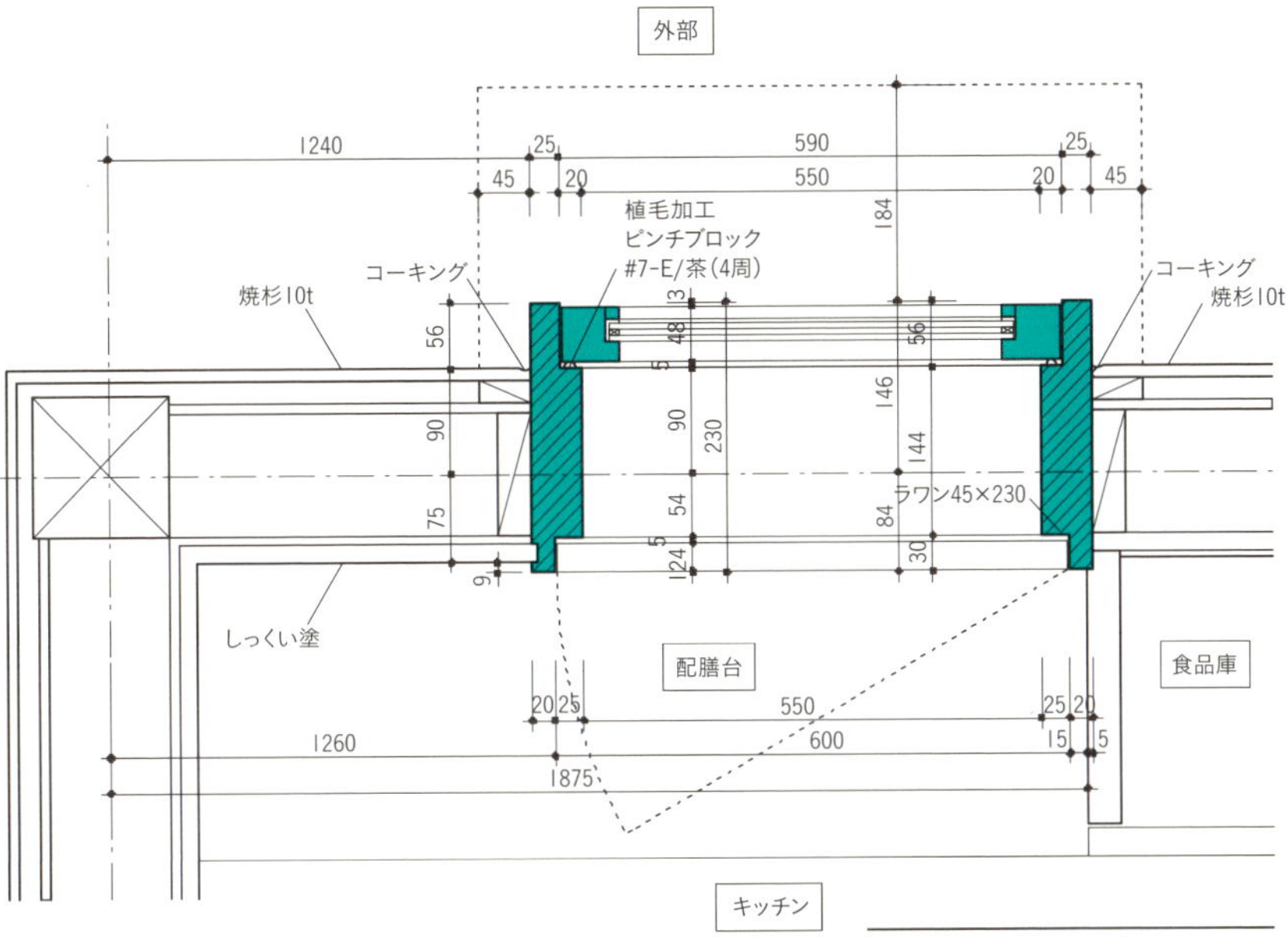

すべり出し窓 断面詳細図 S=1:10

DETAIL

11 自然光の効果的な演出①

窓から入った自然光が、きれいに壁や天井を照らしていると、室内の雰囲気がぐっとよくなる。

　窓と壁や天井の関係はいろいろあるが、確実にきれいなのは窓を壁や天井に寄せてつくること。そうすると壁に影ができず、窓廻りがきれいに見える。さらに窓枠も壁や天井と同面にできれば、窓枠の小口部分の影が目立たなくて、外部から入ってくる自然光が壁や天井に美しいグラデーションをつくる。

天井と壁に寄せたエンガワハウスのアルミサッシの納まり

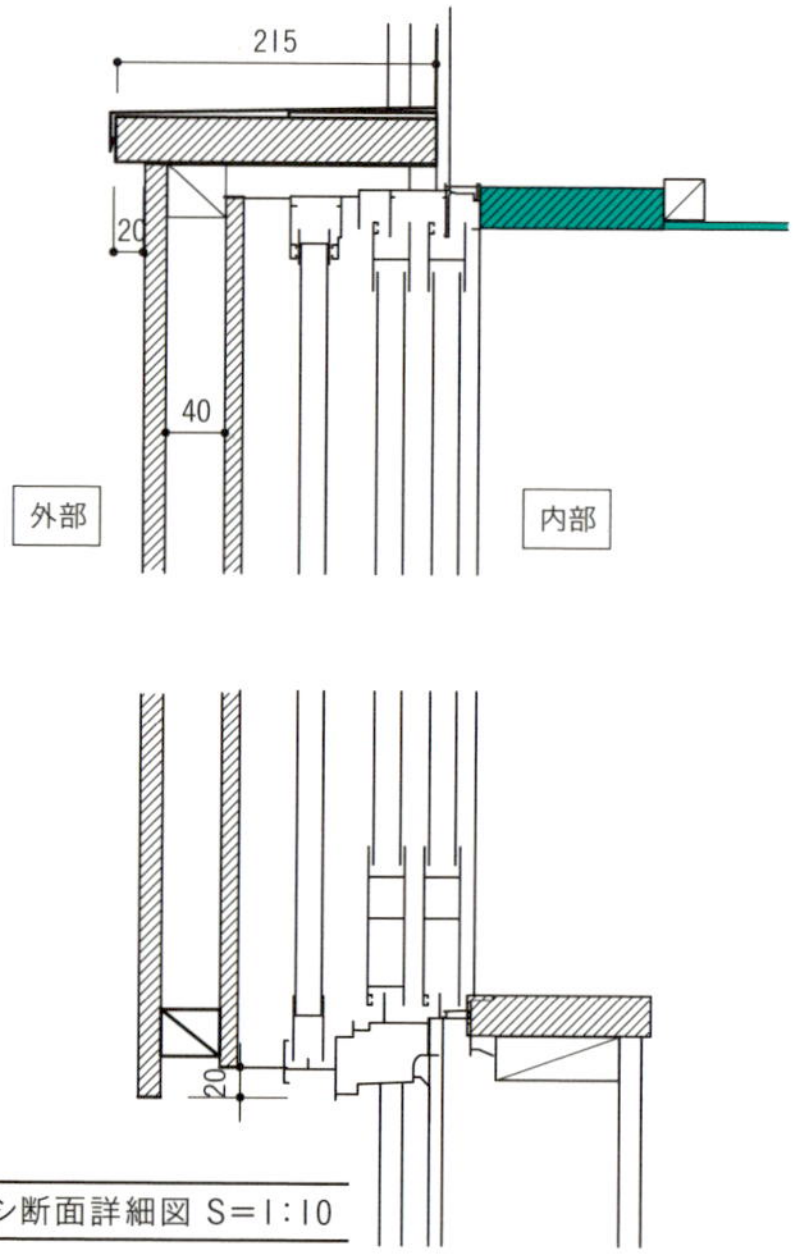

エンガワハウス アルミサッシ断面詳細図 S=1:10

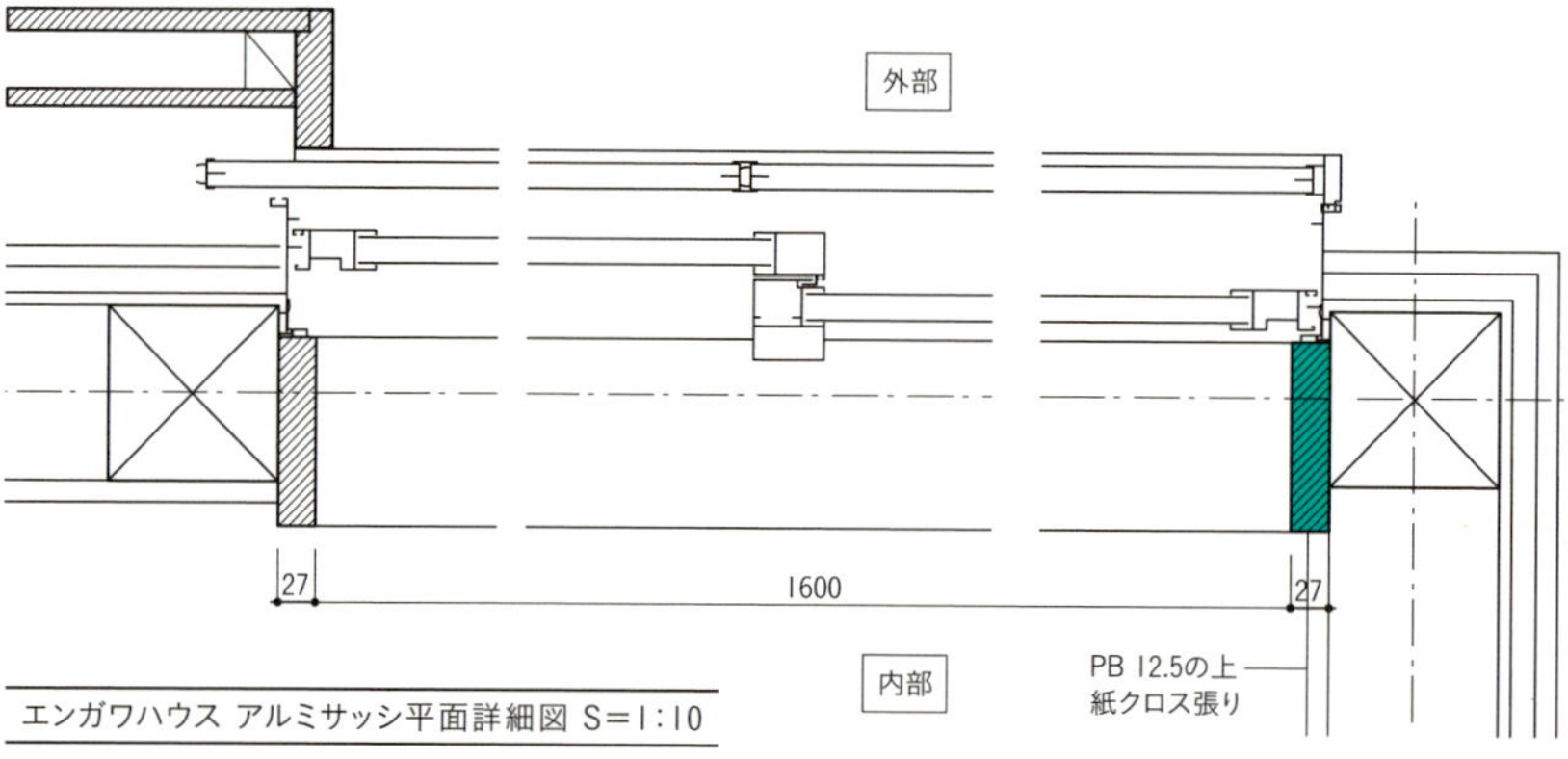

エンガワハウス アルミサッシ平面詳細図 S=1:10

ヒノデハウスの吹抜けのFIX窓
（写真撮影：西川公朗）

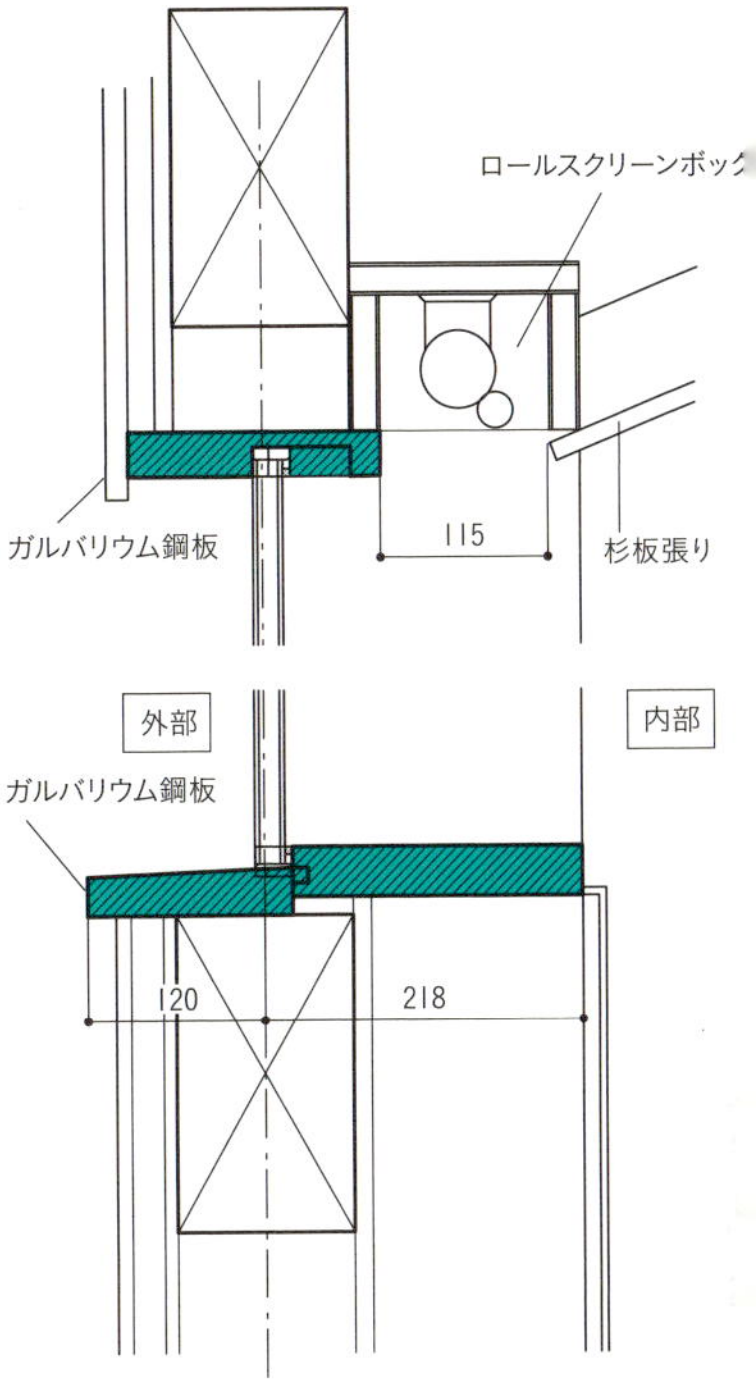

ヒノデハウス FIX窓断面詳細図 S=1:10

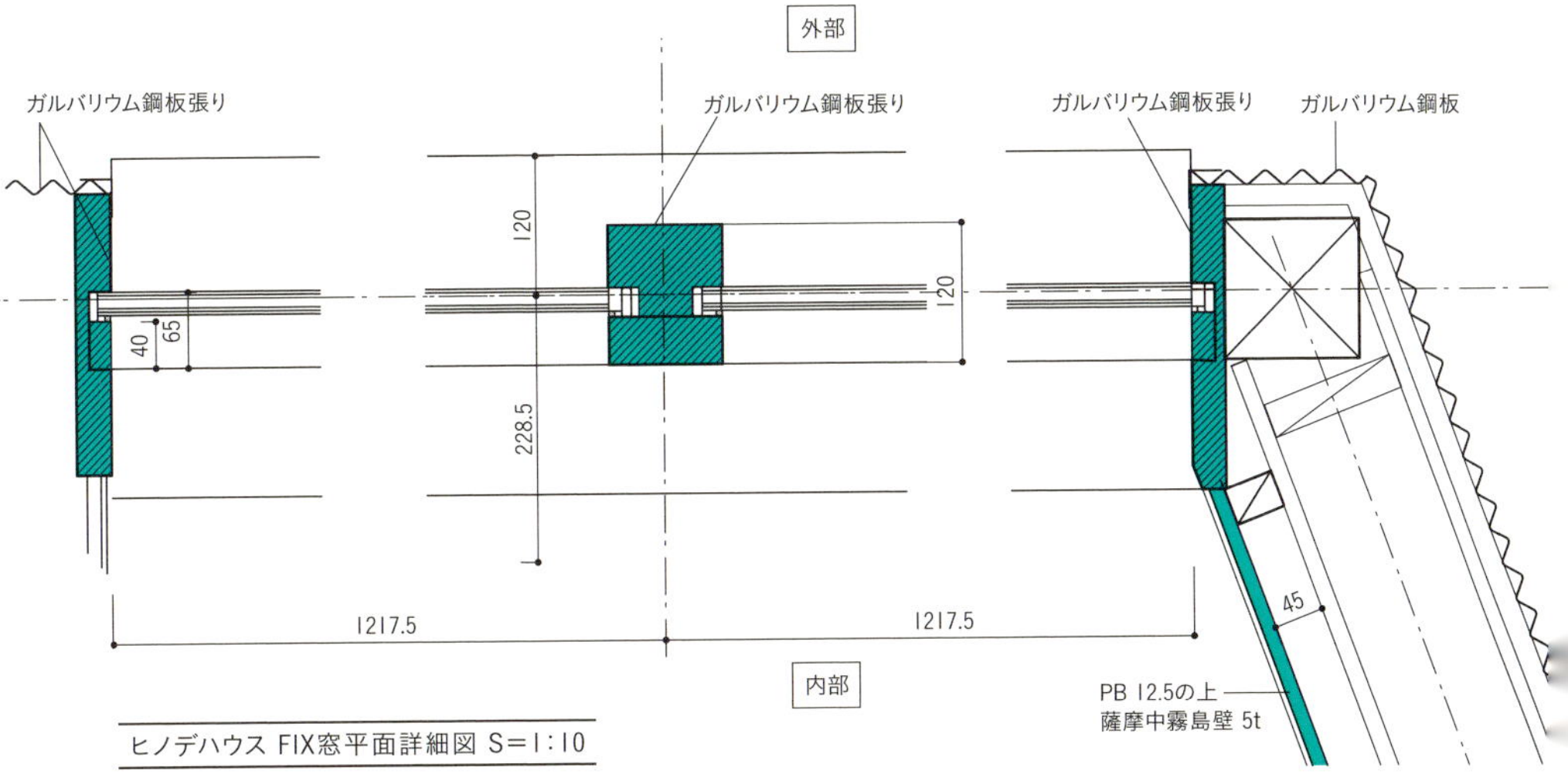

ヒノデハウス FIX窓平面詳細図 S=1:10

DETAIL

12 自然光の効果的な演出②

自宅のカヅノキハウスの階段室は西側にあるが、隣家が近接しているため有効な窓を確保することが難しかった。そこでトップライトで上部から光と通気を確保することを考えて、階段室上部のロフトの床を一部分FRPグレーチングでつくることにした。またその上にポリカーボネイト板を載せ、季節に応じて通風をコントロールできるようにした。

住みはじめてこのトップライトは非常に有効であったと感じているが、一度急な雨のときに閉め忘れたため、壁と床を雨で濡らしてしまったことがある。トップライトはいろいろ使ってみたが、高い位置の熱気抜きにも利用することを考えると、開け閉めが容易な電動開閉式がよい。急な雨にもセンサーが働いて自動で閉まるため、夏場は開けたまま外出することもできる。

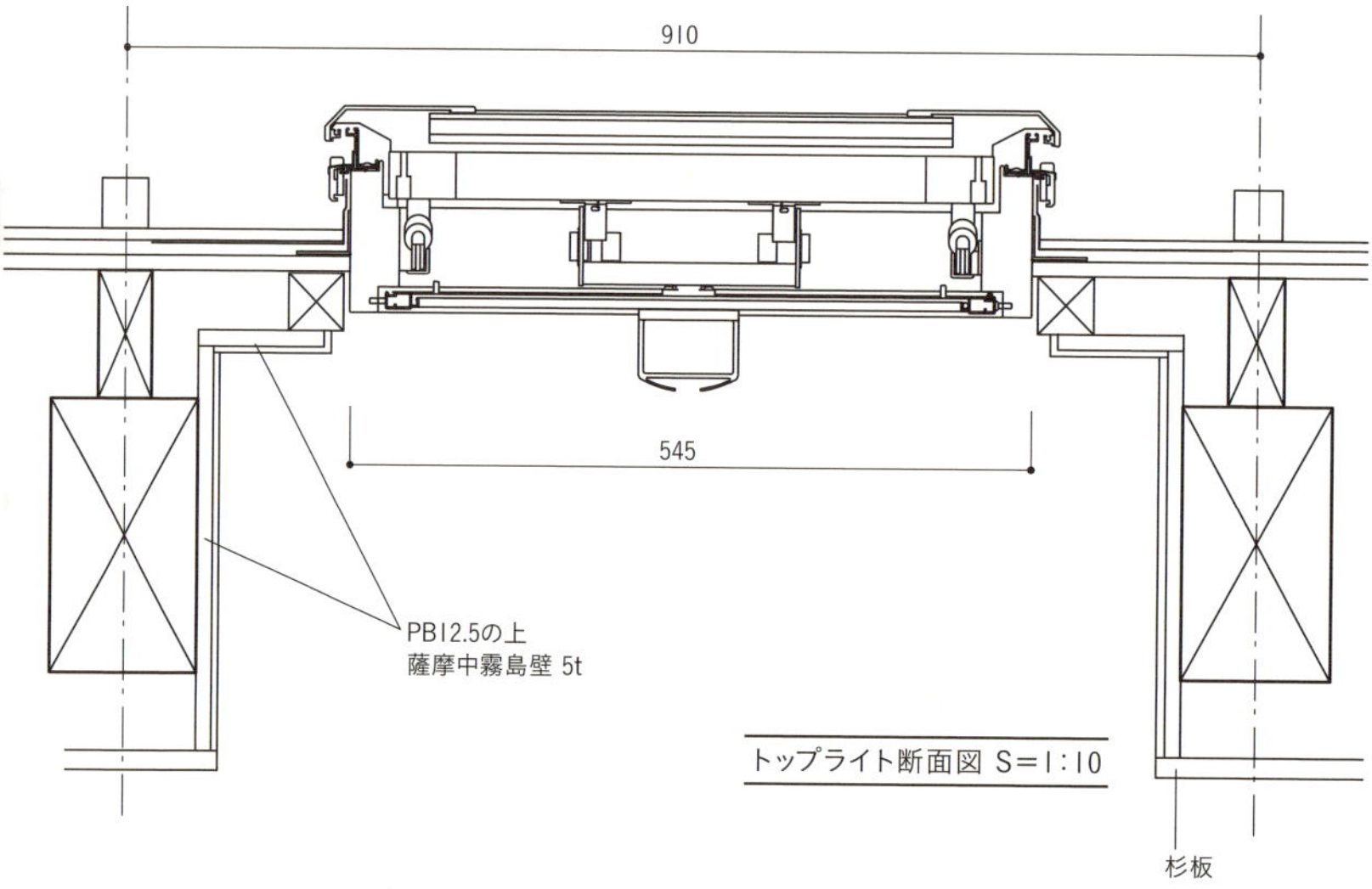

トップライト断面図 S=1:10

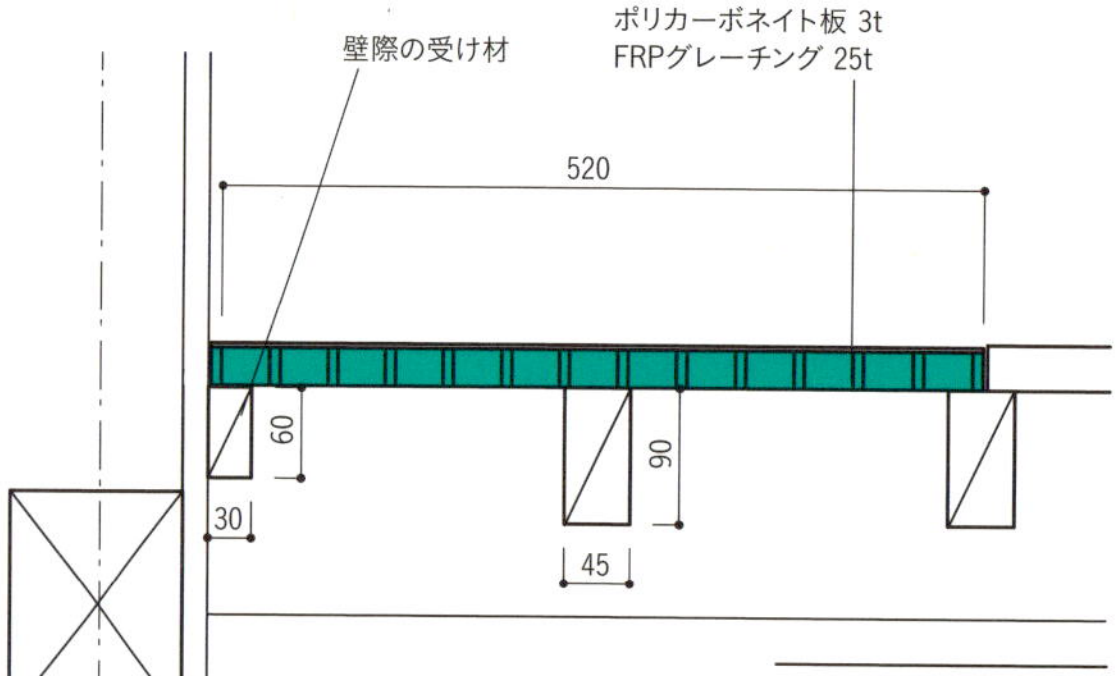

断面詳細図 S=1:10

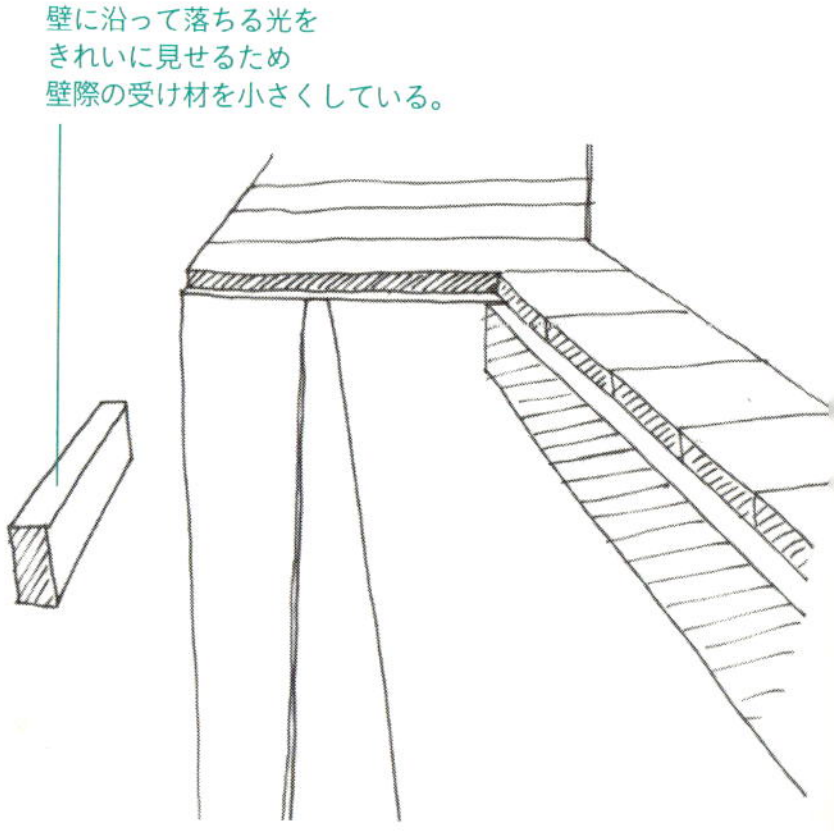

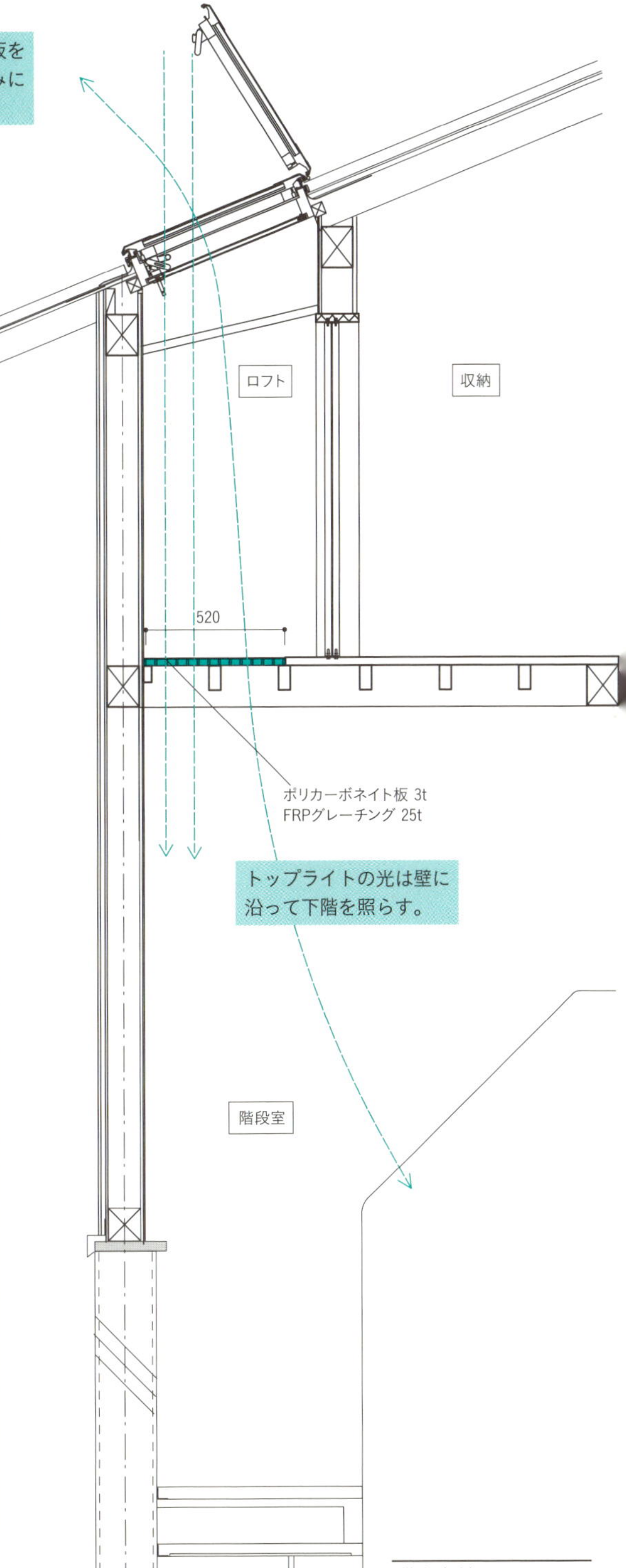
夏場はポリカーボネイト板を外しFRPグレーチングのみにして、通気を確保する。

階段室断面図 S=1:30

上：階段室見上げ
下：ロフト部

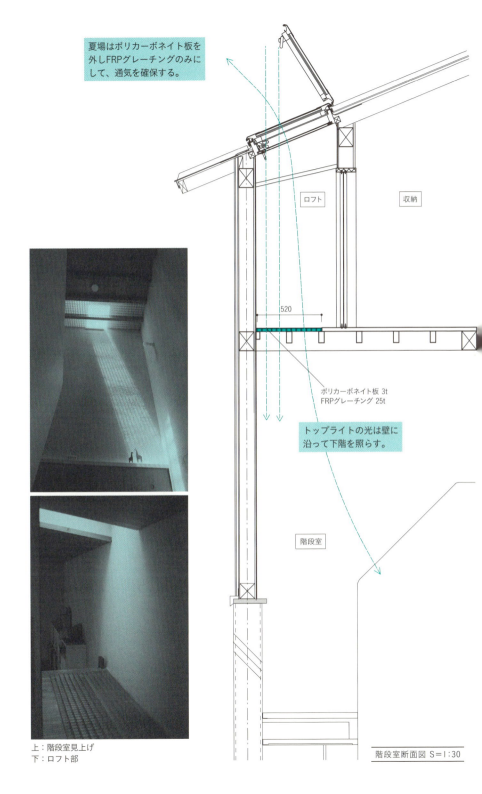

DETAIL

13

かゆいところに手が届くすだれ掛け

日を遮りながら風を通す「すだれ」は、日本のような高温多湿な夏には欠かせない。大きな窓や、直射日光が照りつける窓は、夏場にすだれを設置することを想像しながら計画を進める。1階にリビングのあるだんの間ハウスでは、1階と2階にデッキ空間をつくった。2階のデッキが1階に日陰をもたらし、さらに梁を持ち出した形状にしてすだれを掛けることで、ゆとりのある日陰空間を確保できるようにした。またカエデ

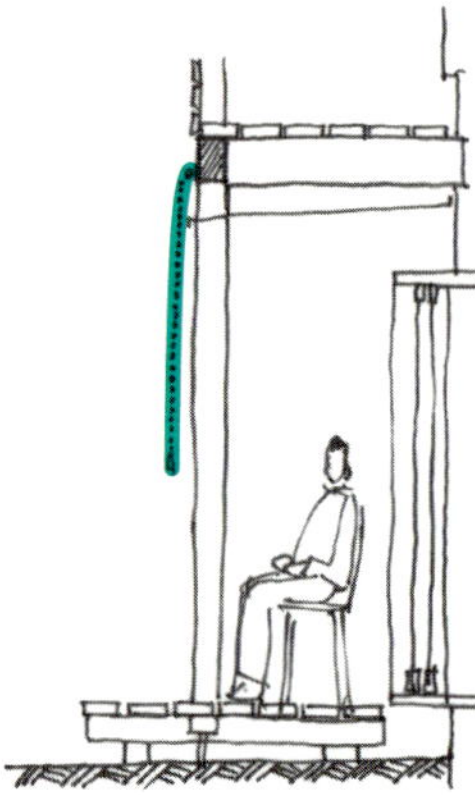

通常のテラスデッキ
テラスデッキが張り出している分のみ、窓から離れた位置ですだれが掛けられる。

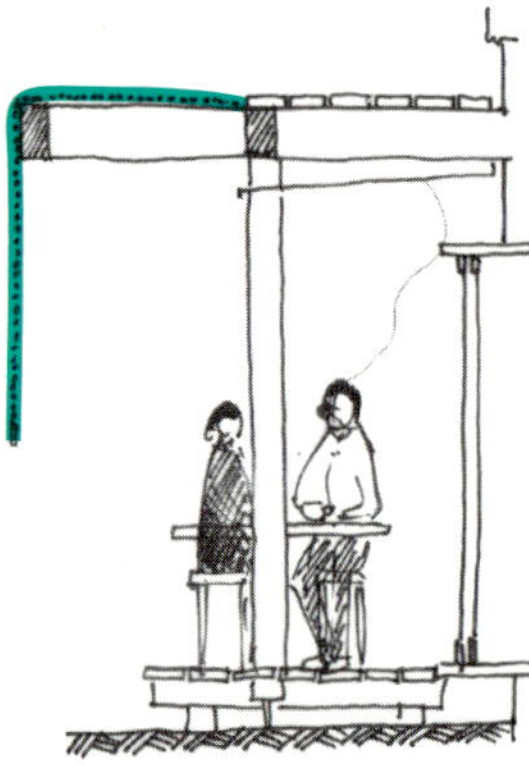

だんの間ハウスのテラスデッキ
すだれを持ち出した梁に掛けることでデッキ下の日陰空間がさらに広く使える。

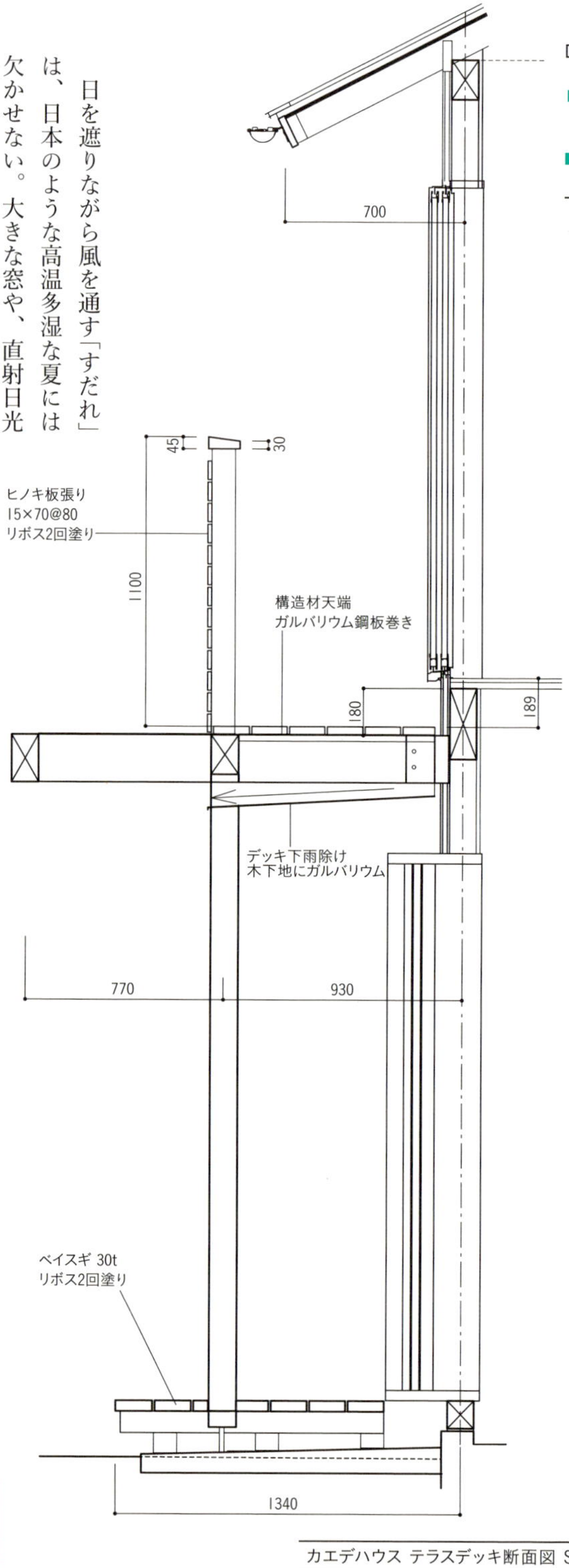

カエデハウス テラスデッキ断面図 S=1:30

ハウスでは、2階リビングの南西角に窓を設けたが、西側の窓をＦＩＸとしたため、片側からすだれをスライドさせて設置できるように一工夫している。

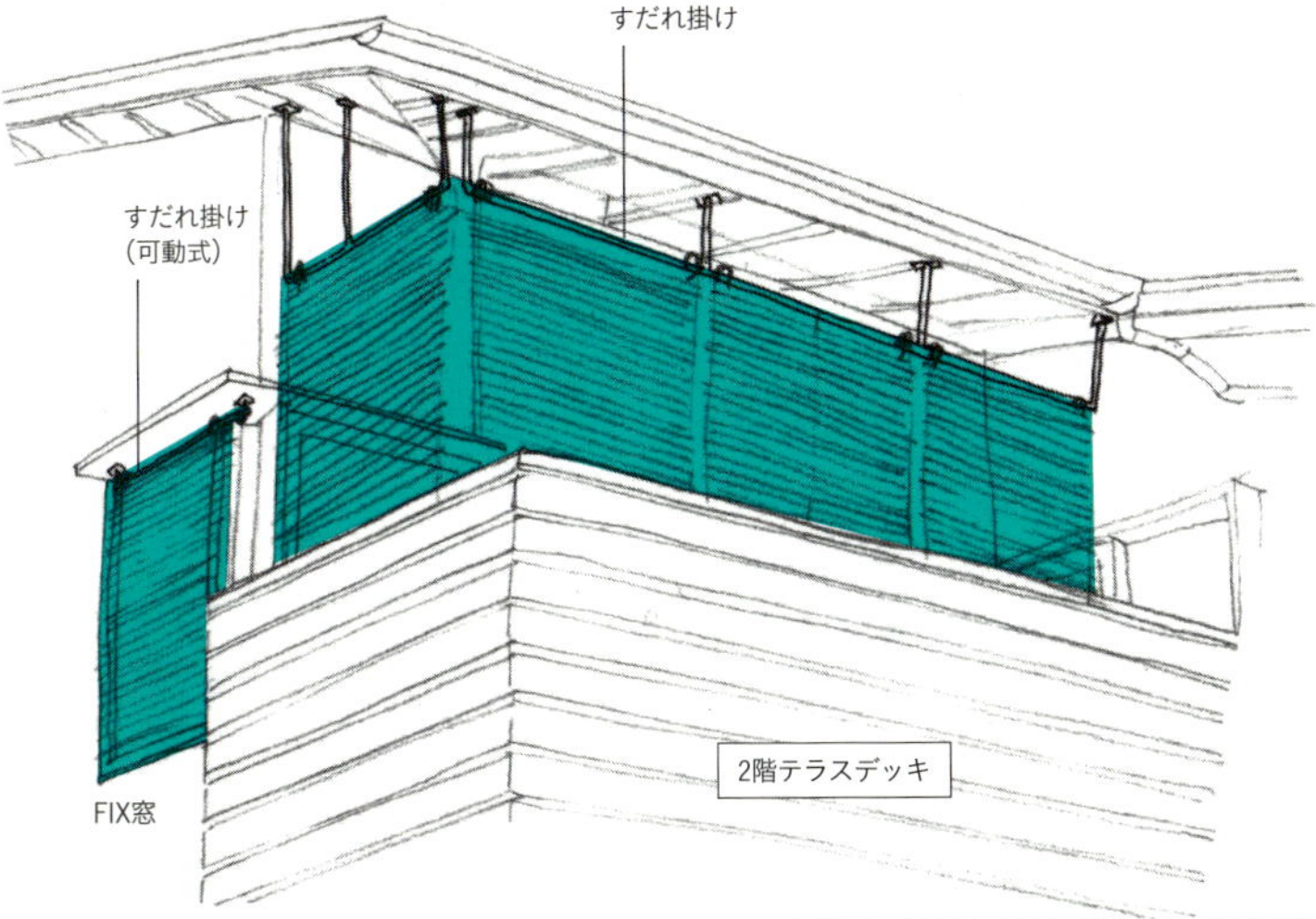

カエデハウスの2階テラスデッキ

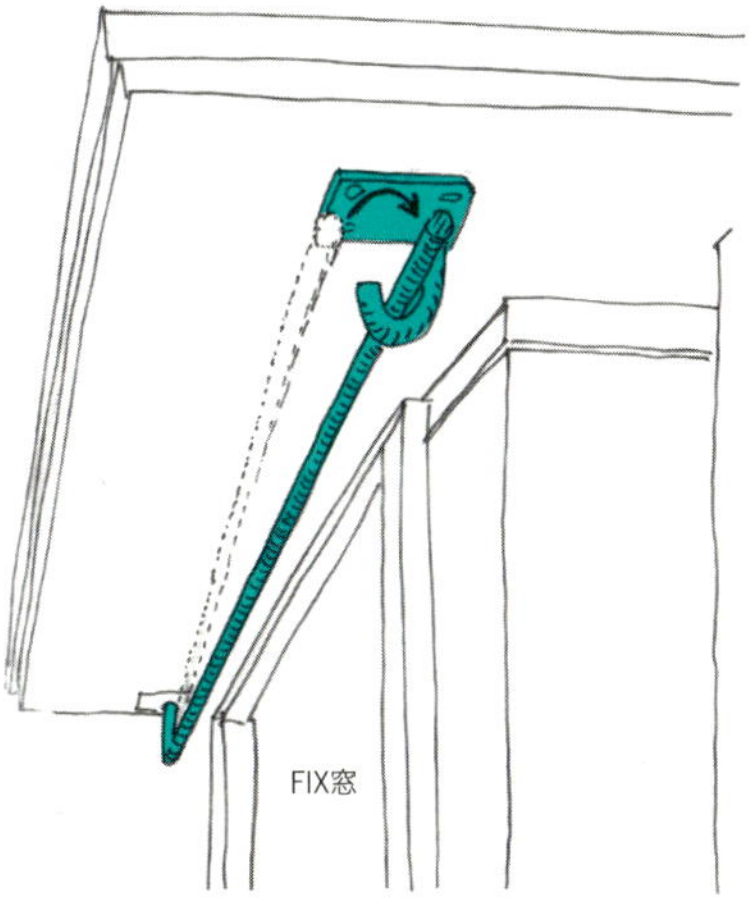

すだれ掛けのスケッチ
FIX窓にすだれを掛けるためにスケッチのようなすだれ掛けをつくった。すだれに輪っか状のひもを取り付け、バーを持ち上げてテラスデッキの側から通していけばFIX窓の外側にもすだれが掛けられる。

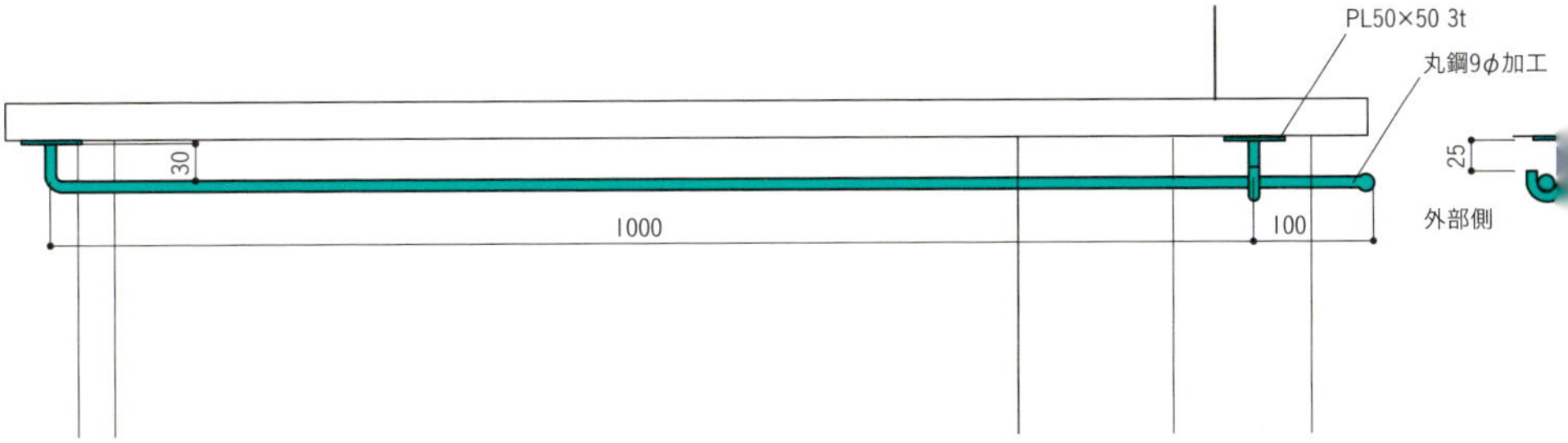

すだれ掛け詳細図 S=1:10

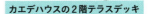

DETAIL

14

こだわりの定番建具金物（開き戸編）

「予算がなくても、建具金物だけはケチってはいけない」と師匠から教わった。修業時代、製図台の脇にカタログを積んで、使い方やしくみを勉強しながら建具表を描いていた。なかには大変魅力的なものがあり、手を止めてカタログに見入ってしまうこともあった。特に勤めはじめて間もない頃は、先輩が描いた図面を参考に一つ一つの金物を決めて、それが現場に取り付くのが楽しみで仕方なかったものである。

日本の建具金物には優れたものが多く、老舗メーカーは現在もつくり続けているが、時代とともに既製品の枠付建具に押され、少しずつ廃番になりつつある。メーカーにつくり続けてもらうには、われわれがそのよさを伝え、使い続けていくしかない。そんな建具金物の中で私が好んで使っているものを一つずつ紹介したい。

【原則】
建具金物の素材はさまざまだが、木地の色を見せる建具には「真鍮の黄銅色」を、ペンキで白く塗ってしまう建具にはステンレスヘアラインなどの「シルバー色を使う」ことを原則としている。どちらかの色しかない金物もあるが、そのときは色を揃えないと、違和感が出るので気をつけている

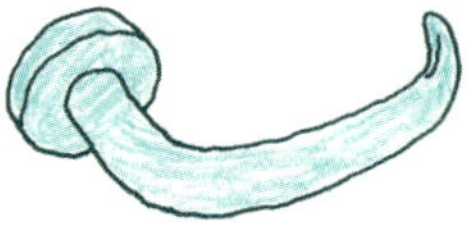

HORI MCR 丸座（小）
主に玄関に使用する定番のレバーハンドル。手触りがよくしっかりしている

無垢の木の板張りで玄関扉をつくる場合、かなりの重量になるので、丁番にはしっかりとしたものを使う。以前はHORIの182-Aという一番大きな丁番を二枚吊りで使用していたが、黄銅色のみ廃番になってしまい、現在は182-Cを三枚吊りで使用している

8寸屋根の家では、ケイカル板ファインウレタン塗りフラッシュ戸で、シンプルな白い玄関扉としたので、レバーハンドルにはHORIのLBRを使用した

HORI 182-A,B,C,D
玄関扉に使うゴツい丁番。大変高価だが、一番耐久性を問われる部位なので、コストを惜しまず使っている

HORI LBR 丸座（小）
最近好んでよく使っているレバーハンドル。MCRより少し小ぶりでモダンなデザイン

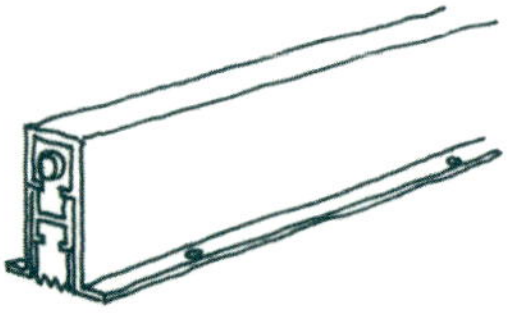

BEST No.558-1LW
玄関扉下部をエアタイトする金物。扉を閉めると黒いゴムが下りてくる

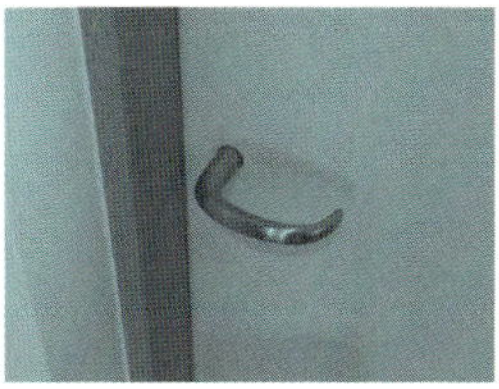

室内用の扉で、MCSを試しに丸座を外して使ってみたところ、とてもすっきりとした見映えになった

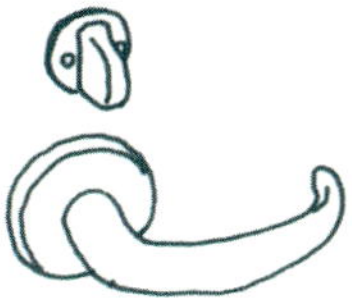

HORI MCS 丸座（小）
MCRの小型版レバーハンドル。大変かわいらしいデザイン。最近までカタログに載っていない知る人ぞ知る存在だった

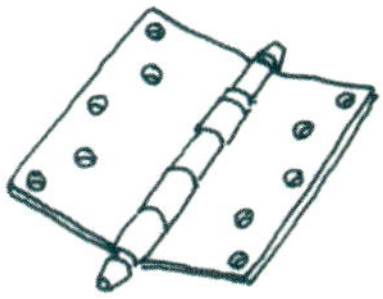

BEST No.110
片開き窓に使用する丁番。これも窓用にしてはゴツくて高価なものである

スガツネ AHS-24M
格子網戸に使用するアングル丁番。取り付ける部分がちょうど格子に隠れる寸法である

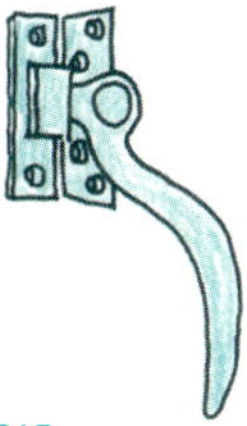

HORI 1015
片開き窓やすべり出し窓に使う窓締り

通風用の小窓はホイトコを使用する横すべり出し窓の他に、縦長の場合は、片開き窓もよく使っている。建具屋さんが製作する木製建具は、性能はアルミサッシには敵わないが、手づくり感満載で、かけがえのない魅力がある

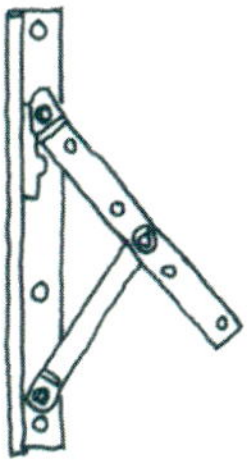

BEST No.462／200mm
ホイトコ。すべり出し窓に使う

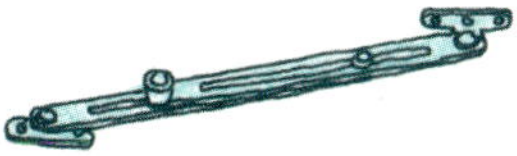

HORI 571
フリクションステー。片開き窓にアオリ止めとして使用する。開けたい角度のまま固定できる

スガツネ 7813-031
シンプルな丸棒取手。家具の扉に使用している

エアコンの他に、ソーラーの切替吹出し口のガラリ戸も建具屋さんにつくってもらった。PLヒンジを使用した

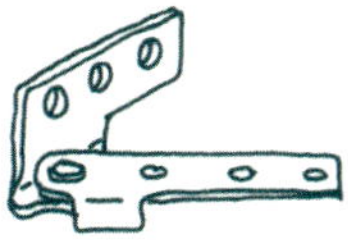

スガツネ PL-60
PLヒンジ、アングル丁番の一種。エアコンのガラリ戸に使用している

15

こだわりの定番建具金物(引戸編)

リビングのメインの窓は、可能であればガラス戸、網戸、障子を戸袋に引き込めるようにしている。全開したときの、ウチとソトのつながり具合、風がゆっくりとたっぷり流れる気持ちよさは爽快である。堀商店の真鍮製ノイズレスレールや戸車は、メーカーに確認したところ、50年以上前からつくり続けられている定番商品とのことである。

常陸太田の家では川が蛇行して流れている東に向けてリビングに2本引込みの掃き出し窓を設けた。風景が開けていて、風が気持ちよく室内に流れ込んでくる（写真撮影：岩為）

BEST No.355／75mm
引込み戸に付ける半回転取手

HORI 2416-A ／45φ
ガラス框戸に使用する真鍮戸車

HORI 2421-B ／30φ
網戸に使用するデルリン戸車

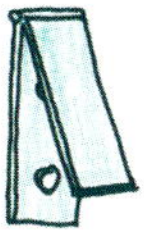

中政 38-05仙徳（小）
引込み障子用の彫り込み取手として使用する

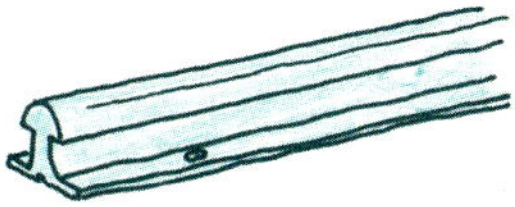

HORI 2420
ノイズレスレール。戸車の接触面に釘を打たないので不快な音がしない

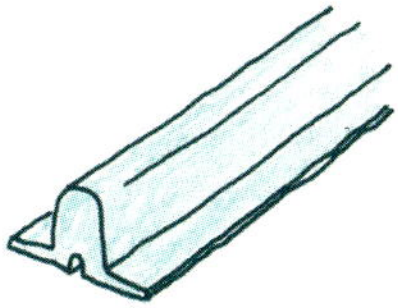

ミツギ MOレール
最近出た製品で、ノイズレス構造の上、しっかりしたレールである

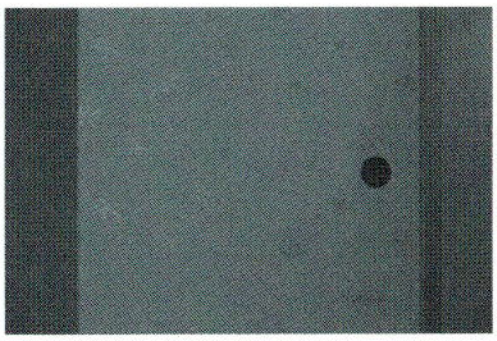

デザイン密度の高い和室に、少し色気のある襖紙として京唐紙の「蘭の花ちらし」を使用した。仙徳メッキの引手とのバランスもよい

BEST No.250
引き違い窓に使用する引寄せ締り。高価だが気密性がよくなる

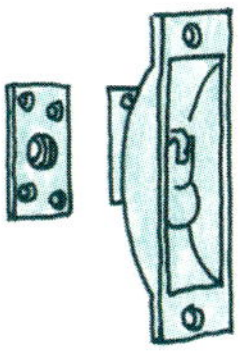

HORI 中折れねじ締り
引き違い窓に使用する昔ながらのねじ締り

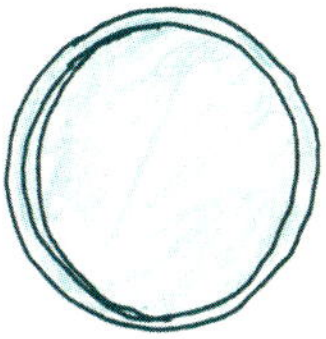

中政 18-01中益仙徳丸（大）
襖の引手。仙徳メッキの風合いが気に入っている

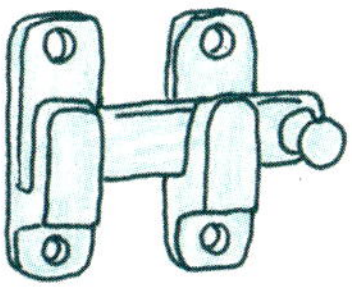

BEST No.550
トイレの扉に使う玉打架。非常時は戸の隙間に定規を入れて外から開けられる

木製製作建具は隙間風を完全に防ぐことは難しいが、高台に位置する河津の家では、下框を隠し框にすることで、隙間風が入るリスクを少なくしている

16 準防火でも大開口①

準防火地域では、延焼のおそれのある部分に設ける開口部を防火設備にしなければならない。「防火設備」というのは、防火認定を受けたサッシ、あるいは告示の仕様で設計したものである。数年前から、防火認定を受けたアルミサッシの仕様が厳しくなり、設計の自由度がどんどん奪われている。

引き違い窓で最大幅が1・78メートルまでしかできず、リビングの窓としては狭すぎるという困った問題がある。シャッター付き引き違い窓ならば2・6メートルまで可能だが、シャッターボックスの見映えは受け入れがたいものである。防火認定を受けた木製気密サッシであれば最大幅2・6メートルまで可能であるがコストが高い。

そこで設計の手始めに、敷地図に延焼のおそれのある部分を描き入れ、どこに開くかを周辺環境も考慮しながらプランを考えていく。

今回の敷地は三角形でも五角形でもないいびつなかたちをしている。南側には敷地いっぱいに2階建ての住宅が建っており、日射が遮られ、圧迫感がある。そこで、建物の配置を少し振ることで二つの三角形の庭をつくり、それぞれ延焼のおそれのある部分にかからない大きな窓をもつリビングとダイニングを中心としたプランを考えた。

建築基準法で定められている「延焼のおそれのある部分」とは、隣地境界線および、道路・水路の中心線からの距離が1階で3m、2階で5mである。

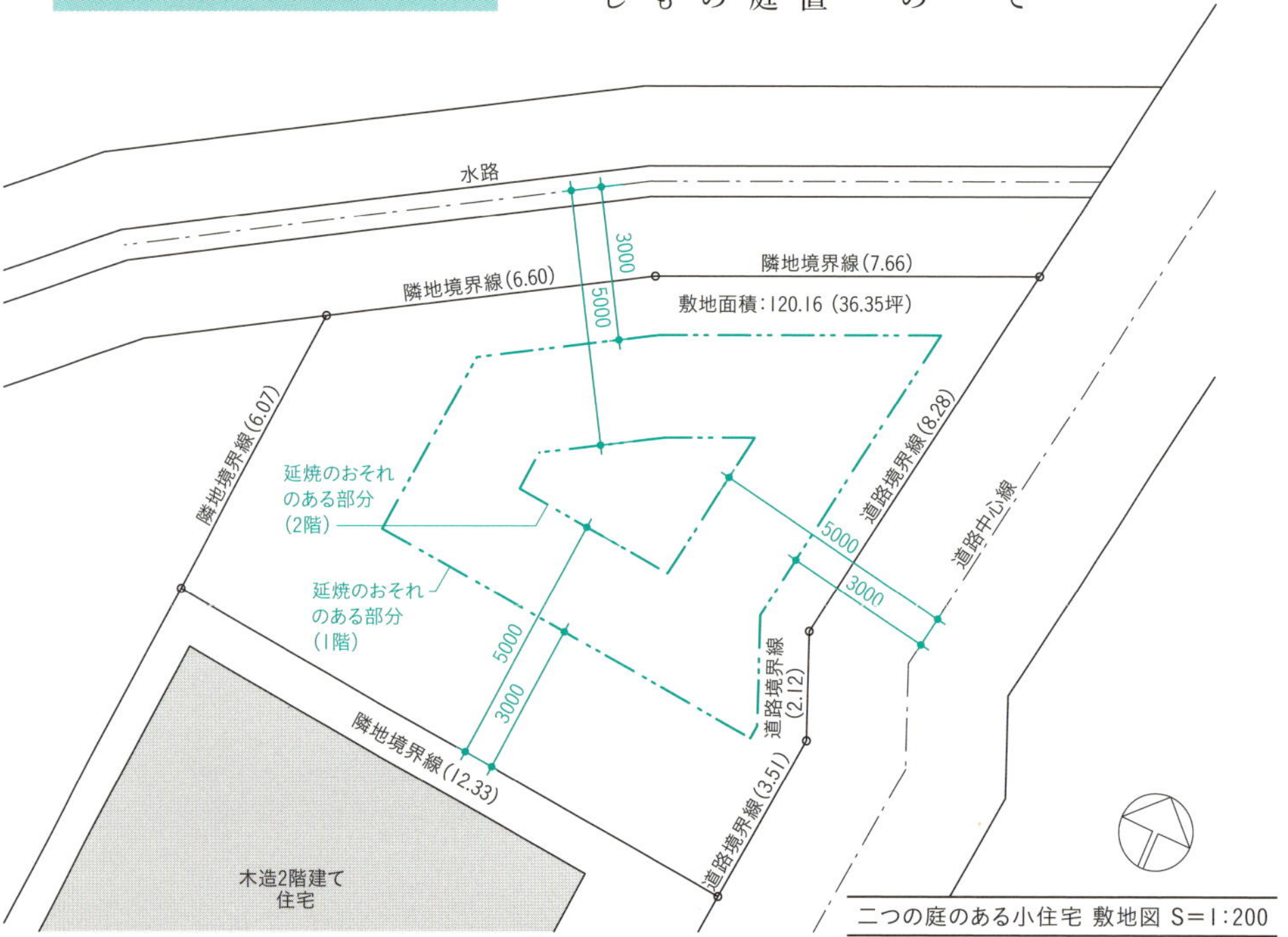

二つの庭のある小住宅 敷地図 S=1:200

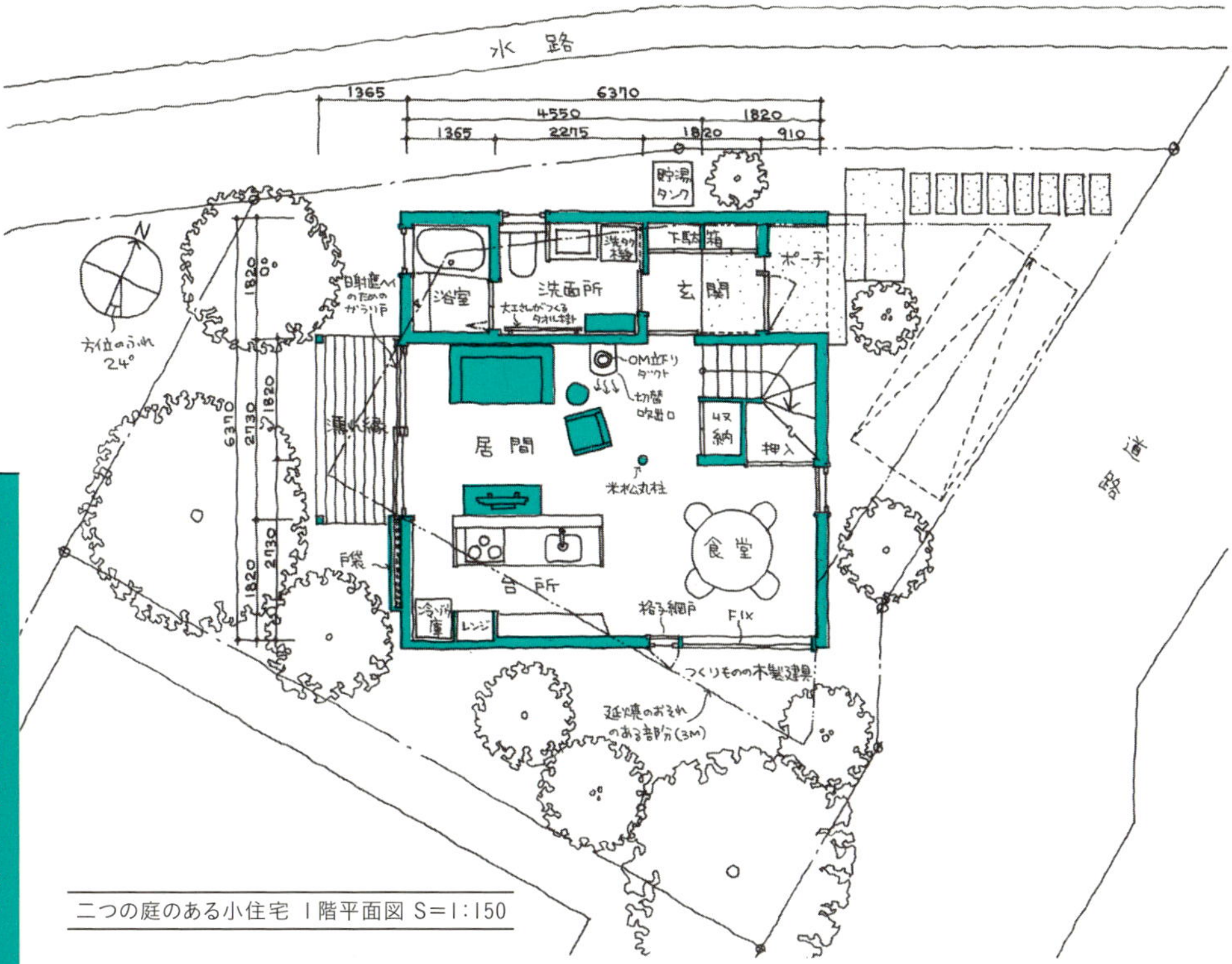

二つの庭のある小住宅　1階平面図 S=1:150

建物を水路に沿って配置することで、南側隣家に正対しないよう角度を振ると、南東と南西に視界の抜ける二つの三角形の庭ができる。その二つの庭と内部空間とのつながりを手がかりにプランを考えた。建物は三間半角（6.37m×6.37m）延べ床面積24坪とコンパクトに抑えることで、居間と食堂の窓が延焼のおそれのある部分から外れ、大きな窓にすることが可能になる。朝日の入る南東側に食堂、水路沿いの樹木が望める南西側に居間を配置したワンルームの空間とした。

二つの庭のある小住宅　内観パース

17 準防火でも大開口②

①では延焼のおそれ部分をかわして窓を配置できる余裕があったが、「うなぎの寝床」のような敷地形状の場合、ほぼ敷地全体が延焼のおそれのある部分にかかってしまう。

でも、諦めるのはまだ早い。

この事例では、建築基準法施行令第109条第2項に記載されている、「防火設備とみなされる袖壁・塀」を使って大開口部を実現した。具体的には、防火構造の外壁を1階部分のみ、濡縁の先まで延長しただけである。

リビングから濡縁につながる掃き出し窓は、2本引き込みのフルオープンサッシを使用。引き込み部分は木製の戸袋としている。サッシを2本とも引き込むと濡縁の先までがリビングとなる。この袖壁は外側は黒いガルバリウム鋼板、内側はサイディング下地ジョリパット鏝塗り仕上げとしている。

稲口町の家2 外観
(写真撮影：そあスタジオ)

稲口町の家2 防火袖壁と濡縁
(写真撮影：そあスタジオ)

防火構造の外壁と同じ仕様で窓より少し高い袖壁を2.73m延長した。窓の端と防火袖壁の先端を結んだ延長上の隣地境界線までの距離が3m以上あれば、延焼のおそれ部分にある開口部を有効に遮る防火袖壁として、防火設備とみなされる。

※自治体・確認検査機関により判断が違う場合があります。

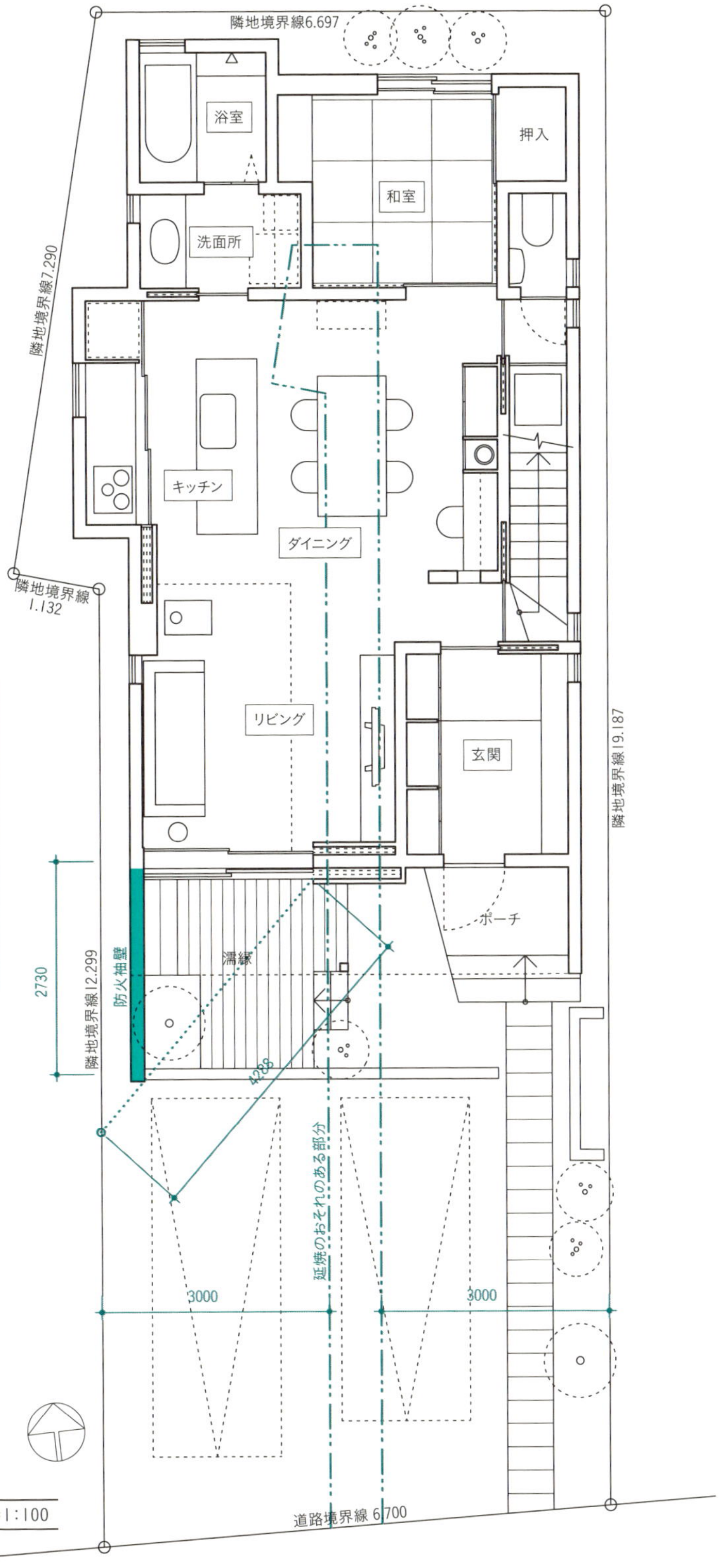

稲口町の家2 1階平面図 S=1:100

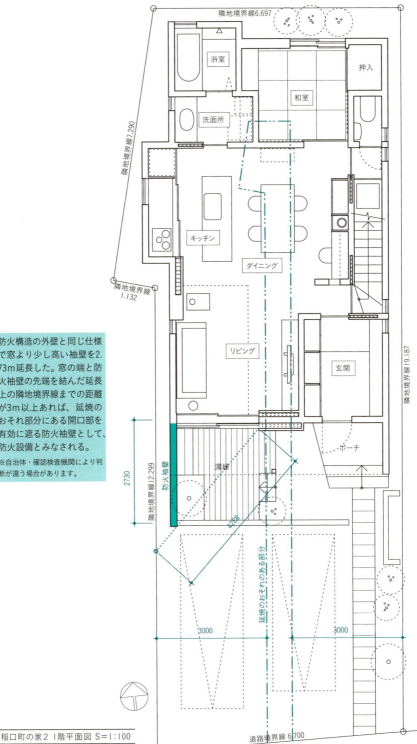

18 準防火でも大開口③

②のケースより敷地に余裕があっても、2階リビングの家の場合は隣地境界線から5メートルなので、建物全体が延焼のおそれのある部分にかかってしまうことが多い。そのような場合では、告示に定められた「防火雨戸」をサッシの外側に設けることで防火設備とし、大開口を実現している。

防火雨戸は防火目的以外にも、夜間の断熱補強の役目も果たす。サッシの部分は木製製作建具でも可能で、雨戸に断熱材を充填することで断熱性能を強化できる。また、現代ではサッシの水密性能も高くなり、昔のように台風に備えるために雨戸を付けるという意味合いは少なくなったが、防犯上安心ということもあり、付けたら付けたで住まい手は喜んで使ってくれている。

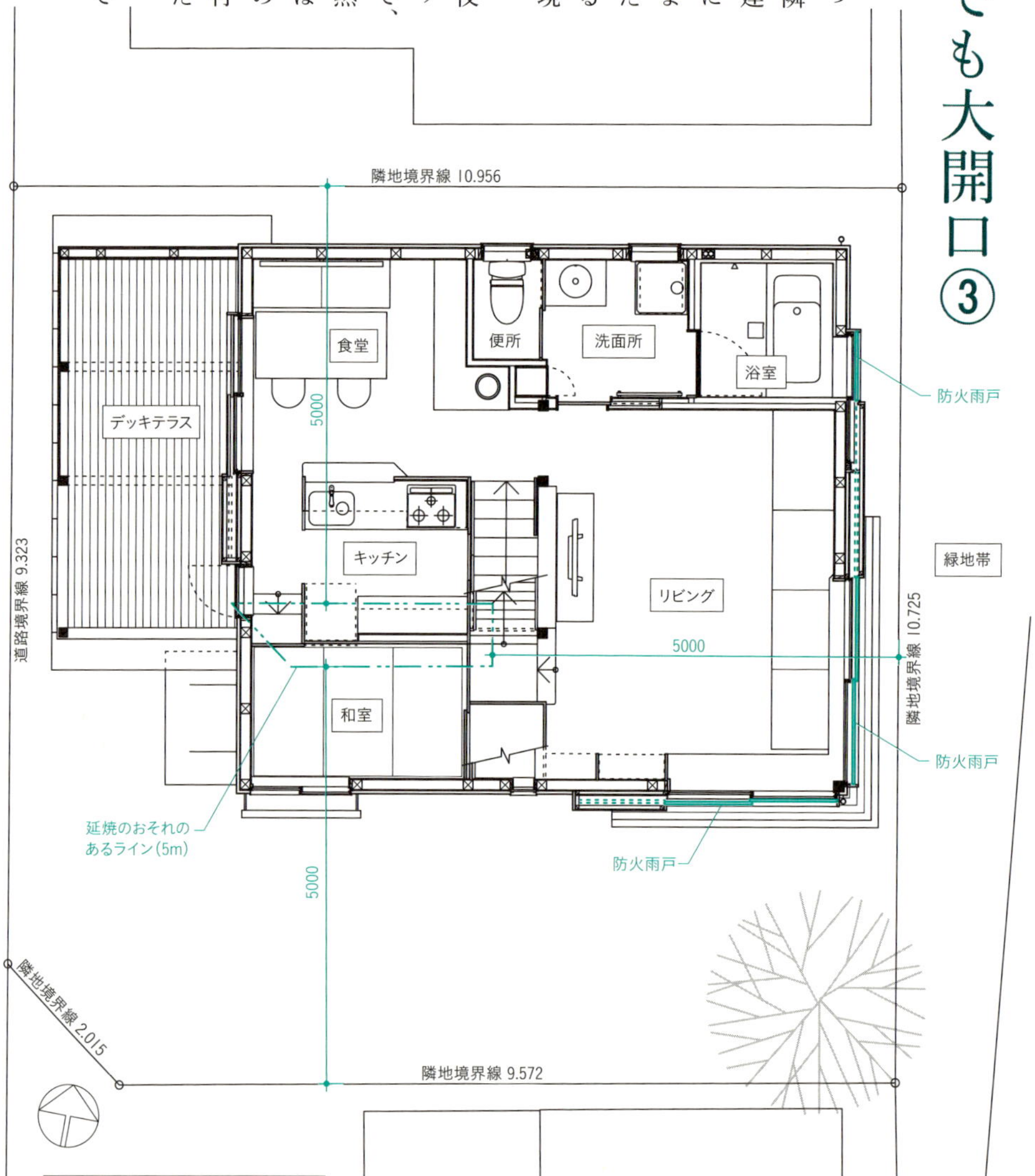

日野台の家 2階平面図 S=1:100

防火雨戸の仕様は、建設省告示第1360号1-2-ホに記載されている「骨組を防火塗料を塗布した木材製とし、屋内面に厚さが1.2cm以上の木毛セメント板、または厚さが0.9cm以上のせっこうボードを張り、屋外面に亜鉛鉄板を張ったもの」に準じている。
※自治体・確認検査機関により判断が違う場合があります。

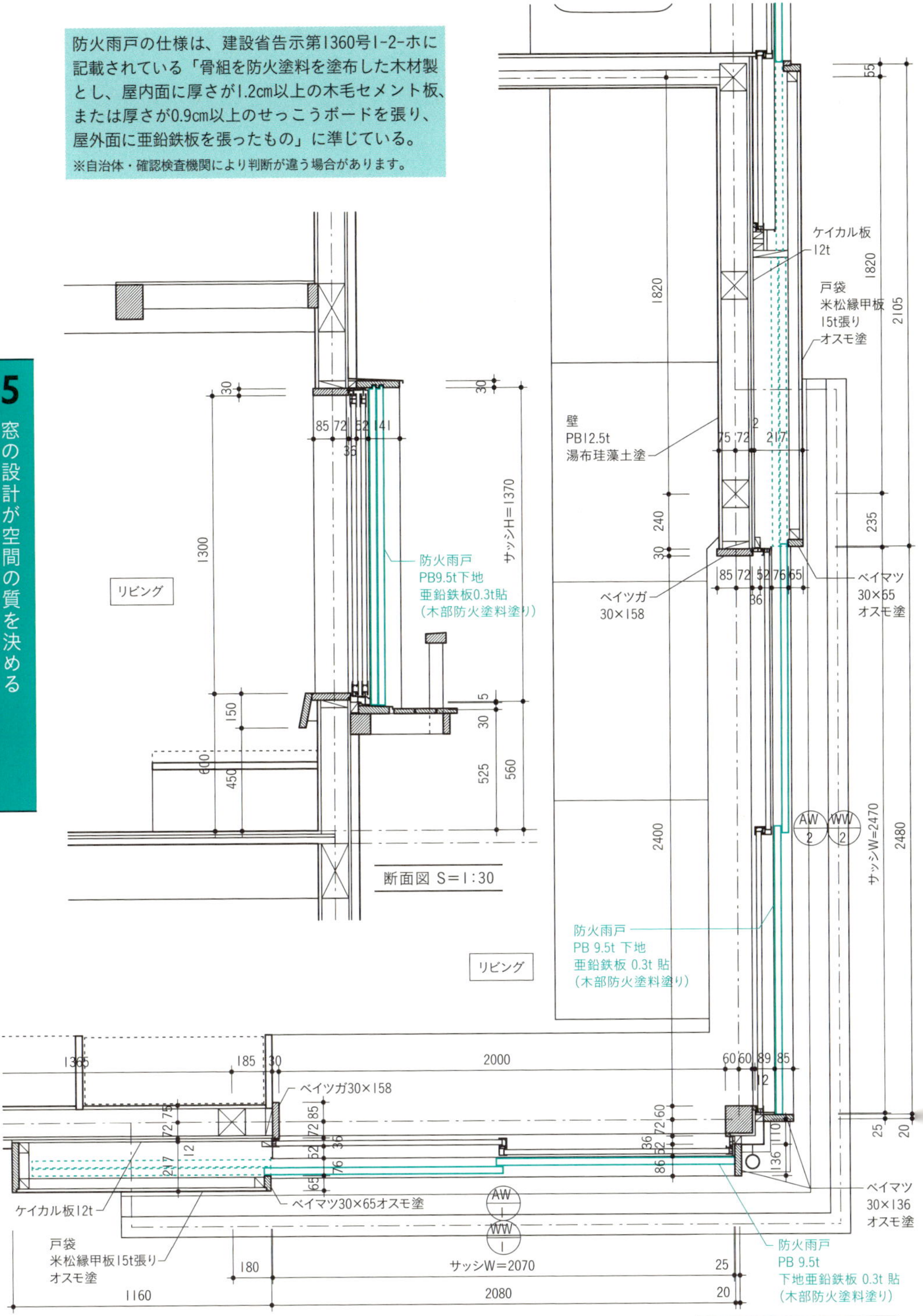

日野台の家 平面図 S=1:30

Column

木製建具への想い

私（T）が生まれ育った実家は、築100年くらいの昔ながらの民家でした。家の造りは瓦屋根や真壁構造、土壁、木製建具、田の字プランと、絵に描いたような典型的な民家で、家の中の木製建具は場所によって軽く動くところと、きつくて動かないところがありましたが、そういうものだと思って暮らしていました。

ある日、祖父が決断して、家中の木製建具をすべてアルミサッシに交換するというリフォームを行いました。家中の窓がそれまでと比べて見違えるほどスムーズに動くようになり、家族は大変喜んでいました。しかし、私はブロンズ色のアルミサッシの質感がどうも好きになれませんでした。

大学で建築の道に進み、吉村順三さんの作品集に出会いました。ふと、建具のない写真が目に留まり、てっきり建具を外して写真を撮っているものとばかり思っていましたが、ガラス戸も網戸も昔の雨戸のように「戸袋に引き込んでいる」ことに気づき、衝撃を受けました。その頃から、いつか「木製建具の家を設計してみたい」と思うようになりました。

そんなこともあって、はじめて担当した住宅ではすべて木製建具で設計しました。ところが見積を見てびっくり。木製建具の金額が高く、予算を大きく超えてしまったのです。減額のため、多くはアルミサッシに変更しましたが、リビングとダイニングの窓だけは木製建具を実現することができ、それでも嬉しくてたまらなかったことを昨日のことのように思い出します。

独立して最初の仕事
日比津の家Ⅰ（2005年竣工）は実家の建て替えでした。もちろん木製建具にしました

面積が限られている昨今の住宅事情を考えると、
廊下や階段室などの移動のためのスペースを
有効活用することが解決策になる場合が多くある。
また住まい手からも無駄なく
スペースを使うことは喜ばれることが多い。
この章ではそんな工夫を紹介する。

第6章

階段・廊下・納戸…裏方空間にも一工夫

DETAIL

01 半地下の寝室と天井の低い土間

家とまちが近い距離にある場合、一般的には塀を設ける、あるいは中庭型のコートハウスとするなど、プライベートな空間を囲い込む手法を使われることが多く、それではまちに対して閉鎖的な表情になってしまいやすい。

そこで、階の高さを「半分ずらす」ことによって、たとえば半地下の寝室と中2階のリビングダイニングという構成とすると、地面に近く落ち着いて眠れる寝室と、意外にも通行人の視線が気にならない開放的に使えるリビングダイニングの空間をつくることができる。中2階の下は、全面的に半地下にしてしまうと工事単価が上がるので、一部分を天井の低い土間とした。土間には、バイクや自転車、アウトドアの道具を収納するスペースとして機能している。

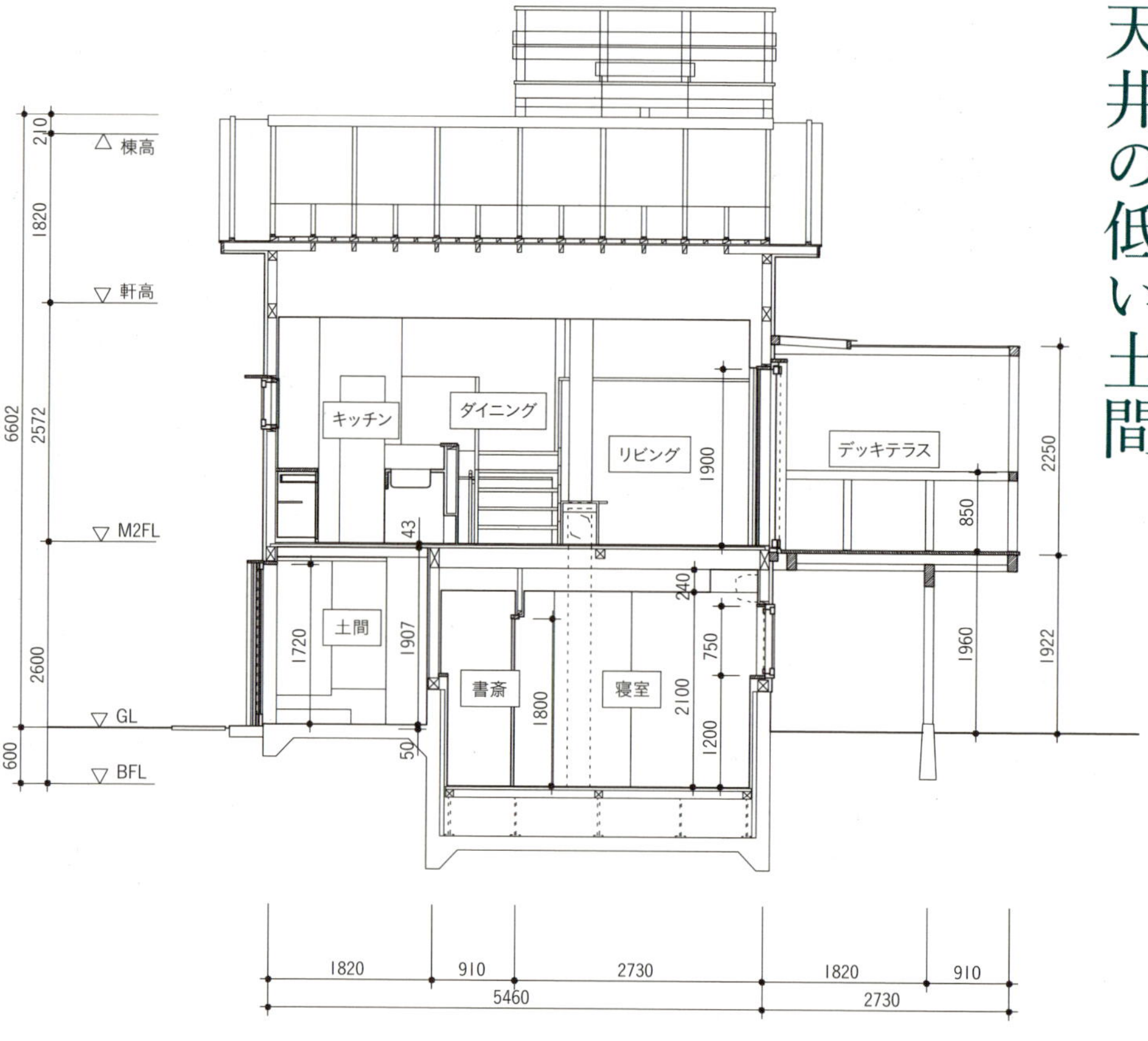

茨木の家 断面図 S=1:100

茨木の家 半地下の寝室

建築法規的には、床の高さが地盤面より天井高の1／3以上深くなければ、1階として扱われる。地階となると制約が多くなるので、ここでは、ぎりぎり1階となるように設計している。地面に潜る部分のコンクリートは、バンデックス防水（内・外）を施し、結露防止のために断熱材スタイロフォーム50㎜を内張りし、その上に仕上げをしているので、地上部分の壁より90㎜張り出してくる。その腰壁部分は、天井と同様にラワンベニヤ目透かし張りとした。半地下寝室のメリットは、夏涼しく冬暖かいこと、地面に近いので人間の本能として落ち着いた睡眠が得られることである。デメリットとしては、基礎のコンクリートと断熱材の厚みで若干部屋が狭くなることと、ドライエリアを設けないかぎり、布団を干すときに階段を上らなければいけないこと、それから根切り量が増え防水も必要なので工事費が上がることである。（写真撮影：築出恭伸）

茨木の家 土間入口を見る

土間は天井高1.9mと低いが、自転車などを収納するには十分な高さである。入口はガラス戸とスノコ網戸の2本が壁に引き込まれ、全開で使えるようになっている。スノコ網戸は錠を付けているので、ガラス戸は開けておいても、防犯の心配なく自然換気できる。土間から玄関へは高さ1.4mのくぐり戸でつながっている。（写真撮影：築出恭伸）

DETAIL

02

階段室は隅々まで使う

広さが限られた都市部での住宅設計では、建物の隅々まで有効に活用することが大切だ。以前に日曜大工の得意な知人の家に遊びに行ったときのこと。階段室の壁面や上部にびっしりと本棚を自作しているのを見た。これは自分の設計にも活かせると考え、1階の上り口の上部に、頭がぶつからず圧迫感を感じないぎりぎりの高さに収納スペースを確保した。奥行きが630ミリ、高さ1800ミリあるので、掃除機などの大きな物も収納可能である。階段下の空間はよくトイレのスペースとして利用されるが、利用できるのは階段の下だけではない。

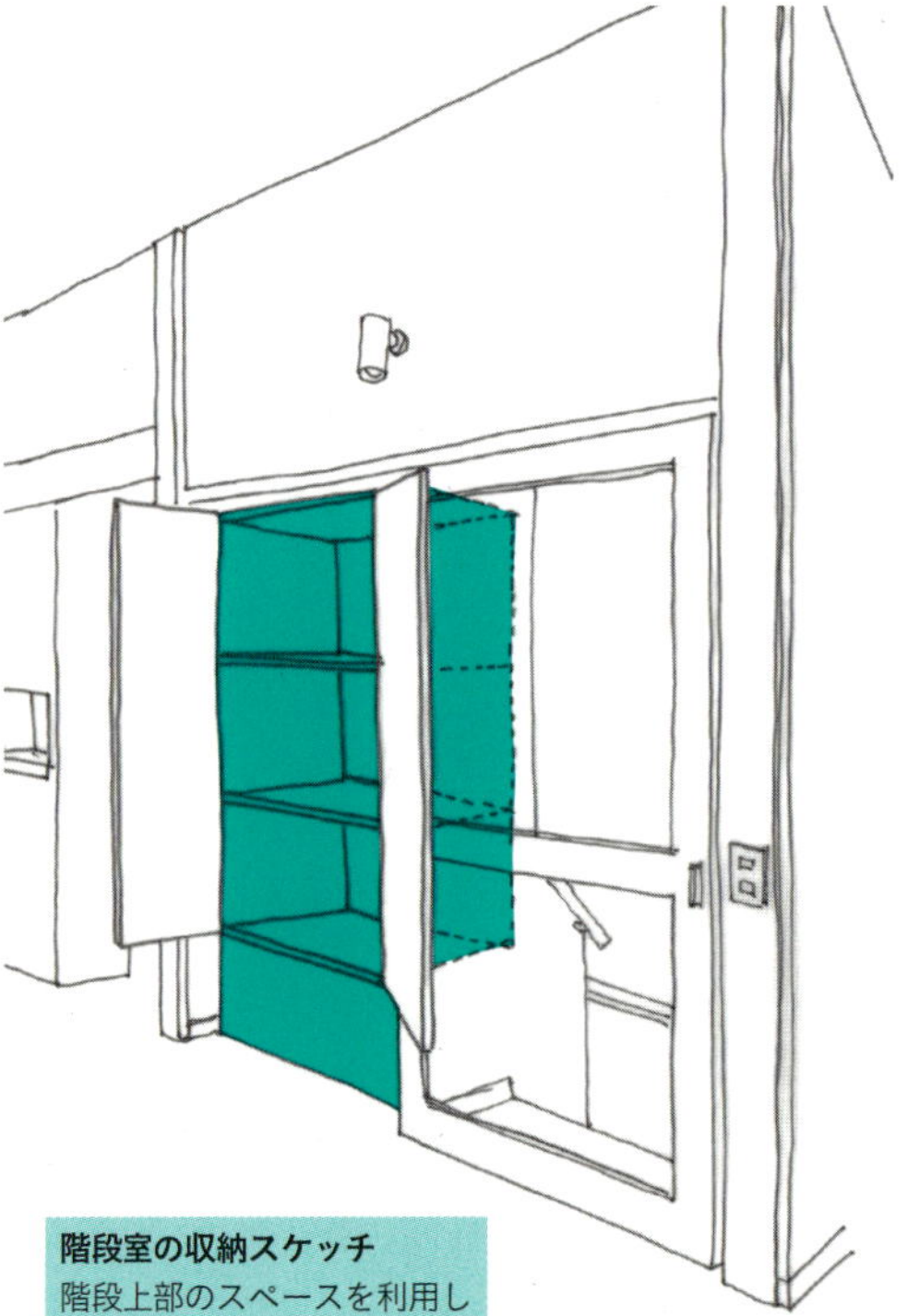

階段室の収納スケッチ
階段上部のスペースを利用した奥行き630㎜、高さ1800㎜の収納スペース。

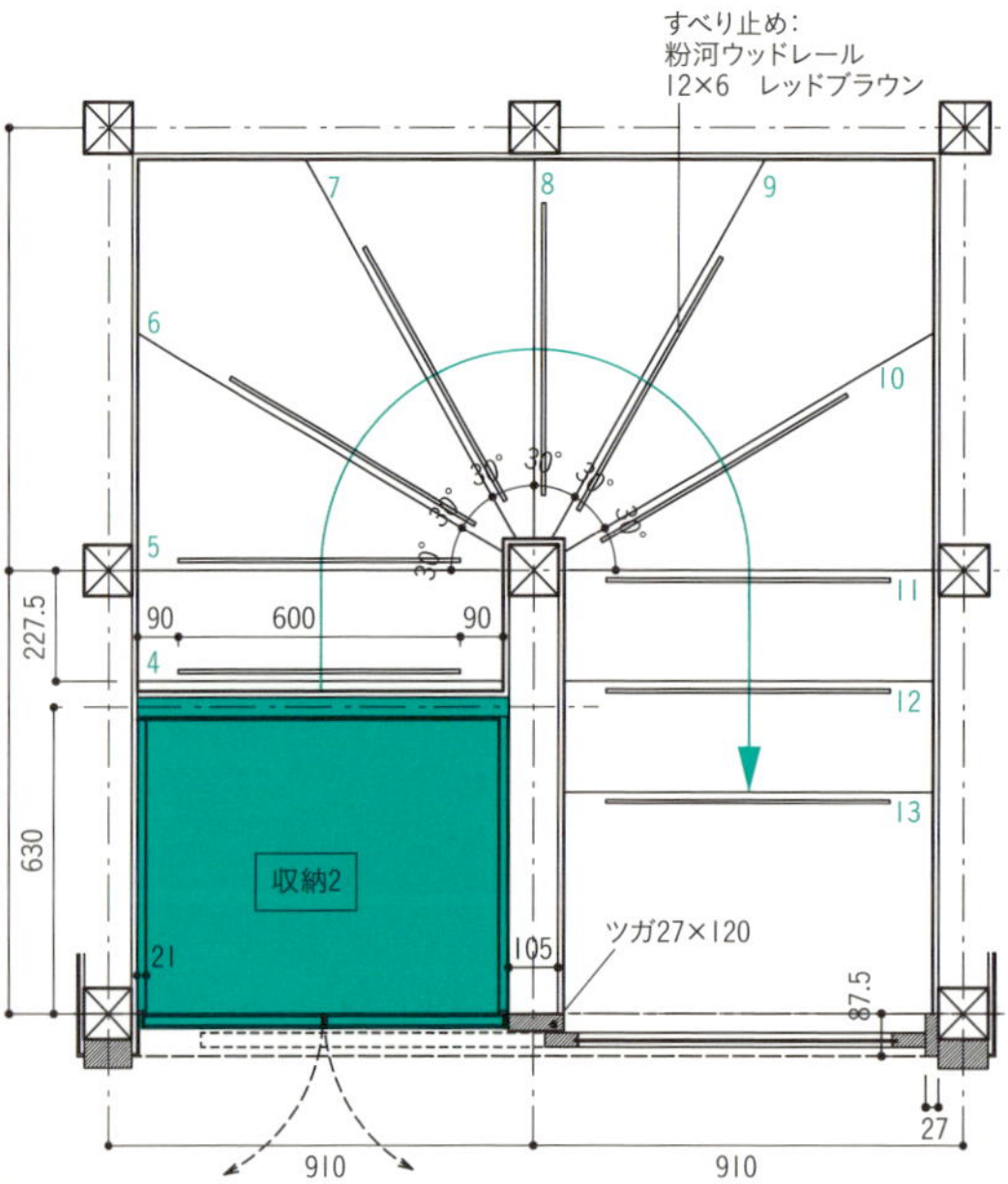

階段室の収納 平面図 S=1:30

階段上部の空間を収納や飾り棚スペースとして利用
(ネストハウス 写真撮影：牛尾幹太)

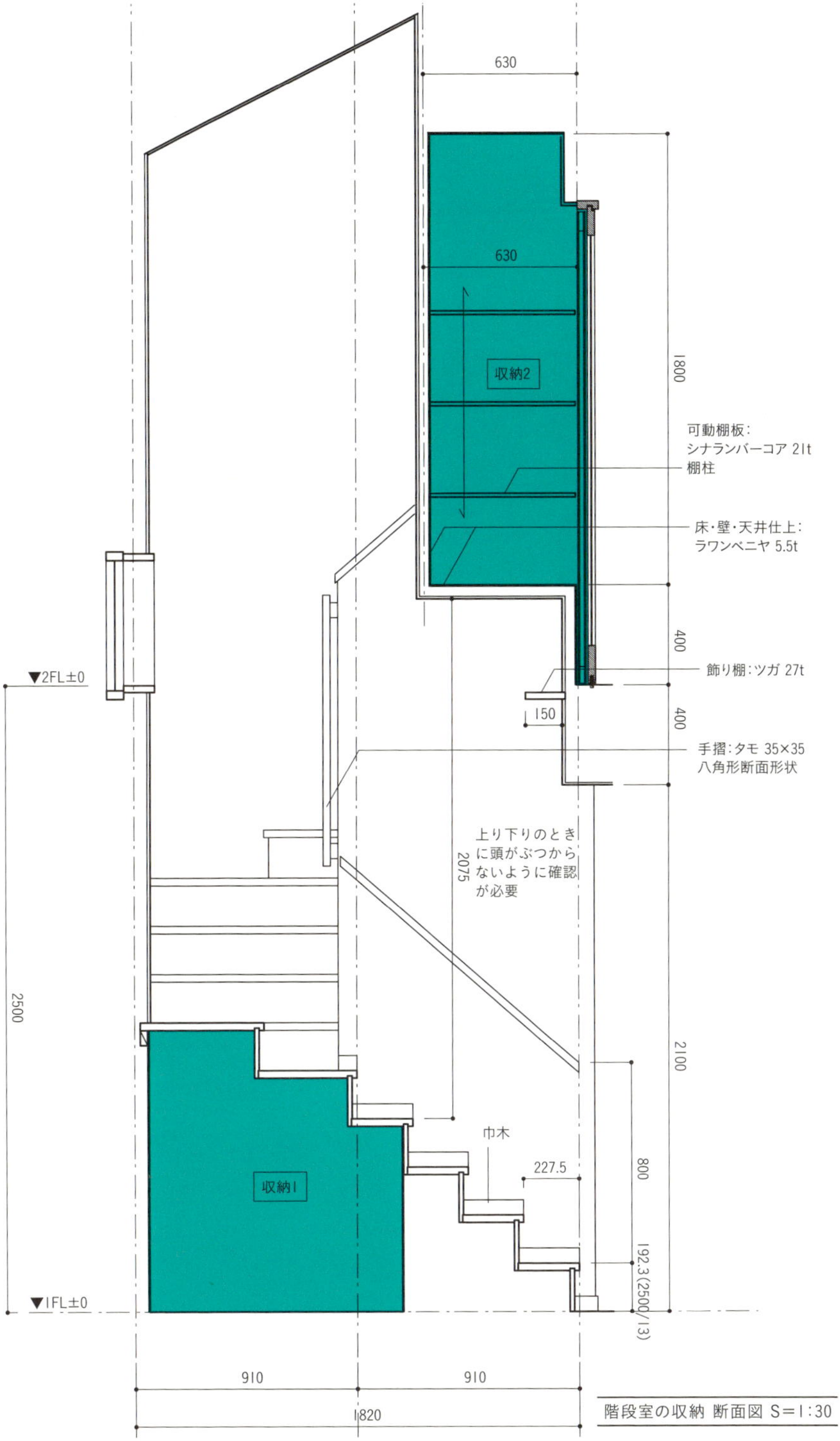

階段室の収納 断面図 S=1:30

03 階段のやさしい配慮

あるクライアントから「年を重ねて目が弱くなると、特に夜は階段の段差がわかりにくくて、怖い思いをしたことがある」という話を聞いたことがあった。公共建築や屋外の階段では、段鼻部分の色を目立つ色にして段差をわかりやすくしている。住宅用の階段にも取り付けられる樹脂製の製品もあるが、もっとさりげなく安全を確保できないものか…。

そこで、踏板とは材種の異なる木材を段鼻に使用して、木の色の濃淡で段の変わり目を認識しやすいような工夫を考えた。杉の集成材の踏板に、段鼻をウォルナットの角材でつ

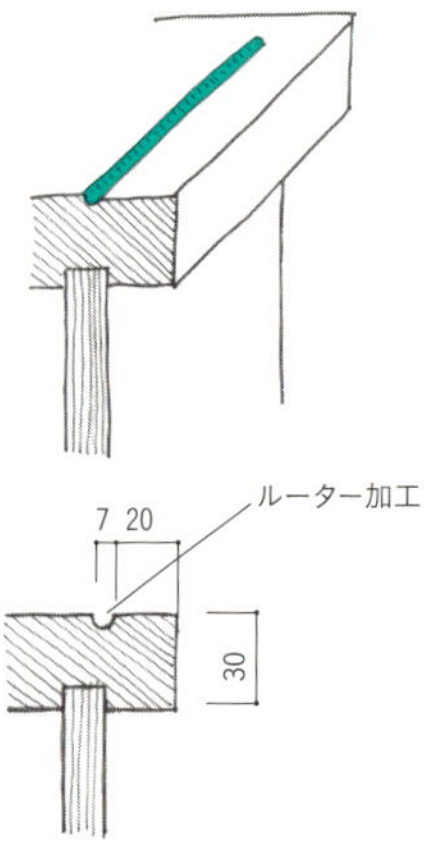

通常のストリップ加工
階段の段差が見分けにくくて目の悪い人にとっては危険。

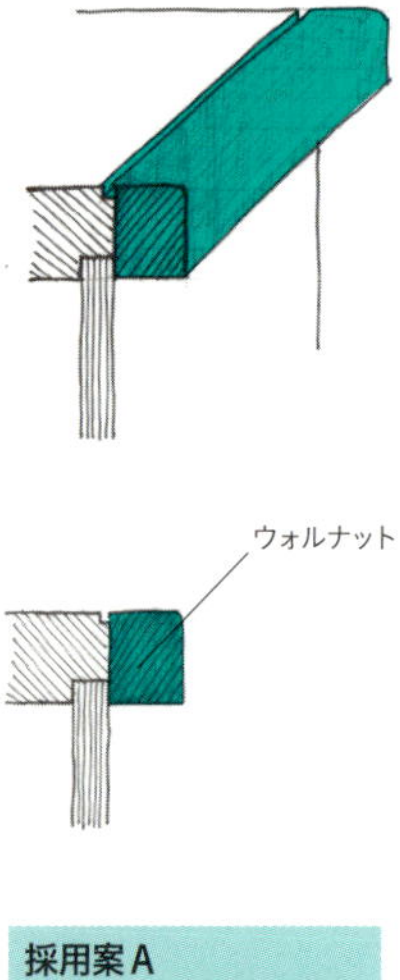

採用案A
段鼻に濃い色の木材を使うことで段差を目立つように配慮。ただしコストがかかる。

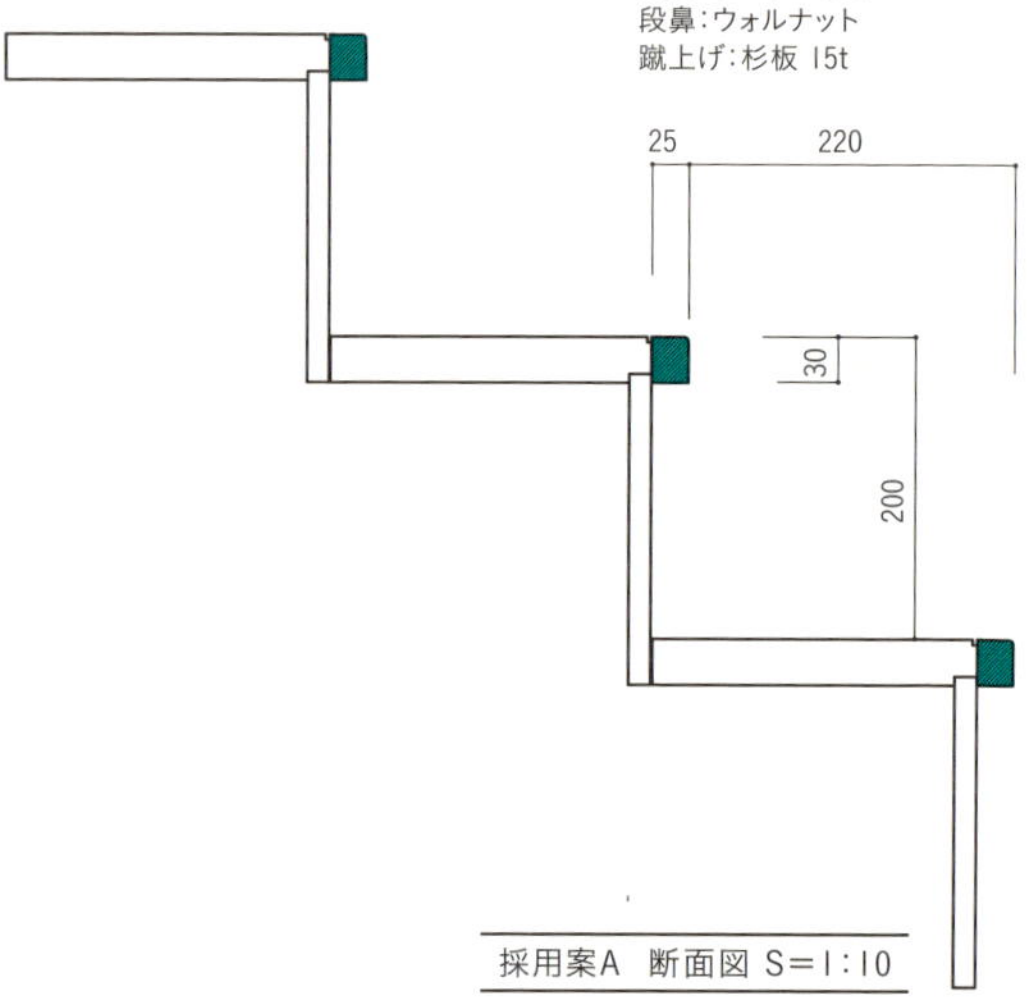

採用案A　断面図 S=1:10

段鼻にウォルナットを使用した階段

くったが、段差が認識しやすく感じもよかった。ただこの方法(採用案A)は少しコストがかかるため、既製のウッドレールを使用することでコストを抑える方法(採用案B)もある。

現場での他の検討案

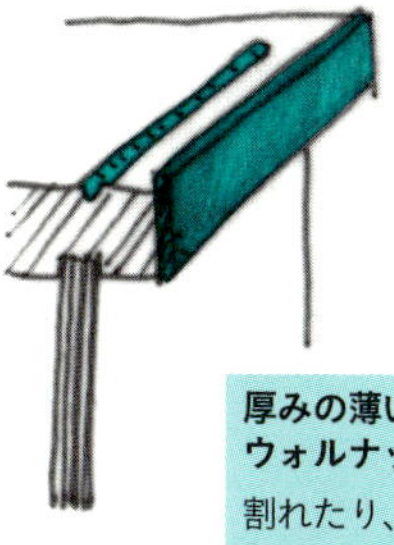

厚みの薄い
ウォルナットを張る案
割れたり、はがれたり。
耐久性が心配で…×

段鼻を塗料で着色案
経年変化で塗料がはがれる。
材料費は抑えられるが手間がかかる…×

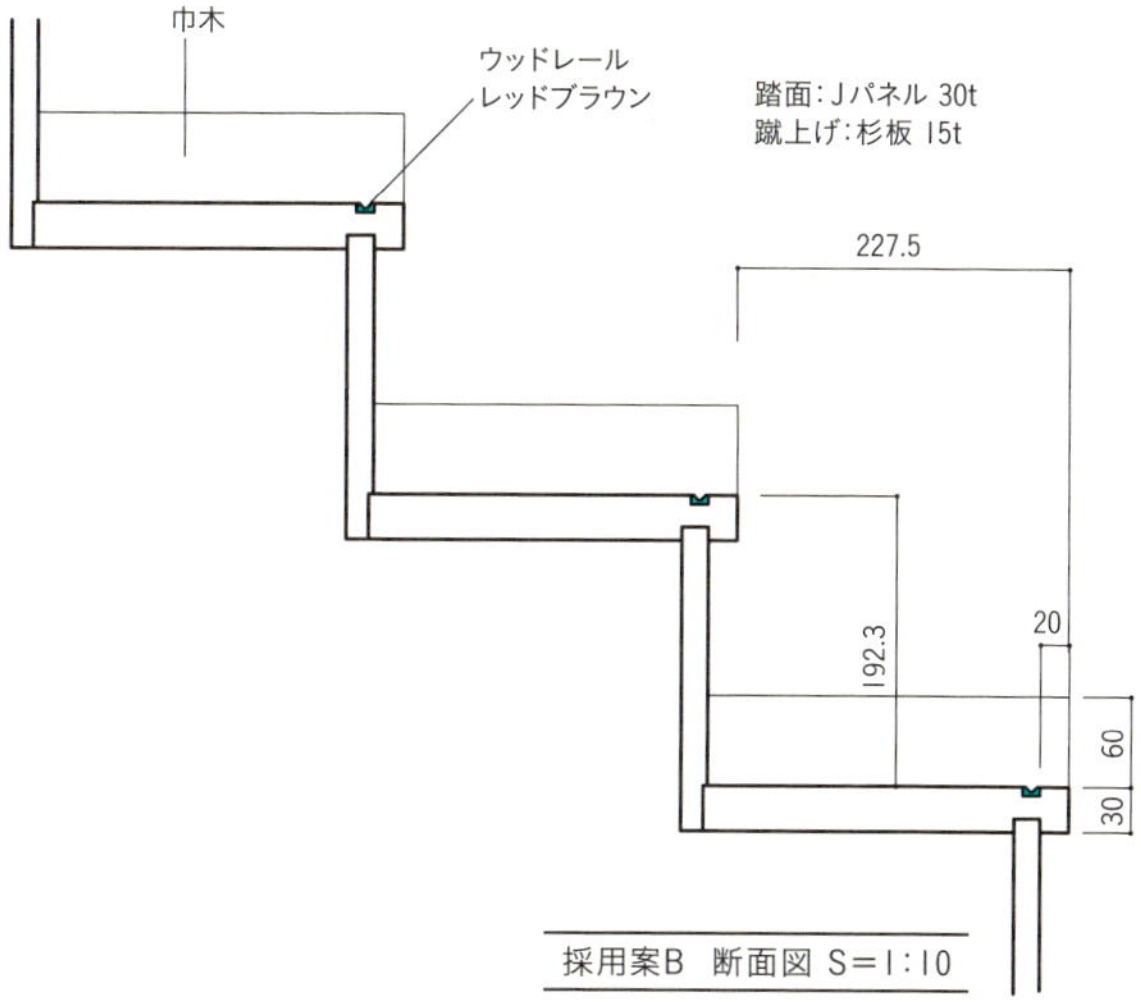

採用案B 断面図 S=1:10

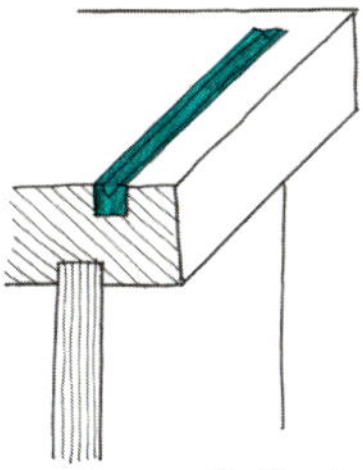

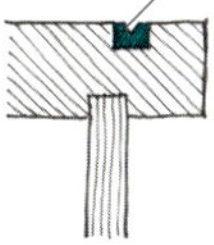

採用案B
既製品のウッドレールを使うことで、コストを抑えつつ、安全を確保できる。

路面先端付近にウッドレールを埋め込んだ階段

04 幅をやりくりスキップフロア階段

スキップフロアの家の場合、階段により部屋が分節できるので、廊下のないプランが可能である。この家の場合も幅一間（1820ミリ）の行って来いの階段を中心に、1階の玄関から半地下の寝室、中2階のリビング・ダイニング・キッチン、2階の子供室へと空間が展開している。

少しでも広く使えるように階段の中央を壁にせず、ササラ桁と手摺を兼ねた手摺壁をベニヤで薄くつくるのは、先輩方から受け継いだもので、自分なりに実践している。この家では、主要な動線である玄関からリビング・ダイニング・キッチンへ行く階段の幅を、プライベートな寝室・子供室へ行く階段の幅より少し広くするというやりくりを幅一間の中で試みている。

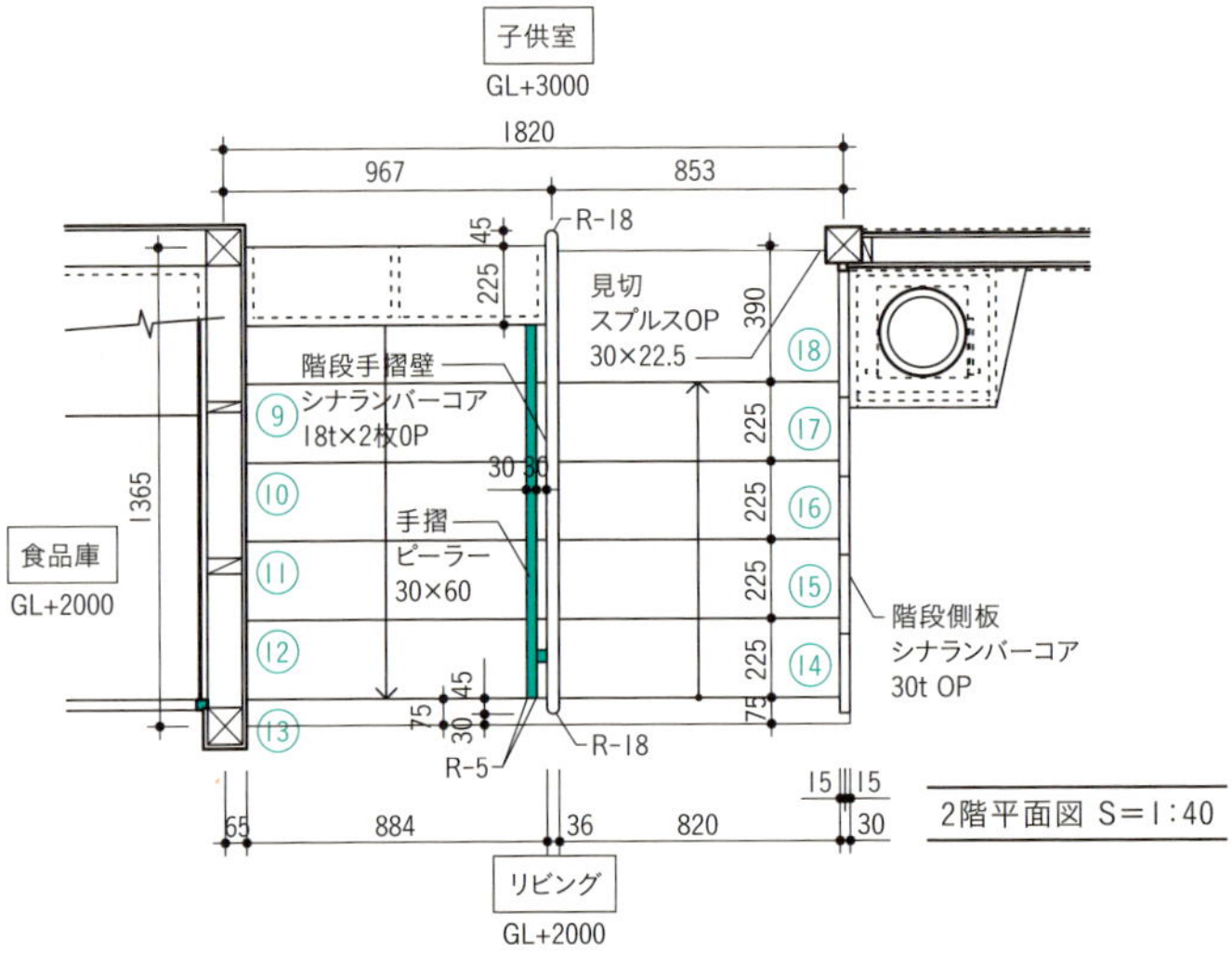

2階平面図 S=1:40

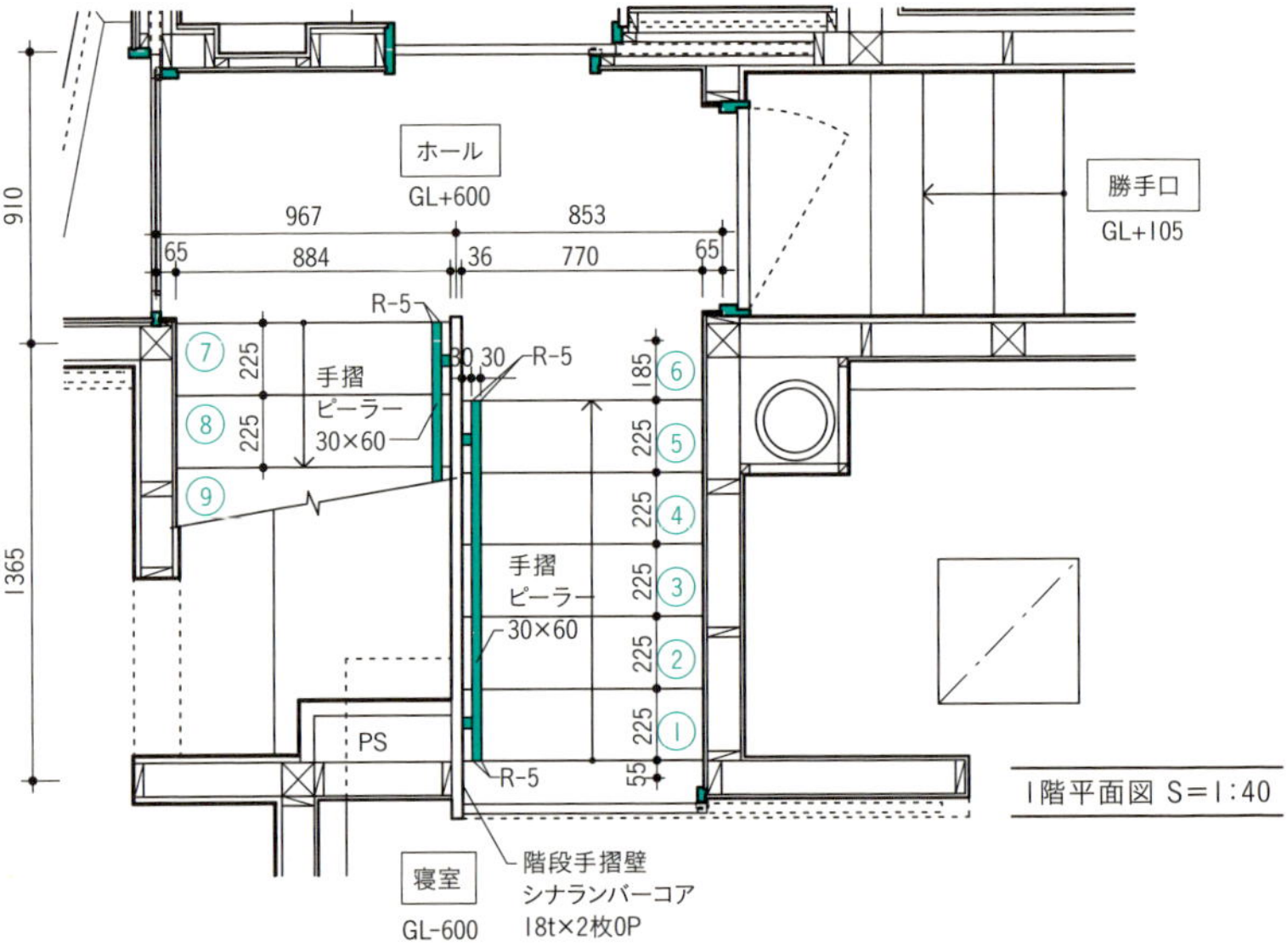

1階平面図 S=1:40

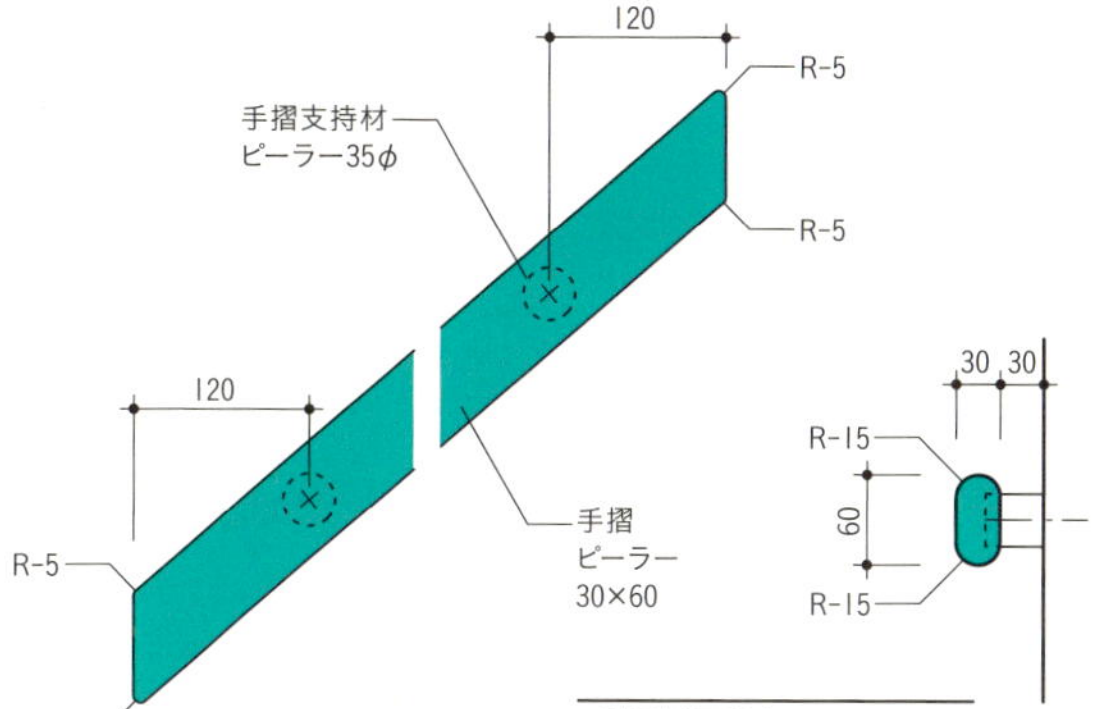

手摺断面詳細図 S=1:10

手摺は師匠のデザインをベースに、家によって少しずつ変えてきた。主張しない形状、手になじむ寸法やRの大きさを模索している。意外に難しいのが、壁に取り付けるための支持材のデザインである。壁と支持材、支持材と手摺をビスをずらして、しっかり固定する必要がある。以前は手摺と同じ断面の長円の材を支持材にしていたが、最近では大工さんからの提案で、手摺への長円の彫り込みに手間がかかること、また35φの円でもしっかり留められるということで、この納まりが標準になった。

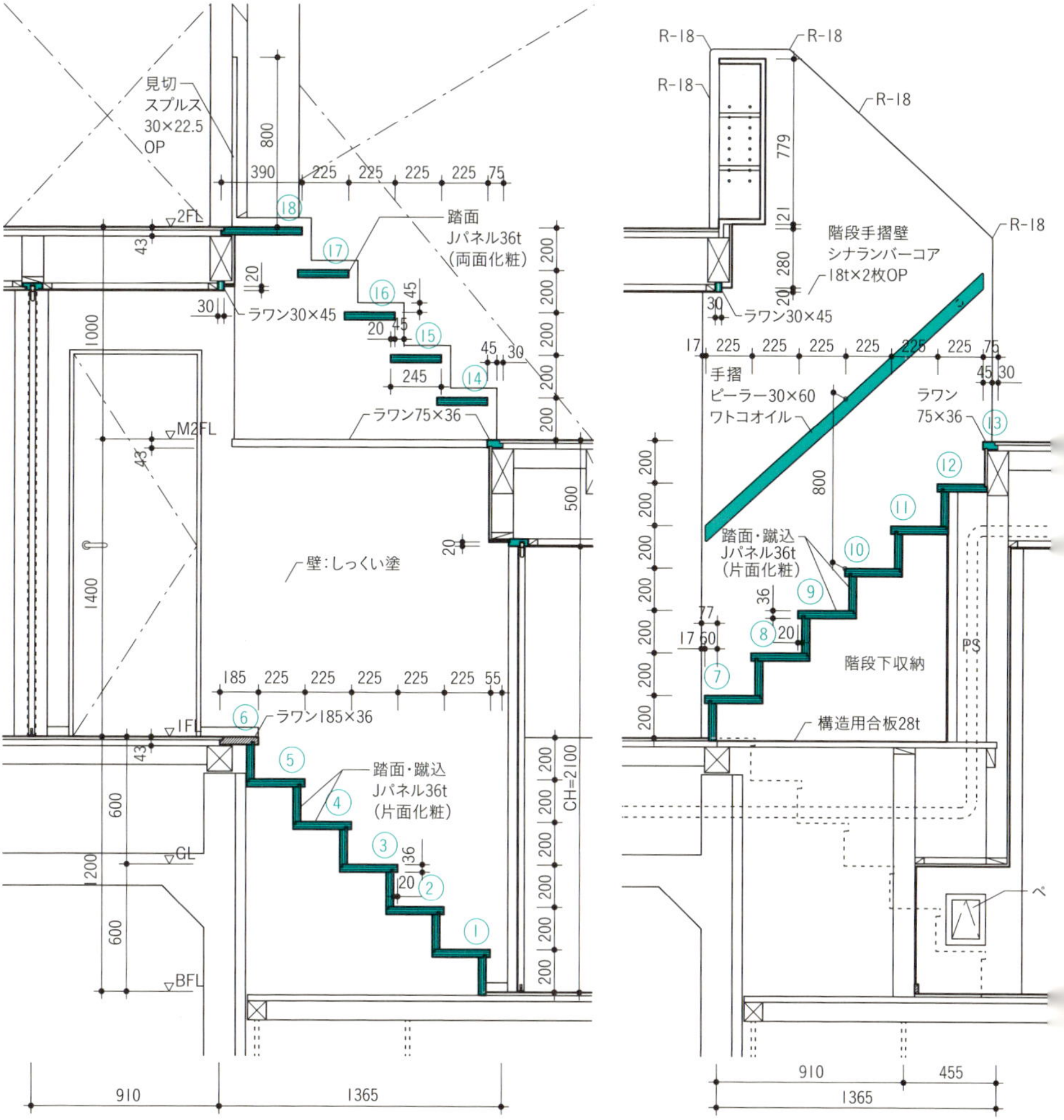

断面図 S=1:40

05 廊下的空間の活用①

通常、廊下は部屋と部屋をつなぐ移動のためのスペースであるが、ちょっとした工夫で面白い使い方ができる。Bulatハウスの2階は、吹抜けを囲むかたちで部屋やテラスデッキを配置している。お子さん4人にはそれぞれに個室があるが、部屋から出てちょっとしたときに腰掛けて吹抜けから家全体を眺められると面白いと考えて、出窓とベンチを組み合わせたスペースをつくった。それ以外にも置物を飾ったり、本を置いたりして、雰囲気づくりに一役かっているようである。

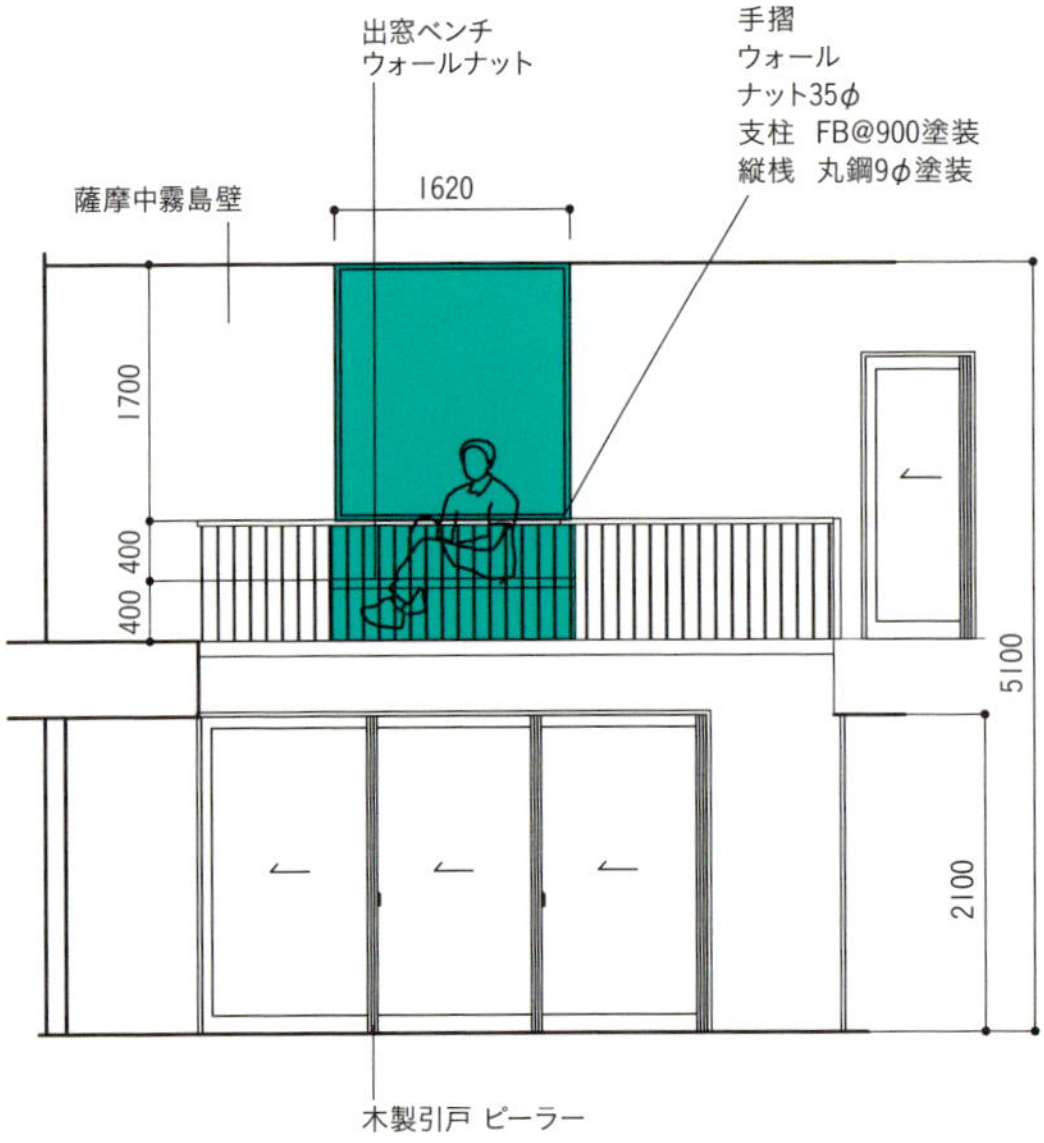

出窓ベンチ展開図 S＝1:100

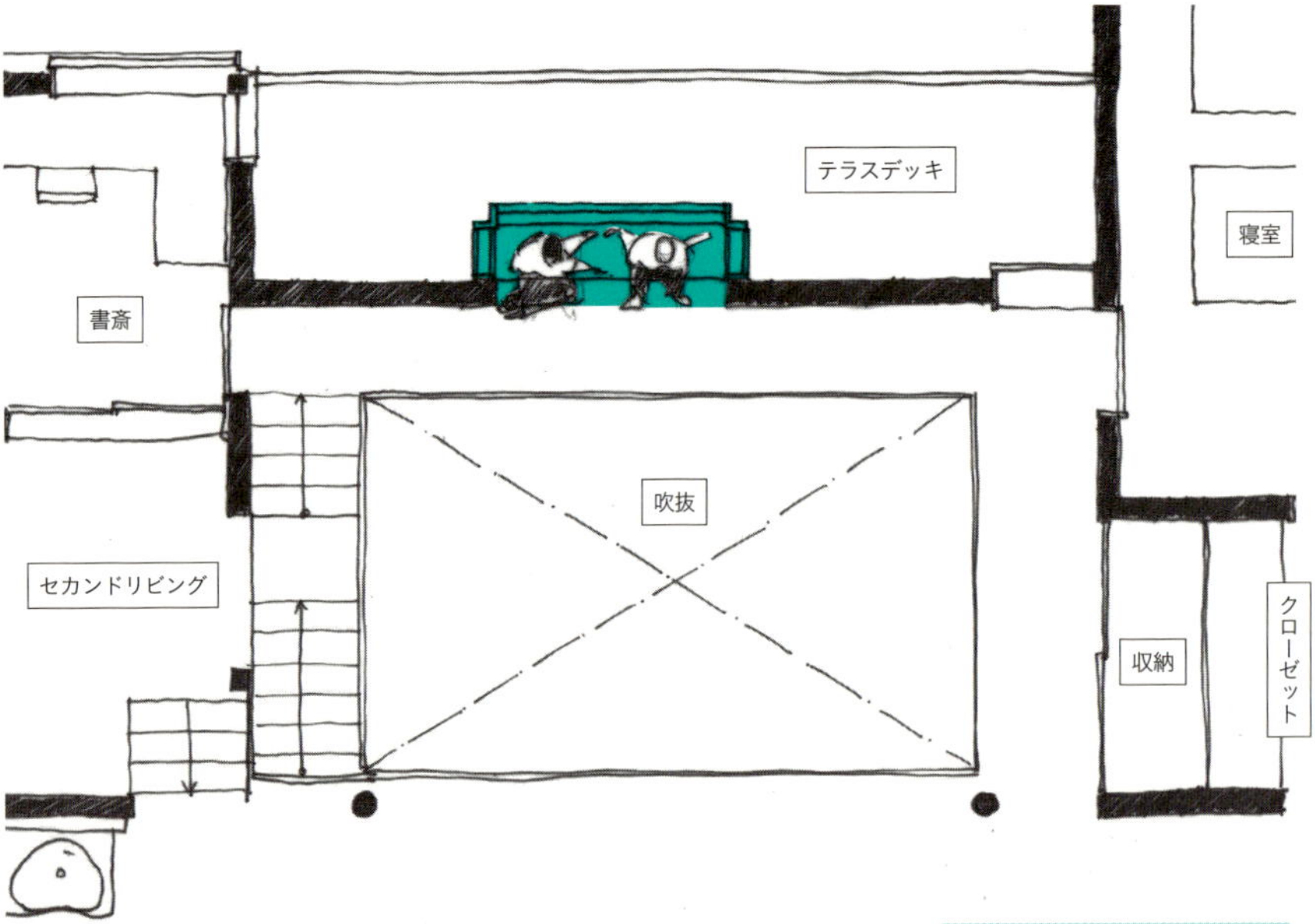

Bulatハウス平面スケッチ

吹抜けの廊下スペースに設けた出窓ベンチ

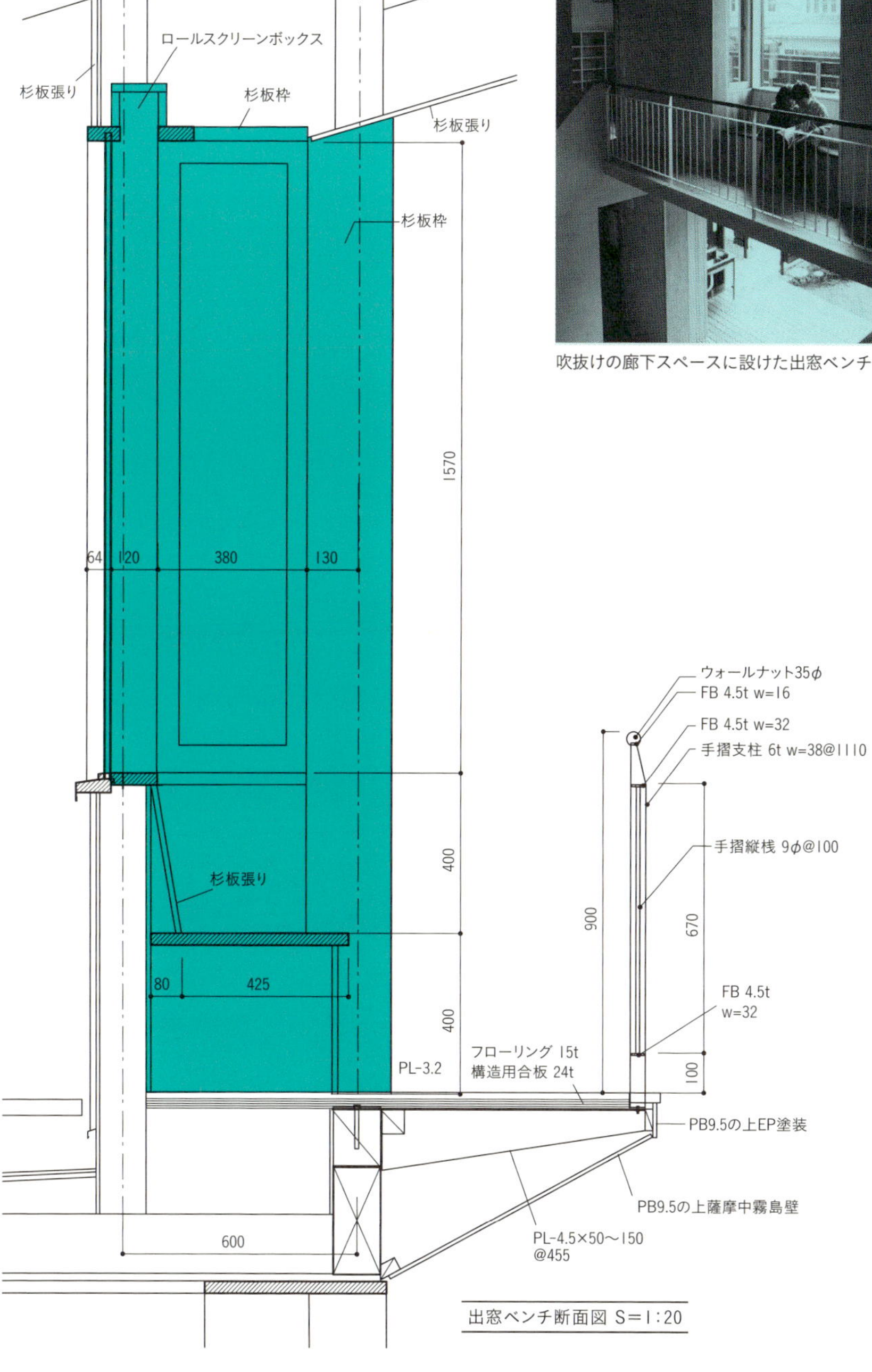

出窓ベンチ断面図 S=1:20

06 廊下的空間の活用②

東京で子育てを終えたご夫婦が、田舎暮らしを実現するための家を計画したときのこと。クライアントから、田舎暮らしをはじめたら「料理や裁縫仕事などを楽しみたい」との話をうかがった。ただ、「日々の生活動線はあくまでも合理的に」との希望で、玄関脇からキッチンにアクセスできる動線を確保したり、駐車スペースと家の中の両方から出入りできる納戸を設けたりした。そんな流れの中で、裁縫仕事をするワークスペースも、料理や洗濯の家事と並行して無駄なくこなせる配置が望まれた。

そこで家の中央付近に、デスクと棚の間を通り抜けられる、廊下空間のようなワークスペースを設けた。このかたちであれば、キッチンへも水廻りへも10歩足らずで移動できる。

廊下空間のようなワークスペース

喜里ハウス平面スケッチ

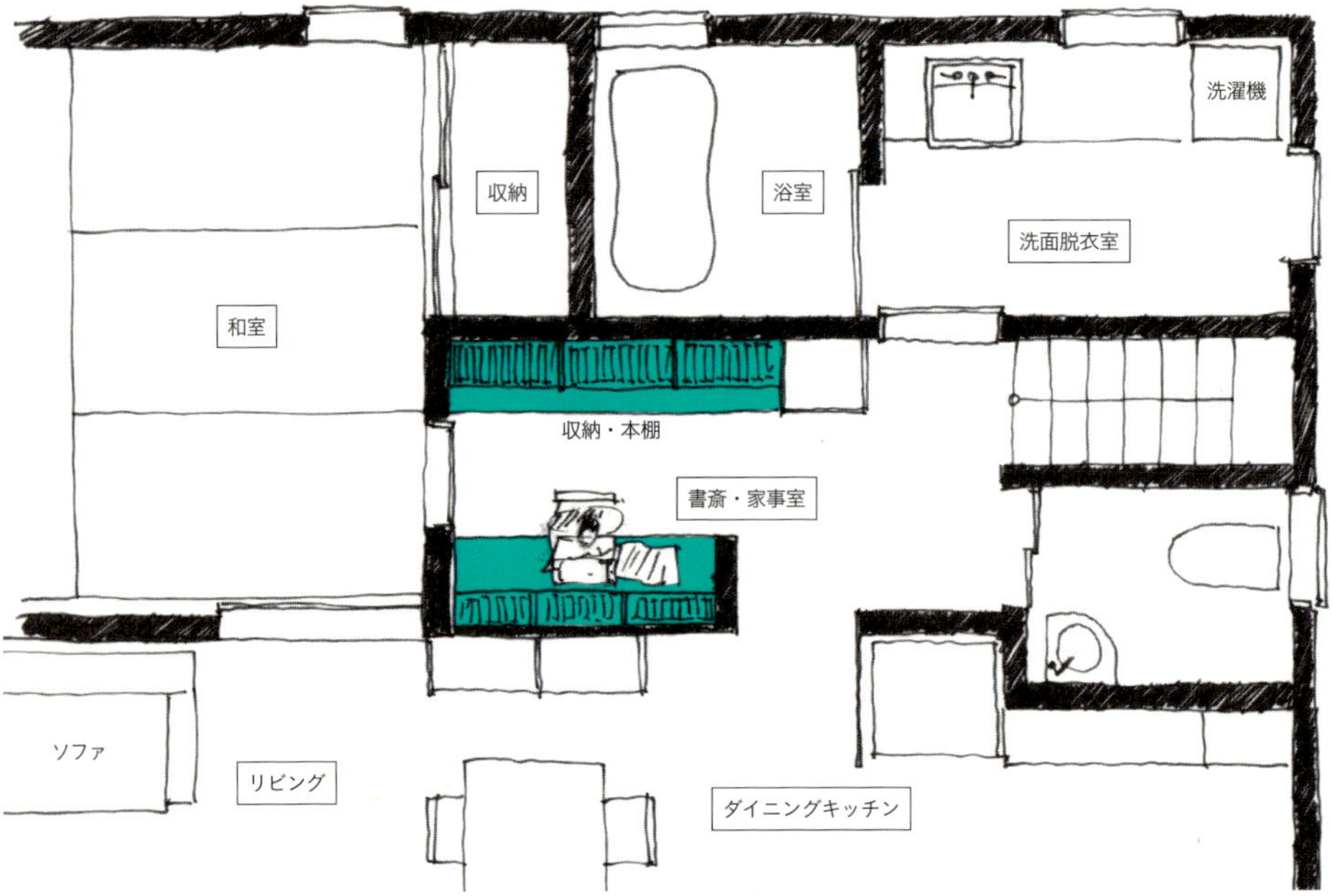

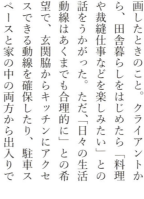

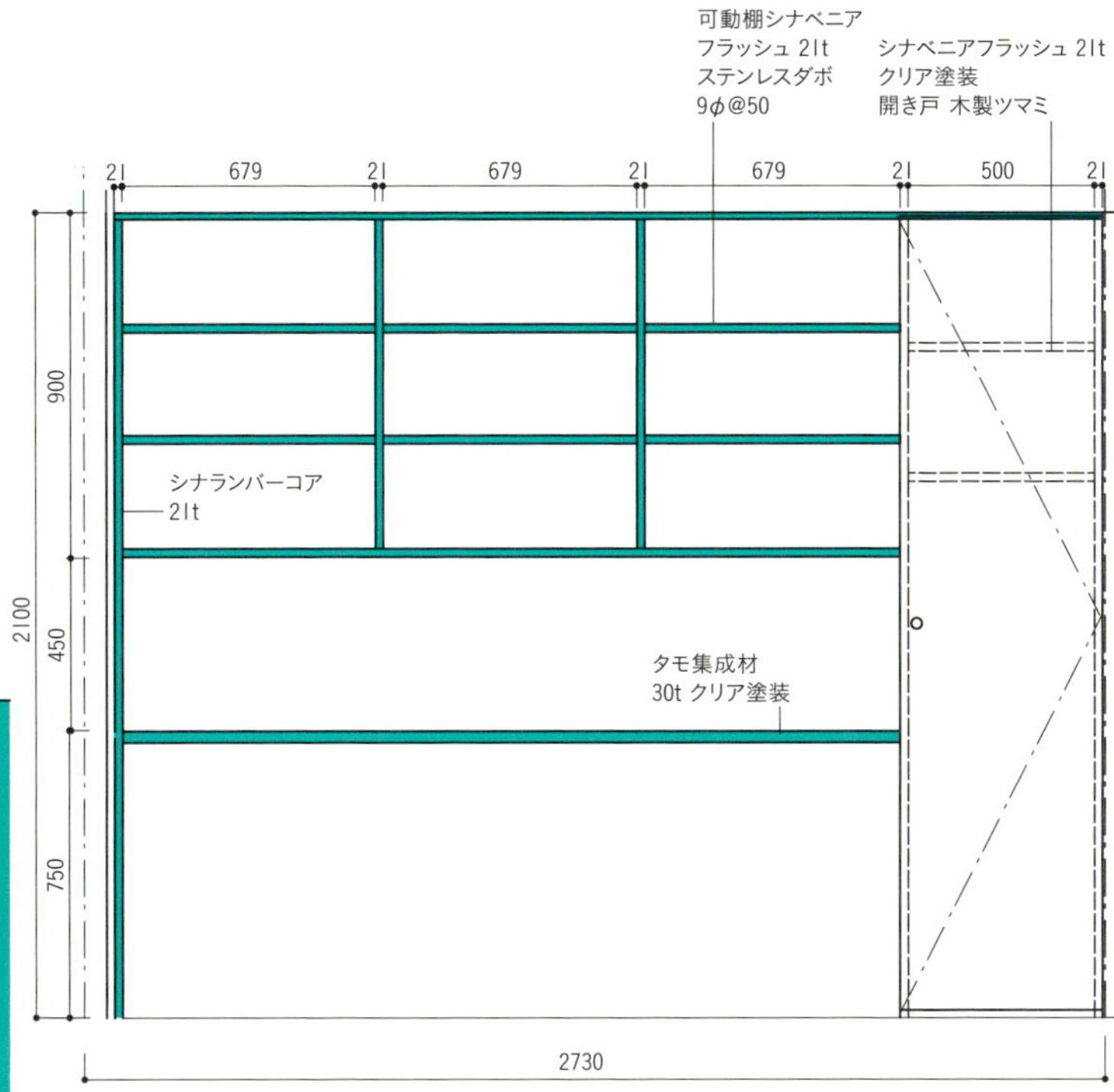

西側展開図 S=1:30

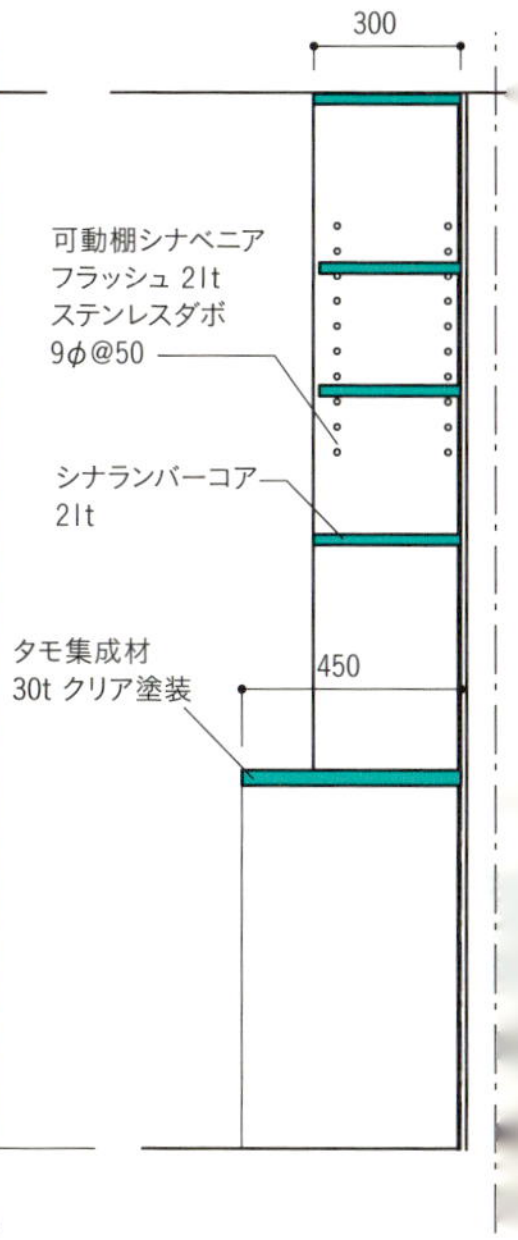

断面図 S=1:30

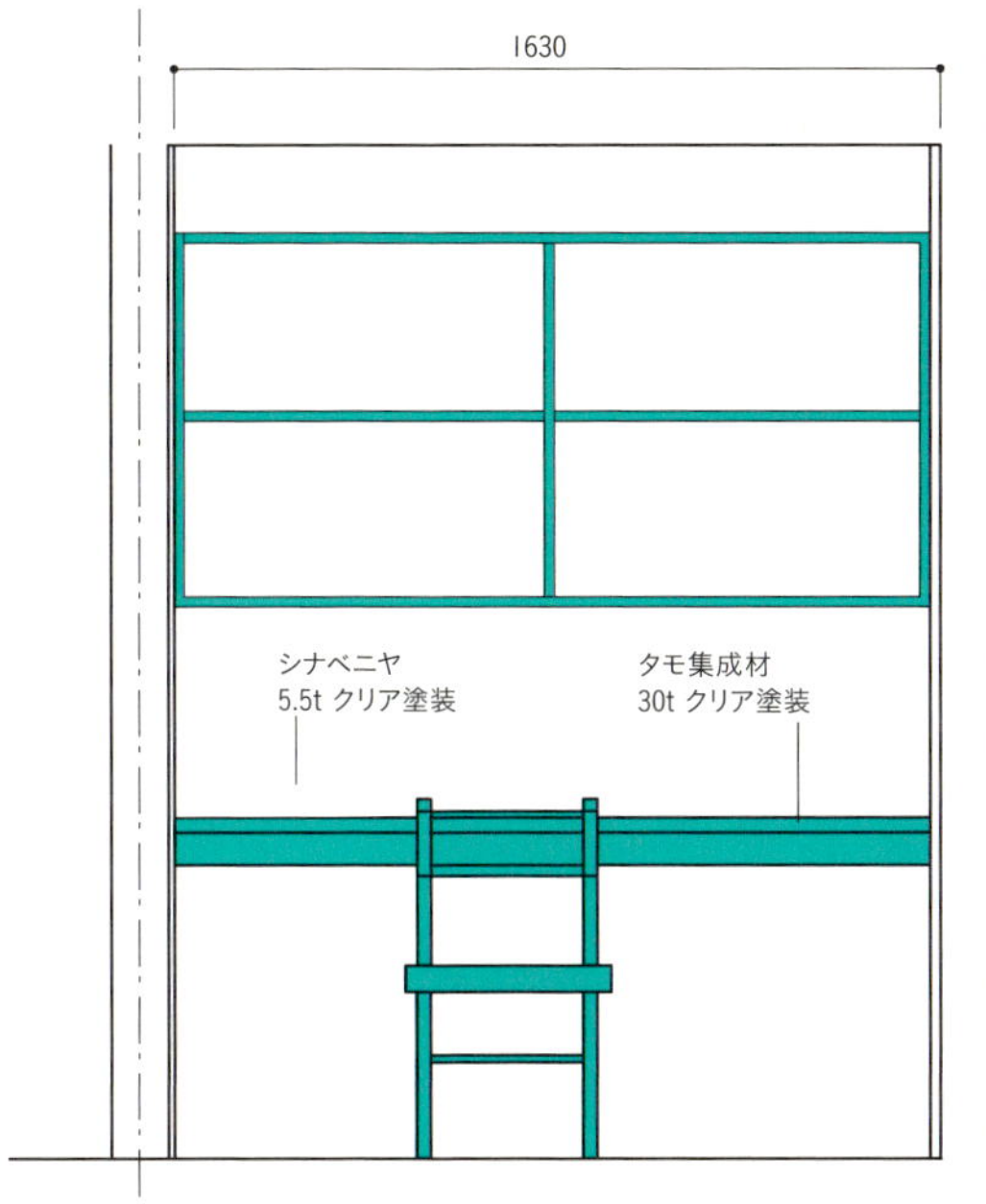

東側展開図 S=1:30

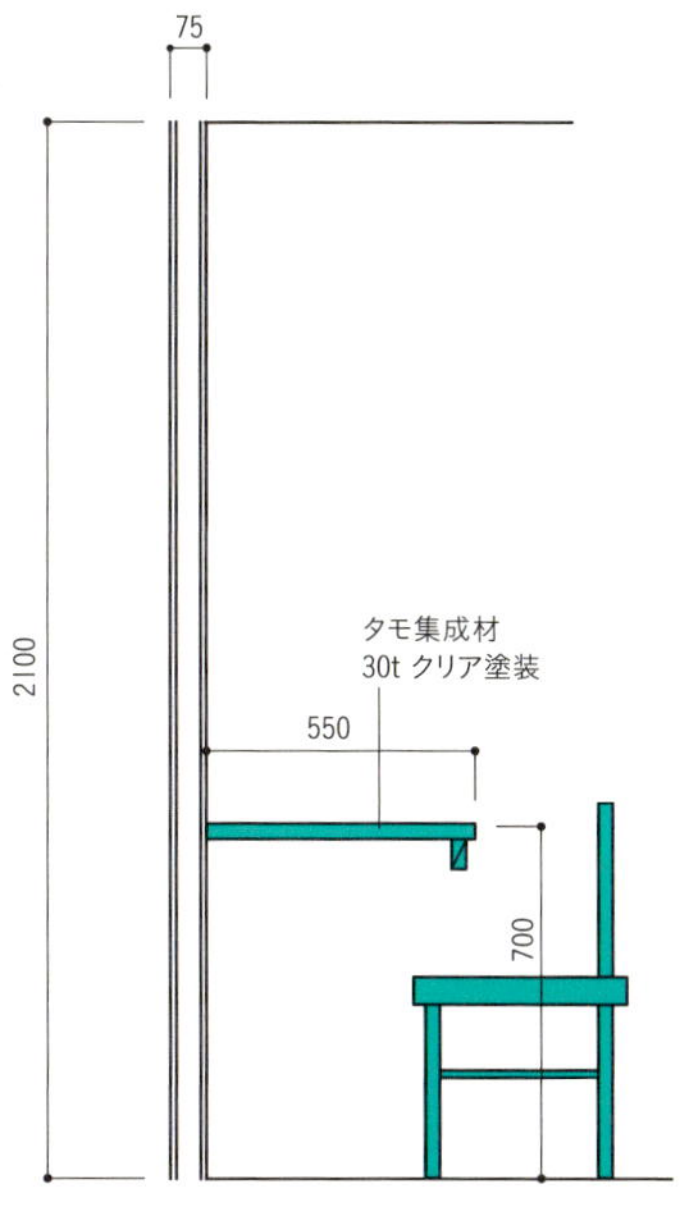

断面図 S=1:30

07 廊下的空間の活用③

廊下の壁面を利用した掲示板

冷蔵庫の扉にはなぜか書類や子供の学校のプリント、カレンダーなどが貼られてしまう。冷蔵庫がリビングやダイニングから目立たない位置にあればいいが、家族がくつろいだり、お客さんを迎え入れる場所から丸見えだと、家の中が雑多な印象になってしまう。

そこでスタディスペースを設ける場合は、デスクの前や横の壁に一面コルクシートを張り、掲示板にすることが多いが、ミズニワハウスでは、廊下の壁面を大きな掲示板にした。この位置であれば、リビングやダイニングからは見えないが、キッチン仕事や洗濯など家事をしながら、即座に必要なことがらを確認できる。

またこの家では、家族の趣味がバイクレースなので、選手のポスターを掲示板に貼って楽しんでいる。

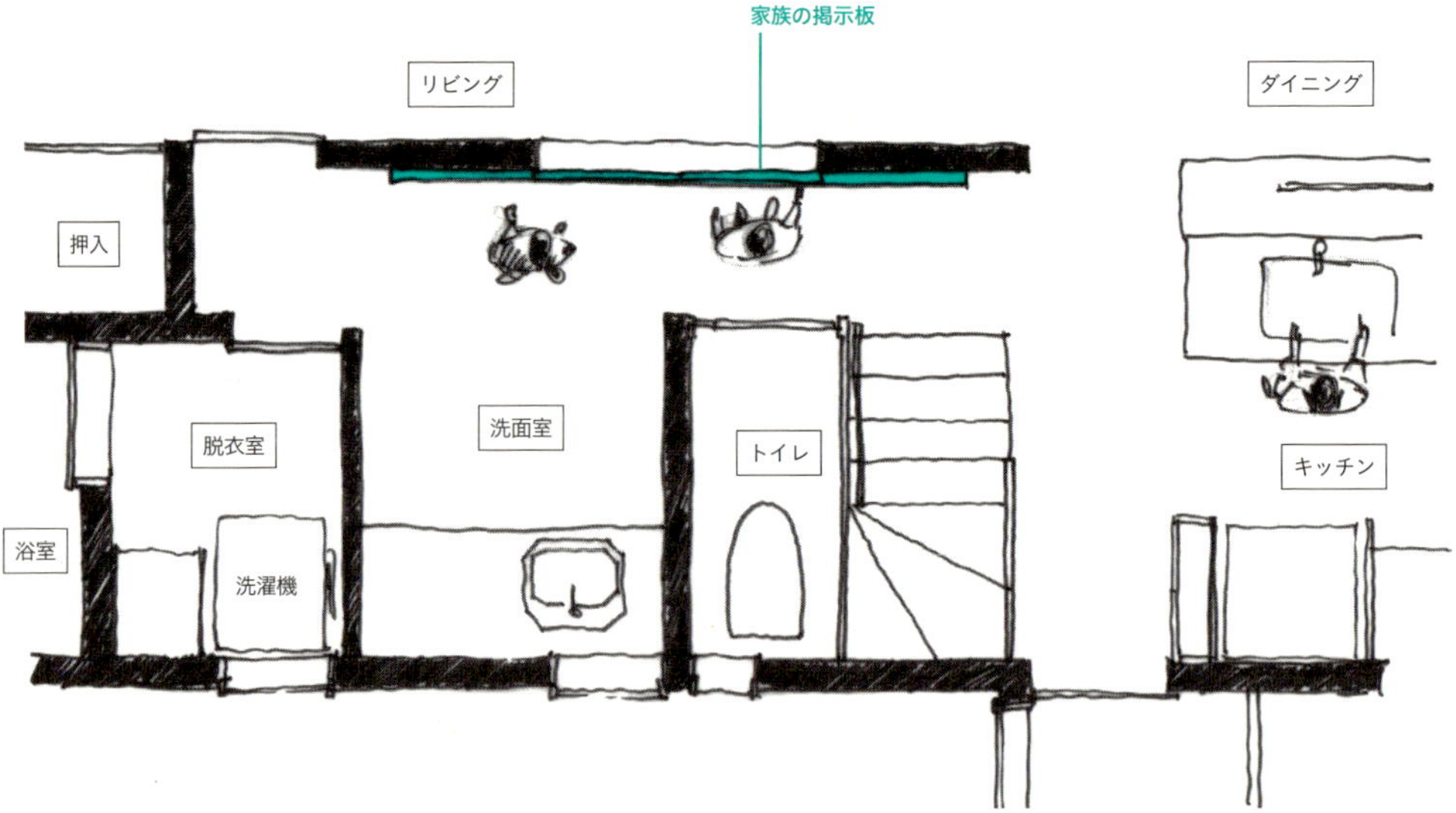

ミズニワハウス平面スケッチ

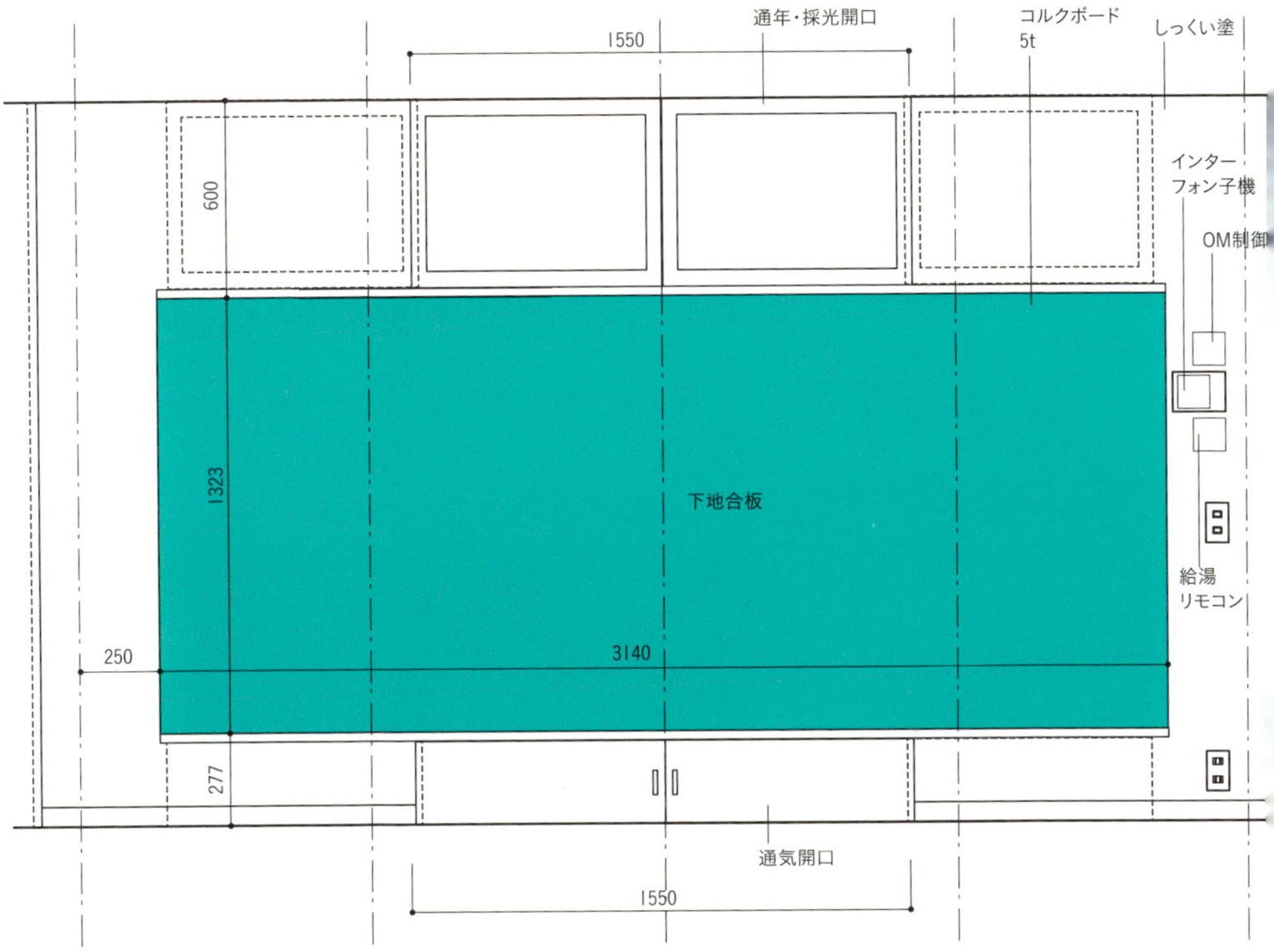

掲示板立面図 S=1:30

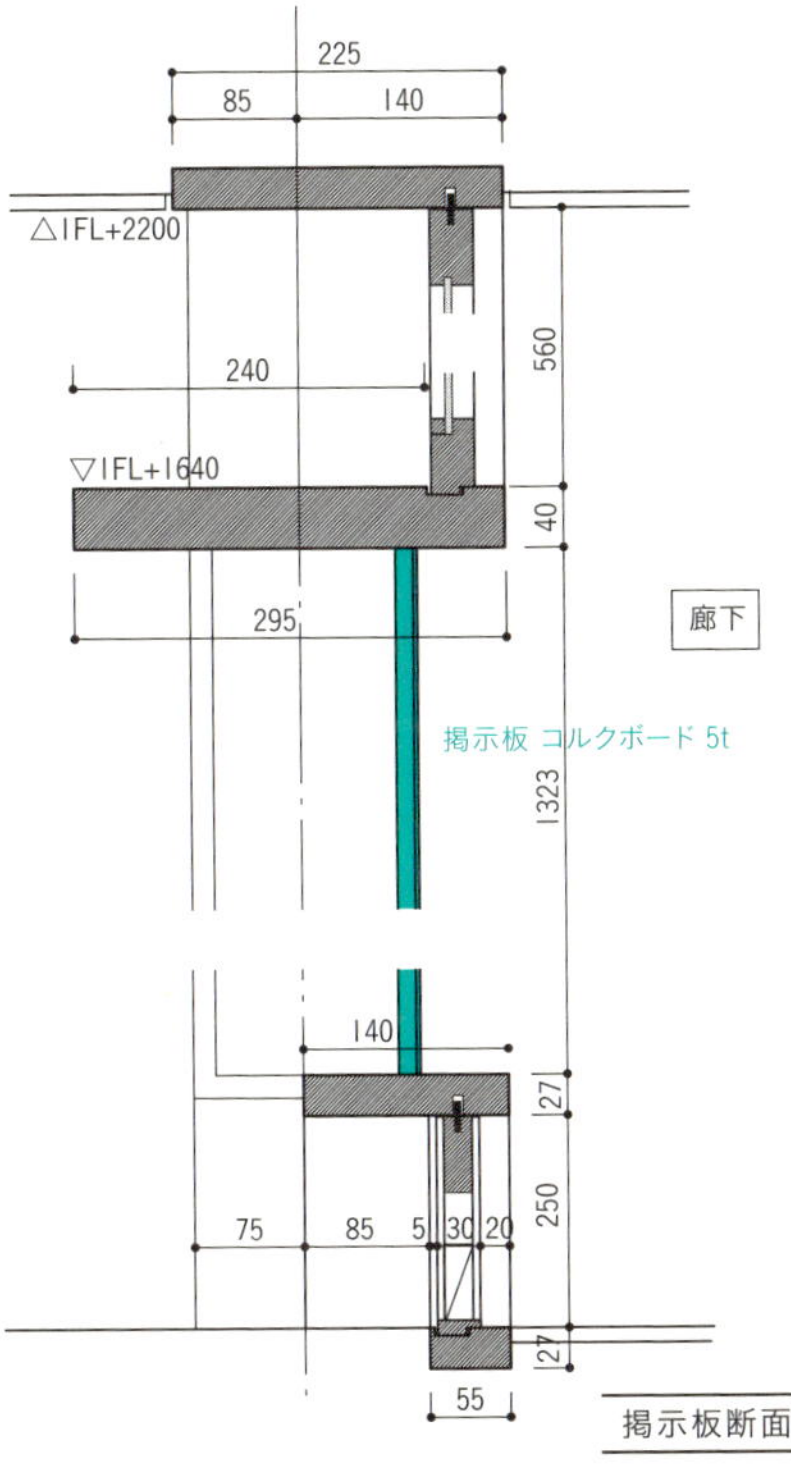

掲示板断面図 S=1:10

DETAIL

08 狭い空間にこそニッチ棚

私は普段メガネをかけているが、寝るときにメガネの置き場がないと困ってしまう。ホテルのようにベッドサイドに小型のキャビネットを置くことも考えられるが、小さな寝室でベッドを配置すると、キャビネットを置く余裕のスペースがなくなってしまう場合もある。

メガネをかけているクライアントの寝室のベッドサイドにニッチ棚をつくった。そのニッチ棚に小さな照明をつけて、夜中に起きても手元が照らせるようにした。さらにコンセントを設けると、携帯電話の充電も可能である。狭い空間にでっぱりのある家具を置くと邪魔になってしまうため、壁に掘り込んだニッチ棚は有効である。家の中で狭くなりがちな空間には、それぞれの場所に応じたニッチ棚をつくっている。

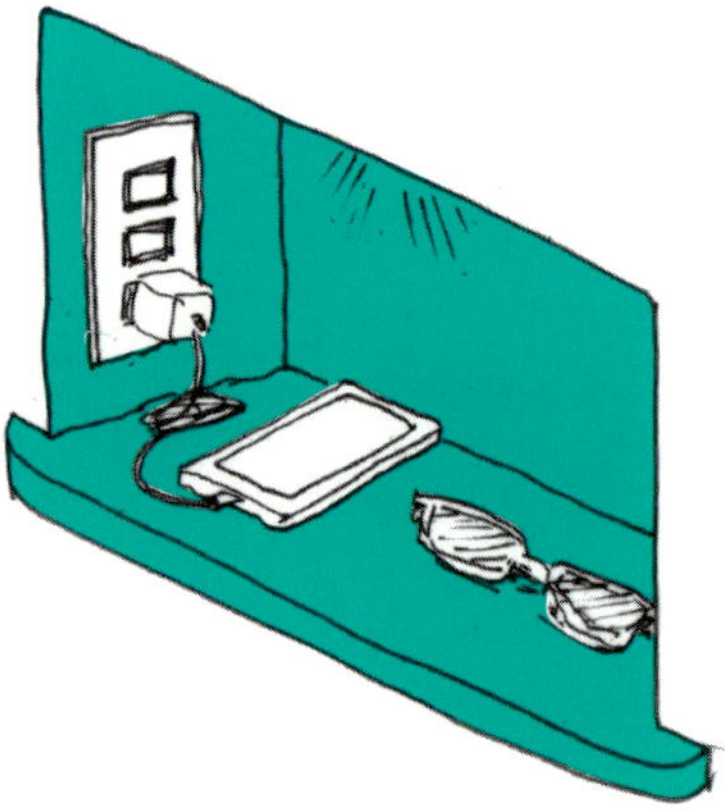

ベッドサイドのニッチ棚スケッチ

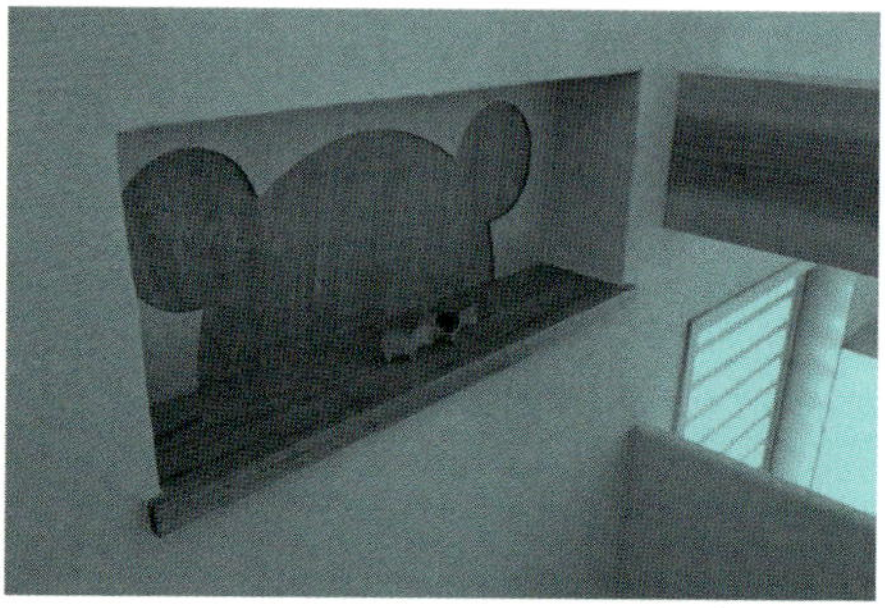

階段にちょっとしたものを飾りたい場合にもニッチ棚は有効である。写真の事例は、クマのキャラクターをどこか家の中に取り入れてほしいとのリクエストで、ニッチ棚をデザインにした。シナ合板二枚を重ねて、塗装でクマのシルエットを浮き出すかたちにして、家全体の雰囲気にもなじむようにした。

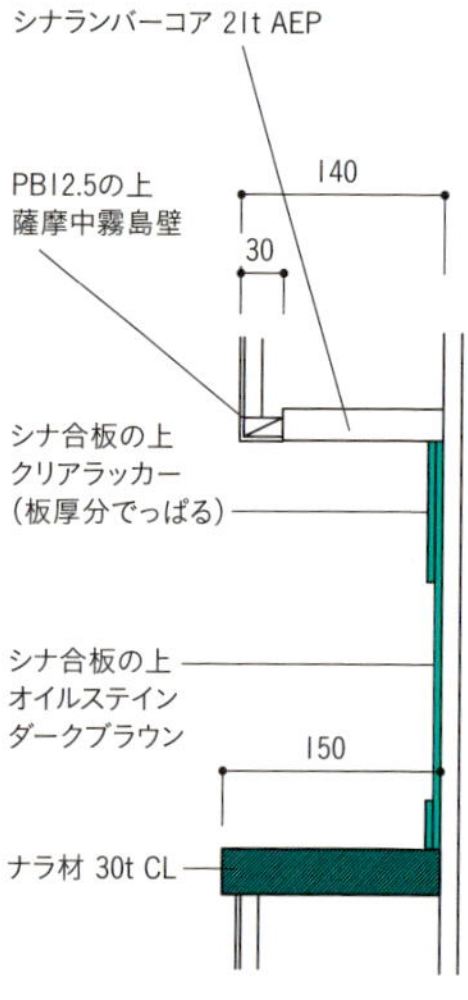

断面図 S=1:10

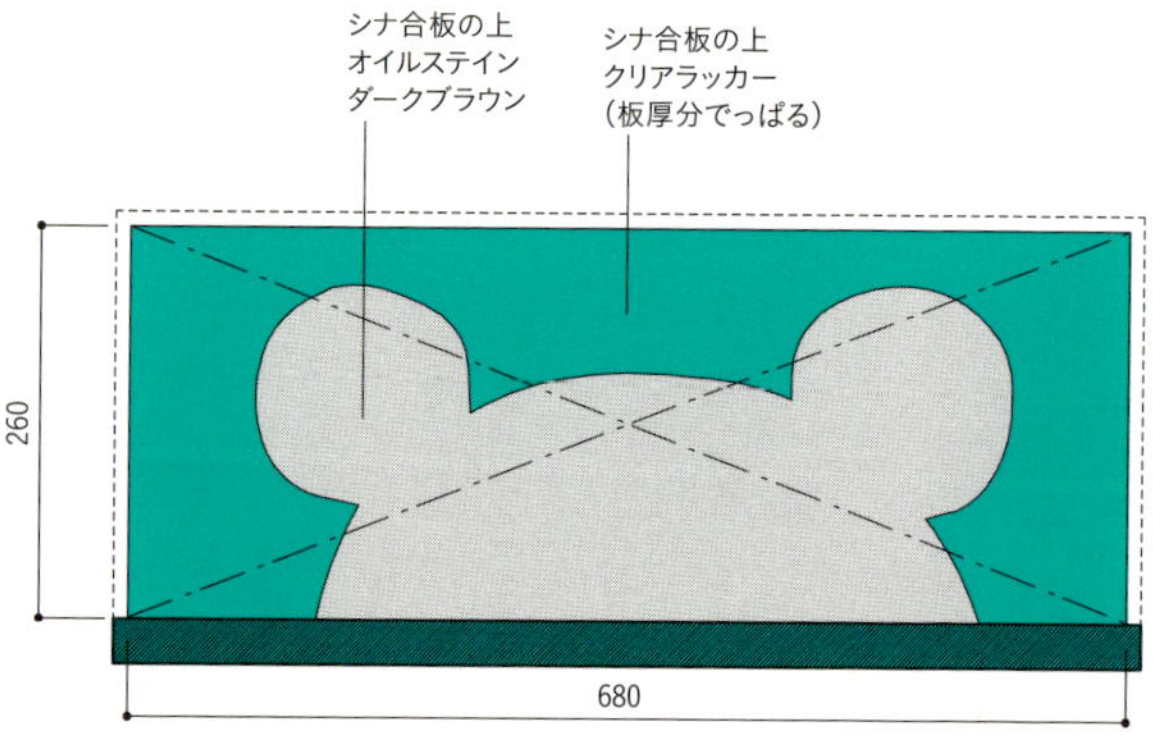

姿図 S=1:10

トイレのニッチ棚スケッチ

トイレなどの狭い空間にこそニッチ棚が力を発揮する。トイレには掃除道具を収納するニッチ棚を設けた事例がある。こうすればトイレの床を掃除するときにブラシを移動させる必要もない。

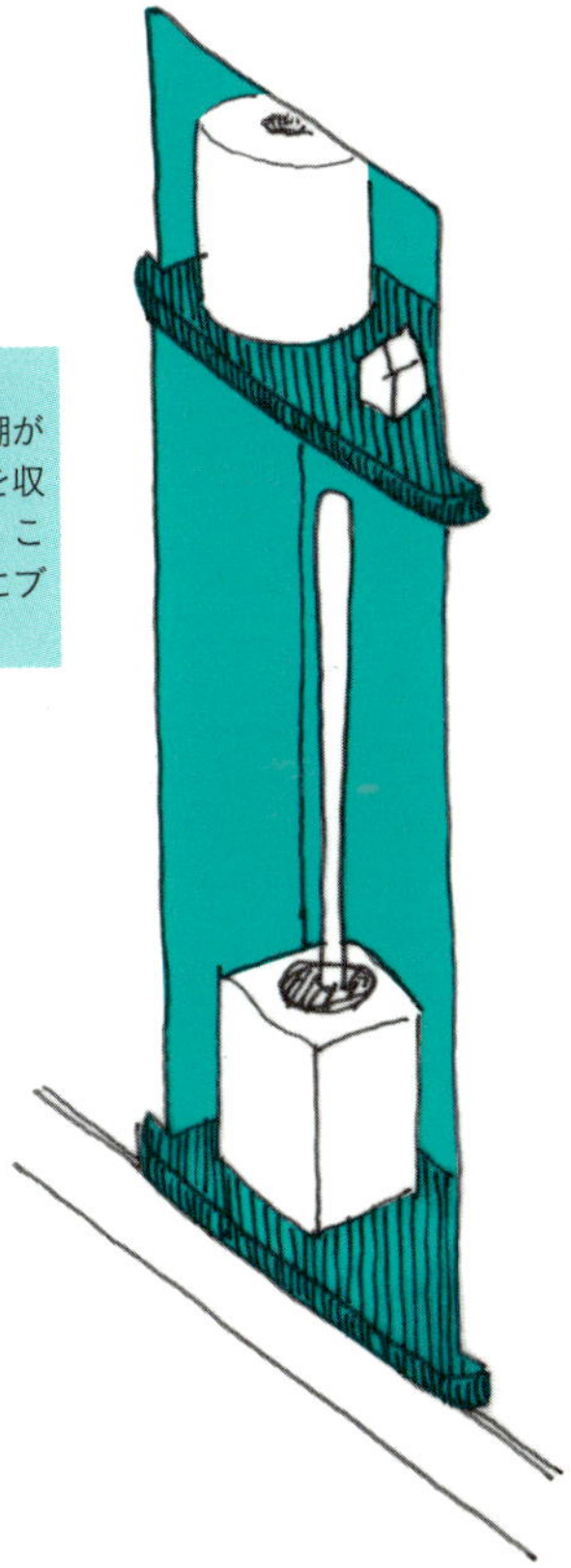

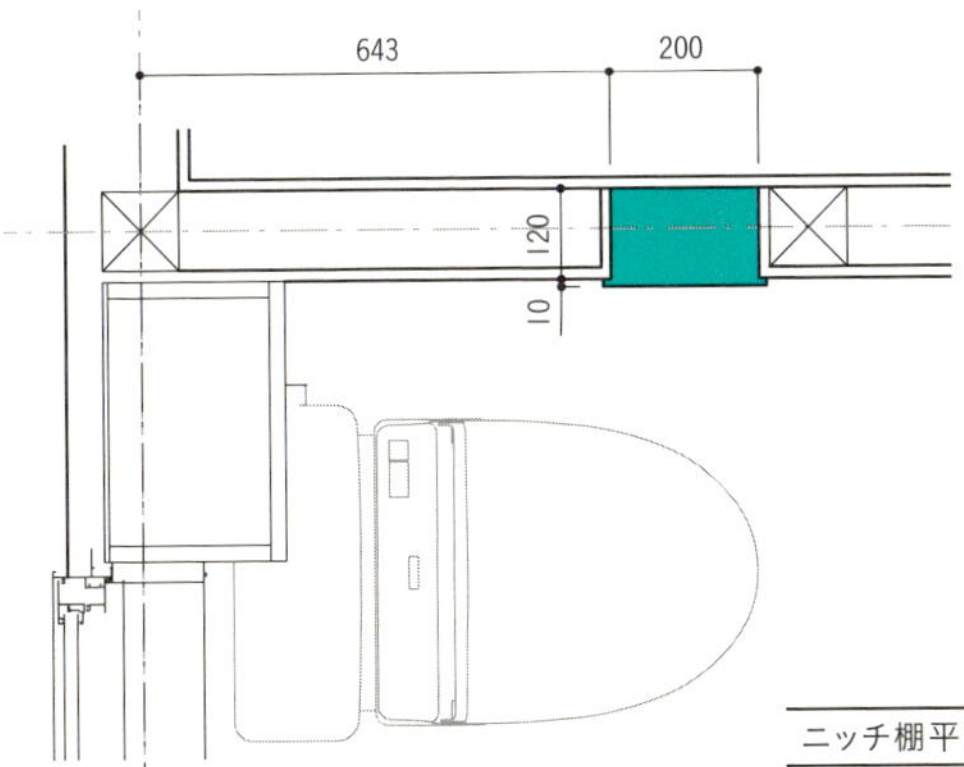

ニッチ棚平面図 S=1:20

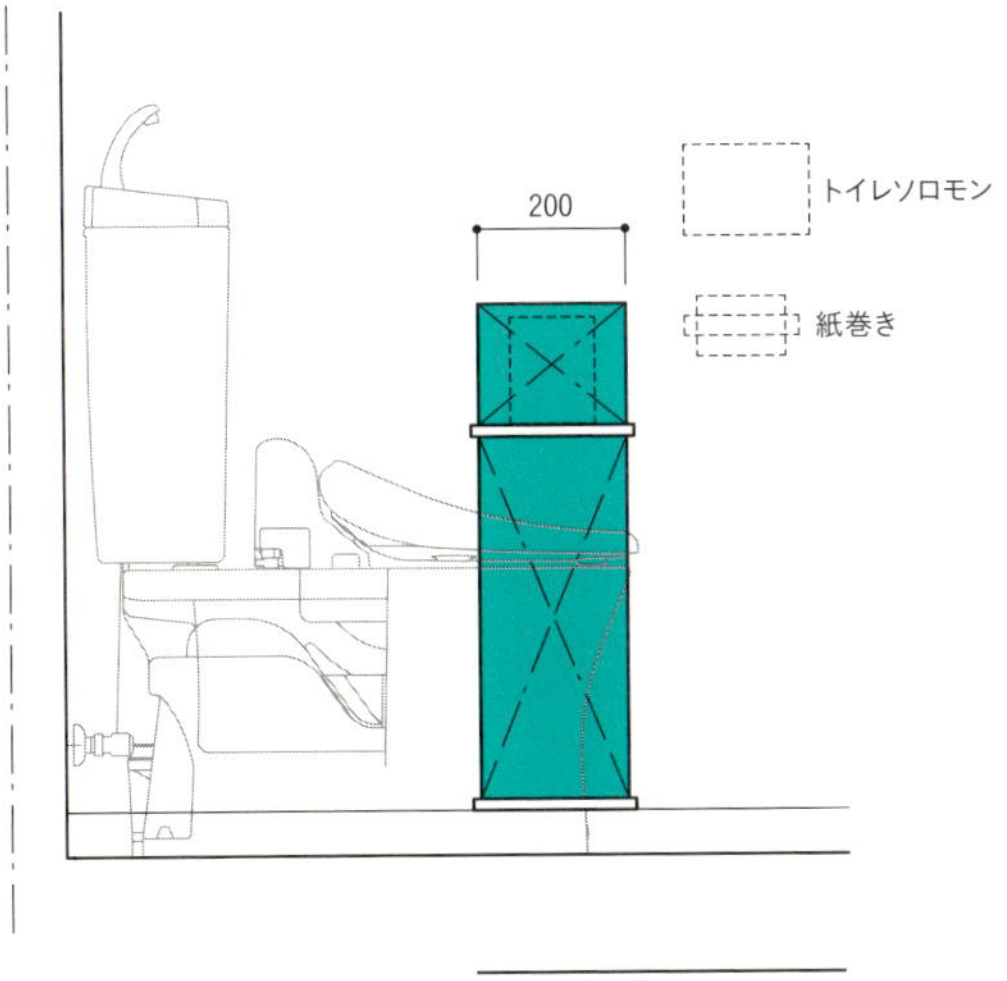

ニッチ棚姿図 S=1:20

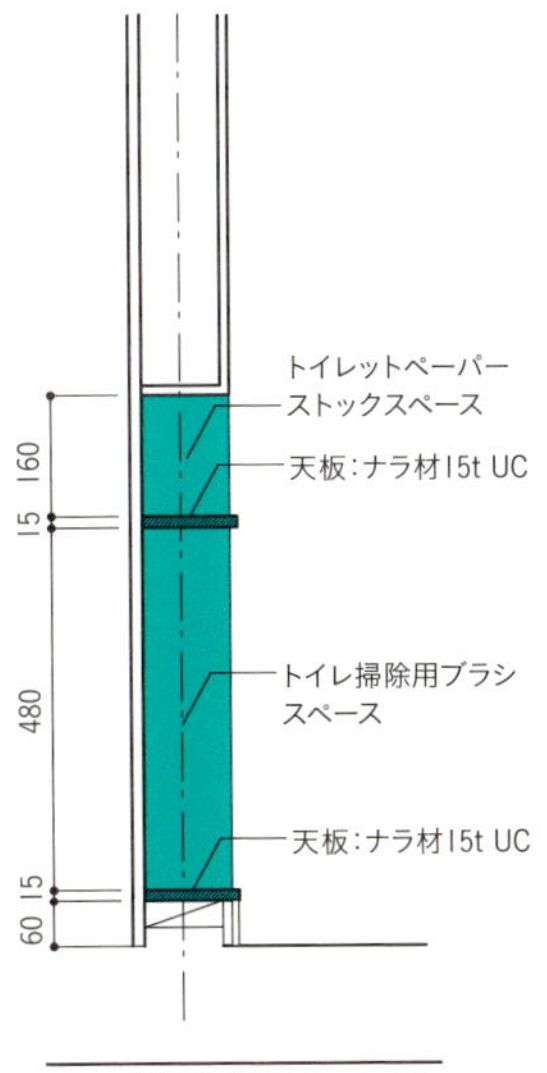

ニッチ棚断面図 S=1:20

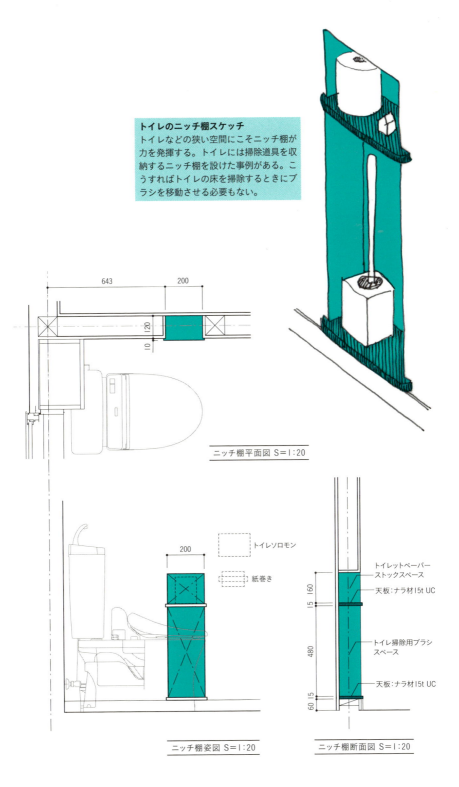

DETAIL

09

少し離れたスタディコーナー

孤立した子供部屋の勉強机で、「本当に勉強がはかどるのだろうか」という疑問は、子供のいる家の設計をしていると、打合せでたびたび話題になる。この家では、四間×四間のシンプルな正方形で、階段室を中心にぐるりと廻れる2階リビングのプランを提案し、その裏動線の一部を家族みんなで使えるスタディコーナーにした。

リビング・ダイニング・キッチンとは和室・階段室・納戸を挟んだ奥に位置するため、なんとなく気配は感じるが集中できるような距離感を考えた。階段とは障子でやわらかく仕切り、少しだけ開けておくこともできる。スタディコーナーの下は玄関ポーチであり、温熱的には寒い場所であるが、念のため、温水式パネルヒーターを机の下に仕込んである。

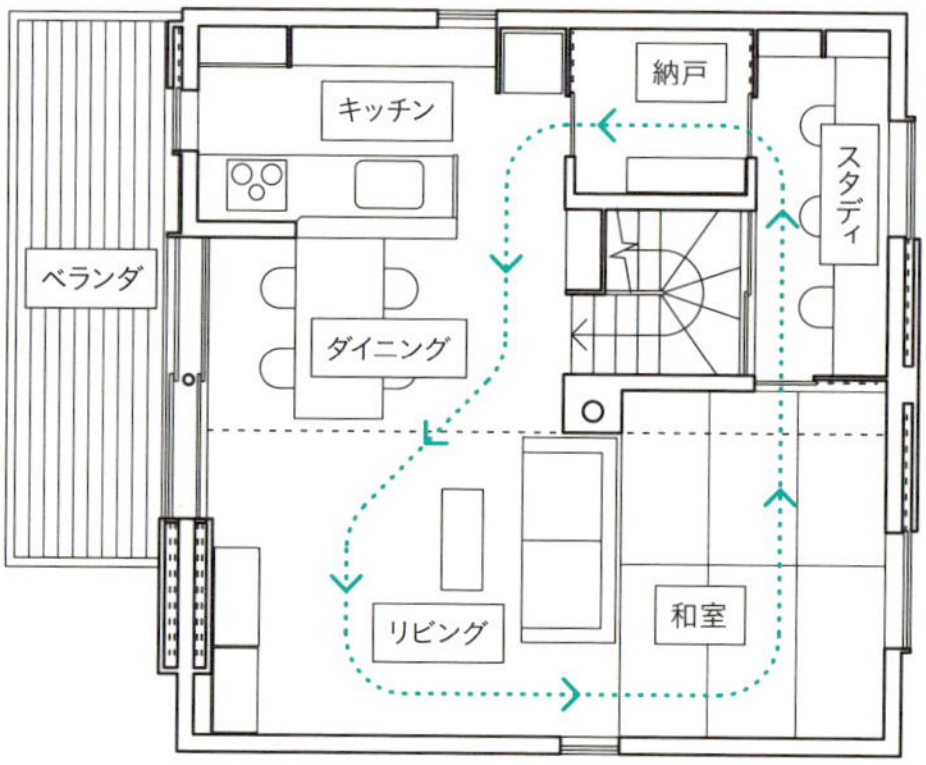

逗子の家 2階平面図 S=1:150

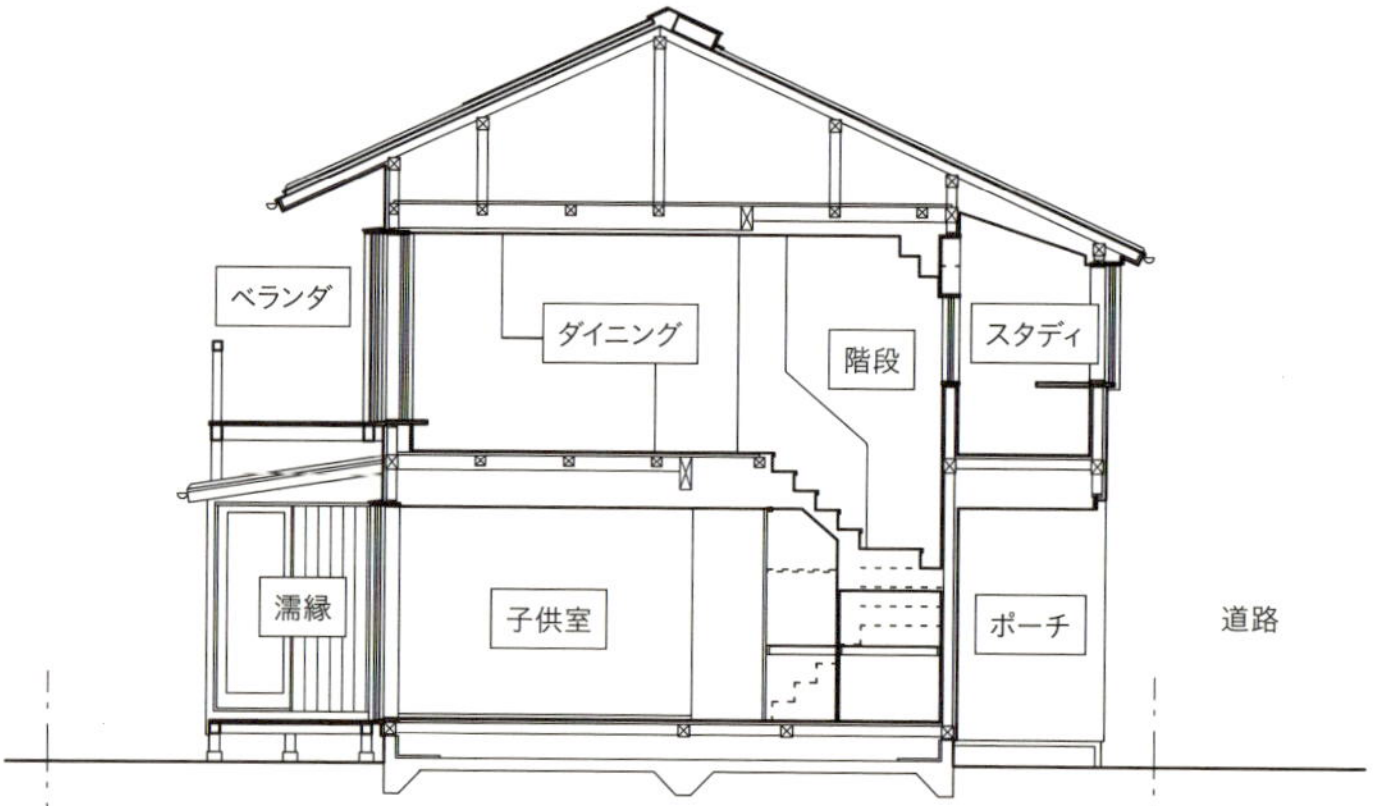

逗子の家 断面図 S=1:150

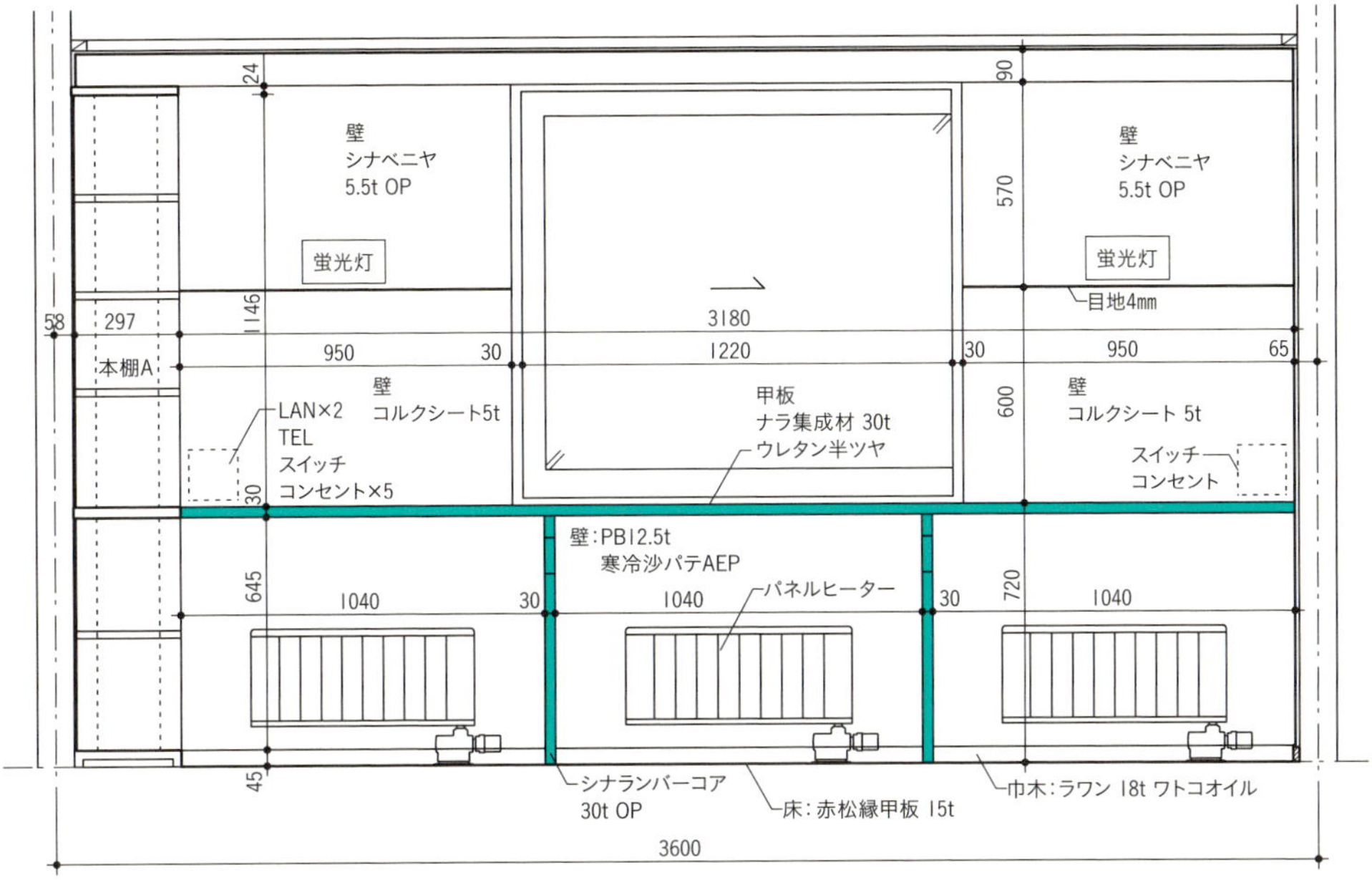

スタディコーナー姿図 S=1:30

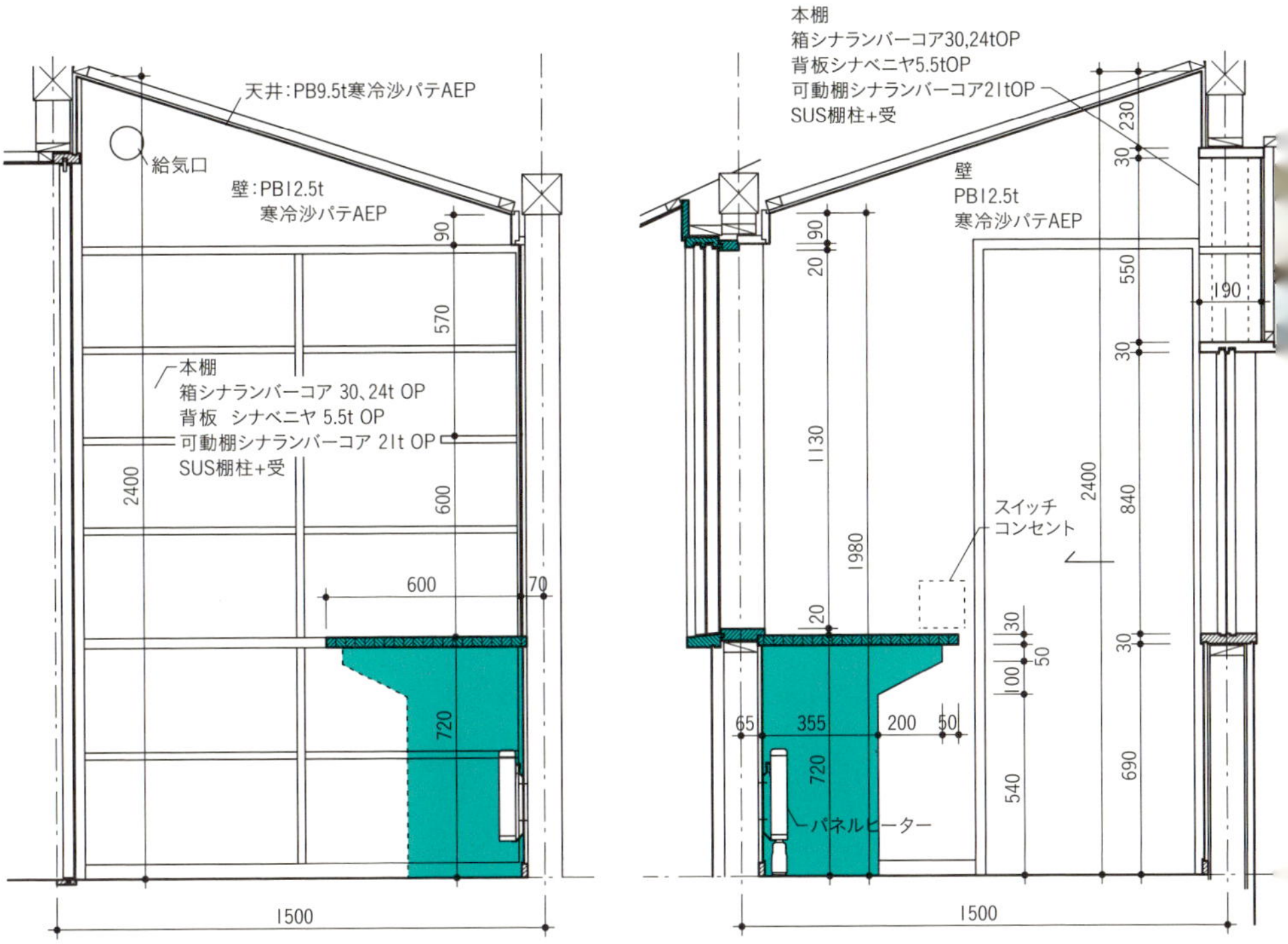

スタディコーナー断面図 S=1:30

DETAIL

10 納戸の奥のミニ書斎

これまでいろいろなご家族から設計の要望を聞いてきて、ご主人からは「小さくとも書斎がほしい」という要望は少なくない。寝室の片隅に机を造り付けるような書斎コーナーではなく、ちゃんと壁で間仕切られた部屋として「自分の居場所がほしい」というものだが、他の要望との兼ね合いでやむなく断念する場合もある。

そこで、なるべく負担の少ないやり方として、この家では納戸の奥に配したミニ書斎を提案した。基本的に納戸として使い、奥の一部分だけを書斎として造り込んでいる。完成してみると、とても魅力的な居場所となった。寝室と書斎の間に納戸がワンクッション入ることで、静かな落ち着ける空間である。気兼ねなく一人の時間を楽しむことができる。

稲口町の家2のミニ書斎
(写真撮影：そあスタジオ)

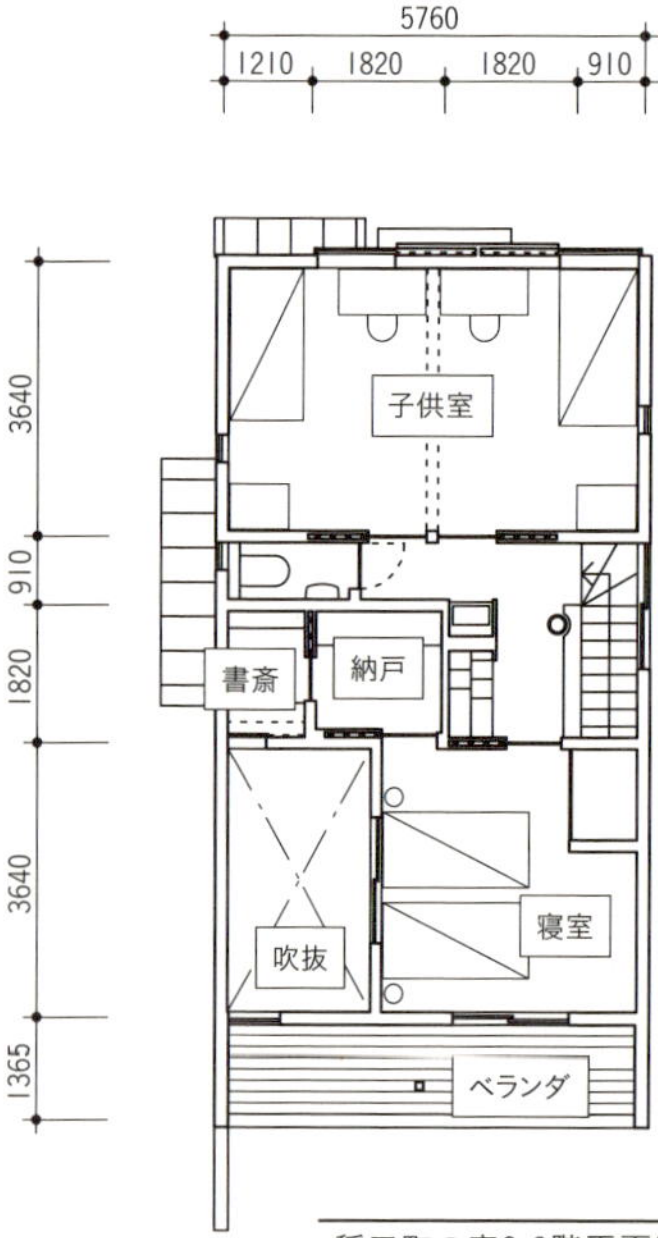

稲口町の家2 2階平面図 S=1:200

天井高を1.9mと低く抑えた濃密な空間である。約1.3帖しかないが、壁一面の本棚、無垢の木の机、有線LANと電源コンセントを装備している。椅子は北欧の家具デザイナー ボーエ・モーエンセンの「J39」を選んだ。

ミニ書斎からリビングの吹抜けを見る
障子の小窓を通しして、庭の緑がちらっと見える。

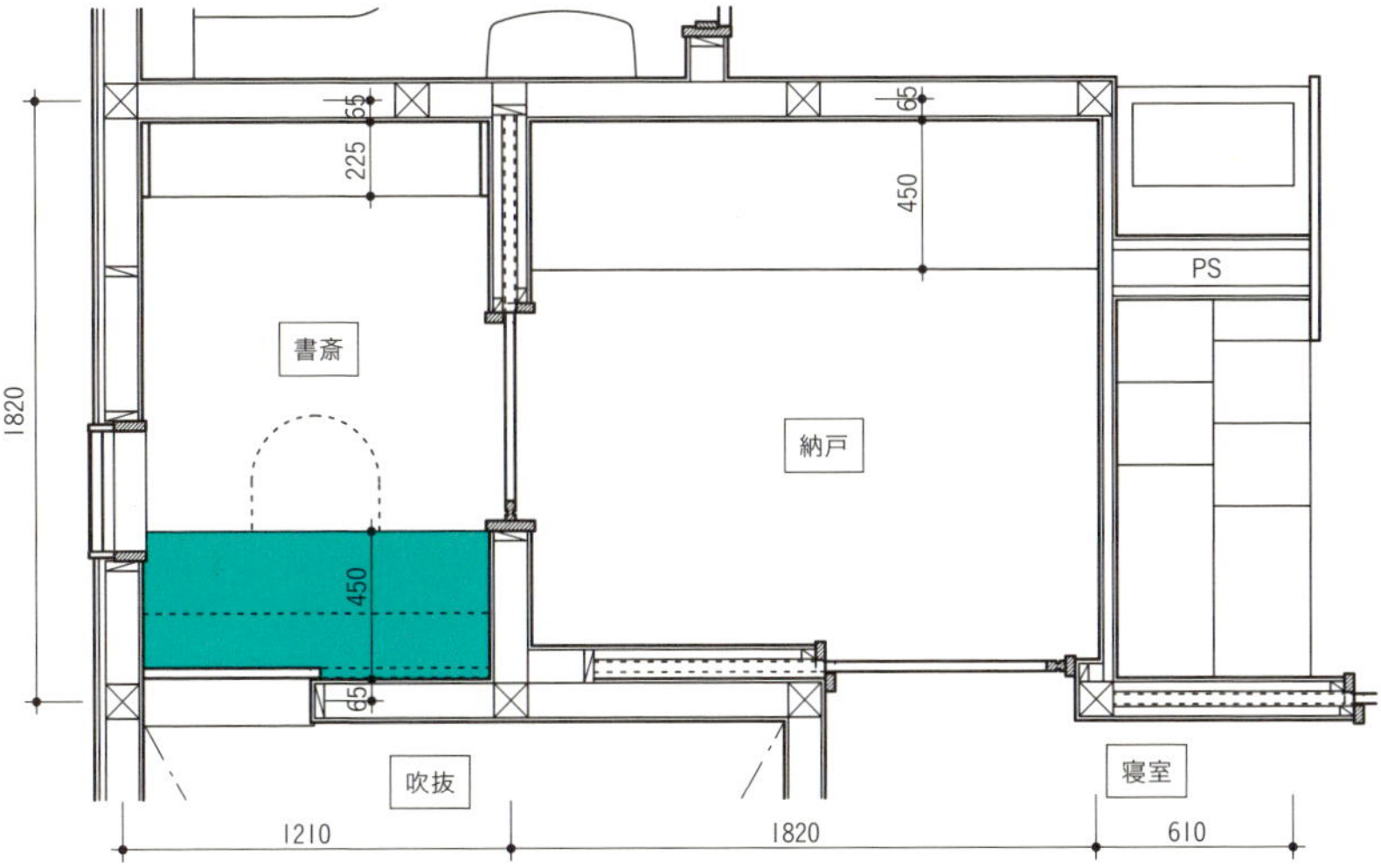

稲口町の家2 ミニ書斎平面図 S=1:40

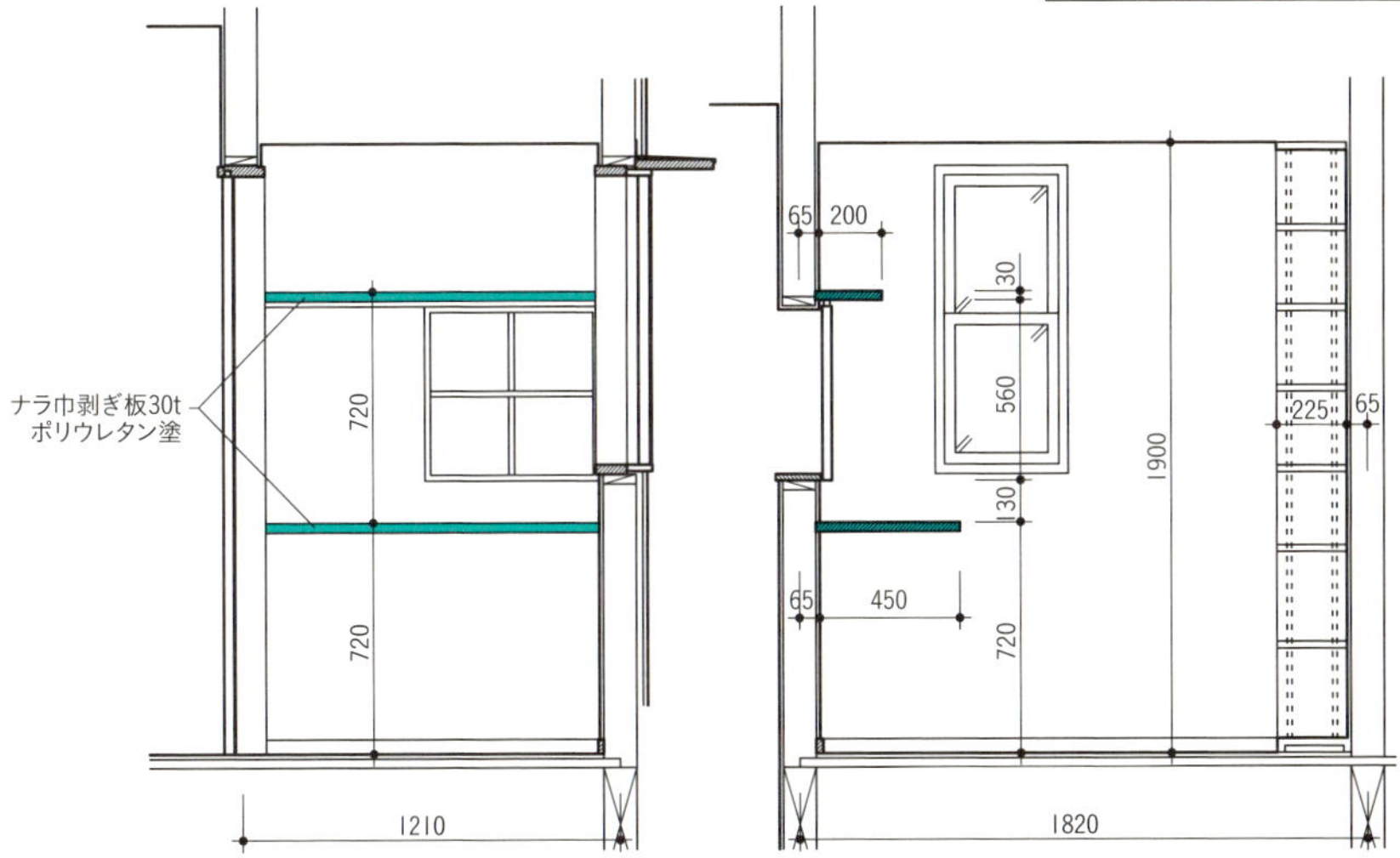

稲口町の家2 ミニ書斎断面図 S=1:40

Column

家に「名前」を…。

私（S）は家を設計するときに「名前」を付けるようにしています。

住宅は生活の場です。はじめは夢を膨らませてスタートした計画も、家族のさまざまな希望や法的規制、コストの問題などから現実的で特徴のないかたちへと流れてしまうものです。そして気がつくと、「建築家に頼んだ意味があったのかな…？」というような家になりかねません。

魅力的な住宅を完成させるためには、テーマになるような「軸」が必要だと考えています。そしてその「軸」を貫くために「名前」を付けるのです。

庭に向かって床レベルに段をつくった、「だんの間ハウス」というお家を設計したときのことです。諸条件の影響で計画途中で一度、床に段差を設けない案に変更しようか…、というタイミングが訪れました。そのときクライアントが「これではだんの間ハウスじゃなくて、フラットハウスになっちゃいますね」とつぶやきました。すると、「やっぱりこの段差がないと魅力がなくなるし、だんの間ハウスじゃなくなっちゃいますね!」ということで一件落着。

クライアントやそのご家族と家に付けた「名前」を共有し、一緒に温めていく感じ…、といえば大げさでしょうか。

住宅に魅力的な要素を盛り込むときに、何かを割り切る決心が必要になることもあります。この家の中で何が大切か、ということをクライアントと共有する上で、「名前」は重要な役割を果たしてくれていると感じています。

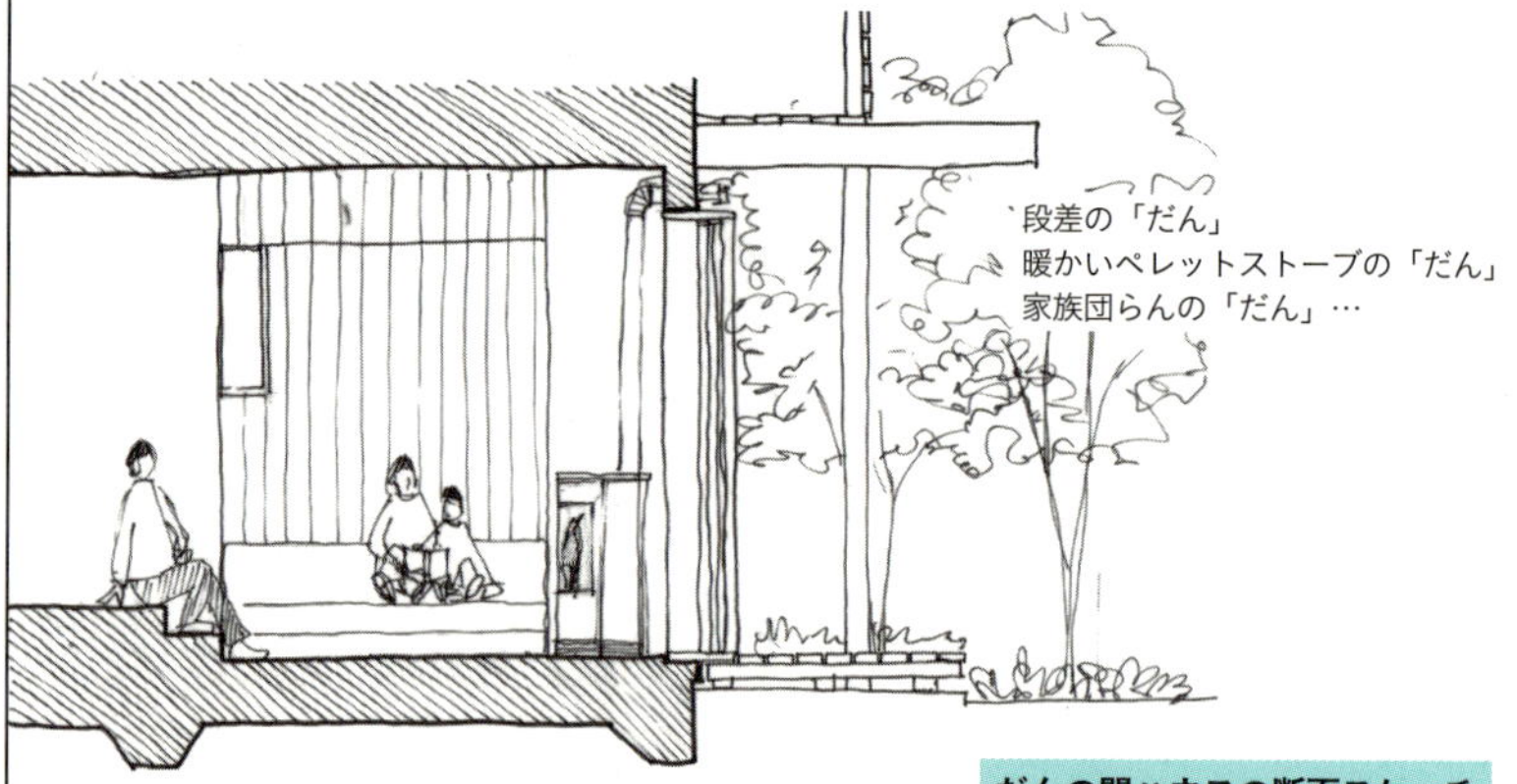
段差の「だん」
暖かいペレットストーブの「だん」
家族団らんの「だん」…

だんの間ハウスの断面スケッチ

住宅の設計をしていて大切にしているのは、
家の中だけを快適にすればよいという考え方ではなく、
まちに対しての関わりについても
責任をもって設計するということ。
家の佇まいを整え、敷地の余白には緑を設え、
住まい手の暮らしぶりが「ちょうどいい塩梅」で表れている、
そんな「まちに参加する家」になるように、
外構部分やアプローチを設計することが望ましい。

第7章

まちとつながる外構・アプローチ

DETAIL

01

戸袋は立面のアクセント

家の表情である「立面（外観）」は、道行く人に対してやさしく愛嬌のあるデザインを心がけている。

外壁の素材は、防火上の制約があり土壁か鋼板を用いることが多いが、戸袋は防火の制約がないため板張りとすることで、立面のアクセントとなり、表情をやわらかくしている。

木製建具引き込み戸を採用した家には戸袋を付けるが、アルミサッシの家でも日射遮蔽用の格子戸を設置し、引き込みのための戸袋を付けている。戸袋が付けられない場合は、目隠しスクリーンやベランダの手摺をスノコ板張りとしている。

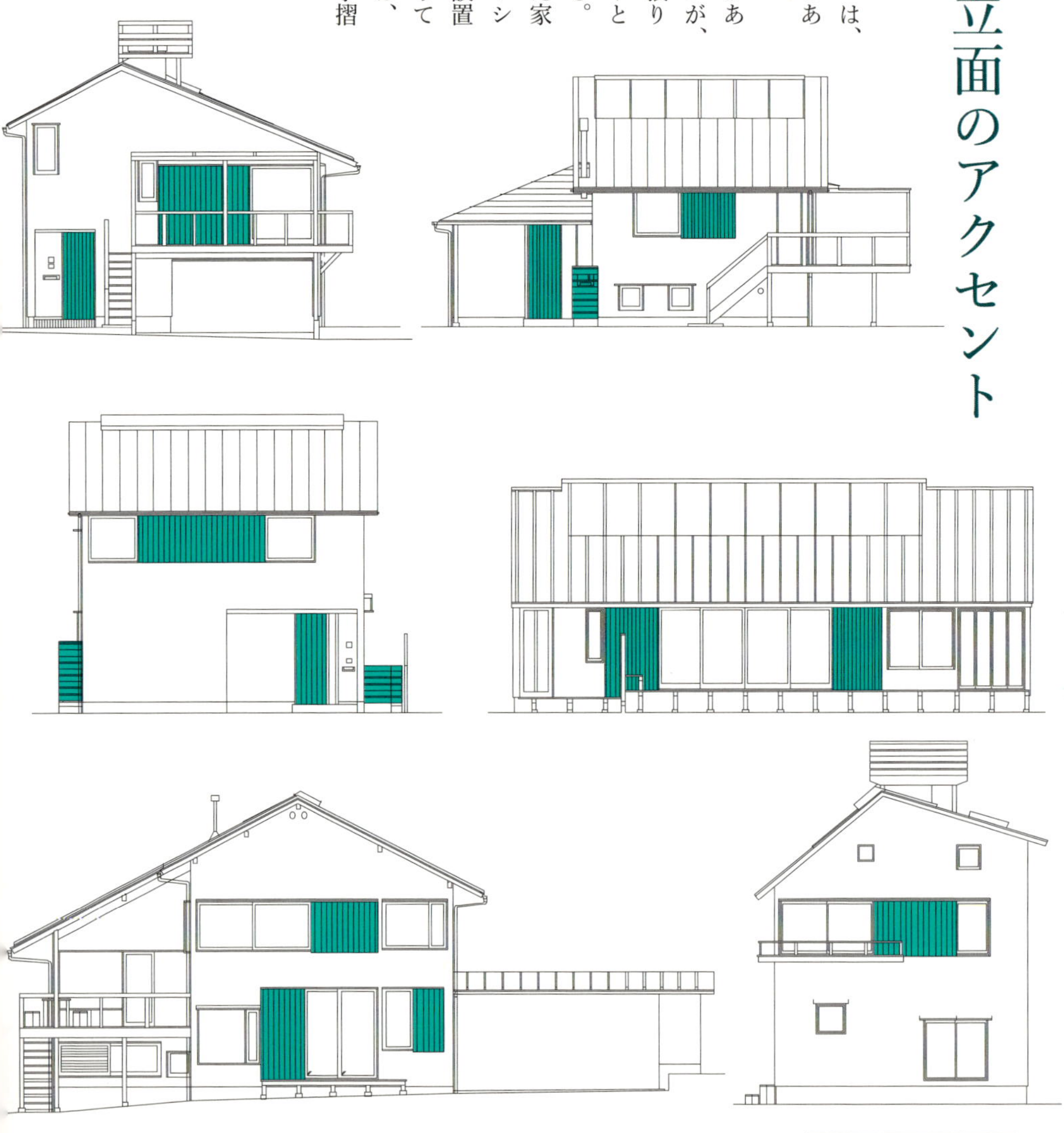

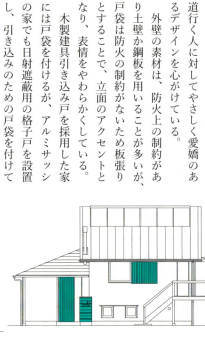

住宅の立面図 S＝1:200

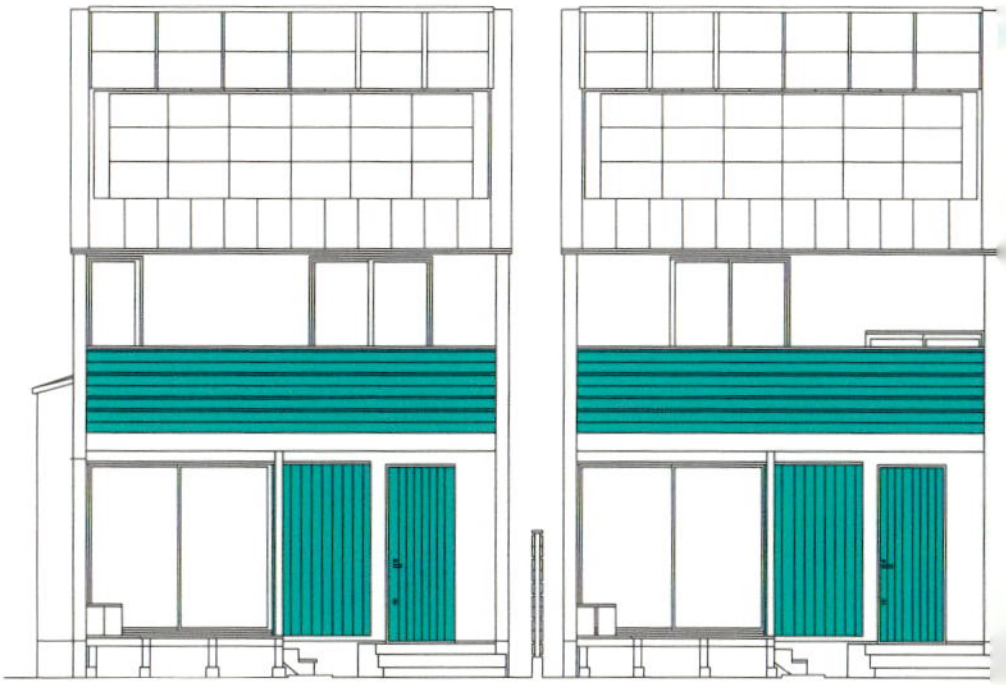

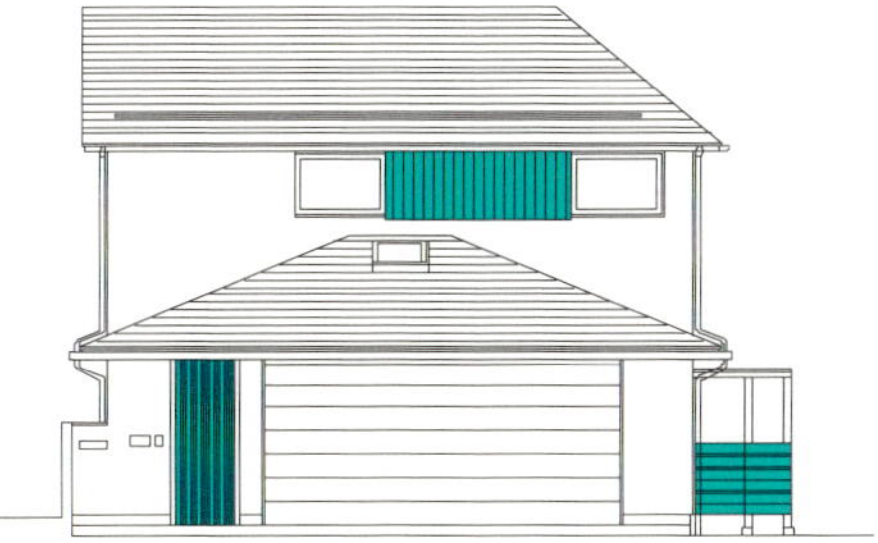

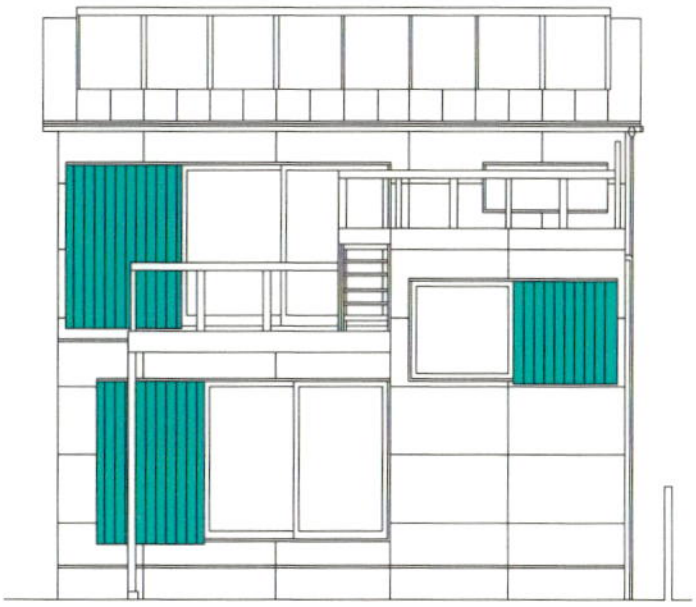

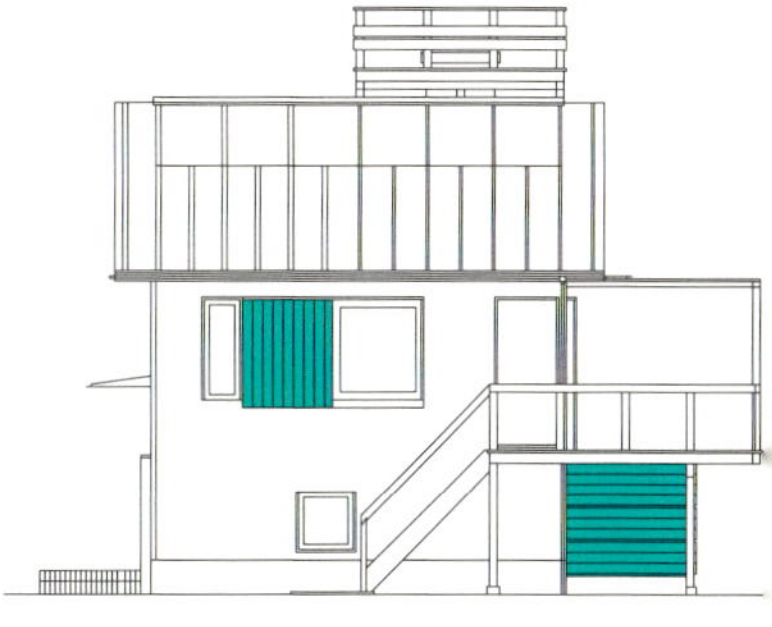

DETAIL

02

ソラとつなぐ物見台

以前設計した物見台のある家が好評で、このところ3軒連続で物見台付きの家が続いている。1軒目の家では屋根に登れば海が見えるためであったが、2軒目以降は何かしら特別なものを見る目的ではなく、ただまちを一望したいというだけ。特に建て替えの場合など、物見台によってそれまでに見たことのない風景が現れるのも驚きがあり、気分がいいものである。

茨木の家では、2階の子供室から天井収納ハシゴでロフトに上り、ロフトからもう一つハシゴを上ってハッチから物見台に出られるようにしている。物見台の骨組みは根太をハッチの立ち上がりに固定し、雨仕舞いを考慮して束は屋根に載せているだけである。

ハッチはベニヤで断熱材を挟み、ガルバリウム鋼板で覆ったもの。結構な重量があり、1軒目のときはガ

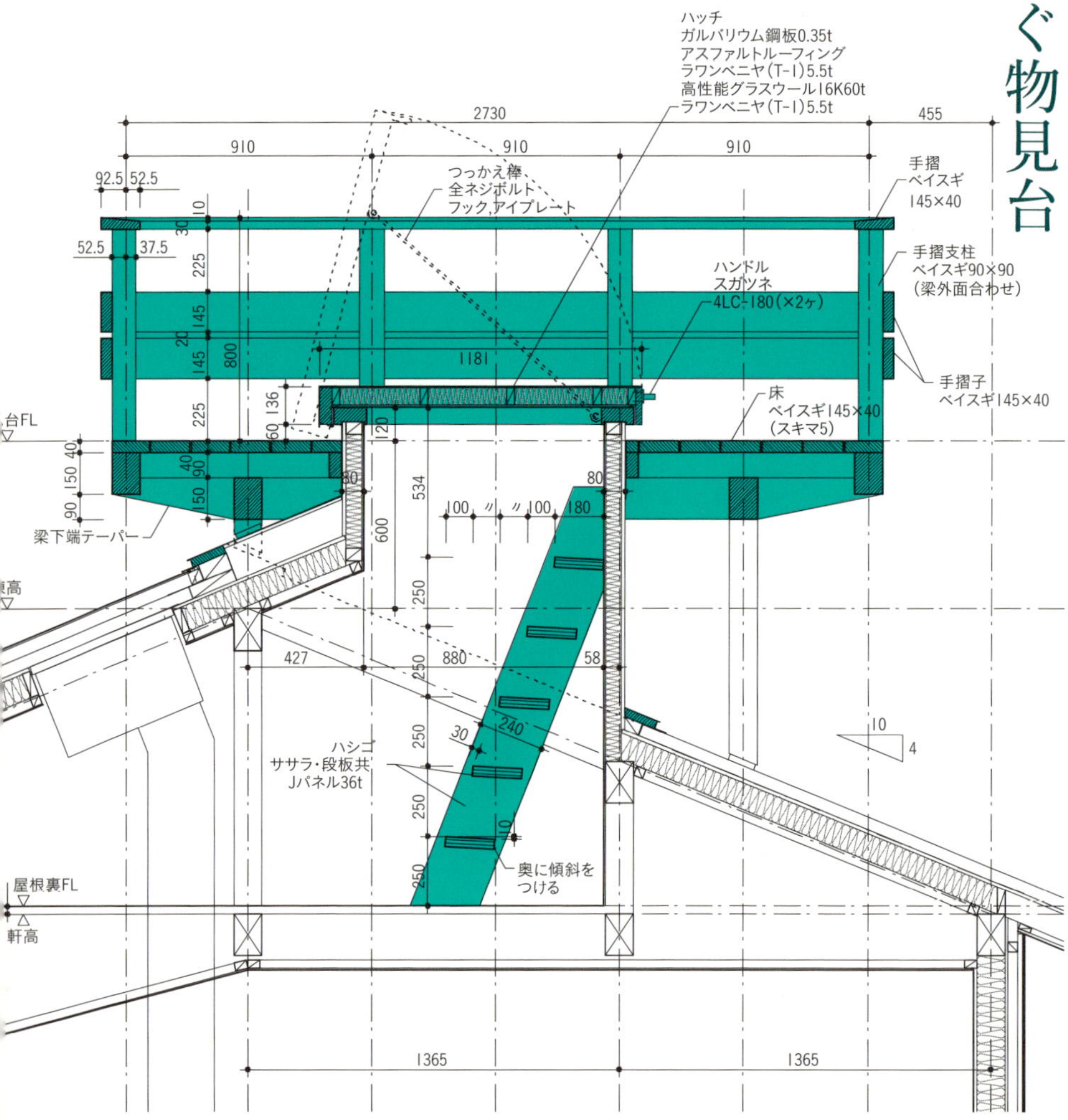

茨木の家 物見台断面図 S＝1:30

スダンパーを使って軽く開けられるようにしたが、ダンパーが強すぎて枠の補強が必要になるという課題があった。その経験もふまえ、この家ではダンパーを使用せず、金属ロッドのつっかえ棒を使った。

右上：茨木の家外観
右下：物見台からの眺め（写真撮影：築出恭伸）
左：物見台ハッチ

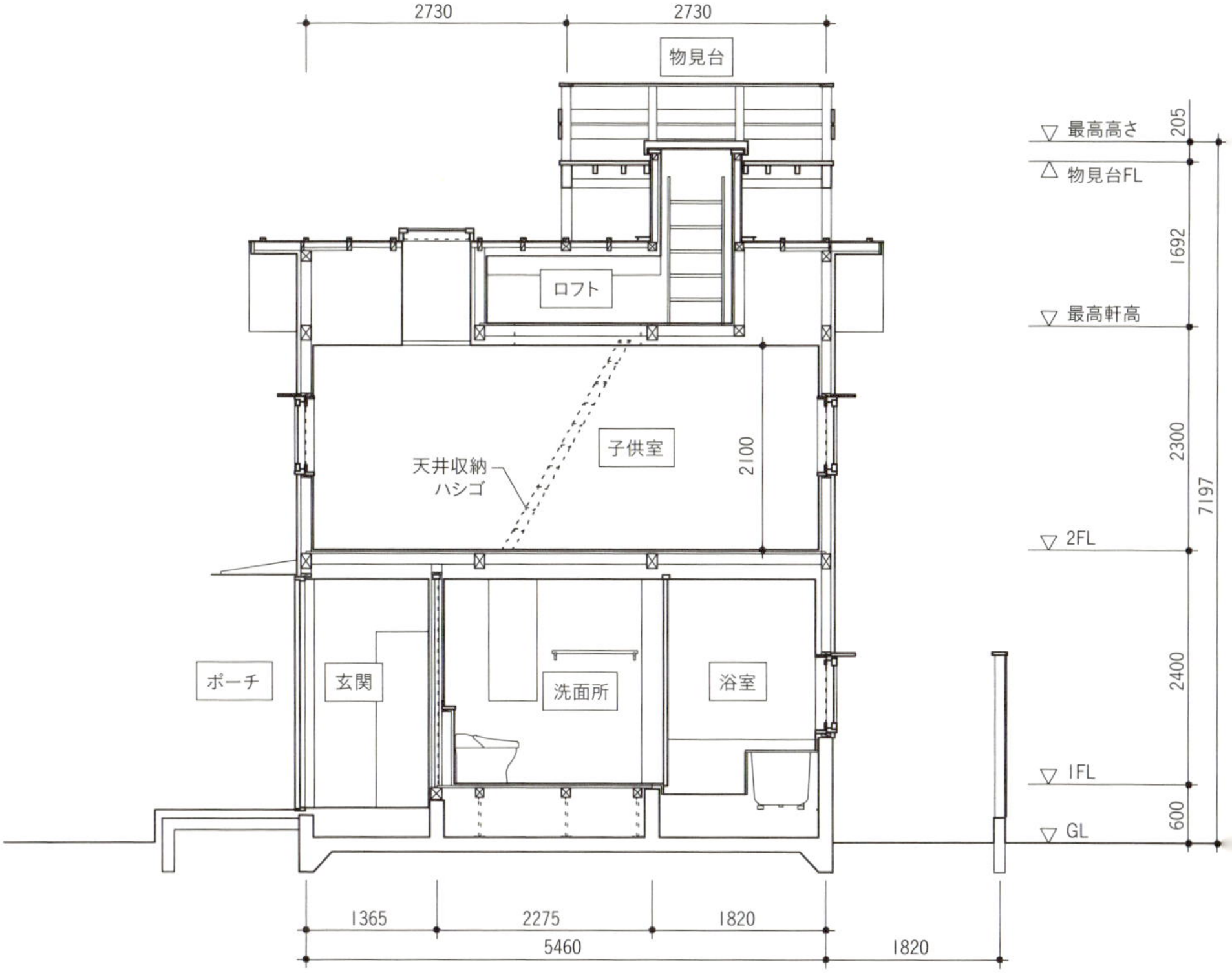

茨木の家 断面図 S＝1:200

03

断面の凹凸が生活にゆとりを生み出す

建物の断面形状に凹凸があると、家の周りに半屋外的なスペースができて生活の動作にゆとりが生まれる。

たとえば雨の日。玄関先で鍵の開け閉め、傘の開閉を行うときに、庇がしっかり設えられていたり、庇がなくても上階のでっぱりがあるだけでも、雨に濡れずに落ち着いて行動できる。またそのような庇やでっぱりが長く確保できる場合は、駐輪スペースや物置スペースとしても活用できる。勝手口付近では、ごみを収集日まで保管する置き場としても活用できる。デッキや縁側を設えれば、半屋外空間を楽しむ場所として、心地よい時間を提供してくれる。

このように家の周りの凹凸は、機能的な役割を果たすのと同時に、家の周りは人の暮らしの場が張りついているようにも見え、通りかかる人からも親近感のもてる家になるだろう。

ヘッジロウハウスの断面

２階のデッキテラスが張り出しているため、庭仕事の途中などに、エンガワデッキは日除けの休憩スペースとしても使用できる。また２階のテラスデッキは、一間近くの奥行きがあり、テーブルや椅子を並べて内と外の中間的な心地よさを楽しめる。

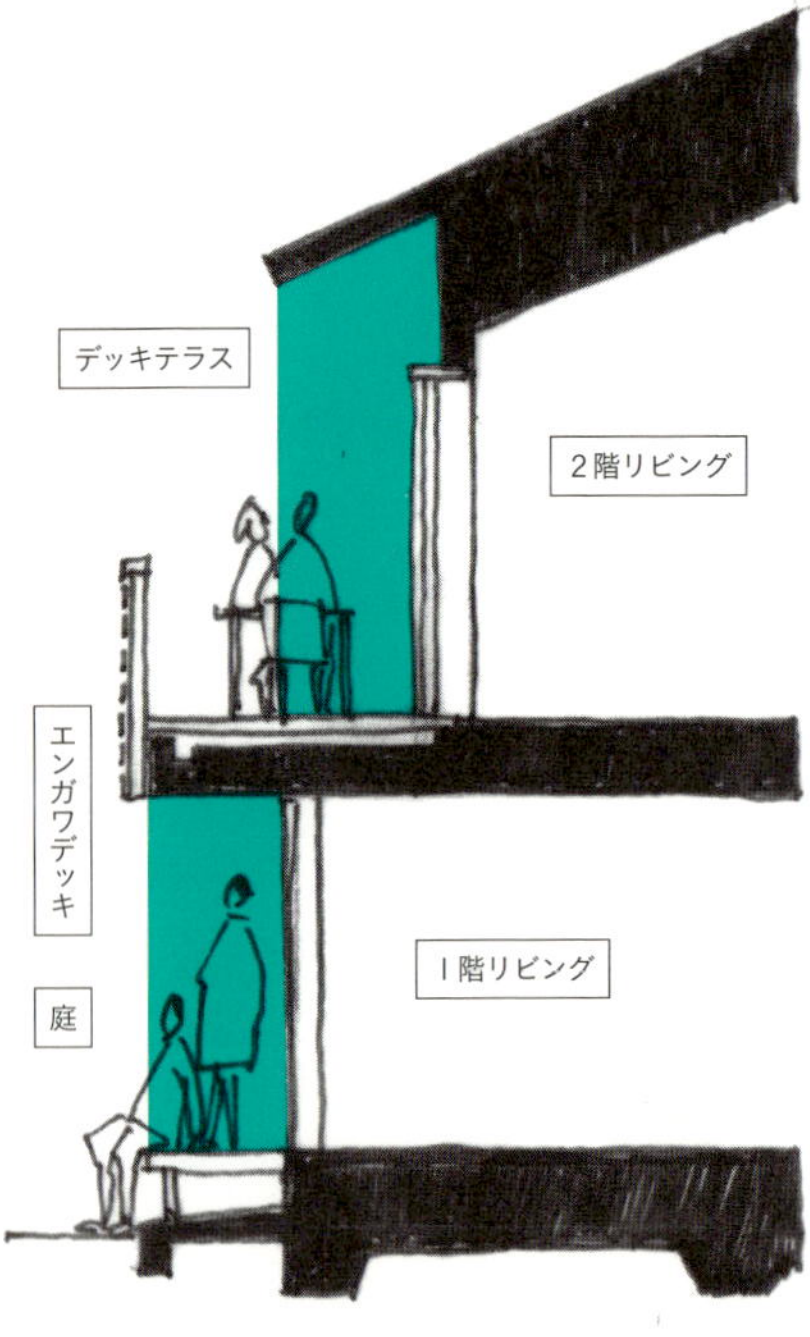

ヘッジロウハウス断面図 S＝1:100

カヅノキハウスの断面

カヅノキハウスはRC造の１階の上に木造の２階が載っている。２階床レベルで張り出したコンクリートは、１階に雨風が避けられるスペースを、多くつくり出している。また２階キッチンの勝手口の外にも屋根が架かった部分があり、ごみ置き場として活用している。

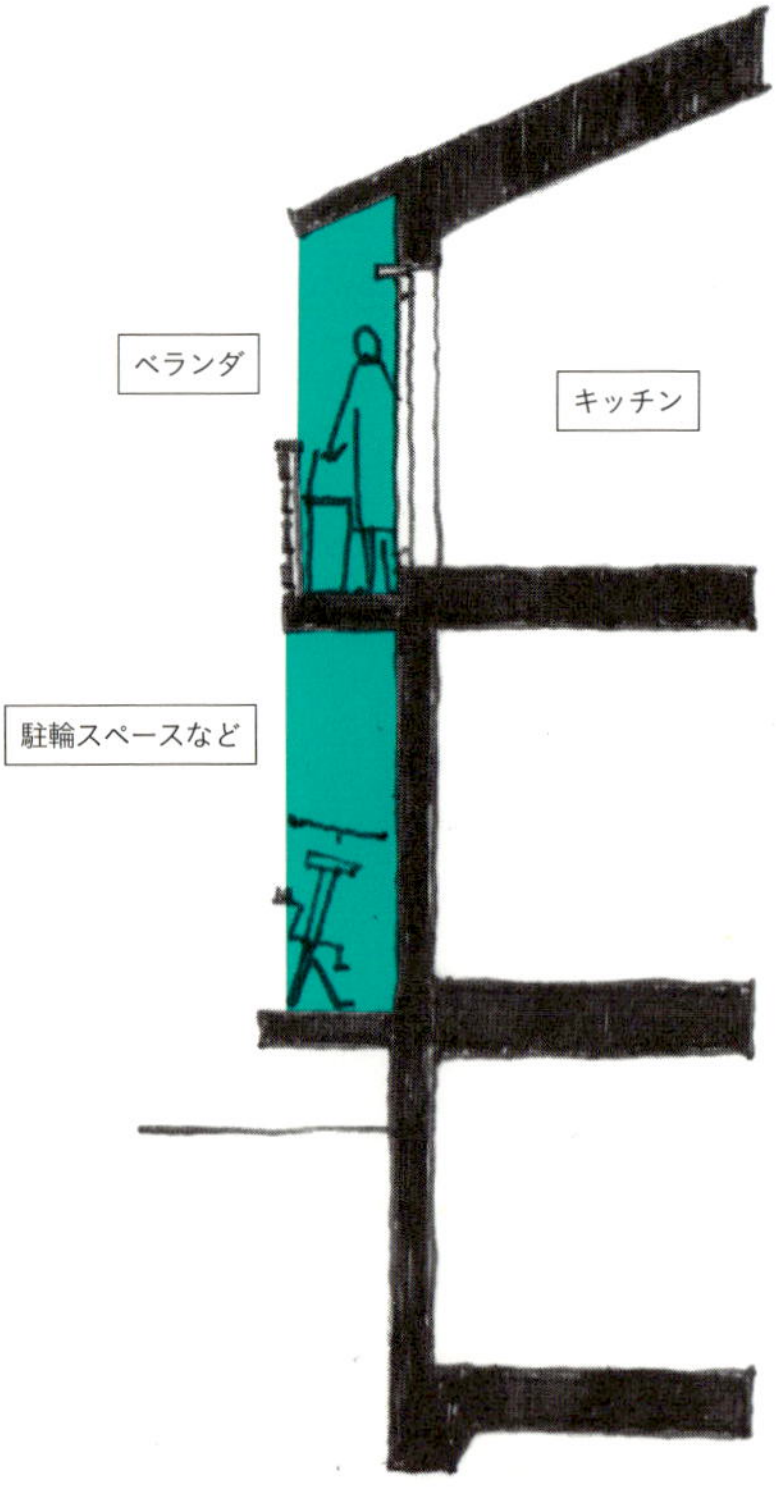

カヅノキハウス断面図 S＝1:100

だんの間ハウス断面図 S=1:100

だんの間ハウスの断面
建物の妻側に玄関が配置される場合、単独の庇を設け、内と外の中間領域をつくり出している。

エンガワハウス断面図 S=1:100

エンガワハウスの断面
2階の軒が半間出ていて、さらに建物が半間オーバーハングしているため、玄関前のスペースは深い軒が架かったようなかたちになっている。

04

家とまちの間に

ミズニワハウス
6帖程度の小さなスペースに木ルーバーの柵、植栽、水盤などを配置した。

都市部の住宅街を歩いていると、ブロック塀で敷地を囲っている家があったり、その逆で周辺をすべてコンクリートで舗装した植物も塀もない家を見かける。前者はまちに対して閉鎖的になってしまい、後者はまちから窓が丸見えになり、結局カーテンや雨戸を締め切って生活することになる。家とまちの間は植栽や板塀、すだれなど少し透過性のあるものがレイヤー状に重なり、そのときどきでちょうどよい距離感がつくり出せるのがよいと考えている。落葉樹は窓を開けたい夏には葉が茂り、窓を閉めて過ごす冬には葉が落ちて、季節に合った距離感をつくり出すのによい働きをしてくれる。ミズニワハウスではクライアントのアイデアで、庭に水盤をつくったが、家とまちの間の魅力的な空間は、家にとってもまちにとっても、素敵な宝物になると考えている。

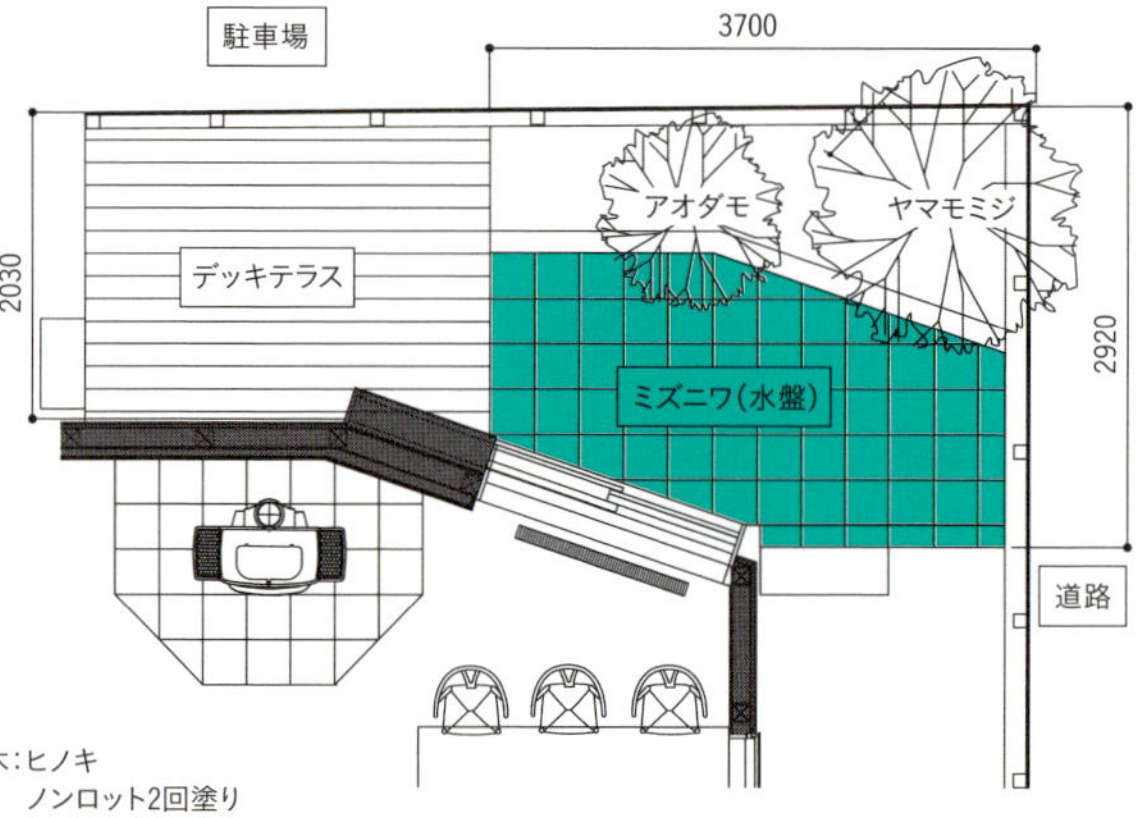

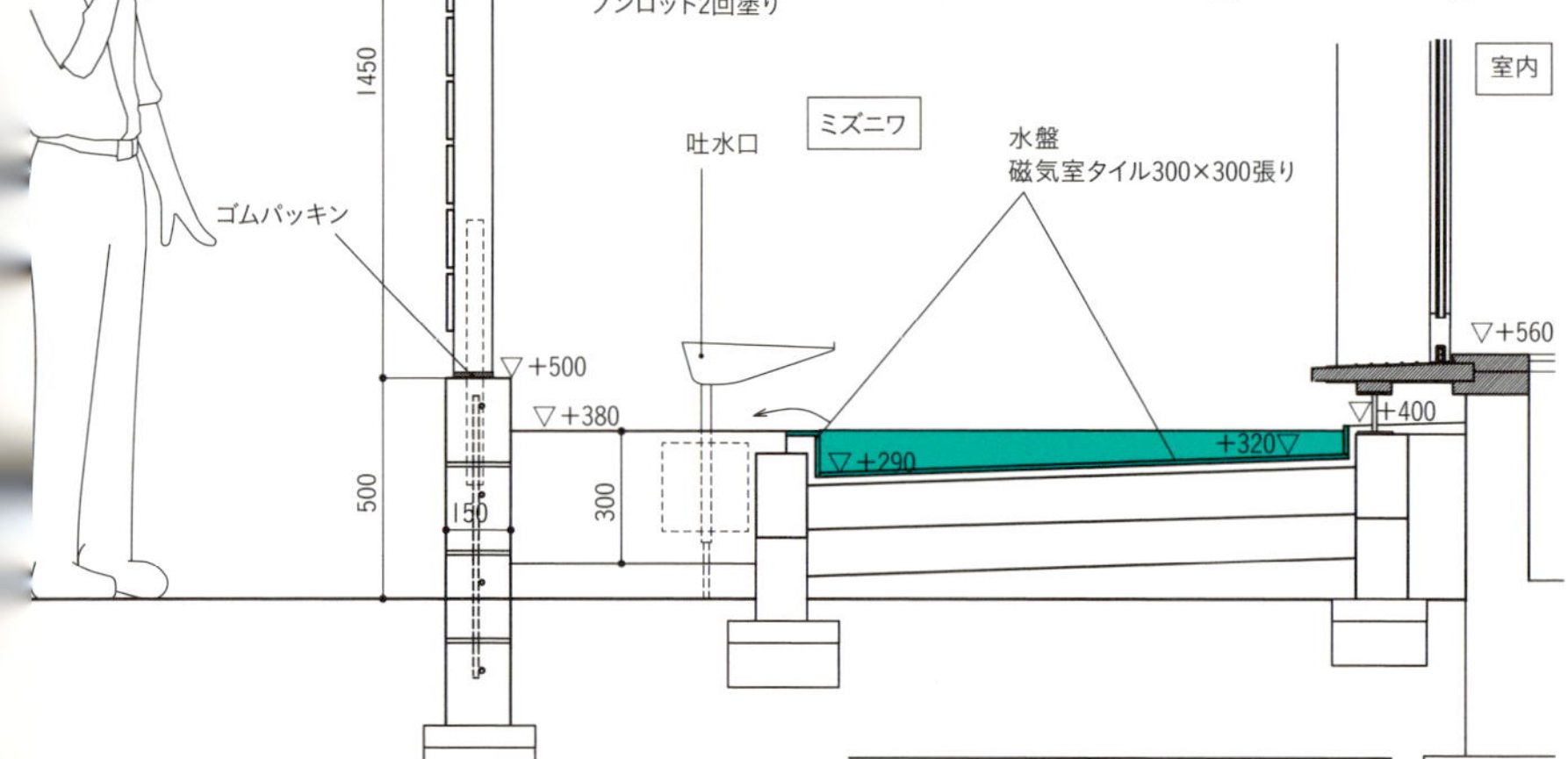

ミズニワハウス ミズニワ断面図 S=1:30

カヅノキハウス
高木や低木など緑が緩衝帯になって家とまちのちょうどいい距離感をつくり出す。

ブロック塀で「家とまち」が分断され、閉鎖的な雰囲気になってしまう。

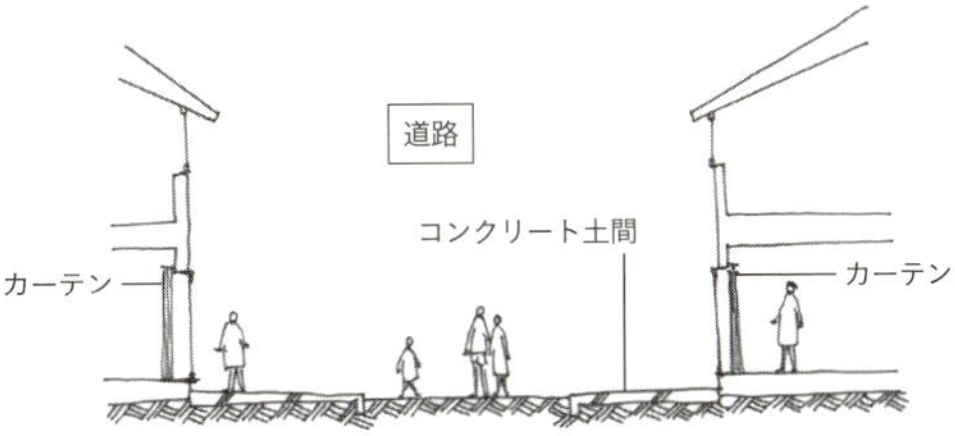

「家とまち」の関係がオープン過ぎても、日中でもカーテンや雨戸が閉められてしまい、まちの雰囲気はよくならない。

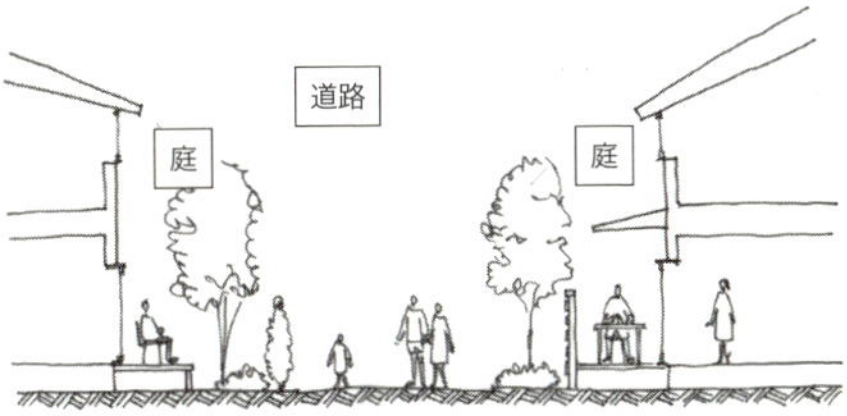

「家とまち」の間に木ルーバーや生け垣、庇、デッキなどを設えることで、「家とまち」の境界が曖昧になって、住む人たちの気配が感じられるまちになる。

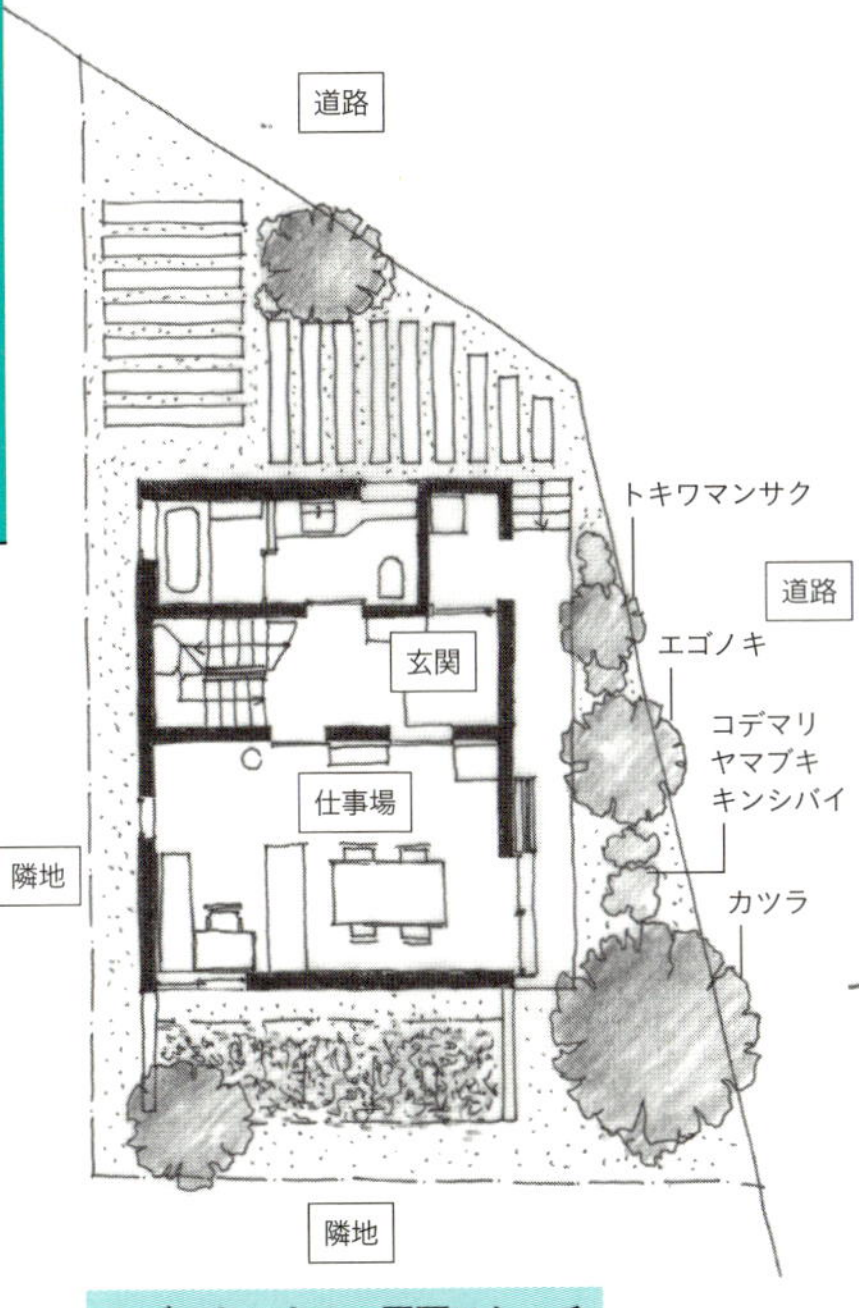

カヅノキハウスの平面スケッチ

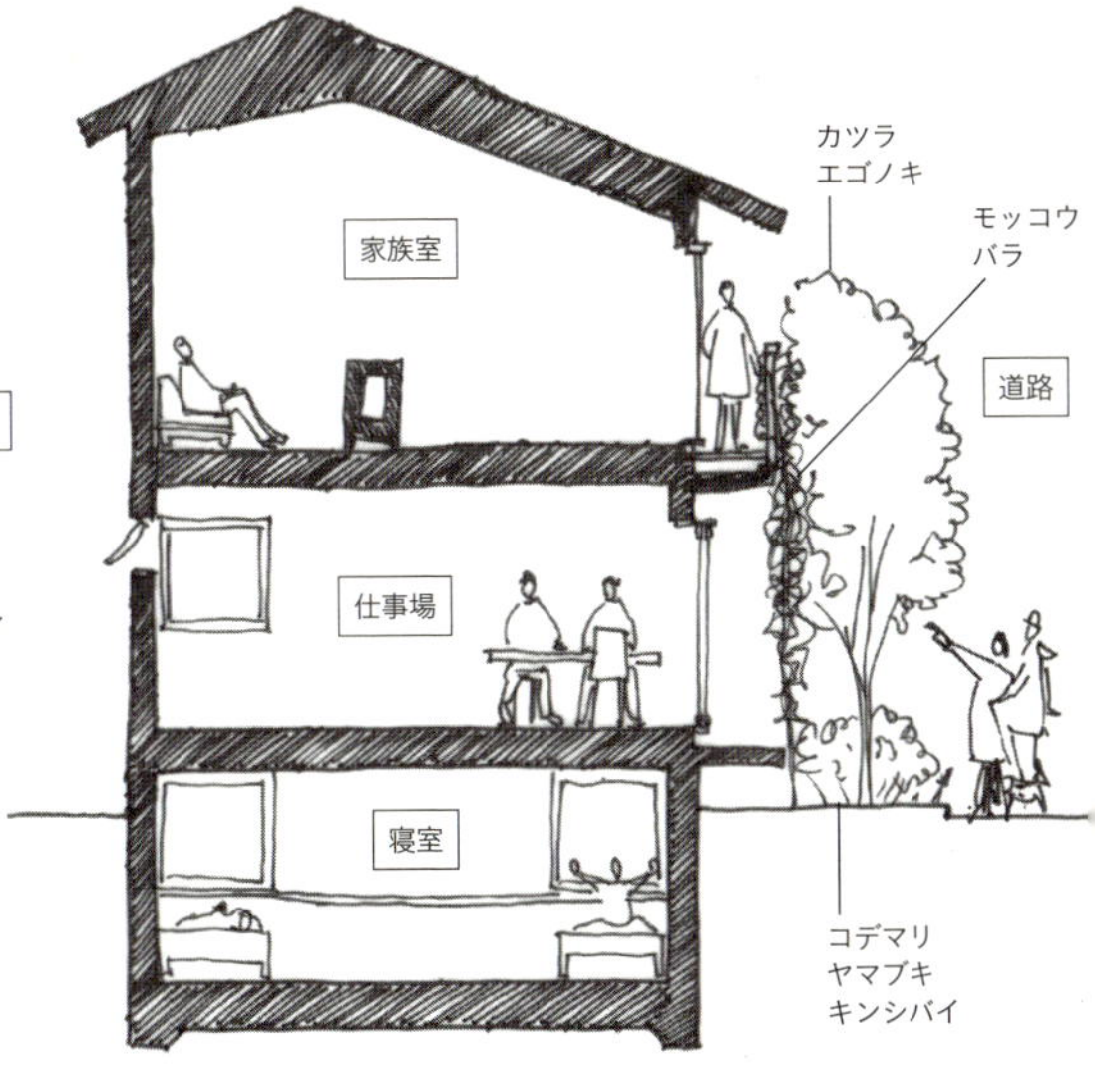

カヅノキハウスの断面スケッチ

DETAIL

05

アプローチの演出はアイストップが命

学生時代に住んでいた京都で、詩仙堂や法然院のアプローチが好きで何度も通った。動線を最短距離で考えずあえてクランクさせる手法は、住宅のアプローチにも参考になる。クランクの行き止まりに、見せたいものや目を引くものを配置すると、アプローチが活き活きとしてくる。アイストップには、花や実、紅葉がきれいな樹木をおすすめする。家を出入りするときに目が行くので、無意識のうちに季節を感じ取ることができる。植物以外では、暮らしの気配を感じさせる木製の小窓などをアイストップに計画しても面白い。また玄関の正面に植える樹木も効果的である。毎朝、目の前に新緑や花をつけた樹木が出迎えてくれる。

Bulatハウスのエントランス

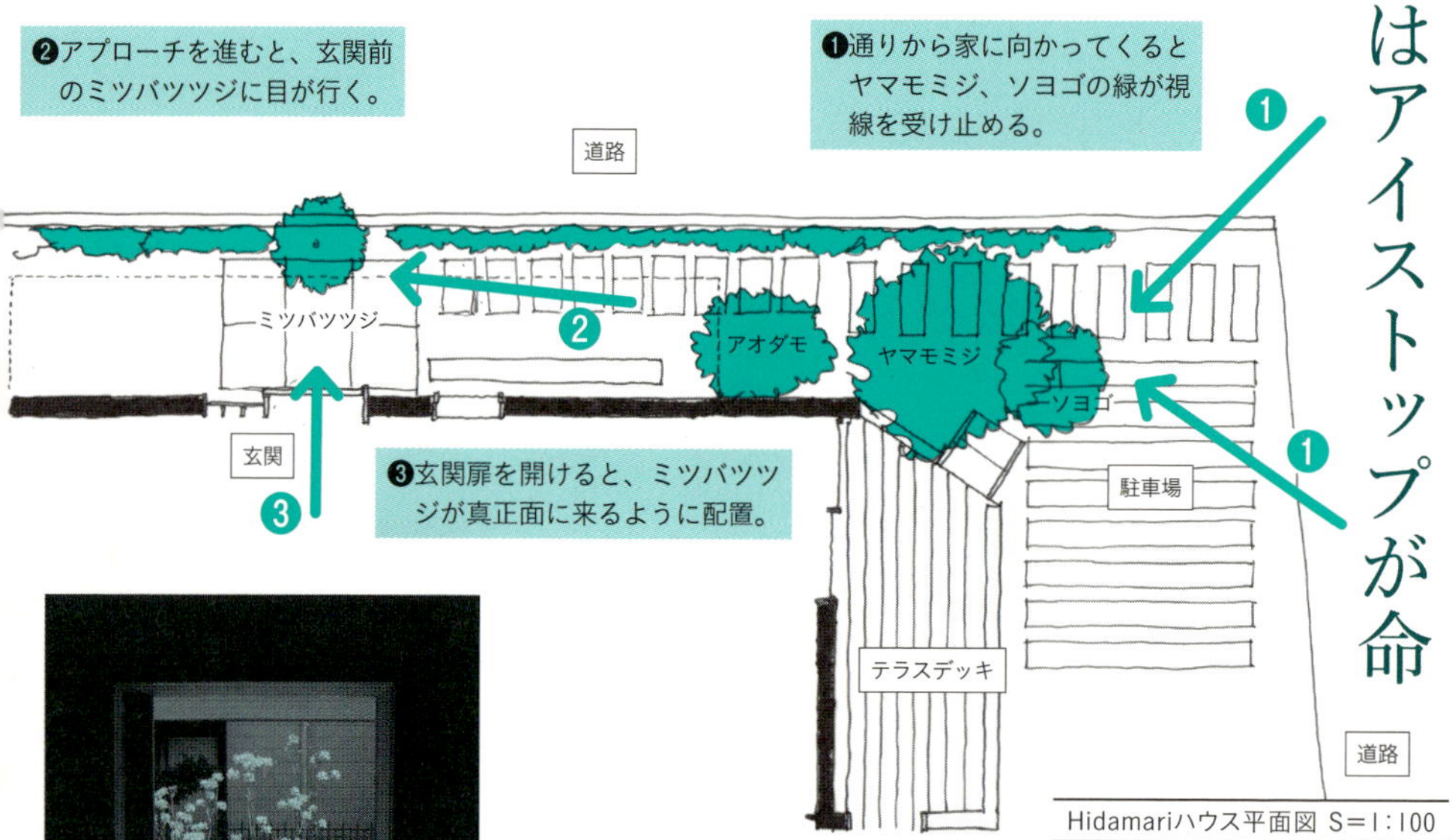

Hidamariハウス平面図 S=1:100

Hidamariハウスの玄関前のミツバツツジ

Hidamariハウスのアプローチ
（写真撮影：西川公朗）

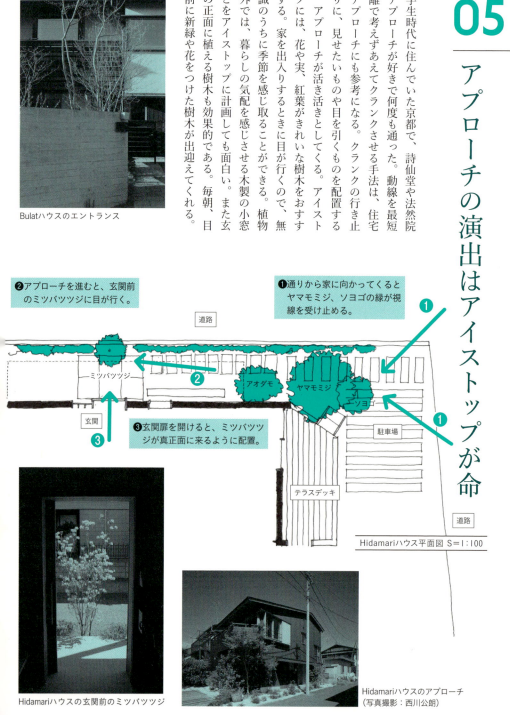

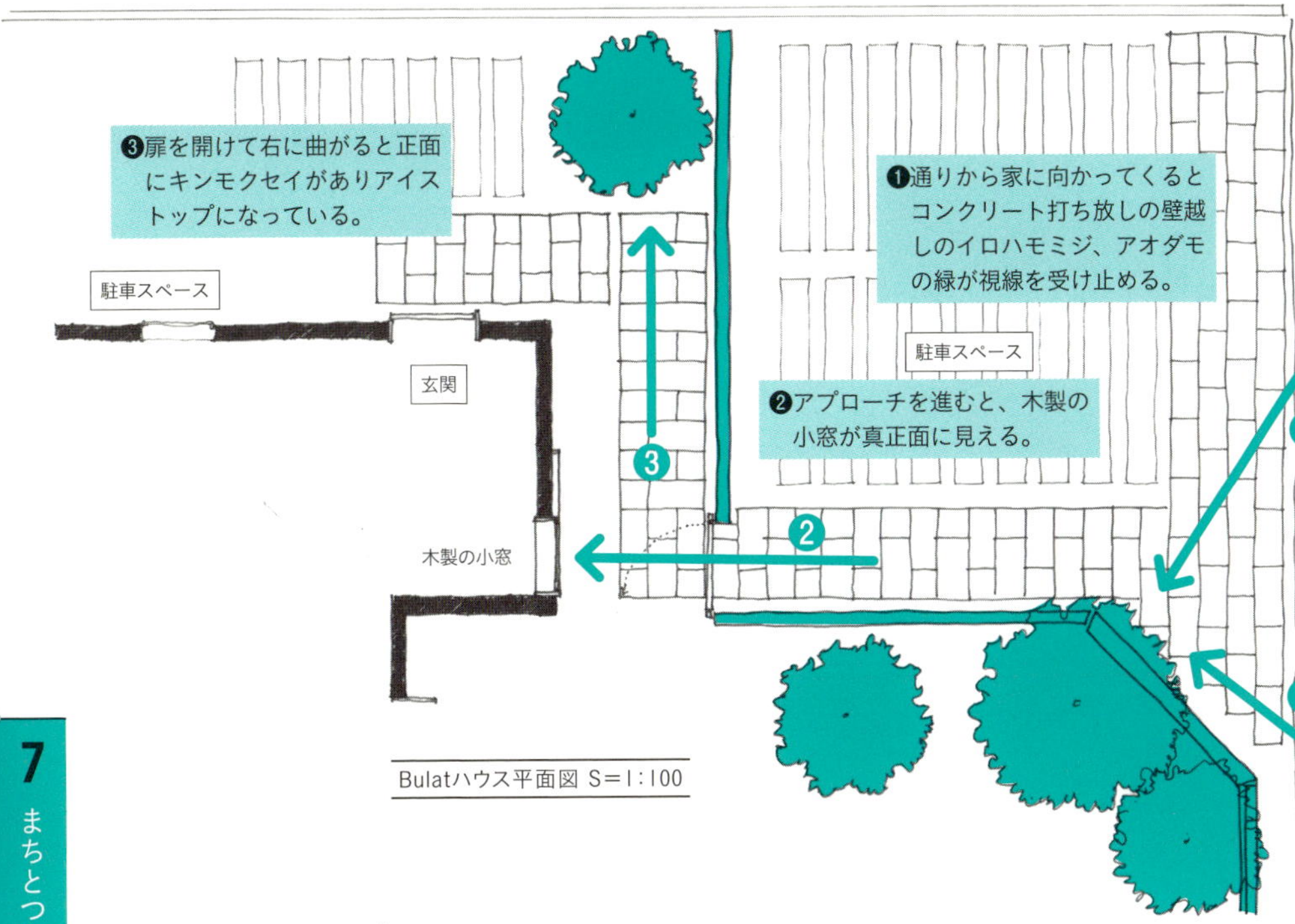
❸扉を開けて右に曲がると正面にキンモクセイがありアイストップになっている。
❶通りから家に向かってくるとコンクリート打ち放しの壁越しのイロハモミジ、アオダモの緑が視線を受け止める。
駐車スペース
駐車スペース
玄関
❷アプローチを進むと、木製の小窓が真正面に見える。
木製の小窓
3
2
1
1

Bulatハウス平面図 S=1:100

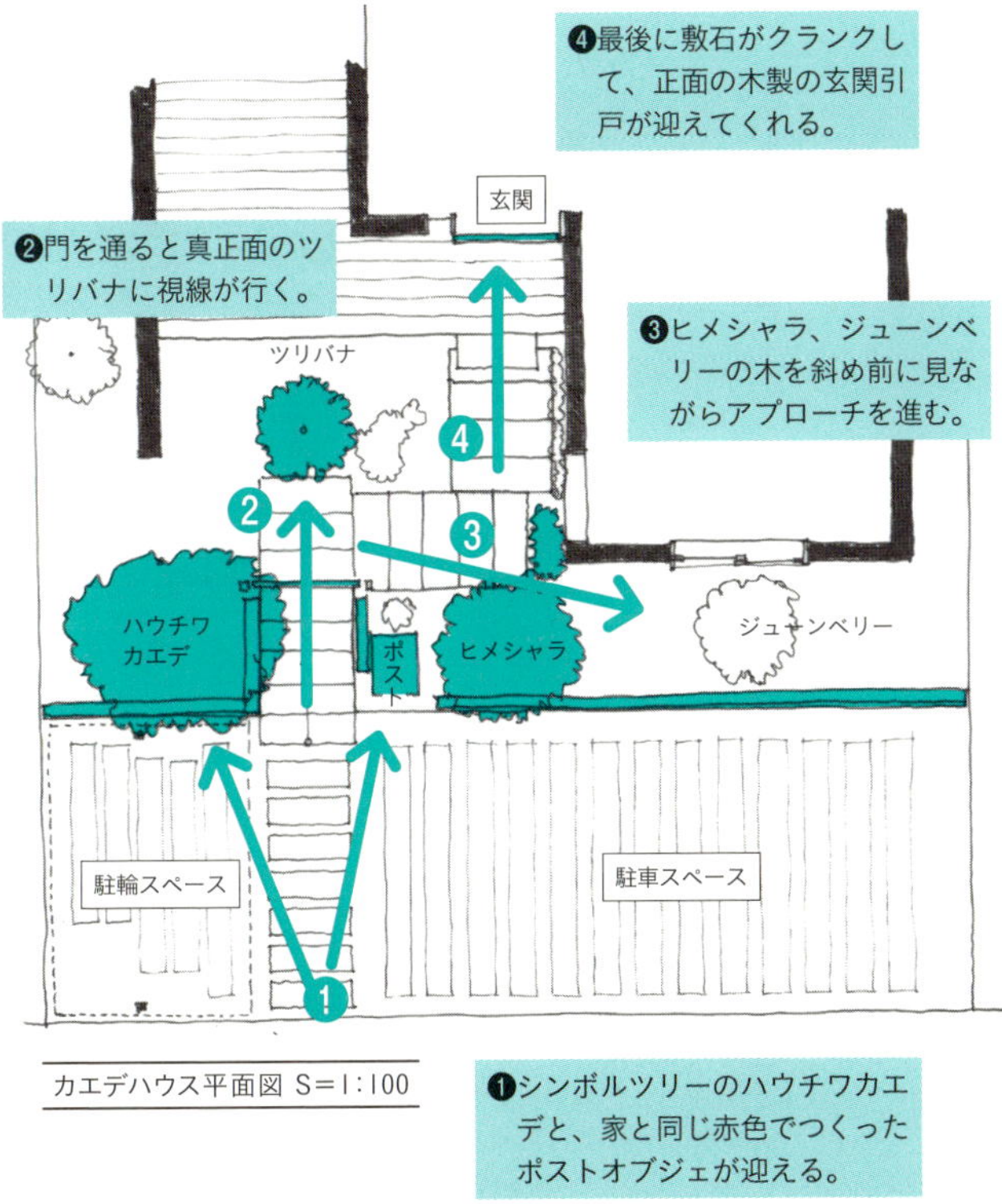
❹最後に敷石がクランクして、正面の木製の玄関引戸が迎えてくれる。
玄関
❷門を通ると真正面のツリバナに視線が行く。
❸ヒメシャラ、ジューンベリーの木を斜め前に見ながらアプローチを進む。
ツリバナ
4
2
3
ハウチワカエデ
ポスト
ヒメシャラ
ジューンベリー
駐輪スペース
駐車スペース
1
❶シンボルツリーのハウチワカエデと、家と同じ赤色でつくったポストオブジェが迎える。

カエデハウス平面図 S=1:100

カエデハウスのアプローチ
(写真撮影：西川公朗)

06 濡縁兼用ベンチ

1階の掃き出し窓の前に、少しだけ濡縁がほしいときに考えた、置き家具のベンチのような濡縁である。

濡縁を普通につくろうと思うと、プレコンの束石を据えて束と大引を組み、根太を架けて床材を張るという、いくつもの行程が必要になってくる。だが、それをもっと簡単にできないかと考えて、米杉材を脳天ビス止めしただけのベンチを考案した。これであれば土間コンの上に置くだけでいい。

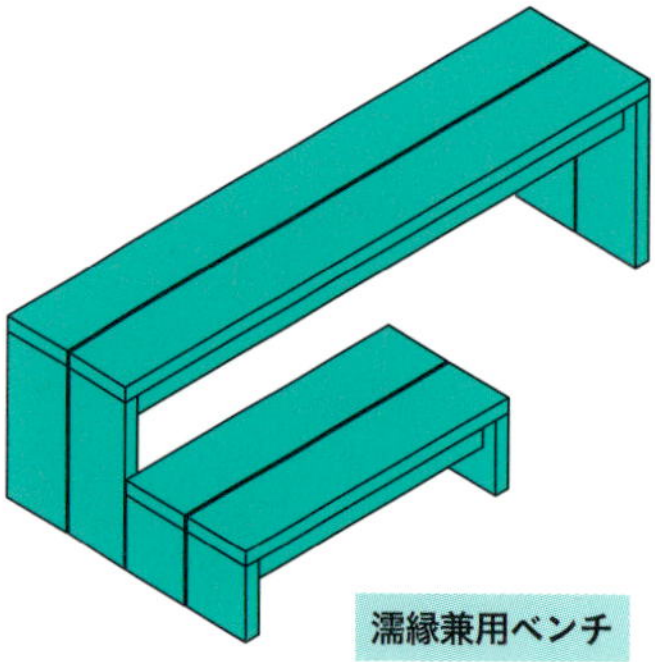
濡縁兼用ベンチ

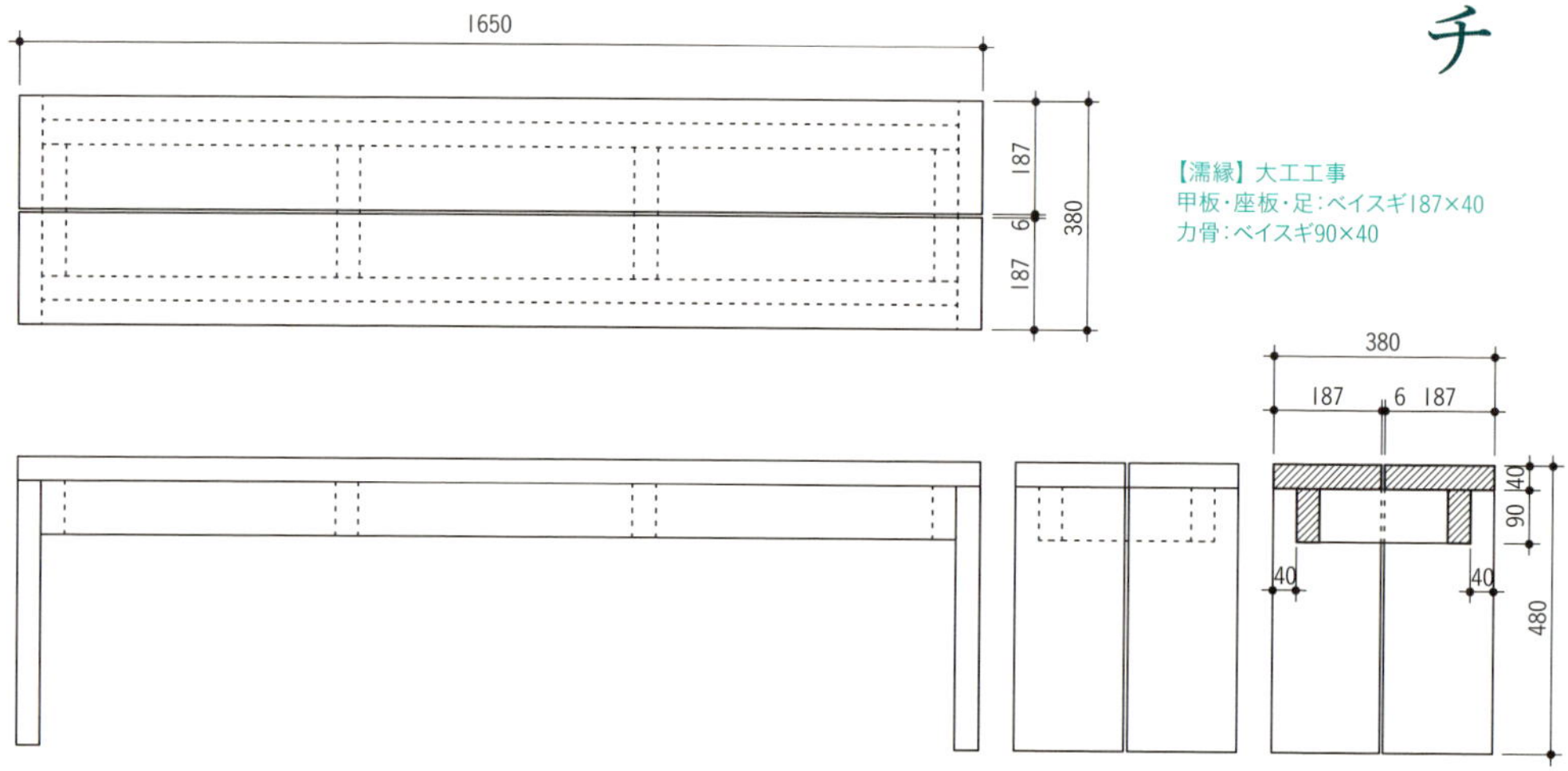

【濡縁】大工工事
甲板・座板・足：ベイスギ187×40
力骨：ベイスギ90×40

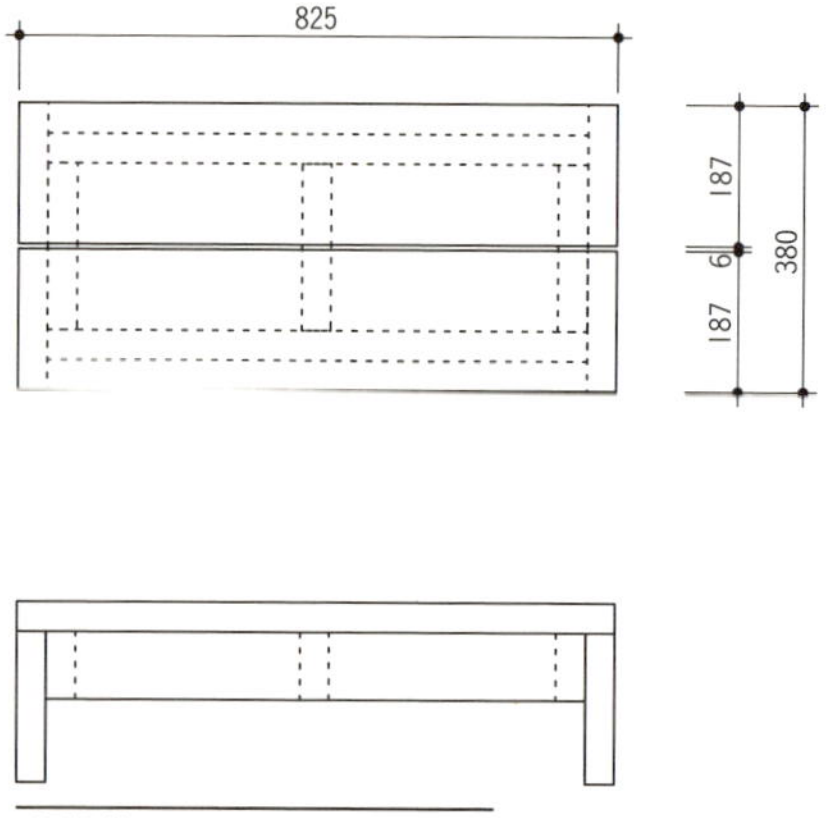

米杉材はウエスタンレッドシダー（WRC）という名称で2×4と同様のサイズに規格化されていて、ホームセンターやインターネットで容易に入手できる。脳天ビス止めで固定しているだけなので、素人が日曜大工で製作可能なデザインである。

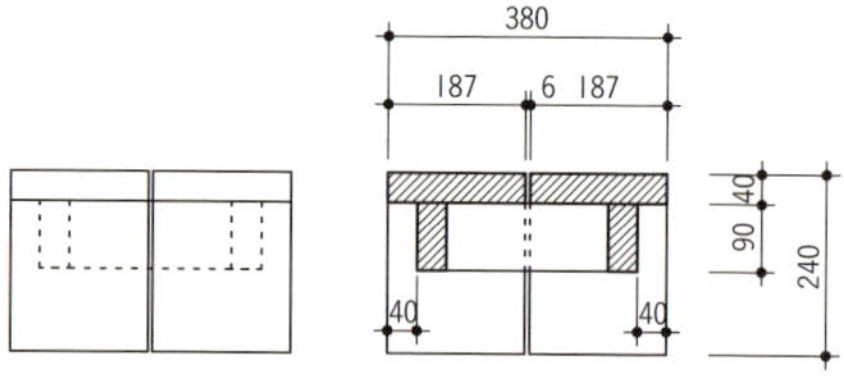

濡縁兼用ベンチ 姿図 S=1:20

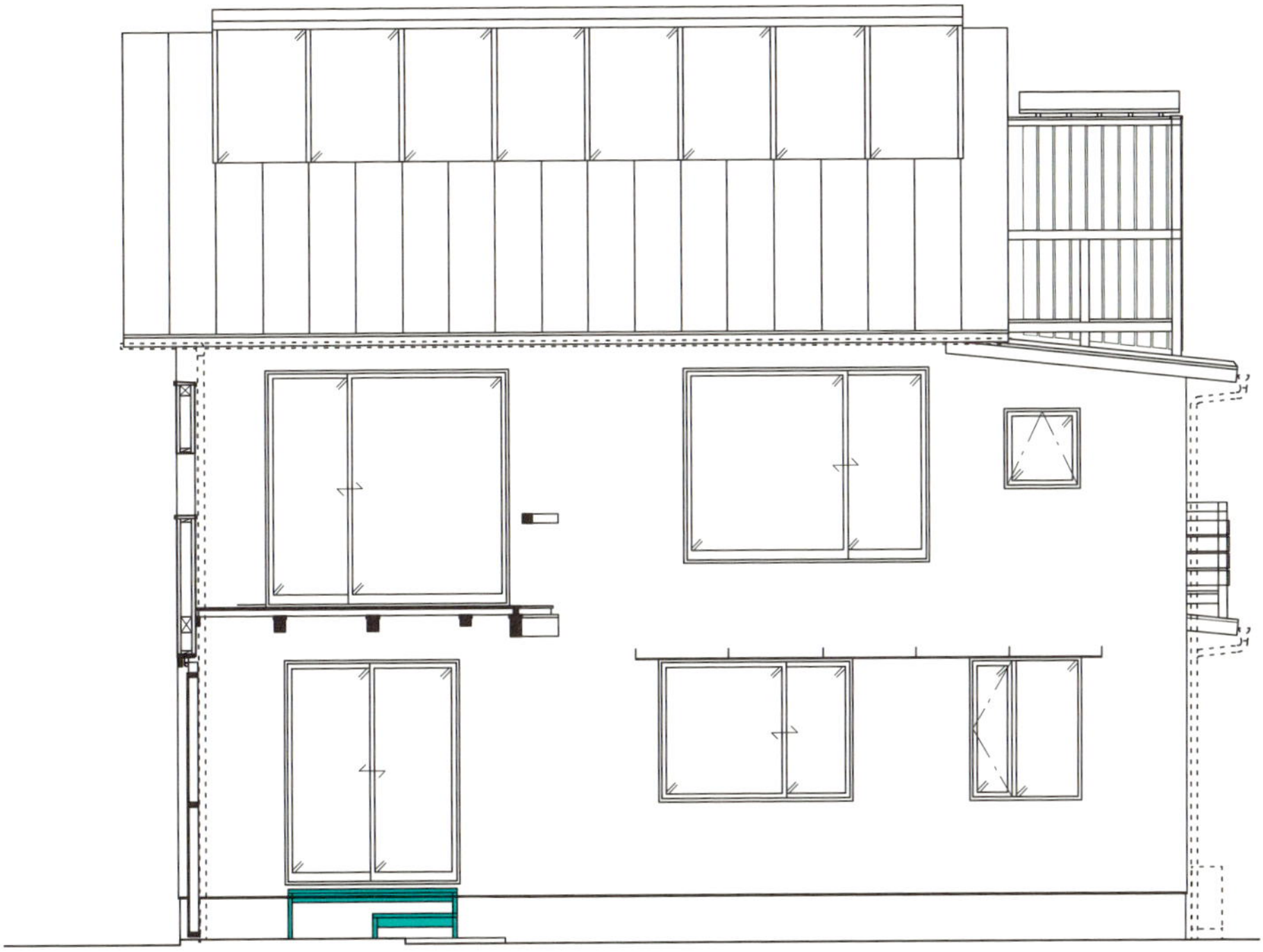

玄関ポーチ脇に設えた同様のデザインのベンチ。腰掛けるためというよりも、買い物の帰りにちょっと荷物や鞄を置くのに便利である。

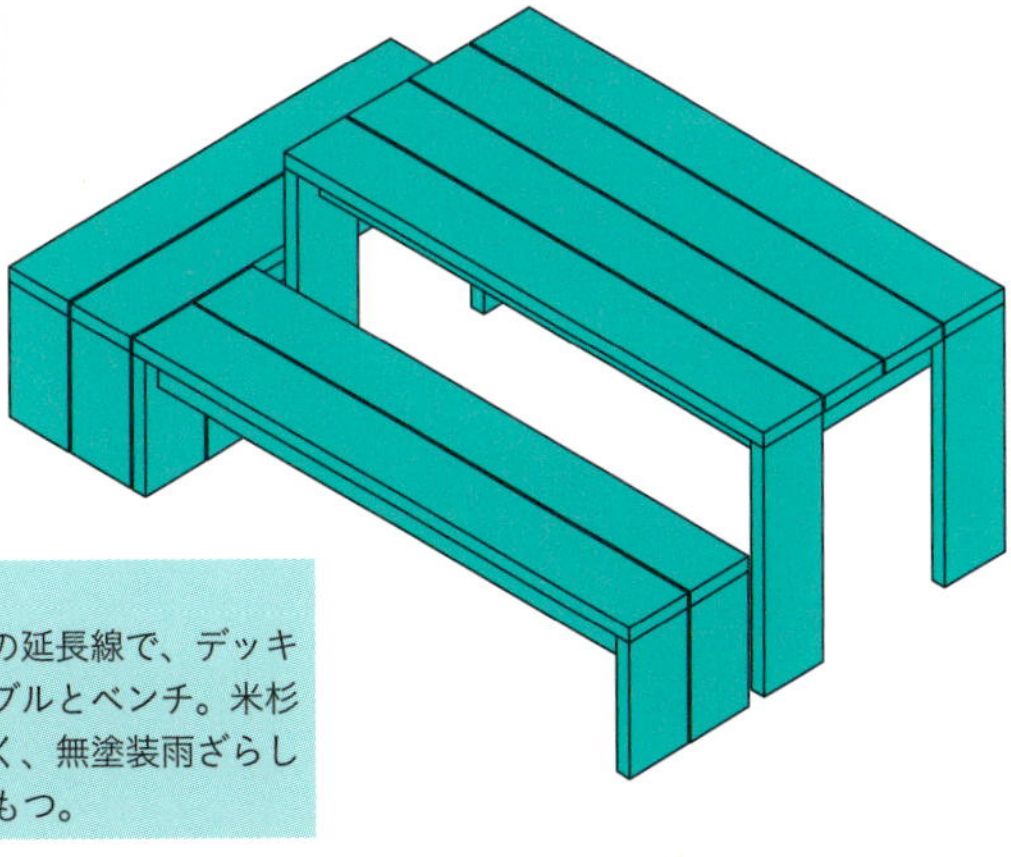

デッキテラス用
同様のデザインの延長線で、デッキテラス用のテーブルとベンチ。米杉は水に比較的強く、無塗装雨ざらしでも10年程度はもつ。

DETAIL 07

面積0㎡の屋根付き駐輪スペース

都市部で家を建てる場合、建ぺい率の関係で、駐車場に屋根を架けることが難しい場合が多い。

自転車の置き場についても同様で、屋根を架けられないケースが多いが、工夫次第で建築面積0平方メートルでも屋根付き駐輪スペースが確保できる。片持ち梁構造の場合、柱芯から屋根の先端1メートルまでは建築面積に含まれないので、建物本体から片持ちの庇を出して、自転車を横置きする方法がある。

建物から独立して自転車を縦置きしたい場合には、鉄骨の柱からヤジロベエ状に、両側に屋根を突き出す方法がある。屋根の奥行きは1＋1メートルで最大2メートルを確保することができる。

屋根付き駐輪スペース

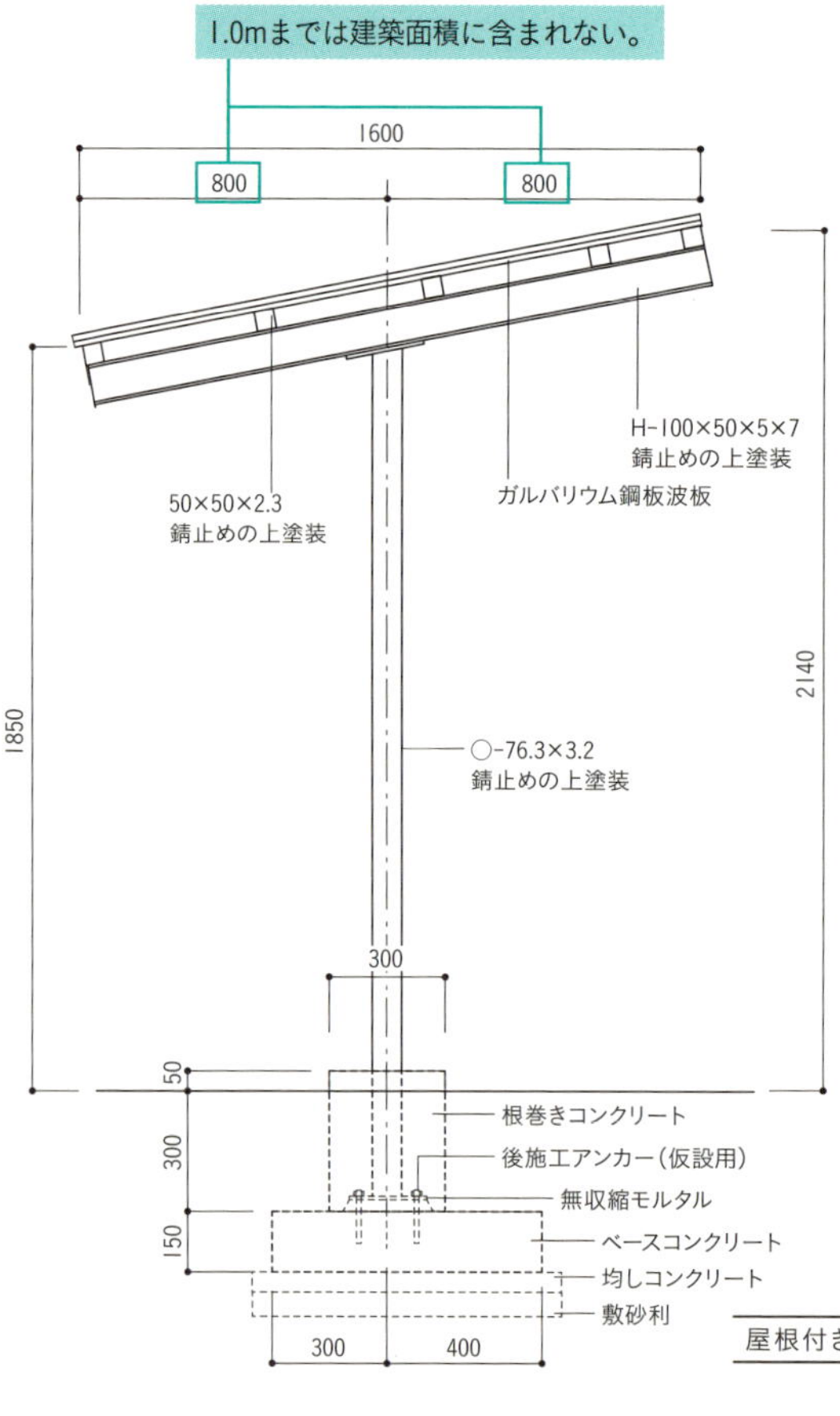

屋根付き駐輪スペース姿図 S=1:30

柱を駐輪場の四隅に建てると建築面積に含まれてしまう。

柱を中央に建て、やじろべえ上の形状にすると、1.0mまでは建築面積に含まれない。

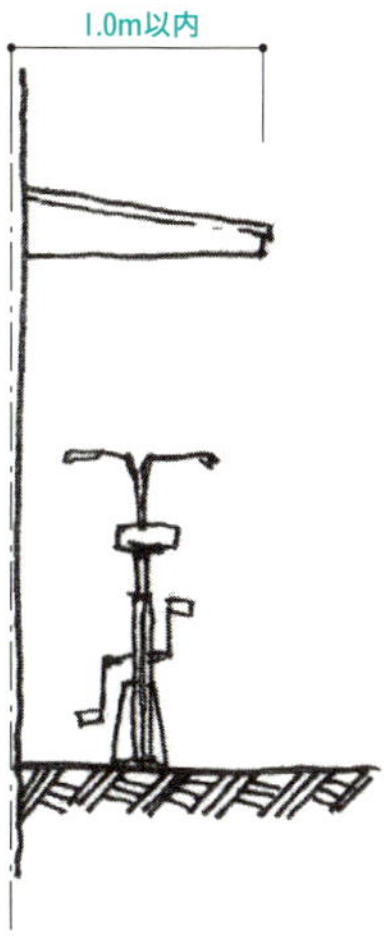

建物本体に庇を設置して柱を建てない場合も、建物の柱芯から1.0mまでは建築面積に含まれない。

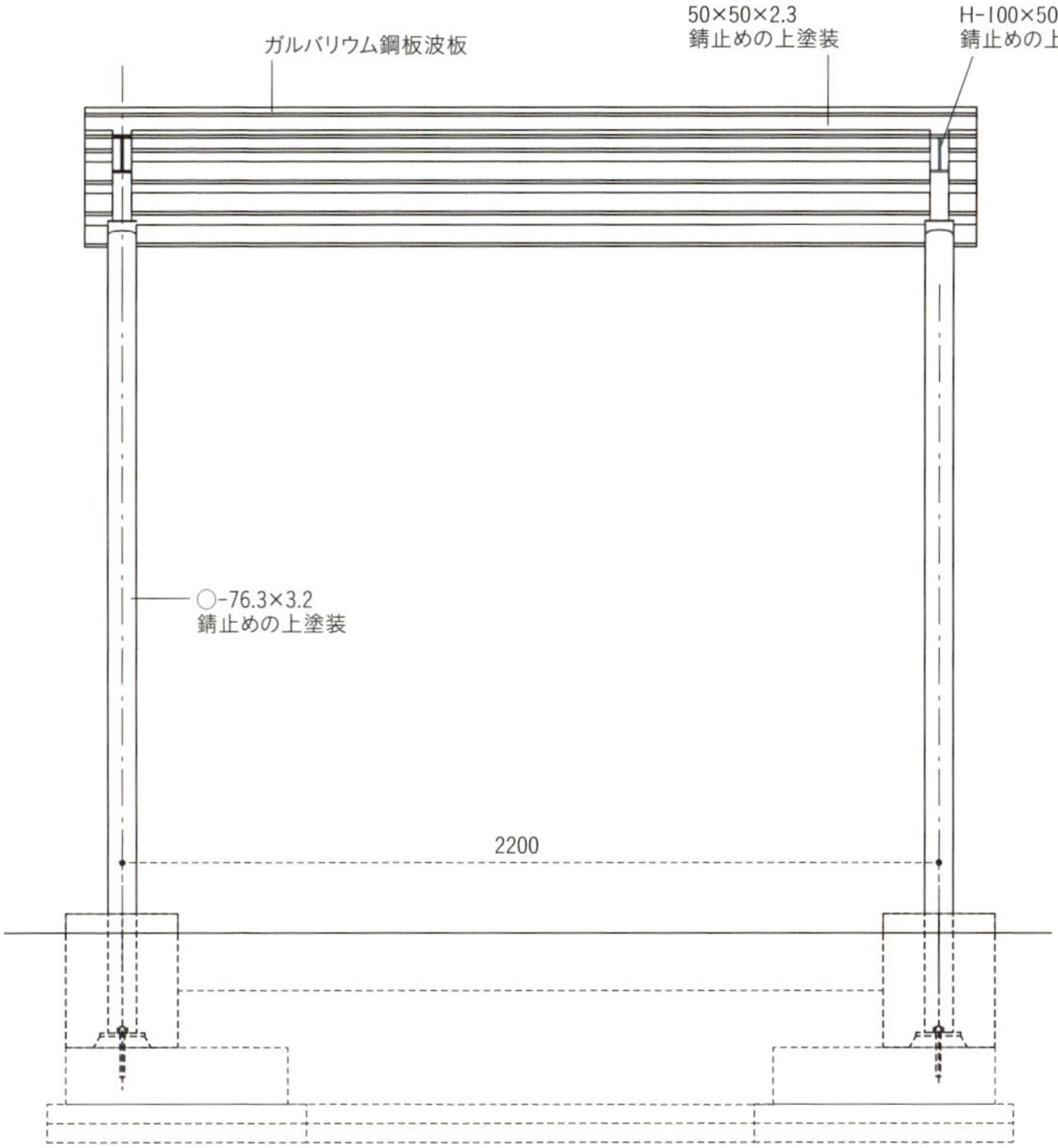

屋根付き駐輪スペース姿図 S=1:30

Column
家の佇まい

「佇まいのよい家」をつくりたいと思っています。

そういうと、単純に建物の外観デザインが格好いい家と捉えられがちですが、私(S)はどちらかというと、もう少し引いた目線で、たとえばふと通りがかったときに感じる「なんだか雰囲気いいなあ」という感覚のようなものをイメージしています。

「佇まい」という用語を辞書で調べると、「立っている様子。そこにあるものの様子。人の生き方、暮らし方。」などと記されています。単なる形の問題だけではなく、そこの暮らしの様子も含めて、「佇まい」というのでしょう。

「佇まいのよい家」をつくるには、境界の設え方が重要だと考えています。

まず、建物の内部と外部の境界について。スパッと一枚の壁で仕切るのではなく、庇やデッキをつくって、建物まわりに人が寄り添えるような曖昧な境界がほしいと考えます。

それともう一つ、敷地の境界について。コンクリートブロック塀などで区切ってしまっては台無しです。植栽や板塀など、風や光が通り抜ける素材で、レイヤーを重ねるようにやわらかくつくる方法がよいと感じています。

もともと駐車場として使われていた土地に、自宅のカヅノキハウスを建ててしばらく経ったときこと。通勤で毎日わが家の前を通る方に「この一角の雰囲気がよくなりましたね」と声をかけていただき、とても嬉しかった。

そんな家づくりをしていきたいと思っています。

カヅノキハウスのスケッチ

実作で読み解くディテール

01 カエデハウス（島田貴史設計）

02 稲口町の家 1&2（徳田英和設計）

前章まで住宅の場所別にさまざまなディテールを見てきたが、

ここでは著者が手がけた実際の住宅を通して、

どのような考えで計画を進め、

ディテールを展開しているかを詳しく紹介する。

カエデハウス

カエデハウスの住まい手は、カナダ留学中に知り合い結婚されたご夫婦。お子さんの名前もカナダにあやかり、楓加《ふうか》と哉大《かなた》と名づけられた。そこでカナダ国旗の赤いカエデの葉を思い浮かべ、シンボルツリーにカエデの木を植え、また外壁と屋根のガルバリウム鋼板も赤い色を提案した。敷地面積31・1坪、延床面積24・8坪と決して広くはないが、2階に家族の集まるスペースを配置し、家族で伸びやかに過ごす様子を頭に描きながら計画を進めた。

具体的には部屋を隔てる建具は設けず、家具や平面形状で空間をやわらかく仕切るようにすることで、一つ屋根の下、お互いの気配は感じながらも「家族のちょうどいい距離感」が確保できるように考慮した。

1階には水廻りと個室をコンパクトに配置している。特に玄関ポーチ部分に外物置スペースを広く確保して、アウトドア好きなご家族の荷物や道具類のバックヤードスペースとして活用できるよう配慮した。

建物データ

- 所在地　東京都
- 家族構成　夫婦＋子供2人
- 竣工年　2012年7月
- 構造　木造2階建て
- 敷地面積　102.61㎡（31.1坪）
- 建築面積　48.86㎡（14.8坪）
- 床面積　1階　39.51㎡（12.0坪）
　　2階　42.23㎡（12.8坪）
　　合計　81.74㎡（24.8坪）
- 施工　相羽建設株式会社
- 意匠設計　しまだ設計室
- 構造設計　H&A構造研究所
- 写真撮影　牛尾幹太

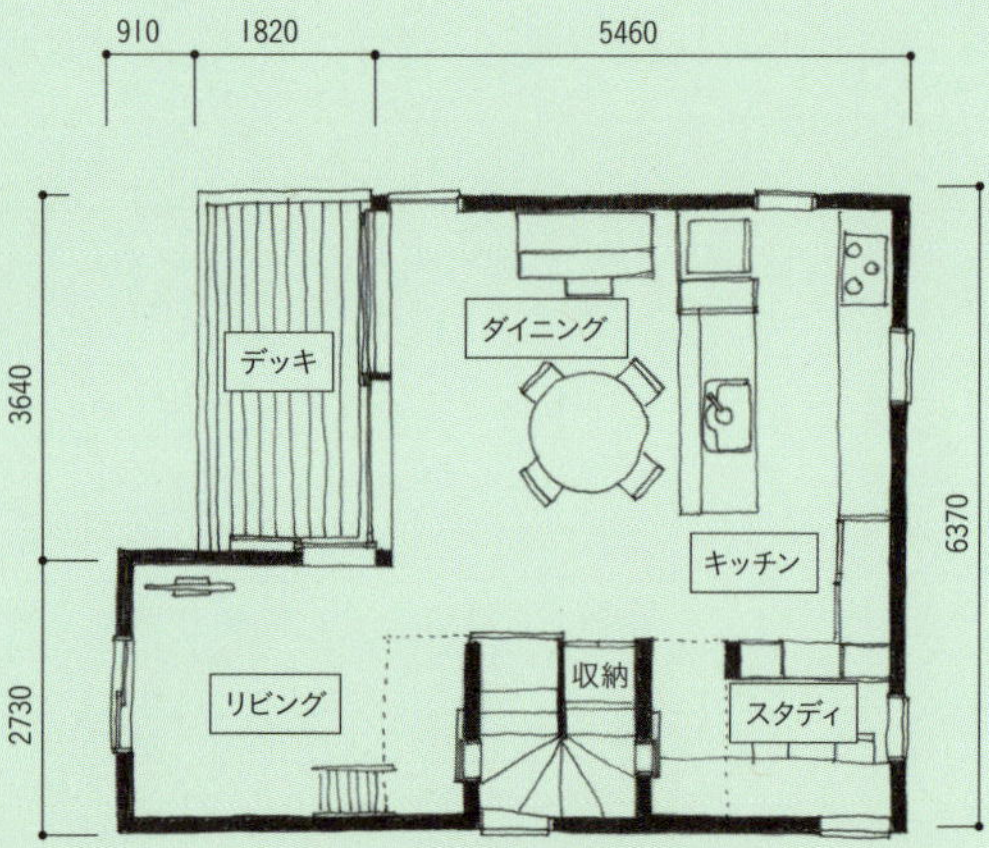

カエデハウス 2階平面図 S＝1:150

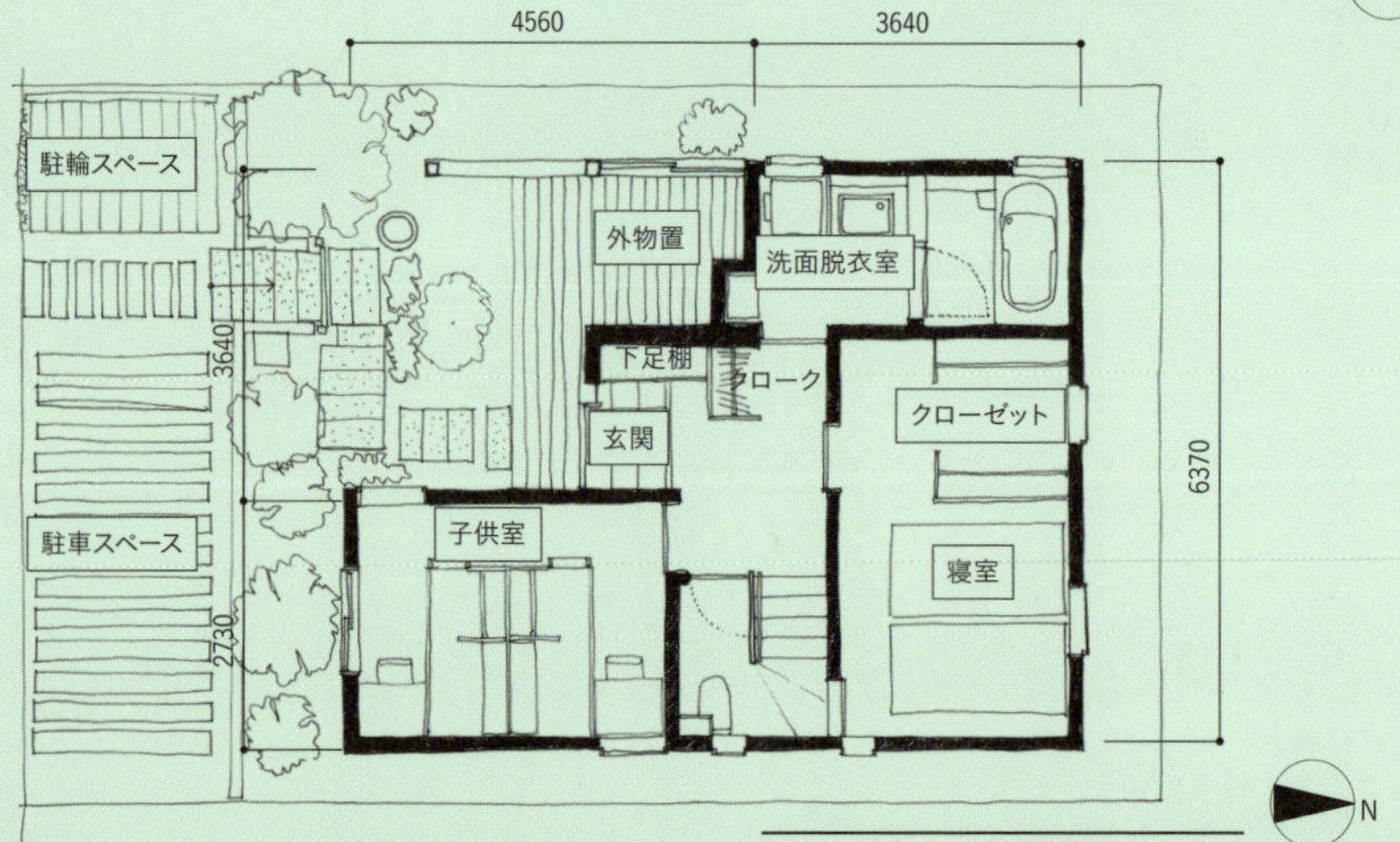

カエデハウス 1階平面図 S＝1:150

赤いガルバリウム鋼板が特徴的なカエデハウスの外観

２階の家族室はリビング、ダイニング、キッチン、スタディスペースを壁や建具で仕切らず家具やプランの工夫で空間をやわらかくエリア分けしている

1 玄関廻りは収納が勝負どころ

玄関横に半屋外の物置スペースを確保している。雨に濡れずに荷物の出し入れが可能であり、簡単な日曜大工などの作業もできる

カエデハウスの玄関ポーチは、1920㎜と天井高さを抑えている。ポーチ部で雨風や日差しをしっかり避けることができ、家に帰ってきたときや来訪者が訪れたときに、包まれるような落ち着き感が得られる

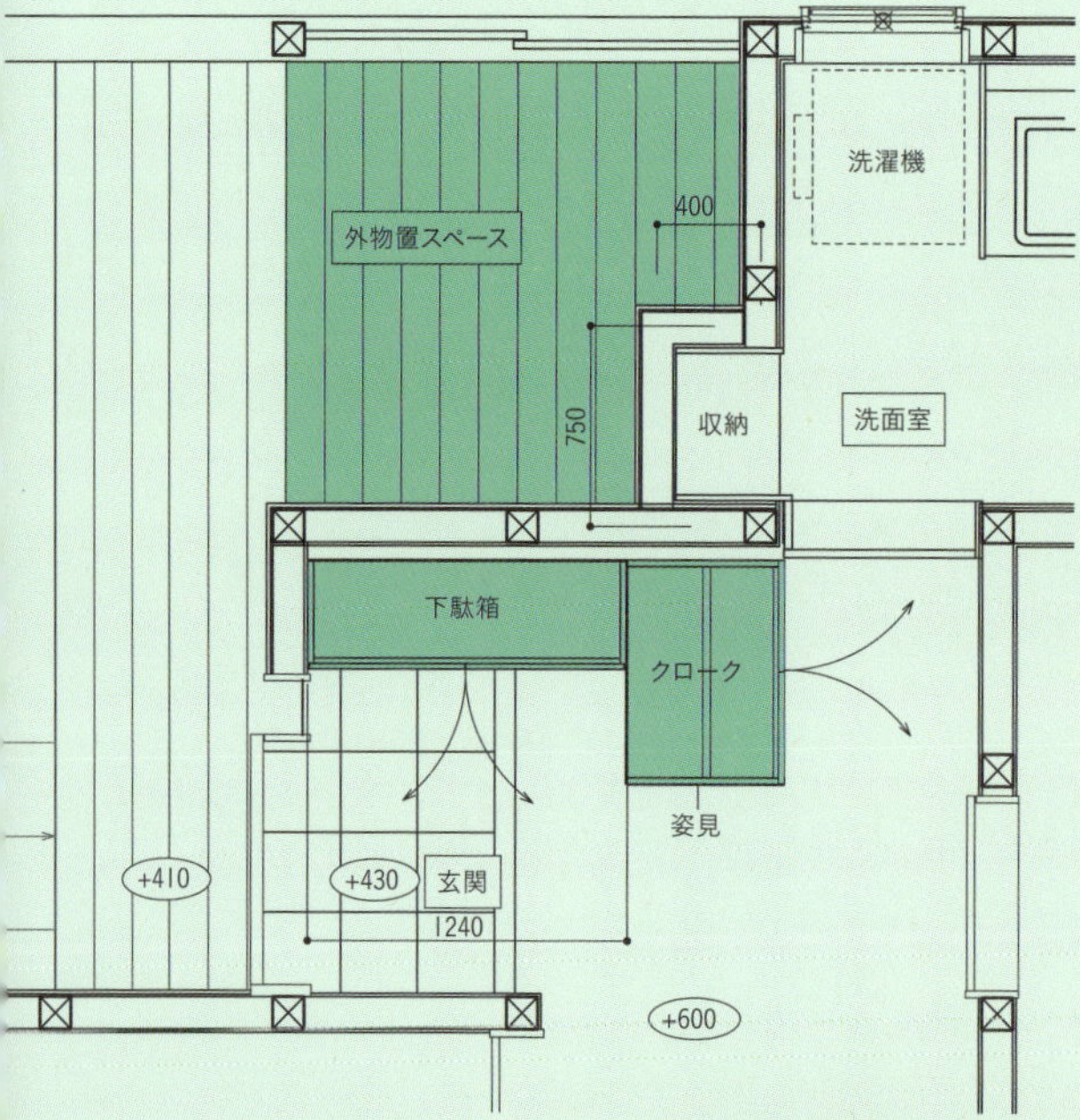

玄関廻り平面図 S=1:50

玄関廻りは下足棚の他、コートなどを掛けるクロークや出かける前に全身を確認できる姿見があると重宝する。カエデハウスではクロークの側面に姿見を設置して、コンパクトなスペースで必要な要素を配置している

2 使用頻度の高いキッチンの収納はオープンに

キッチンの家具もリビングやダイニングの家具と素材を合わせ、シナランバーコア、シナフラッシュ板にクリアラッカー塗装の仕上げでつくることが多い。キッチンは収納スペースを多く設けるが、ほこりなどが溜まらないよう引出しにしたり、開き戸か引戸を設置する。一方で、手の届きやすい場所にオープンな収納棚を設けて、使用頻度の高い調味料や食器類などを置けるようにすると便利である。

手の届きやすい高さのオープンな棚には調味料など使用頻度の高いものを置くと便利

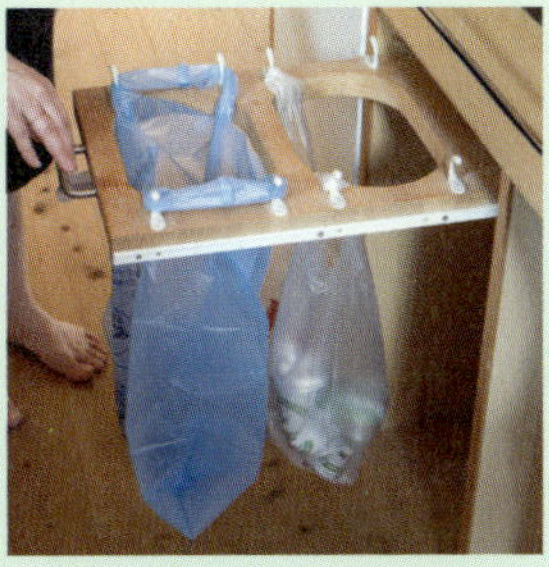

2章05で紹介したオープンなごみ捨てスペース

調理中にすばやく出し入れしたい鍋やフライパンの収納スペースは、オープンな方が便利だと感じている（2章02参照）

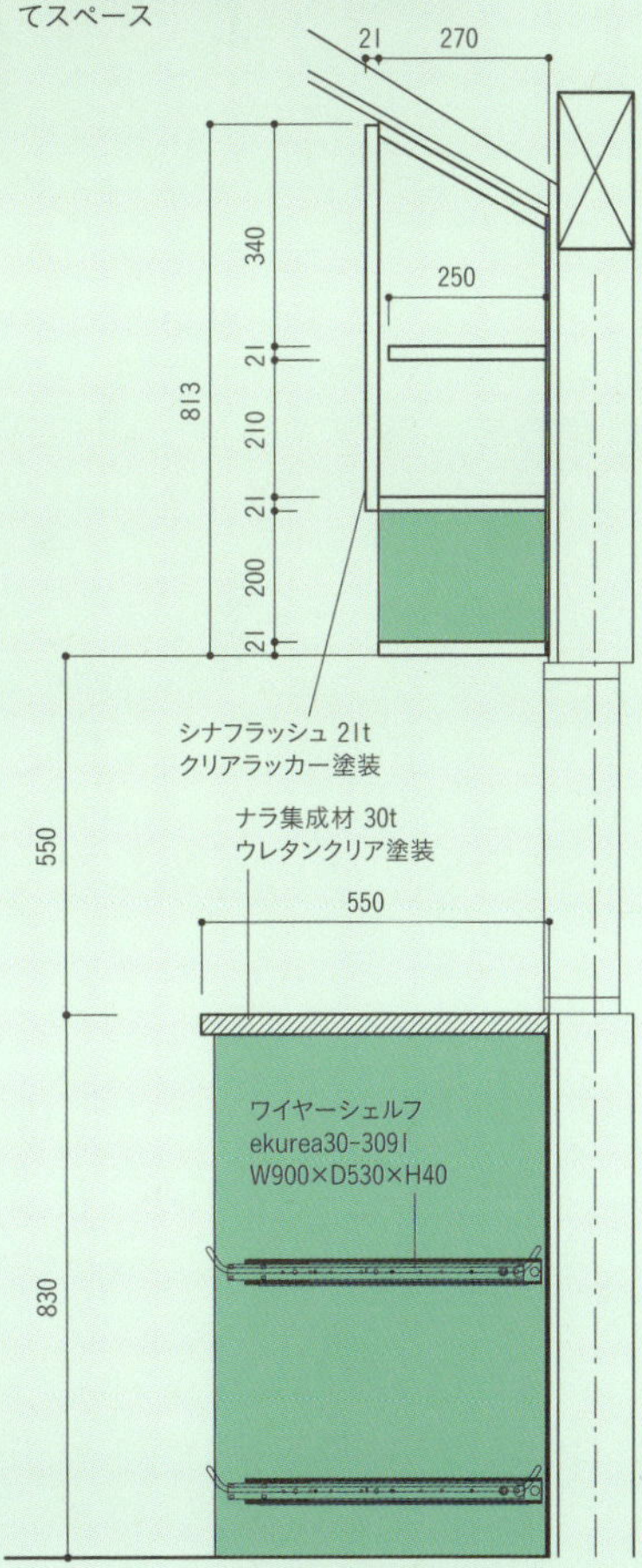

キッチン収納断面図 S=1:20

3 キッチン横のスタディスペース

家事をしながらちょっとパソコン作業をしたり子供の勉強の様子を見たり…。キッチン横のスタディスペースはとても重宝する。

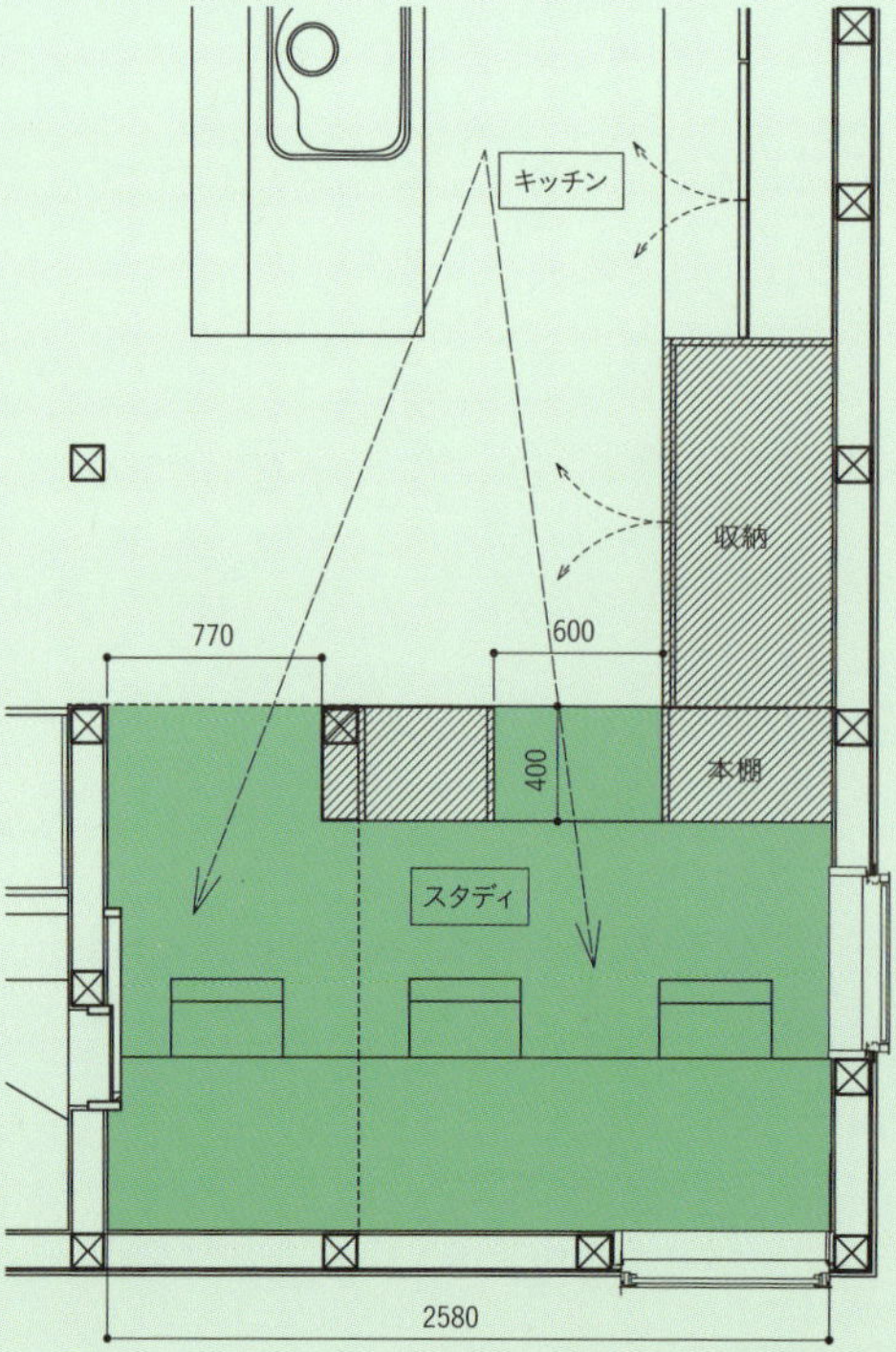

スタディスペース平面図 S＝1:50

本棚に設けた開口から、スタディスペースの様子がうかがえる（２章06参照）

キッチンとスタディスペースをほどよく家具で仕切ることで、落ち着いたスペースになる

4 思わず集まる家族の居場所

家族同士の「ちょうどいい距離感」をつくり出すことが大切

カエデハウスのクライアントと家づくりの話をしているときに、「お互いの気配を感じつつ、それでいて家族それぞれが自由に過ごせるような家族室がほしい」という話になった。家族同士の「ちょうどいい距離感」をつくり出すことが大切になると考えたが、限られた敷地の中でそれを実現するには工夫が必要になる。ここでは、日当たりと眺望のよい2階に斜め天井で開放的な家族室を計画した。さらに南西角にテラスデッキを設けて、プランに凹凸をつくり出している。リビングとダイニングスペースが「斜めの関係」となり、お互いの様子が場所によって見えたり隠れたりする。完成後、私も家族を連れて何度もお邪魔しているが、大人たちはダイニングでお酒を楽しみ、子供たちはリビングで遊び、自然と「ちょうどいい距離感」でお互いの時間を過ごしている。

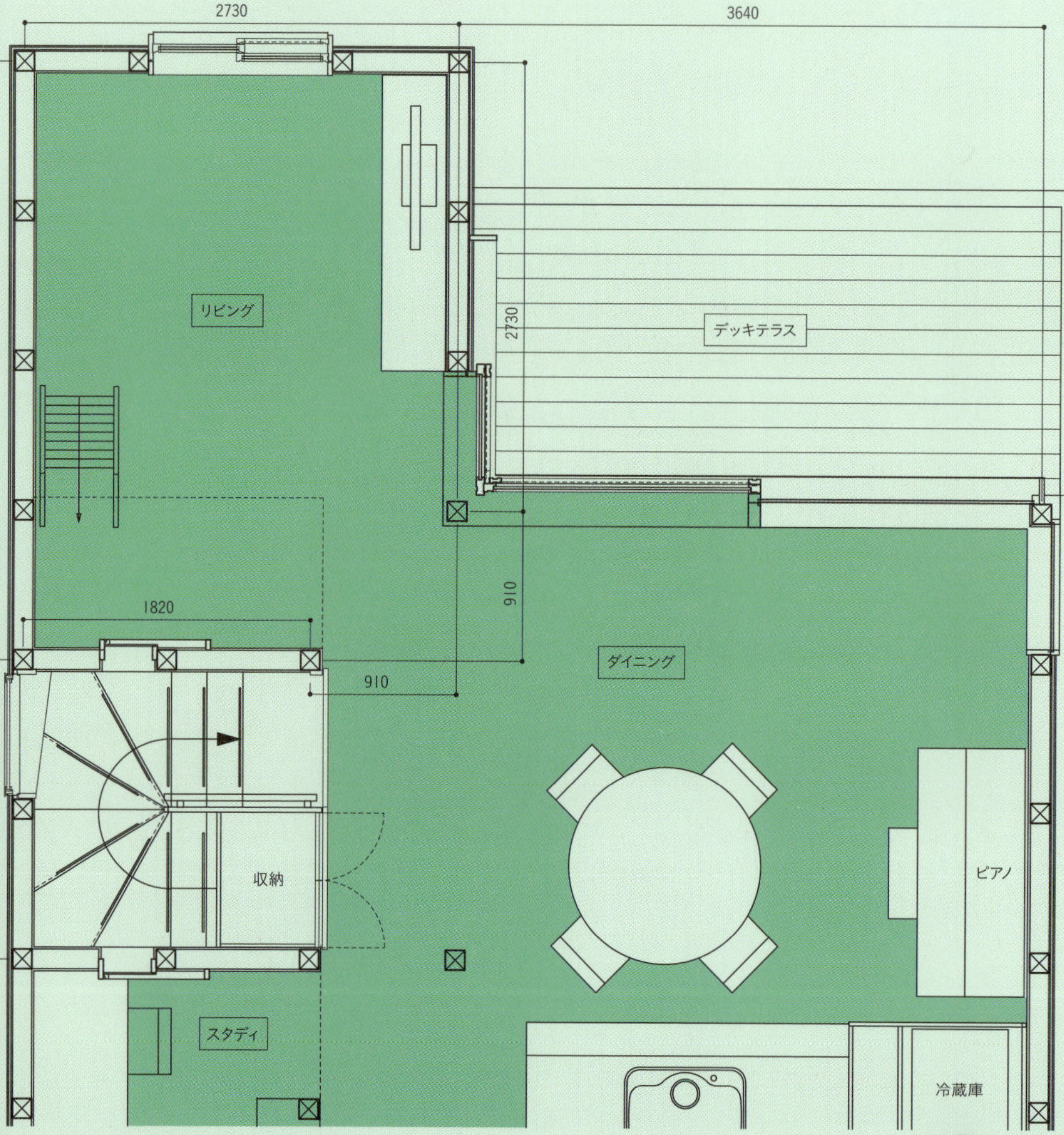

2階平面図 S=1:50

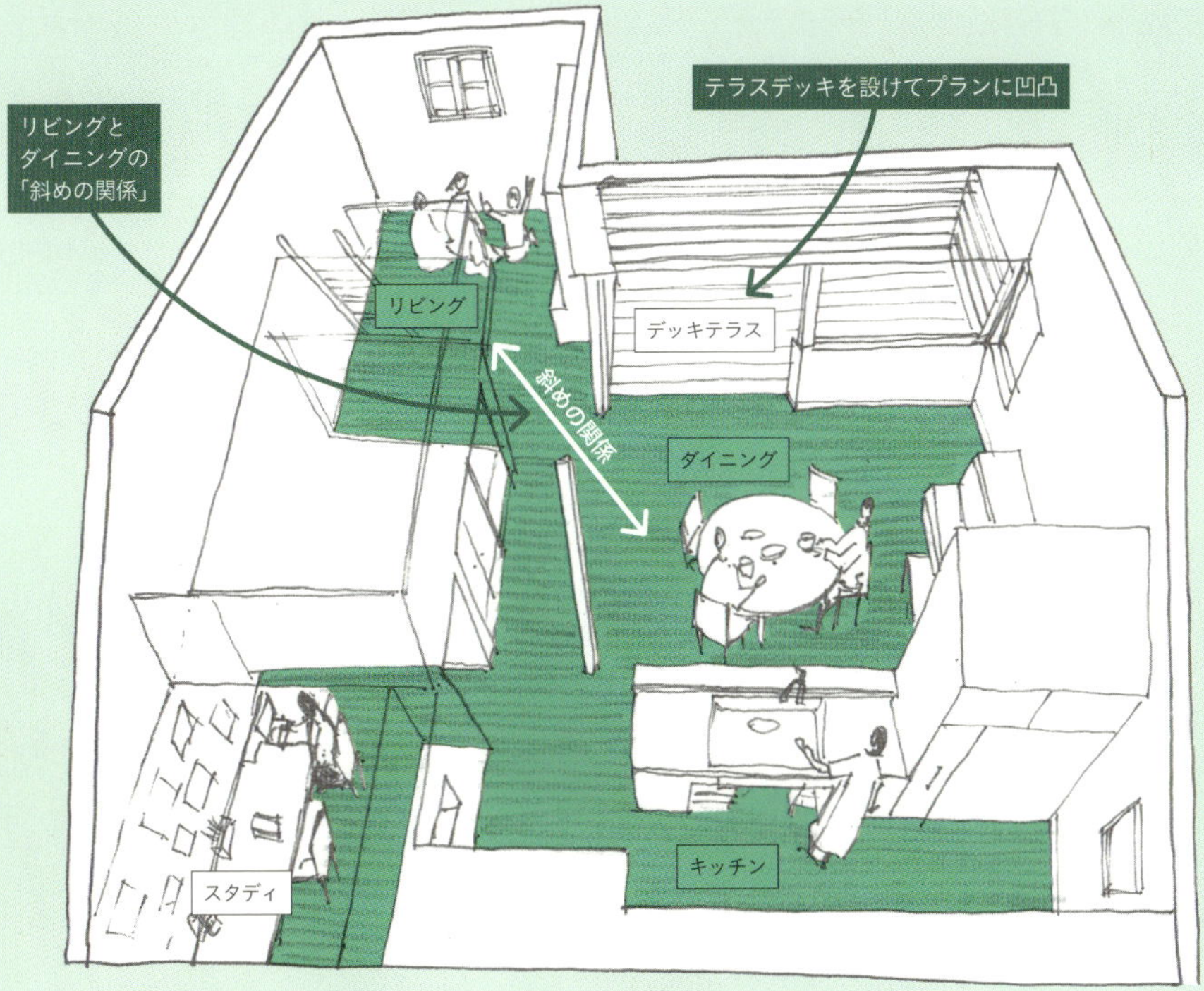

ワンルーム的スペースの中にやわらかく分けられた家族の居場所

ダイニングからリビングを眺める。空間が斜めにつながっているため、お互いに見え隠れするかたちになり、一つ屋根の下で、やわらかくエリア分けができる（３章01参照）

5 ウチとソトをつなぐ木製建具

「ここぞ」という主役の場所には、木製建具を提案するようにしている。木製建具は自由に開口の大きさや開き方が調整でき、毎日の生活の中での開け閉めする感触は、アルミサッシでは感じられない心地よさがある。ちなみにカエデハウスのFIXコーナーの開口部は、設計図面では南側だけに開口を設けていたが、上棟後に現場に来られたクライアントから「島田さん、西側にも窓を開けた方が気持ちいいんじゃないでしょうか…」と遠慮気味に提案があった。熟考の末、いまのかたちに変更したが、これはクライアントの正解だったと感じている。

ダイニング南西角はFIX窓でコーナーを開口している。窓からは大きな桜の木が見事な保育園の園庭が眺められる

鴨居部分にロールスクリーンボックスをつくり、窓廻りをすっきり見せるディテールとしている

木製建具の幅は約1.7m。FIXの開口部側に引き込むと、部屋の内側とデッキテラスが一体的な空間になり、ウチとソトがつながる

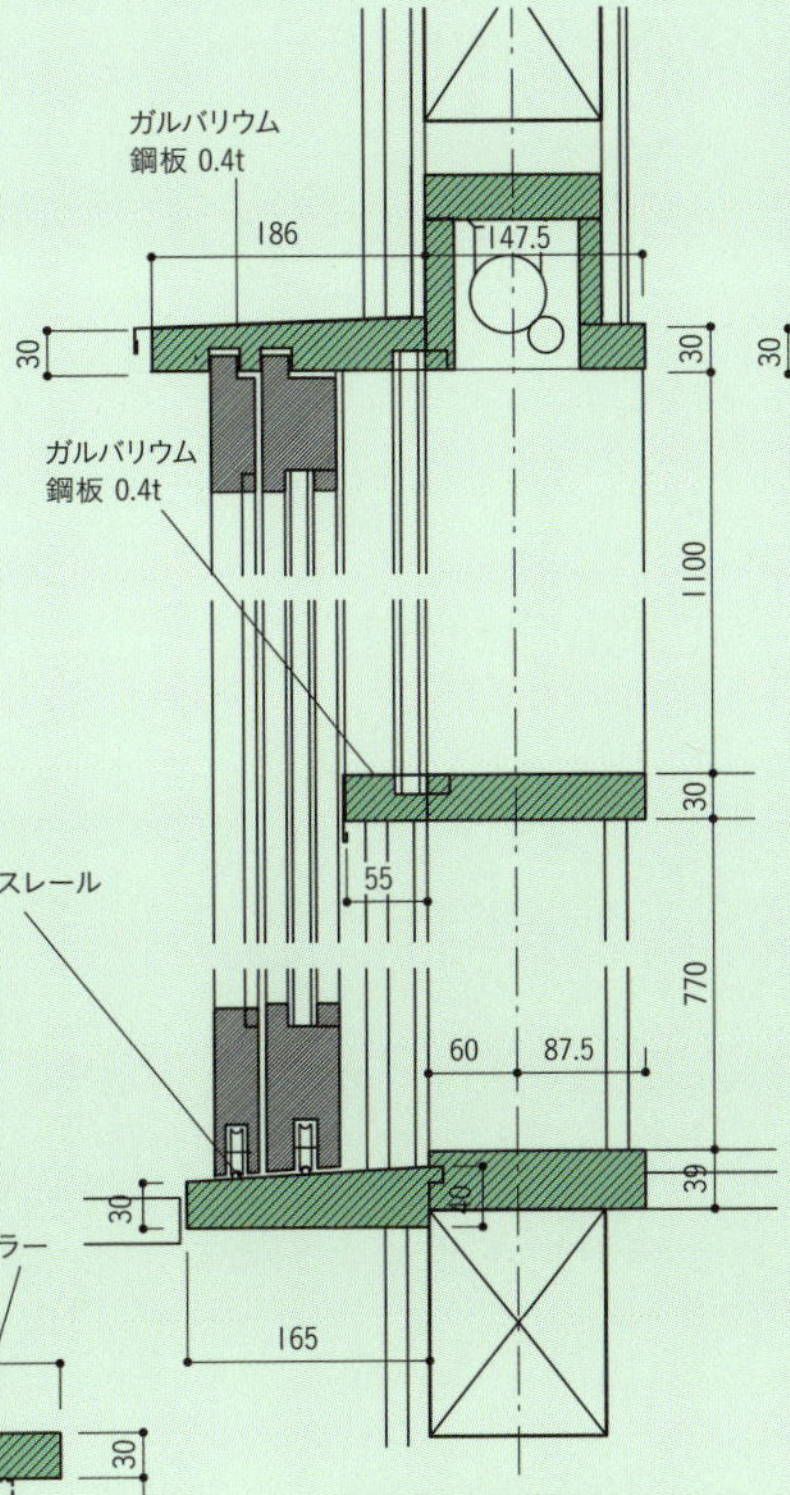

a-a' 断面詳細図 S=1:10

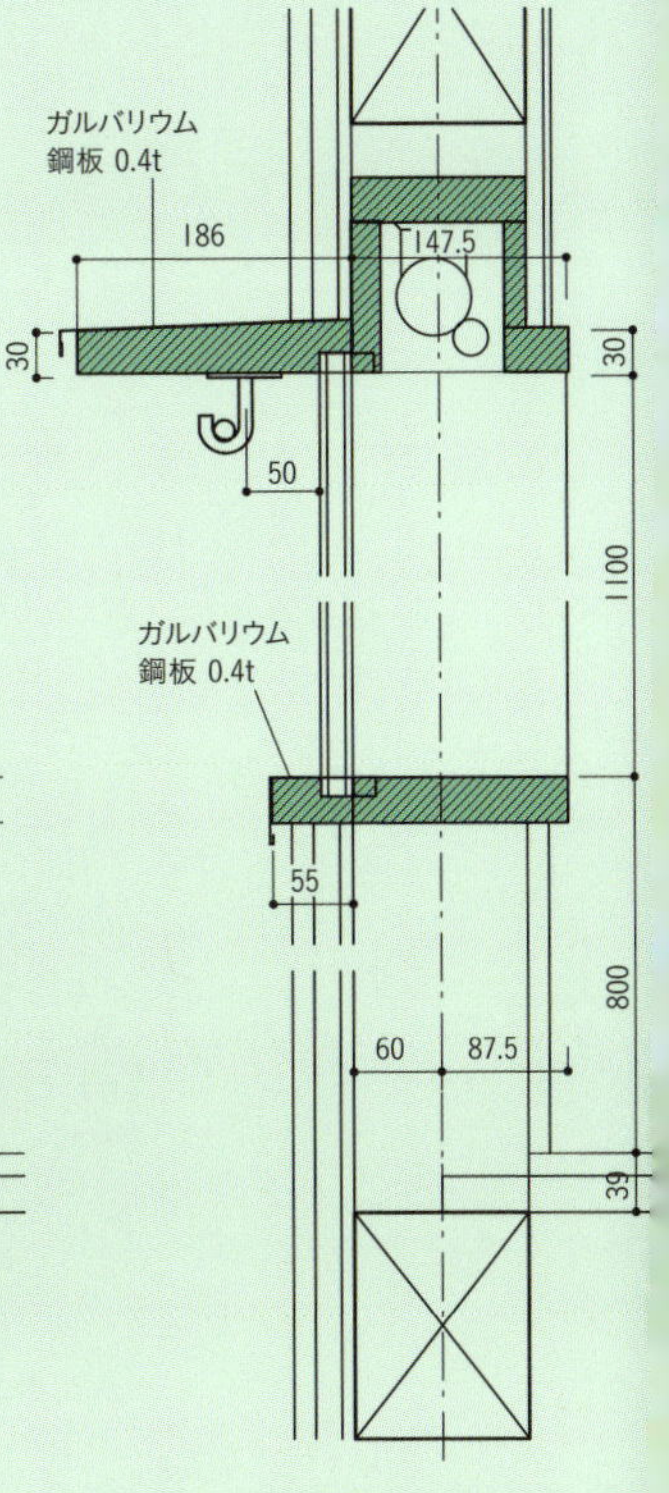

b-b' 断面詳細図 S=1:10

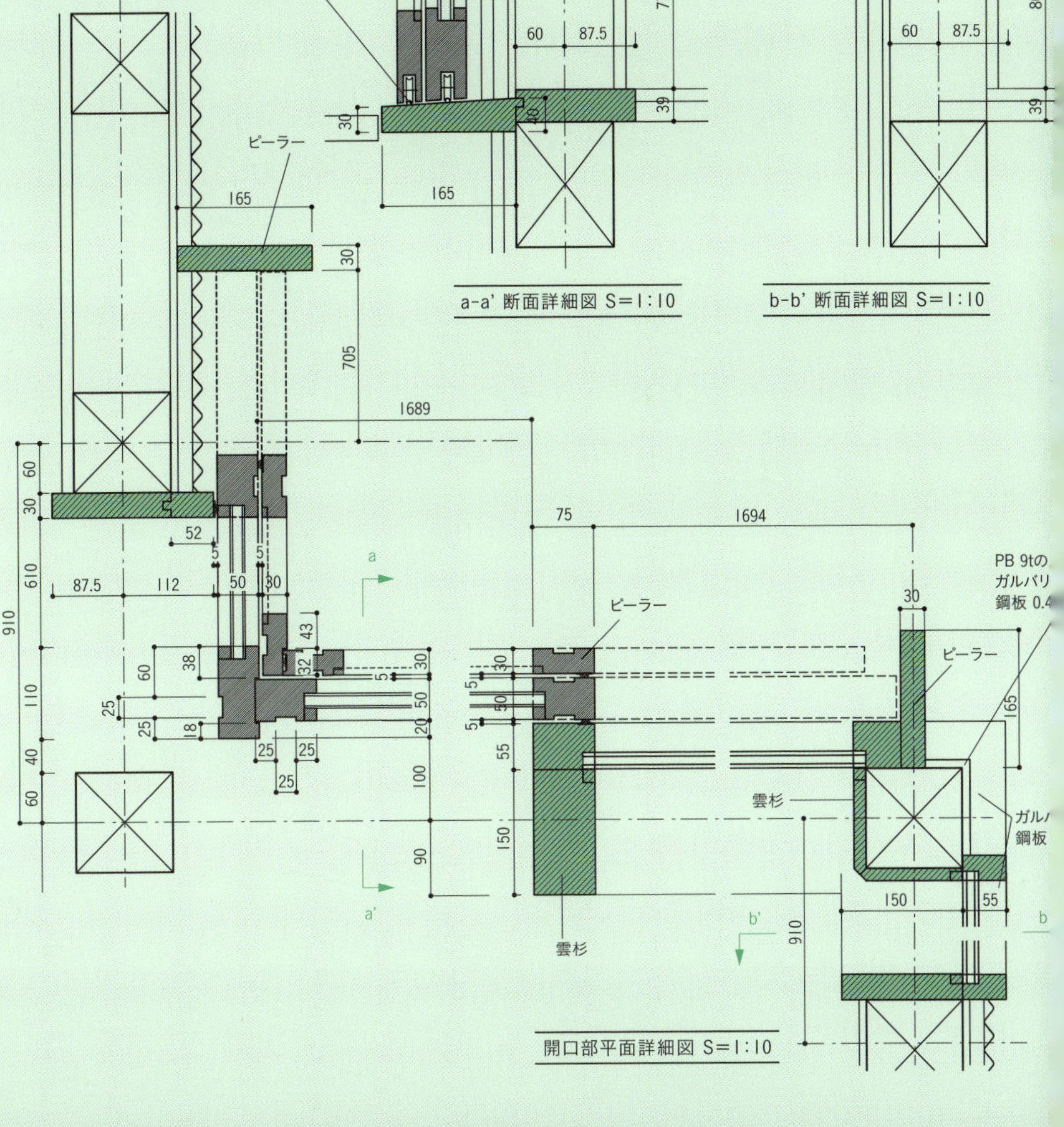

開口部平面詳細図 S=1:10

6 ごちゃごちゃさせない水廻り空間

洗面脱衣室には、ほとんどの家で洗濯機を配置するため、着替えやタオル、洗濯物に洗剤と、どうしてもごちゃごちゃと散らかってしまうことが多い。そんな場所にこそ収納をしっかり確保して、すっきりと片づけておきたい。

壁に埋め込むかたちでタオルや下着類の収納棚を設けている

ナラ集成材カウンターの上に洗面器はTOTOの「実験用流し」SK7を設置。子供の上履きなども洗うことができる四角形状の洗面器

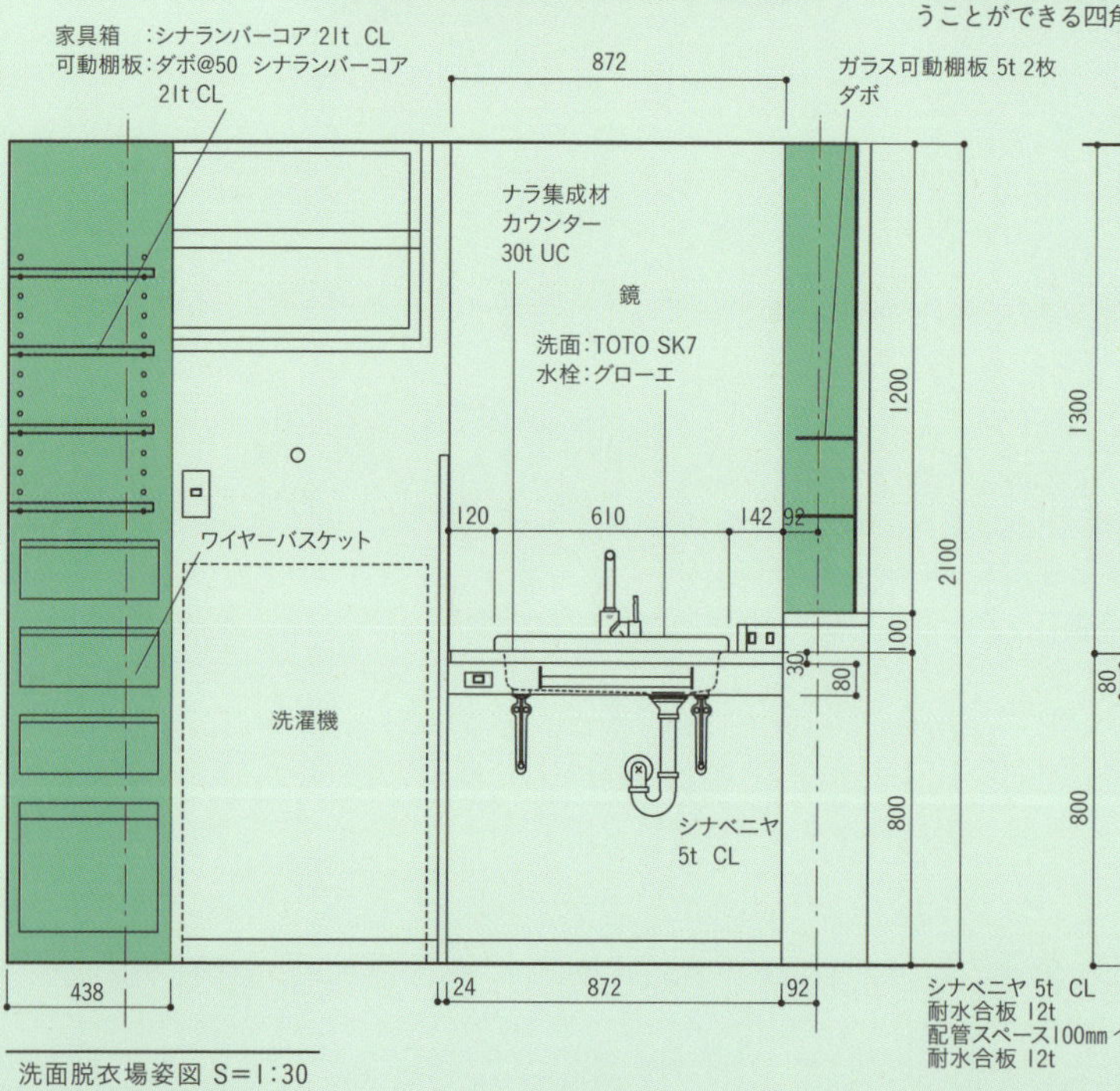

洗面脱衣場姿図 S=1:30

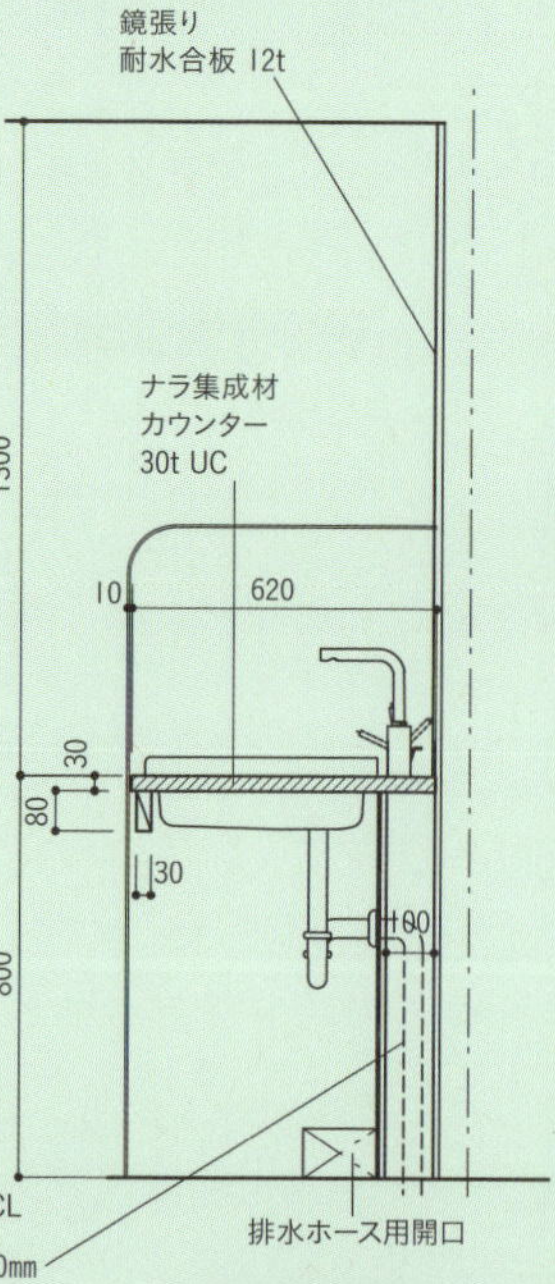

断面図 S=1:30

7 階段室は隅々まで有効活用

階段室は上下の階をつなぐという特性から、人の移動スペースを除いた上下に余地ができる。階段の下はトイレや収納スペースとしてよく利用されているが、頭の上のスペースも、うまく使えば多くの物が収納できる。

奥行き600mmの収納スペースが家族室側にでっぱることなく確保できる。カエデハウスでは日用品のストックの他、掃除機などの大きな物も収納している（6章02参照）

上り下りするときに頭が当たらない位置を確認して、できるだけ大きく収納スペースを確保している

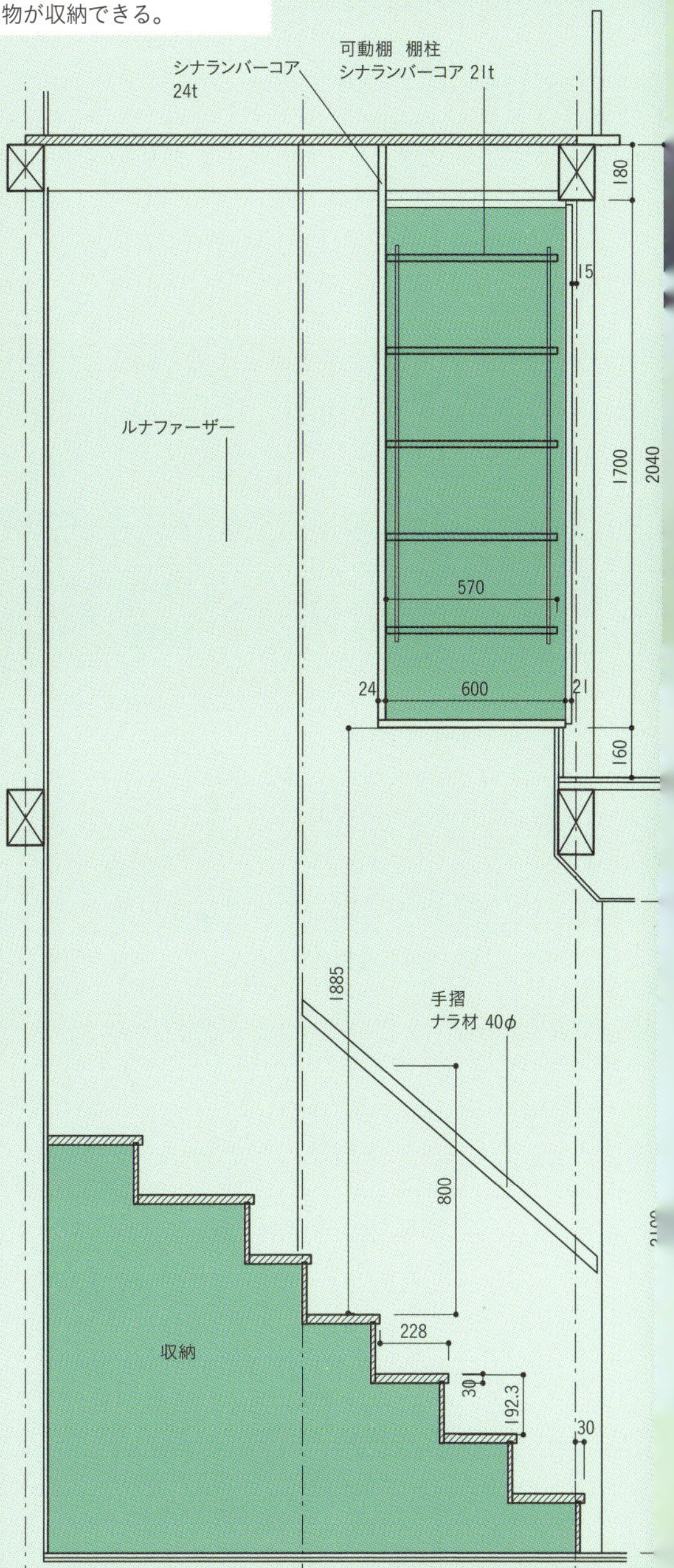

階段室断面図 S＝1:30

8 まちとつながる外構計画

高い塀で敷地を仕切るのではなく、板塀や植栽を重ねるように設えていくことで、家とまちのちょうどよい距離感が生まれる。駐車スペースは枕木と砂利敷きとし、雨が地面に吸収される仕上げとしている。カエデハウスが完成して4年。コンクリートブロックが緑で覆われてきている。

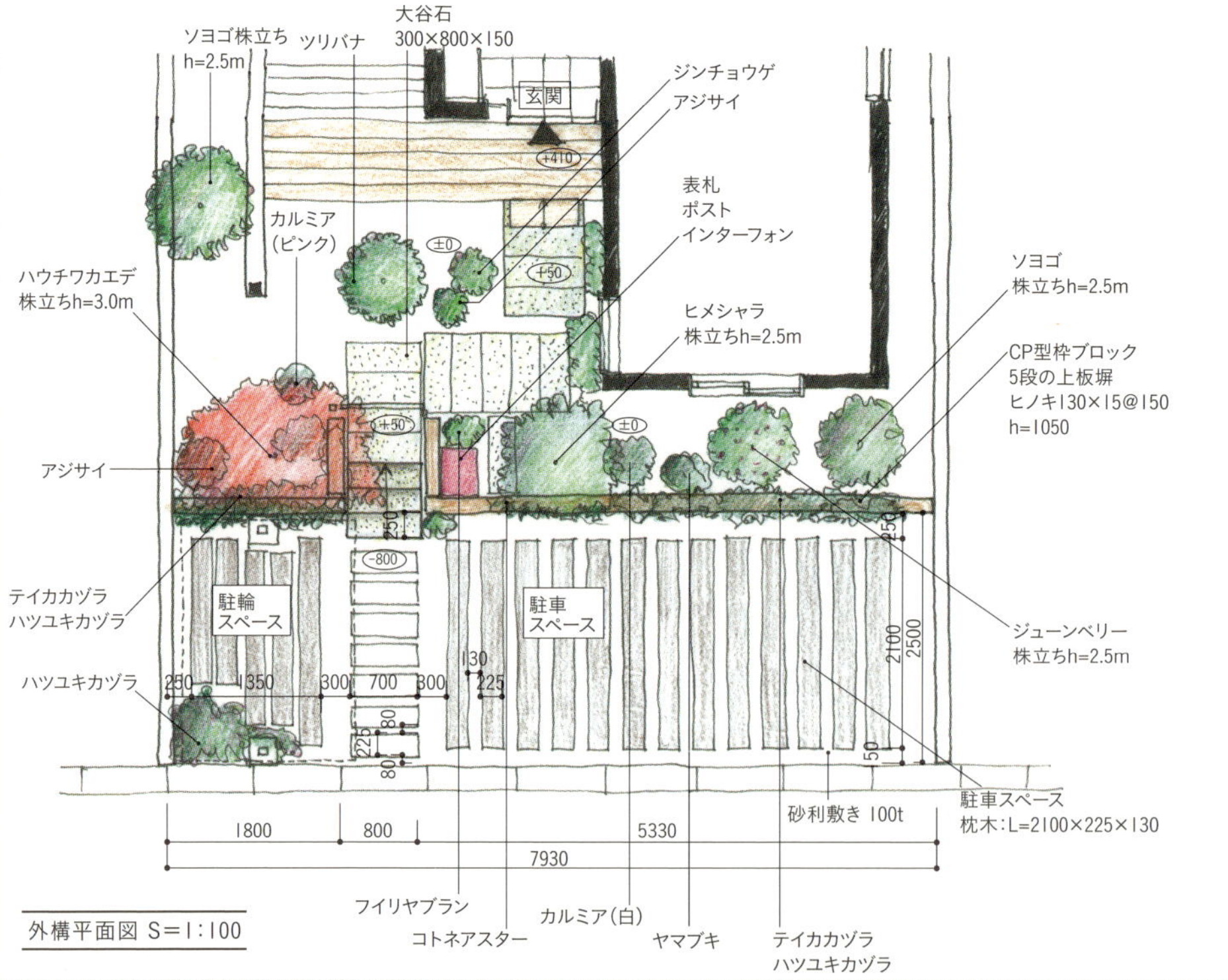

外構平面図 S=1:100

アプローチの大谷石の階段。視線の先にツリバナを植えている

小さなスペースでも、大谷石のアプローチをクランクさせて動線に合わせて植栽を行い、魅力的なアプローチが演出できる

植物を手入れしたり収穫したりしていると、自然と近所とのコミュニケーションも生まれる

ネットフェンス＋テイカカヅラ

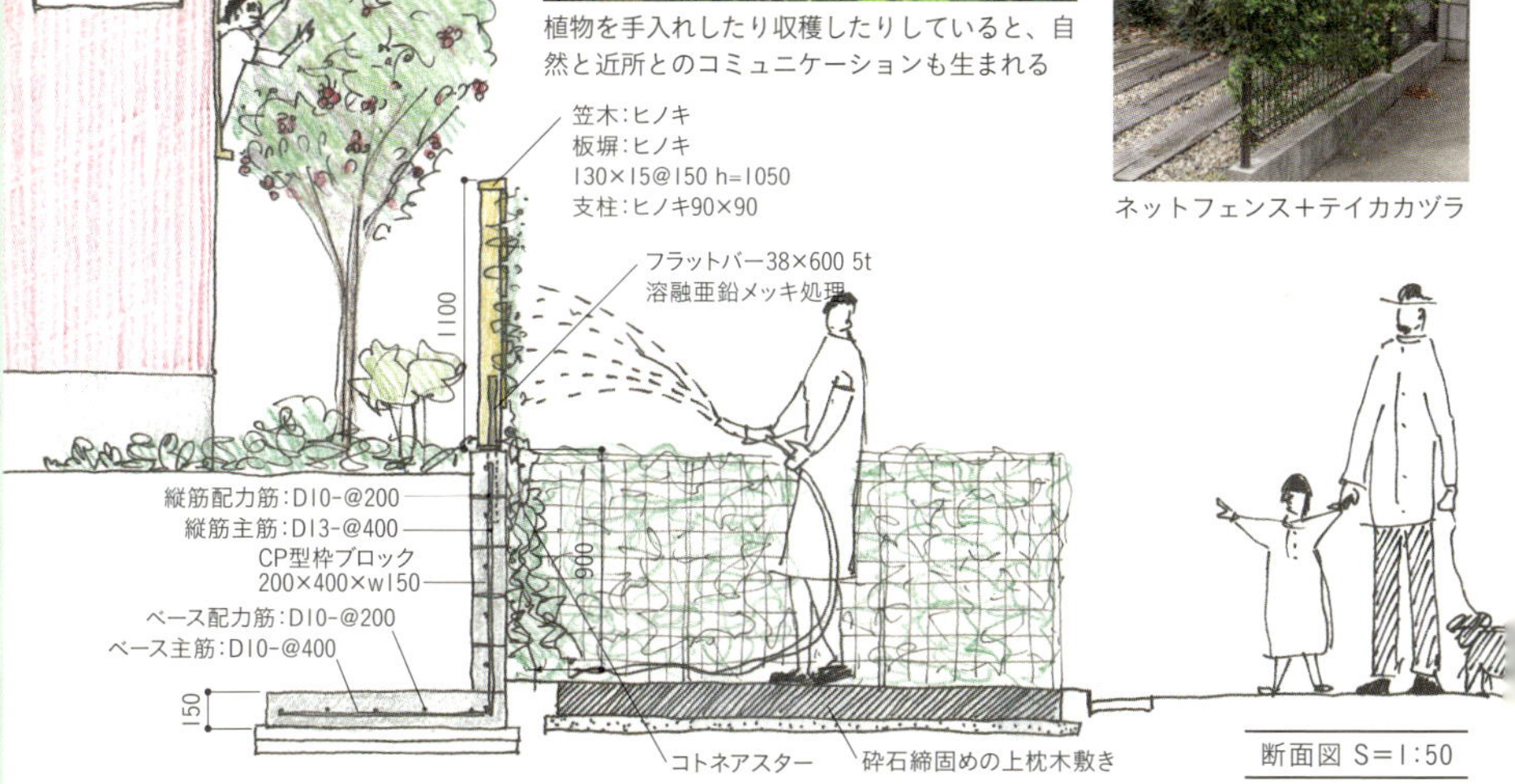

実作で読み解く
ディテール

02 稲口町の家 1&2

2020年からはじまるゼロエネルギーハウス（ZEH）の義務化に先駆けて実現した連棟の住宅である。ゼロエネルギーハウスとは、消費するエネルギーよりも創出するエネルギーが大きいことが条件であり、断熱気密の高性能化、高効率の空調・照明・給湯設備などによる消費エネルギーの削減に加え、太陽光発電などの創エネルギーの設備を装備する必要がある。

稲口町の家1&2では、ゼロエネルギーハウスの基準を満たす性能とデザインを両立した上で、それぞれに暮らしを愉しむ提案が求められた。

建物データ

所在地　愛知県春日井市
設計　徳田英和設計事務所
施工　和工務店
写真　そあスタジオ

稲口町の家1

竣工年　2013年12月
構造　木造2階建て
敷地面積　126.57㎡（38.29坪）
建築面積　65.52㎡（19.82坪）
床面積　1階57.66㎡（17.44坪）
2階57.66㎡（17.44坪）
合計115.32㎡（34.88坪）

稲口町の家2

竣工年　2015年12月
構造　木造2階建て
敷地面積　134.19㎡（40.59坪）
建築面積　68.53㎡（20.73坪）
床面積　1階60.66㎡（18.35坪）
2階49.94㎡（15.11坪）
合計110.60㎡（33.46坪）

稲口町の家1（右）、**稲口町の家2**（左）
敷地は、名古屋のベッドタウンである愛知県春日井市。田畑に住宅が点在するのどかな地域であるが、準防火地域であり、うなぎの寝床のような南北に細長い狭小敷地である。外観の仕様は1＆2とも共通

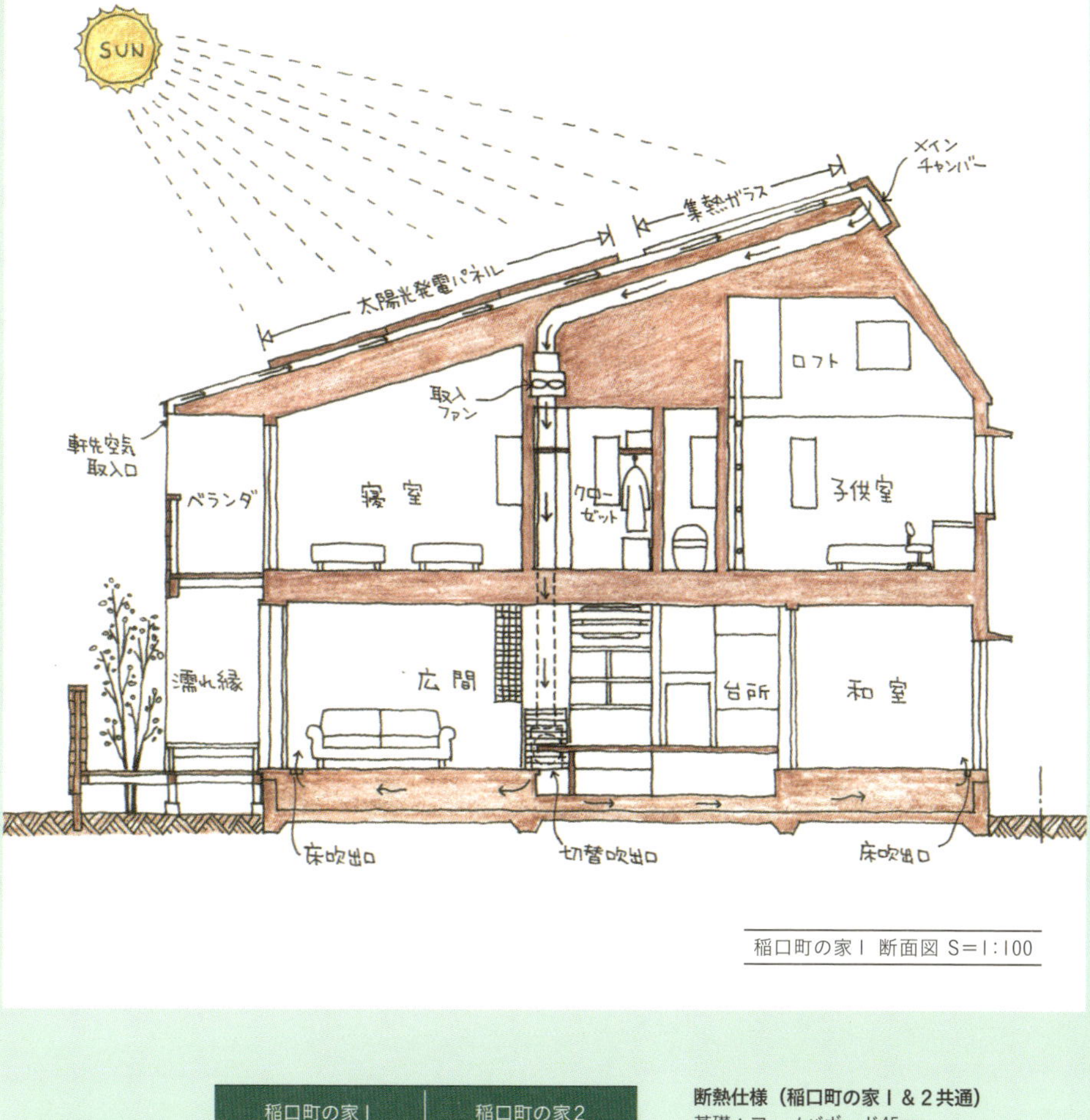

稲口町の家1 断面図 S=1:100

	稲口町の家1	稲口町の家2
建築地	愛知県春日井市（6地域）	
UA値	0.59W／m^2K	0.50W ／ m^2K
ηA値	1.50	1.23
Q値	2.19W／m^2K	1.93W／m^2K
μ値	0.040	0.035
達成率	116.80%	116.70%
RO	39.20%	44.20%
蓄熱性能	170kJ以上	170kJ以上
太陽光発電システム	4.19kW	4.39kW

※稲口町の家1＆2ともに「住宅のゼロ・エネルギー化推進事業」採択物件

断熱仕様（稲口町の家1＆2共通）

基礎：フェノバボード45㎜
壁：現場発泡ウレタンフォーム80㎜
天井：現場発泡ウレタンフォーム160㎜
開口部：アルミ樹脂複合サッシ（一部アルミサッシ）LOW-Eペアガラス
創エネルギー：空気集熱式ソーラー「そよ風」による暖房・お湯採り
太陽光発電システム約4kW

上記のような、普段手がけている仕様の延長線上で十分に基準を達成できている。ゼロエネルギー住宅だからといって、断熱材を200㎜も300㎜も入れたり、トリプルガラスの樹脂サッシを入れるようなことはしたくなかった。空気集熱式ソーラーが天候に左右されるように、晴れた日は晴れた日なりに、雨の日は雨の日なりに気候の変化がある程度、住まい手に肌で感じられるような環境づくりが適切と考えている。

稲口町の家Ⅰ／床座を愉しむ暮らし

この家では､「床座を愉しむ暮らし」をキーワードにデザインすることになった。当初は畳リビングやタタミ縁のある家を何案かスタディしていたが、クライアントと打合せを重ねて話し合っていくうちに、和と洋を融合した「和モダン」の方向でデザインをまとめることになり、最終的に掘りごたつ式ダイニングキッチンを中心とする家に至った。

外観は、黒いガルバリウム鋼板張り。名古屋近郊ではよく見られる低層の長屋住宅をデザインのモチーフとしている（トタン張りの外壁にコールタールで黒く塗る風習がこの地方にある）

基本設計プレゼン時のパース
天井を2.2mと低く抑えることで、床に座ったときの居心地のよさが生まれるのだが、そのよさを説得しても、なかなかクライアントに理解してもらえず苦労した。完成したら、そんな不安があったとは思えないくらいに、喜んでいただいた。低く感じさせないテクニックとして、窓やドアを天井いっぱいまでにして、下がり壁をなくしているというのは、先輩方から受け継いで実践していることである

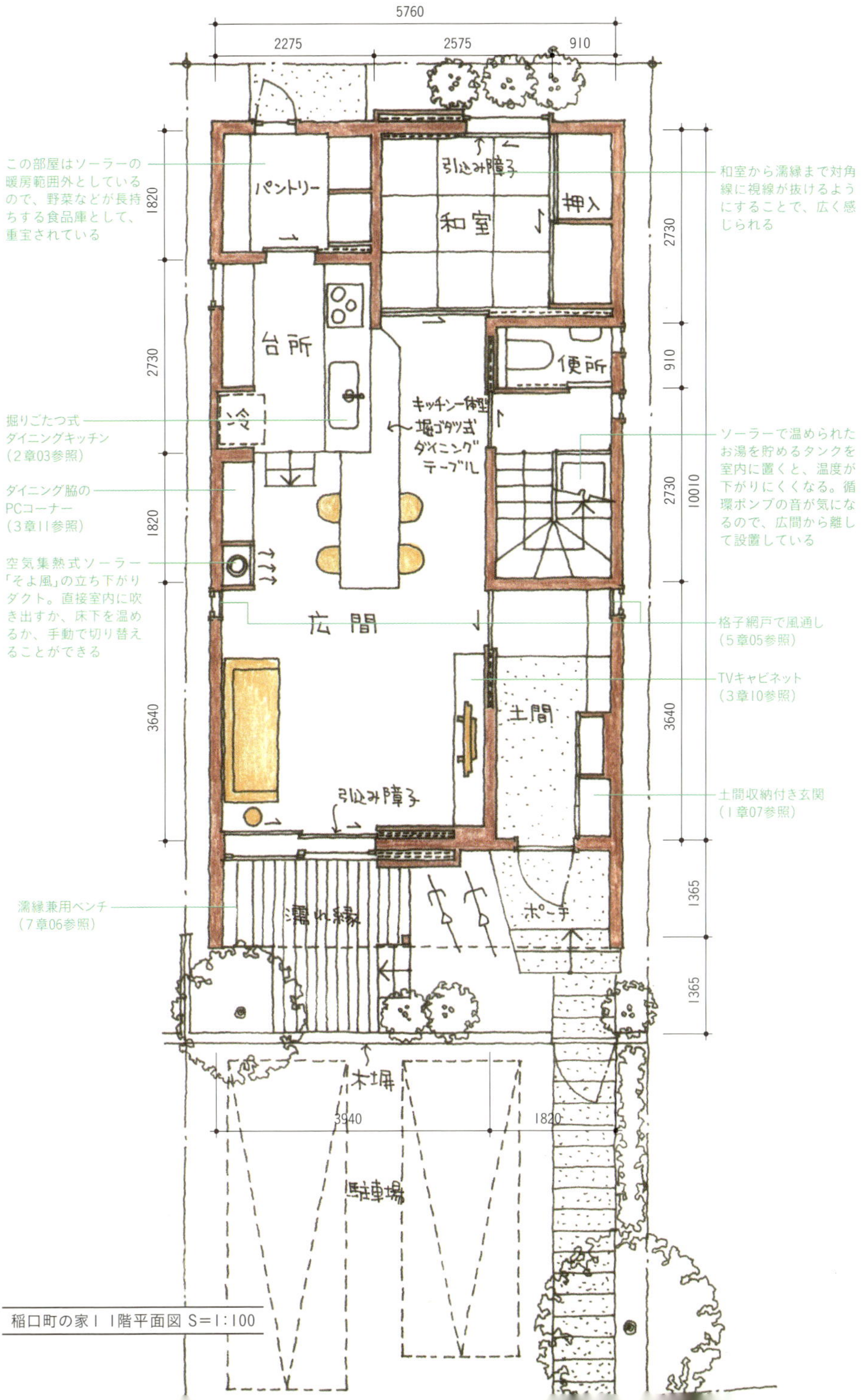

稲口町の家1 1階平面図 S=1:100

玄関ドアはコシヤマのスペリオル。いつも建具屋さんに製作してもらっている米松板張り戸とほぼ同じデザインで、防火の認定を受けていて、断熱・気密性能が高い

土間収納付き玄関。たたき部分はモルタル金コテ仕上げ

床材にはやわらかいパイン材無垢フローリングを選んだ。手触りと足触りのいい、表面の木目を立体的に浮き立たせた浮造り（うづくり）のものを使っている。壁・天井はドイツ漆喰塗りなので蓄熱性があり、冬は温もりを、夏はひんやりとした感じを、部屋全体にもたらしている

床に座ったときにちょうどよい寸法を考えたこの家は、天井高を一般の家より20cmくらい低くしているので、容積が小さく、暖冷房エネルギーが約1割少なくなっている。窓も天井いっぱいにしているので、直接入る太陽光の熱（ダイレクトゲイン）も大きい。ゼロエネルギー住宅とはいえ、設備や建材だけに頼るのではなく、建築的な工夫が大切だと考えている

濡縁から和室まで対角線に視線が抜けるようにしたことで、うなぎの寝床のような狭小敷地を感じさせない、広々とした距離感をつくっている

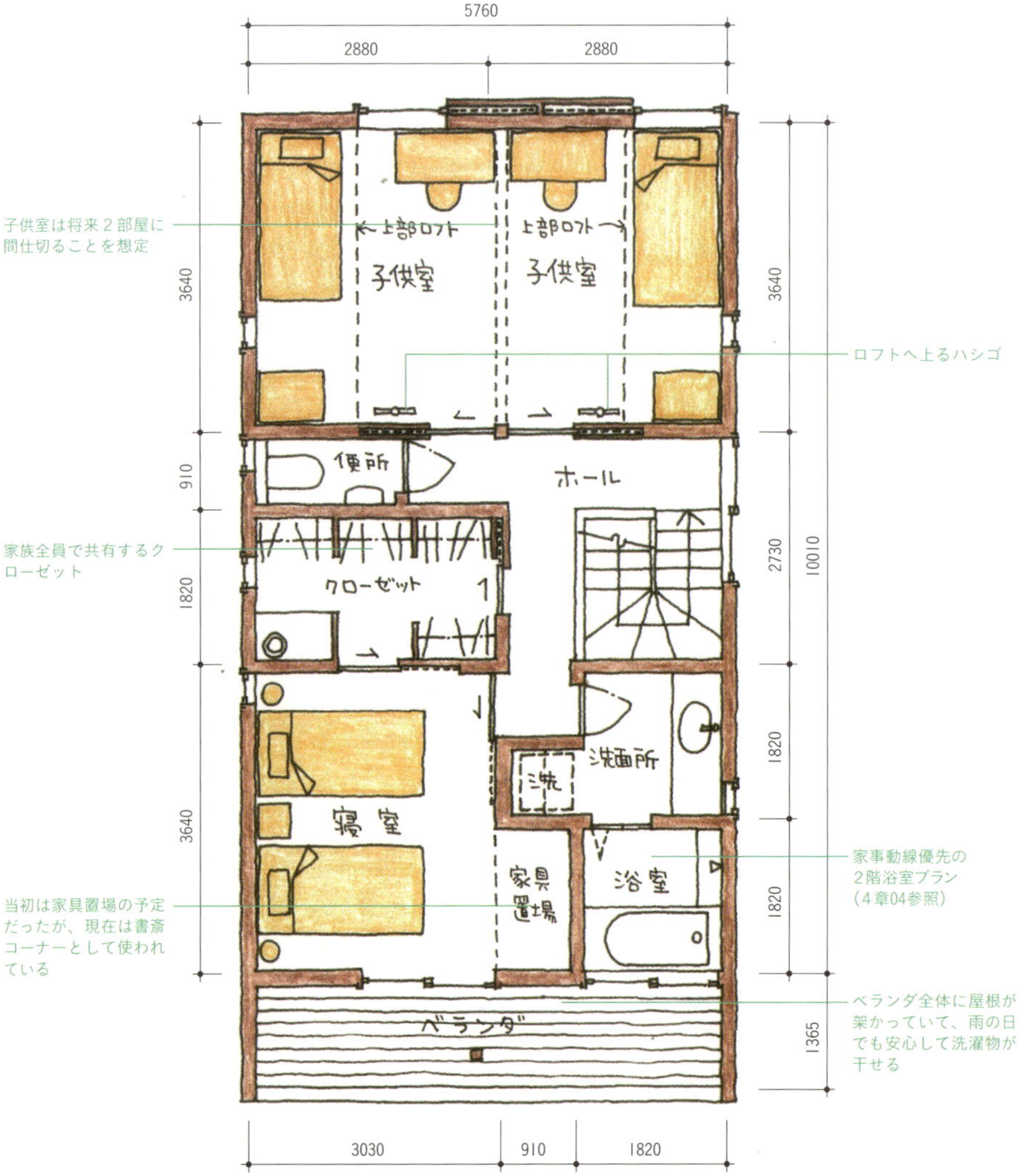

稲口町の家Ⅰ 2階平面図 S=1:100

設計の途中の過程では、このプランで洗面所・浴室とクローゼットが逆の位置にあった。クローゼットとベランダがつながっていると、「洗濯物を取り込んで、すぐに仕舞えるのがよい」というクライアントからの要望によるものであった。南に面して水廻りを設けるこちらの案も、明るく清潔に使えて気持ちいいと考え、議論を重ねた末に水廻りを南に配置した

寝室は、屋根のかたちに合わせた勾配天井にしている。正面右の凹んだところは、当初は手持ちの家具置場の予定だったが、あえて、扉や棚を付けずにおいた。すると、引越されてからは書斎コーナーとして、とても気に入って使っているとのこと。設計者としては、ついつくりすぎてしまうこともあるが、こうした住まい手に使い方をゆだねる余白も大切である

子供室のロフトは、原設計では床と手摺を付けるだけの簡単なものだったが、工事中にひらめいて右のようなスケッチを描いた。子供だけでなく、大人も上りたくなるようなハシゴと秘密基地のようなこもれる隠し部屋である。家の中に一つくらいはこんな遊び心のある空間があってもいいのではないかと提案したところ、クライアントに共感していただき、実現に至った。工事中の変更は現場の混乱につながるので、なるべくしないよう心がけているが、絶対によくなる確信があるときは、思い切って行動することも大切である

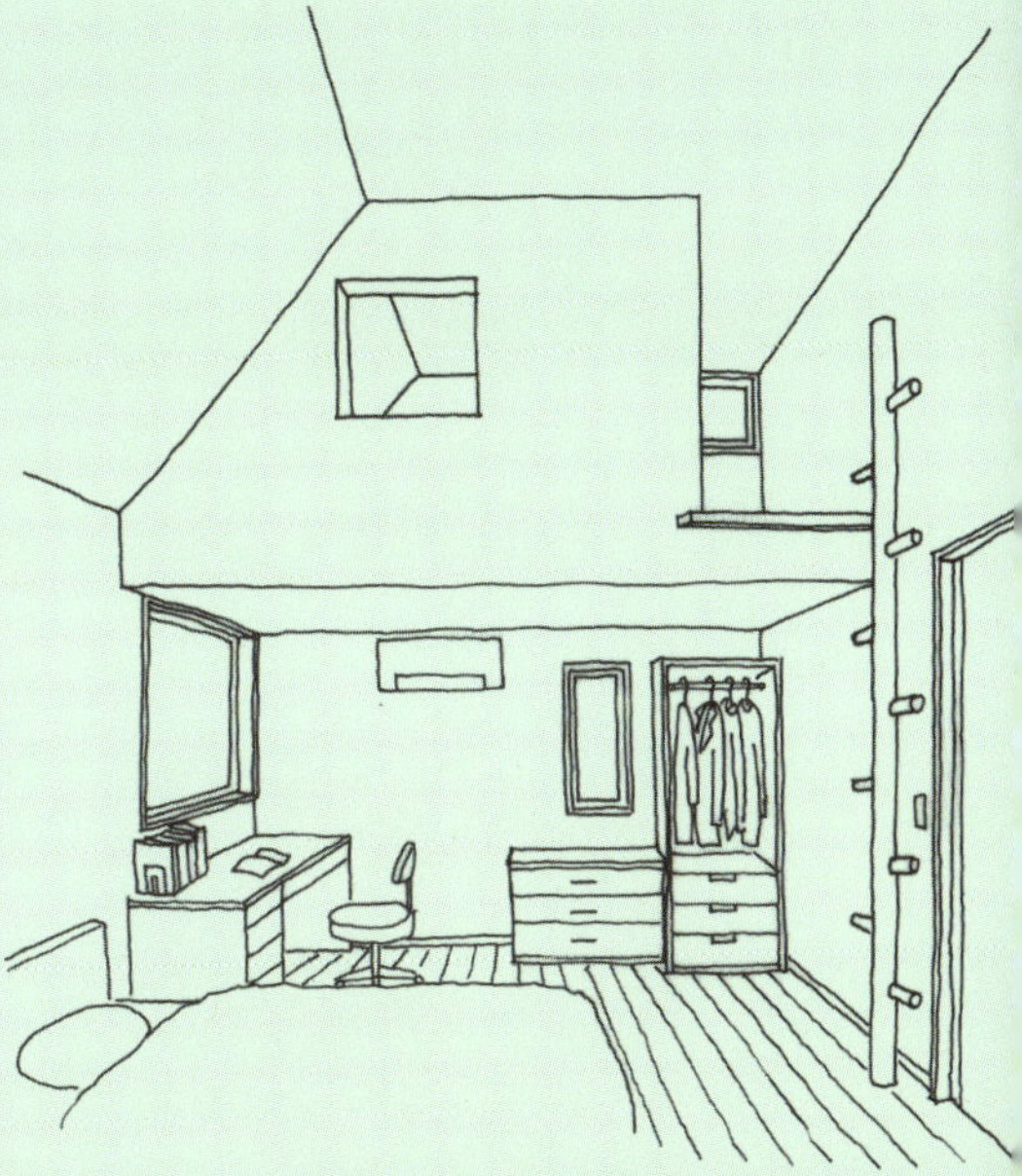

稲口町の家２／炎を囲む暮らし

稲口町の家２の外観は稲口町の家１を踏襲している

ゼロエネルギー住宅の消費エネルギーを計算する上で、暖房はヒートポンプ式エアコンにすると、他の暖房方式に比べ、数値的には有利である。しかし、子供の頃、灯油ストーブで育ってきた私としては、暖炉のような直接手をかざして暖まるような暖房方式が住宅には必要なのではないかと思っている。暖炉には存在感があり、人を惹きつける魅力がある。しかし現代では、安全性の問題やつくり手の問題などにより、ハードルの高いものになっている。そこでここ数年注目されているのが、ペレットストーブである。かたちは薪ストーブに似ているが、手軽に扱えて煙の問題はほとんどない。

そんな経緯で「稲口町の家２」は、ペレットストーブとゼロエネルギー住宅、そして空気集熱式ソーラー「そよ風」を組み合わせて、「炎を囲む暮らし」をキーワードにデザインすることになった。

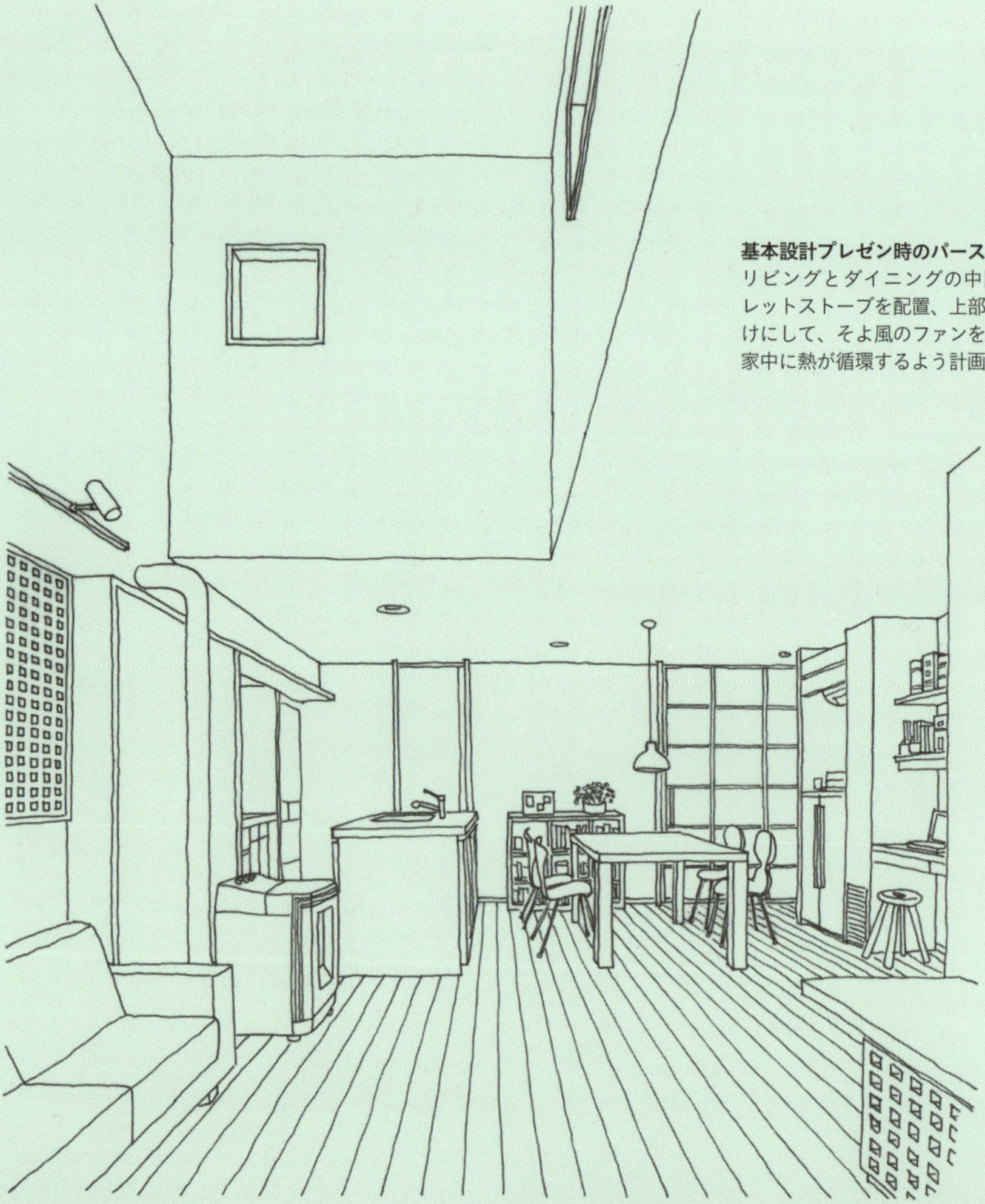

基本設計プレゼン時のパース
リビングとダイニングの中間にペレットストーブを配置、上部を吹抜けにして、そよ風のファンを使い、家中に熱が循環するよう計画した

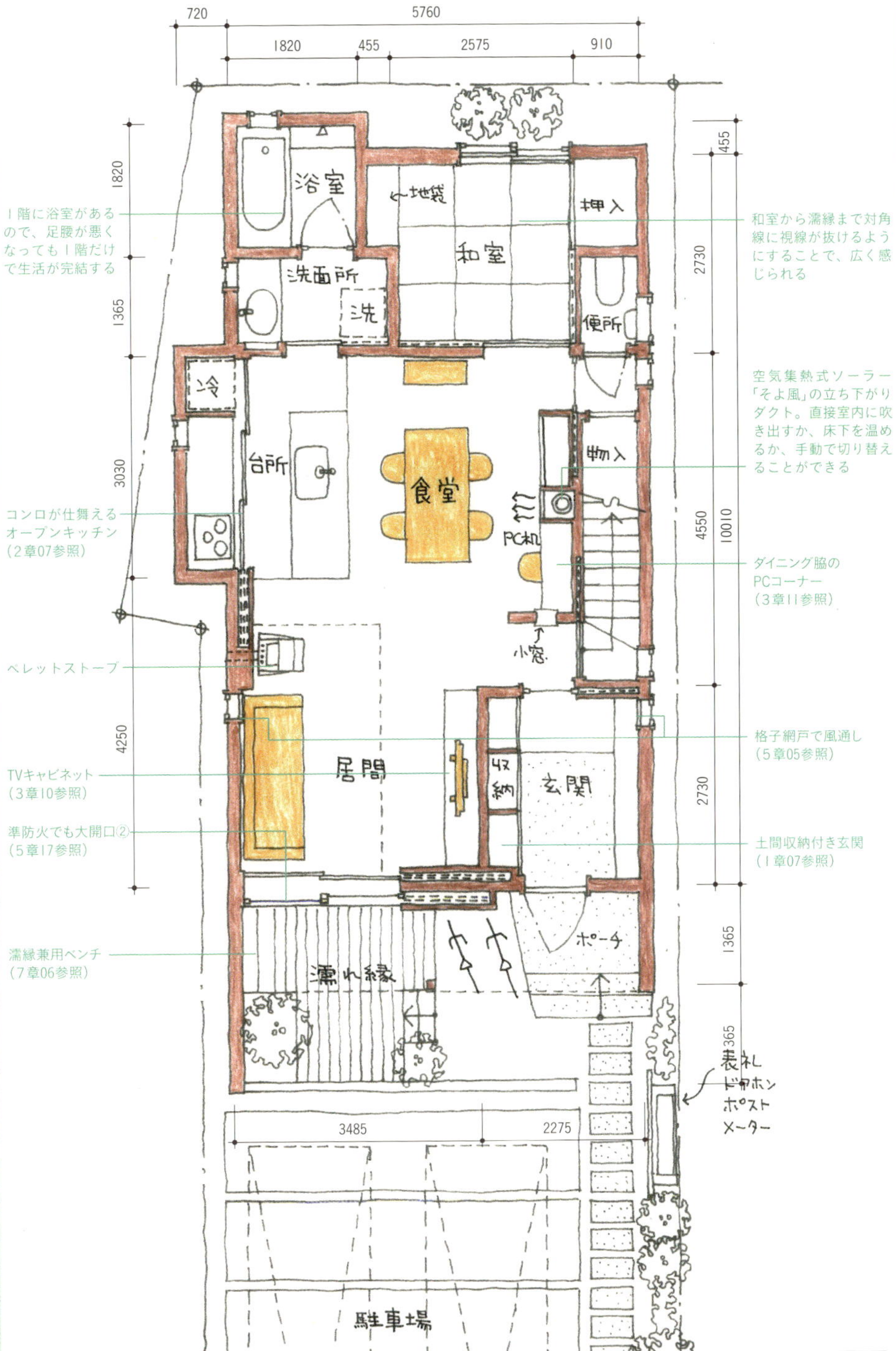

稲口町の家2 1階平面図 S=1:100

玄関に入って正面の壁に小穴が空いていて、ダイニング脇のPCコーナーから玄関の様子をうかがい知ることができる

メインとなる開口部は、濡縁右手が防火袖壁になっており、幅2.2m×高さ2.2mの２本引き込みのフルオープンサッシを使用することが可能となった。外壁側に戸袋が付いており、このガラス戸二枚の他に、網戸も二枚引き込まれる。通常の引き違い窓だと、網戸がいつも出しっ放しであるが、フルオープンサッシの場合、冬場には使わない網戸を仕舞っておけるのは、大変すっきりする

コンロを仕舞った状態のオープンキッチン。三枚の建具を仕舞う戸袋部分がペレットストーブの背面壁となるため、不燃ボードで仕上げている

リビング上部に設けた吹抜けは、寝室と、納戸の奥のミニ書斎に障子でつながっており、ペレットストーブおよび「そよ風」の熱が循環する

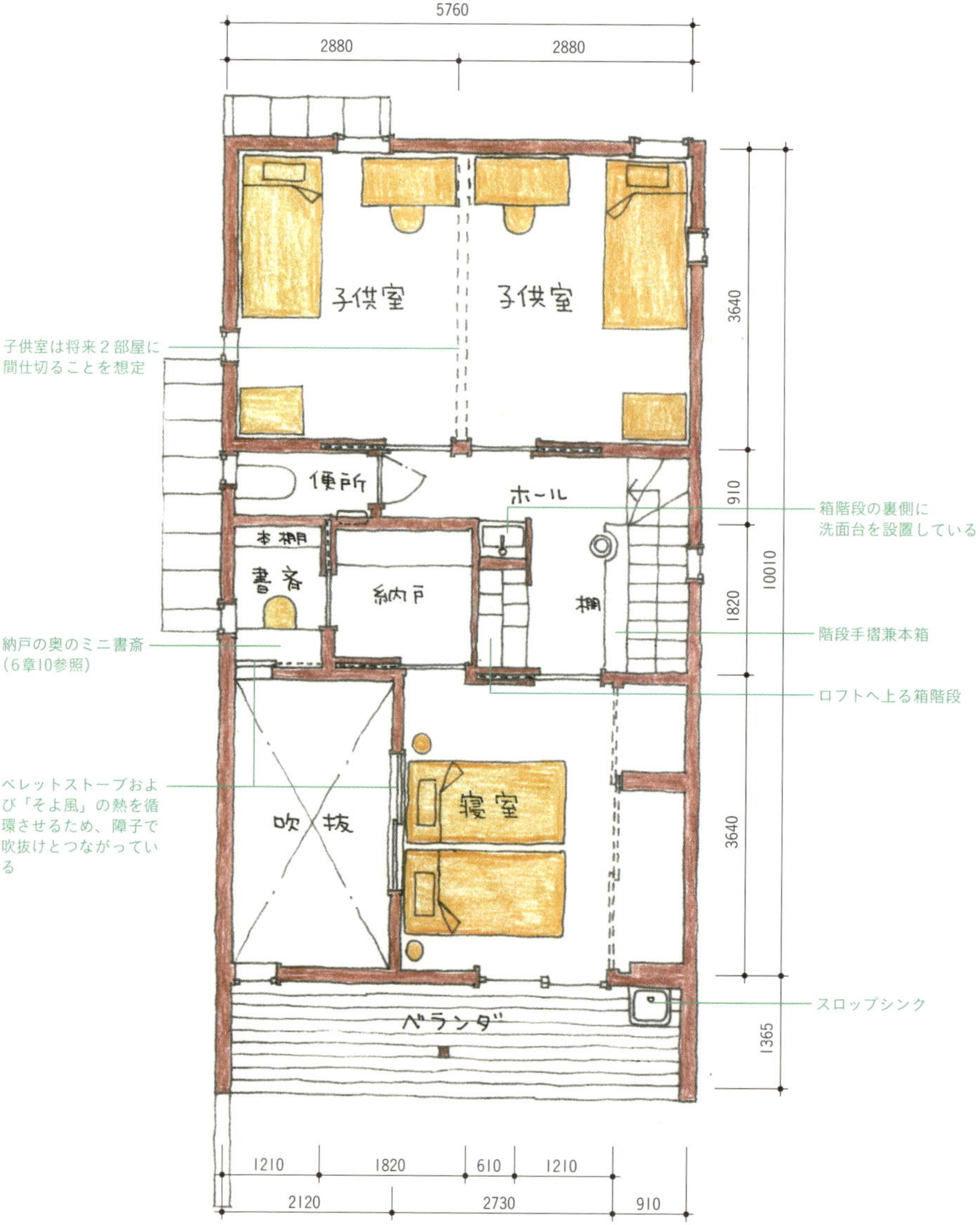

稲口町の家２ ２階平面図 S=1:100

ミニ書斎。寝室とは納戸を挟んでいるので、一人こもって、気兼ねのない時間を愉しむことができる。机の前のこの障子も、リビング上部の吹抜けにつながっている

寝室。左手の障子はリビング上部の吹抜けにつながっている。正面の二つの扉は、右は階段ホールへ、左は納戸とその奥のミニ書斎へとつながっている

子供室は吹抜け空間になっている。中央に梁を飛ばし、将来2部屋に間仕切ることを想定している。ハイサイドライトは電動開閉式で、夏場の熱気抜きに使われる。扉上部の小窓はロフト

階段ホールの手摺が本棚になっている。「そよ風」の立ち下がりダクトと本棚の間にクリアランスをとっている。左手はロフトへの箱階段。手前の箱は階段ホール側から、奥の箱は納戸側から本箱として使える

しまだ設計室

カヅノキハウス
東京都小金井市
敷地面積●119.36㎡
延床面積●124.83㎡
竣工●2009年
施工●相羽建設

エンガワハウス
埼玉県春日部市
敷地面積●258.06㎡
延床面積●99.37㎡
竣工●2014年
施工●榊住建

喜里ハウス
山梨県北杜市
敷地面積●826.72㎡
延床面積●126.01㎡
竣工●2010年
施工●山口工務店

ネストハウス
東京都府中市
敷地面積●112.89㎡
延床面積●86.95㎡
竣工●2015年
施工●相羽建設

ヒノデハウス
東京都西多摩郡
敷地面積●182.51㎡
延床面積●93.73㎡
竣工●2011年
施工●相羽建設

Hugハウス
東京都小金井市
敷地面積●78.60㎡
延床面積●62.72㎡
竣工●2015年
施工●相羽建設

カエデハウス
東京都小金井市
敷地面積●102.61㎡
延床面積●81.74㎡
竣工●2012年
施工●相羽建設

ヘッジロウハウス
埼玉県所沢市
敷地面積●393.91㎡
延床面積●217.51㎡
竣工●2016年（予定）
施工●榊住建

Bulatハウス
大阪府豊中市
敷地面積●291.23㎡
延床面積●187.88㎡
竣工●2012年
施工●コアー建築工房

だんの間ハウス
東京都国分寺市
敷地面積●100.85㎡
延床面積●80.58㎡
竣工●2016年（予定）
施工●大工高野建築工房

Hidamariハウス
埼玉県さいたま市
敷地面積●118.90㎡
延床面積●110.70㎡
竣工●2013年
施工●相羽建設

空に月ハウス
東京都文京区
敷地面積●73.29㎡
延床面積●117.23㎡
竣工●2017年（予定）
施工●創建舎

ミズニワハウス
埼玉県ふじみ野市
敷地面積●172.17㎡
延床面積●129.20㎡
竣工●2013年
施工●相羽建設

徳田英和設計事務所

常陸太田の家
（N設計室との共同設計）
茨城県常陸太田市
敷地面積●329.77㎡
延床面積●100.44㎡
竣工●2008年
施工●新建工舎設計

逗子の家
（N設計室との共同設計）
神奈川県逗子市
敷地面積●105.03㎡
延床面積●101.52㎡
竣工●2009年
施工●安池建設工業

日比津の家2
愛知県名古屋市
敷地面積●199.79㎡
延床面積●166.87㎡
竣工●2010年
施工●阿部建設

河津の家
静岡県賀茂郡
敷地面積●259.46㎡
延床面積●157.79㎡
竣工●2013年
施工●鳥沢工務店

稲口町の家1
愛知県春日井市
敷地面積●126.57㎡
延床面積●115.32㎡
竣工●2013年
施工●和工務店

8寸屋根の家
埼玉県新座市
敷地面積●208.29㎡
延床面積●104.01㎡
竣工●2014年
施工●松栄企画

西鎌倉の家
神奈川県鎌倉市
敷地面積●195.41㎡
延床面積●109.31㎡
竣工●2014年
施工●安池建設工業

稲口町の家2
愛知県春日井市
敷地面積●134.19㎡
延床面積●110.60㎡
竣工●2015年
施工●和工務店

茨木の家
大阪府茨木市
敷地面積●165.56㎡
延床面積●79.50㎡
竣工●2016年
施工●ツキデ工務店

日野台の家
東京都日野市
敷地面積●116.89㎡
延床面積●103.78㎡
竣工●2017年（予定）
施工●相羽建設

島田貴史

Takashi Shimada

一級建築士。1970年大阪府出身。筑波大学芸術専門学群環境デザイン専攻卒業。京都工芸繊維大学デザイン工学科造形工学専攻修了。プレック研究所にて主に自然公園、都市公園等の建築、ランドスケープの計画・設計に従事。2008年「しまだ設計室」開設。

http://kazunoki.com/

徳田英和

Hidekazu Tokuda

一級建築士。1969年愛知県出身。名城大学理工II学部建築学科卒業。石田信男設計事務所にてパッシブソーラー住宅の設計に従事。OM研究所にてOMソーラー社屋「地球のたまご」の設計監理を担当。2004年「徳田英和設計事務所」開設。

http://tokuslifegoeson.blogspot.jp/

装幀・本文デザイン

細山田光宣＋相馬敬徳（細山田デザイン事務所）

読んで楽しい家づくりの

なるほどディテール。

平成28年11月30日　第1版第1刷発行

著　者　島田 貴史・徳田 英和

発行者　村上 和夫

発行所　株式会社 オーム社

郵便番号 101-8460

東京都千代田区神田錦町3-1

電話 03(3233)0641(代表)

URL http://www.ohmsha.co.jp/

印刷・製本　壮光舎印刷

ISBN978-4-274-21979-5　Printed in Japan